Bertram Scheufele · Alexander Haas

Medien und Aktien

Bertram Scheufele
Alexander Haas

Medien und Aktien

Theoretische und empirische
Modellierung der Rolle
der Berichterstattung
für das Börsengeschehen

VS VERLAG FÜR SOZIALWISSENSCHAFTEN

Bibliografische Information Der Deutschen Nationalbibliothek
Die Deutsche Nationalbibliothek verzeichnet diese Publikation in der
Deutschen Nationalbibliografie; detaillierte bibliografische Daten sind im Internet über
<http://dnb.d-nb.de> abrufbar.

1. Auflage 2008

Alle Rechte vorbehalten
© VS Verlag für Sozialwissenschaften | GWV Fachverlage GmbH, Wiesbaden 2008

Lektorat: Katrin Emmerich / Sabine Schöller

Der VS Verlag für Sozialwissenschaften ist ein Unternehmen von Springer Science+Business Media.
www.vs-verlag.de

Das Werk einschließlich aller seiner Teile ist urheberrechtlich geschützt. Jede Verwertung außerhalb der engen Grenzen des Urheberrechtsgesetzes ist ohne Zustimmung des Verlags unzulässig und strafbar. Das gilt insbesondere für Vervielfältigungen, Übersetzungen, Mikroverfilmungen und die Einspeicherung und Verarbeitung in elektronischen Systemen.

Die Wiedergabe von Gebrauchsnamen, Handelsnamen, Warenbezeichnungen usw. in diesem Werk berechtigt auch ohne besondere Kennzeichnung nicht zu der Annahme, dass solche Namen im Sinne der Warenzeichen- und Markenschutz-Gesetzgebung als frei zu betrachten wären und daher von jedermann benutzt werden dürften.

Umschlaggestaltung: KünkelLopka Medienentwicklung, Heidelberg
Druck und buchbinderische Verarbeitung: Krips b.v., Meppel
Gedruckt auf säurefreiem und chlorfrei gebleichtem Papier
Printed in the Netherlands

ISBN 978-3-531-15751-1

Inhaltsverzeichnis

1	Einleitung		9
2	Finanzwissenschaftliche Überlegungen		11
2.1	Finanzwissenschaftliche Grundlagen		11
	2.1.1	Kapital- und Aktienmarkt	11
	2.1.2	Aktien, Kennwerte, fundamentale und technische Analyse	15
	2.1.3	Informations- und Anlegertypen am Aktienmarkt	19
2.2	Zentrale Ansätze der Kapitalmarktforschung		24
	2.2.1	Effizienzmarkthypothese	26
		2.2.1.1 Varianten der Effizienzmarkthypothese	*26*
		2.2.1.2 Random-Walk-Hypothese	*28*
	2.2.2	Weitere ‚klassische' Ansätze der Kapitalmarkttheorie	35
	2.2.3	Noise-Trading-Ansatz	37
		2.2.3.1 Kerngedanken und Analyselogik	*39*
		2.2.3.2 Typen von Anomalien und Typen des Noise-Trading	*46*
	2.2.4	Behavioral Finance	50
		2.2.4.1 Kerngedanken und Analyselogik	*51*
		2.2.4.2 Individuelle Anomalien	*53*
		2.2.4.3 Markt-Anomalien	*58*
2.3	Zusammenfassung und Schlussfolgerungen		60
	2.3.1	Theoretische Zusammenfassung und Schlussfolgerungen	60
	2.3.2	Methodische Zusammenfassung und Schlussfolgerungen	67
		2.3.2.1 Multiples Erklärungsdilemma	*70*
		2.3.2.2 Lösungen für das multiple Erklärungsdilemma	*74*

3	**Kommunikationswissenschaftliche Überlegungen**		**79**
3.1	Wirtschaftsrelevante Angebote und deren Nutzung		79
	3.1.1	Entwicklung, Angebote und Inhalte	79
	3.1.2	Nutzung der Wirtschafts- und Börsenberichterstattung	84
3.2	Wirkungen der Wirtschafts- und Börsenberichterstattung		86
	3.2.1	Allgemeine Überlegungen zu Medienwirkungen	86
		3.2.1.1 Generelle Rahmenbedingungen für Medienwirkungen	*86*
		3.2.1.2 Generelle Ansätze zu Medienwirkungen	*90*
	3.2.2	Medienwirkungen in volkswirtschaftlicher Hinsicht	95
	3.2.3	Medienwirkungen in finanzwissenschaftlicher Hinsicht	98
		3.2.3.1 Medien als Quelle anlagerelevanter Informationen	*98*
		3.2.3.2 Finanzwissenschaftliche Studien zur Rolle von Medieninformationen am Aktienmarkt	*103*
3.3	Zusammenfassung und Schlussfolgerungen		108
	3.3.1	Zusammenfassung finanz- und kommunikationswissenschaftlicher Überlegungen und Befunde	108
	3.3.2	Kommunikationswissenschaftliche Schlussfolgerungen aus finanzwissenschaftlichen Studien zu Informationen am Aktienmarkt	114
4	**Forschungsfragen**		**121**
5	**Untersuchungsanlage**		**131**
5.1	Unternehmensstichprobe		131
5.2	Primäranalyse – Print-, Online- und Fernsehberichterstattung		135
	5.2.1	Einheiten der Inhaltsanalyse	135
		5.2.1.1 Untersuchungseinheit	*135*
		5.2.1.2 Codier- und Kontexteinheit	*139*
	5.2.2	Codierlogik und Kategoriensystem	140
		5.2.2.1 Formale Kategorien	*140*
		5.2.2.2 Inhaltliche Kategorien	*140*
	5.2.3	Reliabilität	153

5.3	Sekundäranalysen und Datenaufbereitung		155
	5.3.1	Sekundäranalyse – Aktienkurse und Handelsvolumina	156
	5.3.2	Erstellung und Aufbereitung der Zeitreihen der Primäranalyse	157
	5.3.3	Erstellung und Aufbereitung der Zeitreihen der Sekundäranalyse	161
5.4	Auswertungsstrategien		162
	5.4.1	Deskriptive Analysen im Quer- und im Längsschnitt	163
	5.4.2	Zeitreihenanalytische Verfahren	164

6	**Ergebnisse**			**171**
6.1	Deskriptive Analysen			171
	6.1.1	Deskriptive Analysen im Querschnitt		171
	6.1.2	Deskriptive Analysen im Längsschnitt		181
6.2	Zeitreihenanalytische Verfahren			198
	6.2.1	Bivariate Perspektive – Kreuzkorrelationen		198
		6.2.1.1	*Interpretationsvarianten von Kreuzkorrelationen*	*201*
		6.2.1.2	*Idealtypische Muster von Kreuzkorrelationen*	*204*
	6.2.2	Kreuzkorrelationen nach Unternehmensgruppen		212
		6.2.2.1	*Kreuzkorrelationen für ‚kleinere' Unternehmen*	*212*
		6.2.2.2	*Kreuzkorrelationen für ‚mittlere' Unternehmen*	*219*
		6.2.2.3	*Kreuzkorrelationen für ‚große' Unternehmen*	*236*
		6.2.2.4	*Zusammenfassung*	*248*
		6.2.2.5	*Methodisches Zwischenfazit*	*260*
	6.2.3	Kreuzkorrelationen nach Qualität der Medienberichterstattung		264
	6.2.4	Kreuzkorrelationen nach Mediengattungen und Zeiträumen		275

7	**Zusammenfassung und Schlussfolgerungen**	**285**
7.1	Theoretische und methodische Grundlagen	285
7.2	Forschungsfragen und Untersuchungsanlage	290
7.3	Empirische Befunde	294
7.4	Schlussfolgerungen	305
8	**Literatur**	**309**
9	**Anhang**	**321**

1 Einleitung

Vor der Jahrtausendwende kletterten die Börsen-Indizes weltweit in enorme Höhen. Anfang 2000 erreichten die deutschen Indizes ihre bis dahin höchsten Notierungen: Der DAX stand im Februar 2000 bei über 8.000, der NEMAX sogar bei über 8.500 Punkten. Parallel dazu waren immer neue Titel zum Börsengeschehen und Aktienhandel auf den Zeitschriftenmarkt geworfen worden. Denn spätestens mit dem Börsengang der so genannten „Telekom-Volksaktie" schien auch in Deutschland jeder Kleinanleger mit etwas Glück ordentliche Gewinne am Aktienmarkt erzielen zu können. Die diversen Anlegermagazine, Börsensendungen im Fernsehen und Finanzportale im Internet lieferten scheinbar die dafür notwendigen Informationen und Anlagetipps. Der Optimismus fand allerdings ein drastisches Ende, als die lang anhaltende Hausse im Februar 2000 ihren Höhepunkt erreichte und ab März 2000 – vor allem nach der Veröffentlichung so genannter ‚Todeslisten' namhafter Analystenhäuser – der teilweise deutliche Einbruch kam. Er holte z.B. den fundamental nicht vertrauenswürdigen Shooting-Star EM.TV von dessen überzogenem Kursstand auf nur wenige Euro am Jahresende zurück.

Unsere Untersuchung zielt nicht auf Erklärungen für Hausse- und Baisse-Phasen an den Börsen oder auf die Gründe für das Platzen der ‚Internet-Blase'. Wir fragen ganz allgemein nach dem Zusammenhang zwischen der Aktienberichterstattung der Medien und den Aktienkursen bzw. Handelsvolumina ausgewählter deutscher Unternehmen. Dafür haben wir eine Primäranalyse mit einer Sekundäranalyse kombiniert. Im Rahmen der *Primäranalyse* wurde eine umfang- und detailreiche Inhaltsanalyse der Berichterstattung ausgewählter deutscher Printmedien, TV-Börsensendungen sowie Finanz-Portale im Internet durchgeführt. Ausgewählt wurden alle Artikel über folgende deutsche börsennotierte Unternehmen: Consumer Electronics, DaimlerChrysler, Deutsche Telekom, EM.TV, Evotec, Infineon, Lufthansa, Mobilcom, Solarworld sowie T-Online. Die Unternehmen repräsentieren verschiedene Branchen und variieren hinsichtlich diverser Kennwerte (z.B. Volatilität, KGV, Marktkapitalisierung). Die *Sekundäranalyse* berücksichtigte die Aktienkurse und Handelsvolumina für die zehn Unternehmen an den Börsen in Frankfurt, Stuttgart und München sowie im XETRA-Handel. Mit Hilfe zeitreihenanalytischer Verfahren wurden anschließend die Zusammenhänge zwischen Aktienberichterstattung und Aktienkursen bzw. Handelsvolumen sowie die zeitliche Dynamik dieser Zusammenhänge untersucht. Unsere Studie unterscheidet einen aktuelleren Zeitraum (Juli, August 2005), in dem die Berichterstattung aller drei Mediengattungen (Print, TV, Online) untersucht wurde, und den Zeitraum vom Januar bis August 2000, in dem nur die Print-Berichterstattung untersucht werden konnte. Das erlaubt einen intermedialen Vergleich im Jahr 2005 und einen intramedialen Vergleich für Printmedien zwischen beiden Jahren. Zudem konnten wir auf diese Weise das Ende der erwähnten Hausse nebst Abwärtstrend (Januar bis August 2000) mit einer ‚Normal-Phase' an der Börse (Juli und August 2005) kontrastieren.

In Kapitel 2 stellen wir zunächst ausführlich die finanzwissenschaftlichen Grundlagen unserer Untersuchung vor. Danach folgen in Kapitel 3 die kommunikationswissenschaftlichen Grundlagen. In Kapitel 4 leiten wir unsere Forschungsfragen her. Das Design, die Untersuchungsinstrumente und die Auswertungsstrategien unserer empirischen Studie stellen wir in Kapitel 5 vor. In Kapitel 6 folgen die empirischen Ergebnisse. Ein theoretisches, empirisches und methodisches Fazit ziehen wir in Kapitel 7.

Eine breit angelegte Untersuchung, wie sie mit dieser Publikation vorgelegt wird, ist ohne vielfältige Unterstützung nicht möglich. Zunächst gilt unser Dank den rund 25 studentischen Hilfskräften, die nicht nur die Codierung, sondern auch Recherchen und einige Datenbereinigungen durchgeführt haben. Ohne ihre tatkräftige Mitarbeit hätten wir die Untersuchung nicht durchführen können. Besonders hervorzuheben sind dabei Dagmar Bartosch, Till Keyling, Johannes Pfeuffer, Stefanie Preißner sowie Gabi Wilhelm. Zudem danken wir Mandy Fickler-Tübel, die neben Sekretariatsarbeit und Institutsverwaltung auch das gesamte Buchmanuskript nochmals Korrektur gelesen hat. Für Fehler, die sich dennoch eingeschlichen haben, zeichnen allein die Autoren verantwortlich.

Ganz besonders zu danken haben wir der Deutschen Forschungsgemeinschaft (DFG), die das umfangreiche Projekt, aus dem diese Publikation hervorgeht, mit einer zweijährigen Personal- und Sachbeihilfe erst möglich gemacht hat (SCHE 697/2-1). Die DFG hat auch die Druckkosten für das Buch übernommen. Das DFG-Projekt hatten Prof. Dr. Bertram Scheufele, Dr. Oliver Quiring und Prof. Dr. Hans-Bernd Brosius gemeinsam beantragt. Die Autoren danken auch dem Finanzportal ‚Finanztreff', das uns alle relevanten Artikel des Untersuchungszeitraums aus seiner Datenbank kostenfrei zur Verfügung stellte. Schließlich geht unser Dank an den VS Verlag für Sozialwissenschaften für die gewohnt hervorragende und problemlose Zusammenarbeit.

Bertram Scheufele, Alexander Hass
Jena, München im Februar 2008

2 Finanzwissenschaftliche Überlegungen

„Die Tatsache, dass in der Praxis bei jedem Unternehmen, welches im Anlagebereich tätig ist, Analysten beschäftigt sind, [...] wurde jeweils mit dem Argument unter den Tisch gewischt, dass langfristig damit kein Geld zu verdienen sei und die Effizienz der Märkte diese Analysen obsolet machen werde. Dass aber gerade die stattliche Anzahl dieser Analysten (sowie [...] unsophistizierter Kleinanleger) einen Einfluss auf den Markt nehmen können, der Arbitrage und somit Effizienz verunmöglicht, wurde nicht in Betracht gezogen" (Becht, 1999: 1).

„Börsendienste transferieren bekannte Informationen, setzen aber neue Akzente durch Verstärkung oder Abschwächung. Sie setzen psychologische Zündungen, machen also genau das, was in der Noise-Trading-Hypothese angenommen wird" (Röckemann, 1995: 1).

2.1 Finanzwissenschaftliche Grundlagen

Die vorliegende Untersuchung betrachtet die Zusammenhänge zwischen Börsenberichterstattung und Aktienkursen bzw. Handelsvolumina. Bevor wir darauf ausführlich eingehen, sind finanzwissenschaftliche Grundlagen und Begriffe zu klären, auf die wir später immer wieder zurückgreifen:[1]

- Kapital- und Aktienmarkt, Handel und Geschäfte
- Aktien, Kennwerte, fundamentale und technische Analyse
- Informations- und Anlegertypen am Aktienmarkt

2.1.1 *Kapital- und Aktienmarkt*

Ein *Markt* ist ein Ort, an dem Angebot und Nachfrage für ein bestimmtes Gut zusammentreffen – z.B. der Arbeitsmarkt für Angebot von bzw. Nachfrage nach Arbeitskraft. Durch Angebot und Nachfrage bildet sich der (Markt-)Preis für das jeweilige Gut. Er steigt (fällt) bei hoher (niedriger) Nachfrage.

Während auf Gütermärkten Waren und Dienstleistungen gehandelt werden, erfolgt auf *Finanzmärkten* Handel mit Kapital in Form von Wertpapieren, Geld

---

[1] Soweit nicht anders belegt, orientieren sich die Ausführungen in diesem Kapitel an Gablers Wirtschaftslexikon (2000), an Busch et al. (2003) und am Online-Börsenlexikon der ‚Frankfurter Allgemeinen Zeitung' (http://boersenlexikon.faz.net; Abruf: 03.03.2006).

oder anderen Finanzkontrakten. Meist wird weiter differenziert zwischen Geld-, Kredit-, Kapital- und Devisenmärkten. Zu den organisierten Kapitalmärkten gehören Renten- und Aktienmärkte sowie Märkte für Investmentanteile. Ein *Kapitalmarkt* dient der „längerfristige[n] Kapitalanlage und -aufnahme (Laufzeit von mehr als vier Jahren). Der Unterschied [… zum] Bankenkredit-/ Einlagenmarkt, auf dem ebenfalls langfristige Mittel gehandelt werden, besteht darin, dass die am K[apitalmarkt] entstehenden Forderungen besonders fungibel sind" (Gabler Wirtschaftslexikon, 2000: 1702). Die Preisbildung auf Kapitalmärkten beschreibt Becht (1999: 5; Herv.i.O.) wie folgt:

> „Die Preise auf den Kapitalmärkten bilden sich [...] unter den (*generellen*) Annahmen vollständiger Konkurrenz ohne Ein- oder Austrittsschranken, homogener Güter, vollständiger Preisflexibilität und Abwesenheit von Transaktionskosten und Steuern theoretisch analog den Preisen auf Märkten für andere Güter gemäß dem Gesetz von Angebot und Nachfrage. Sie geben dadurch korrekte Signale für eine effiziente (pareto-optimale) Allokation der gehandelten knappen Ressource, des Eigentums am Kapitalstock einer Volkswirtschaft. Die eine Marktseite, die Unternehmen, treffen dabei Produktions- und Investitionsentscheidungen, für welche sie Kapital aufnehmen wollen – das Investitionsangebot – und die andere Marktseite, die Investoren, stellen ihr Geld denjenigen Projekten zur Verfügung, die ihnen am meisten Ertrag versprechen – die Investitionsnachfrage".

Angebot und Nachfrage an Kapitalmärkten bilden den *Primär(kapital)markt* oder Emissionsmarkt „für den Erstabsatz neu ausgegebener Wertpapiere" (Gabler Wirtschaftslexikon, 2000: 2477). Für unsere Untersuchung interessiert eher der *Sekundär(kapital)markt* oder Umlaufmarkt für Handel mit bereits ausgegebenen Papieren. Hier geht es um *Arbitrage*, d.h. die Möglichkeit, ohne zusätzlichen Kapitaleinsatz mit möglichst wenig Risiko Gewinne zu erzielen.

Abbildung 2.1: Formen des Wertpapierhandels bis 1. November 2007 (in Anlehnung an Beike & Schlütz, 1999: 51)

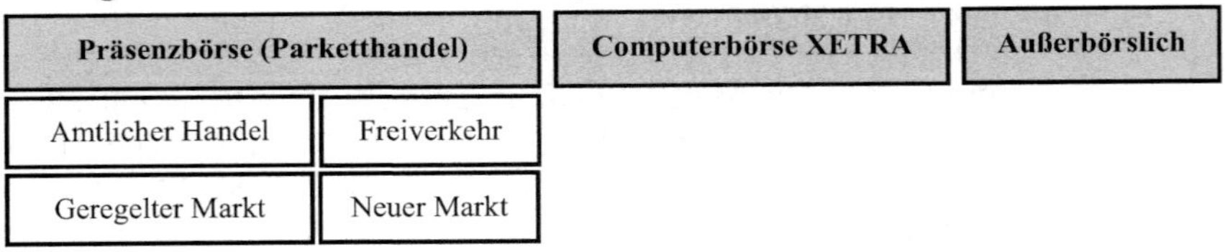

Präsenzbörse (Parketthandel)		Computerbörse XETRA	Außerbörslich
Amtlicher Handel	Freiverkehr		
Geregelter Markt	Neuer Markt		

Als wichtigster Sekundärmarkt gilt die *Wertpapierbörse*. An diesem Ort werden Wertpapiere gehandelt. Der Handel steht Anlegern aber meist nicht direkt offen, sondern erfolgt über Makler und Händler. *Händler* führen die Aufträge von Kunden aus und erhalten dafür eine Vermittlungsgebühr (Courtage, Brokerage).

Broker wickeln Geschäfte nicht auf eigene Rechnung ab, d.h. sie treten nicht selbst als (Ver-)Käufer auf. Dealer handeln dagegen Wertpapiere auf eigene Rechnung. Hierzu gehören auch *Geschäftsbanken*, die im Auftrag von Privatanlegern börslich handeln, aber auch z.b. Wertpapiere für eigene Depots erwerben.[2] Kundenaufträge geben Händler entweder an *Makler* weiter oder gehen damit direkt in den Computerhandel. Amtliche Makler (Kursmakler) sind amtlich bestellte und vereidigte Makler, die bei der Feststellung von Börsenkursen im Parketthandel wirksam werden; freie Makler sind für den Freiverkehr zuständig. Makler sind nur im Parketthandel, nicht im Computerhandel tätig (vgl. Abbildung 2.1).[3] Die *Kursfeststellung* erfolgt aber in beiden Fällen nach dem *Meistausführungsprinzip*, was sich am Beispiel des Einheitskurses illustrieren lässt:[4] Ein Privatanleger will Aktien von DaimlerChrysler (DCX) erwerben und wendet sich an seine Bank. Deren Händler leitet den Kaufauftrag an den Börsenmakler weiter. Er vergleicht Angebot und Nachfrage für DCX und ermittelt zu einem festen Zeitpunkt den Preis (Kurs), zu dem die maximale Stückzahl an DCX-Aktien (Umsatz) den Besitzer wechselt.

Im *Parketthandel* unterscheidet man drei Arten der Kursfeststellung: den Eröffnungskurs, den erwähnten Einheitskurs (gewöhnlich zur Mitte der Börsensitzung) sowie den variablen Handel, bei dem jederzeit bzw. fortlaufend Kurse („quotes") festgestellt werden können. Im *Computerhandel* werden fünf Arten der Kursfeststellung unterschieden: die reguläre Auktion („auction" oder „public call"), die Eröffnungs- und Schlussauktion („opening" bzw. „final auction"), der fortlaufende Handel („continous trading") sowie die Auktion nach Unterbrechung aufgrund starker Kursbewegungen („volatility interruption auction"). Beim *fortlaufenden Handel* können einmal getätigte Aufträge nicht mehr verän-

---

[2] (Privat-)Anleger können bei ihrem Auftrag (Order) ein preisliches und zeitliches Limit setzen. Ein preisliches Limit gibt den Kurs an, den der Anleger maximal für eine Aktie zu zahlen bereit ist, bzw. den er bei einem Verkauf mindestens erwartet. Bei der Limit Order wird der Kaufpreis einer Anlage begrenzt, während die Market Order ohne Limit erteilt wird. In Bezug auf die Gültigkeit eines Auftrages gibt es folgende Möglichkeiten: Die Order kann tagesgültig (Good-for-day), gültig bis zu einem bestimmten Datum (Good-for-date) oder unbefristet (Good-till-cancel) erteilt werden. Damit wäre sie maximal 90 Tage gültig. In Bezug auf die Ausführung gibt es zwei Zusätze: Bei FOK („fill or kill") wird der Auftrag entweder vollständig oder überhaupt nicht ausgeführt. Immediate-or-Cancel bedeutet, dass der Auftrag ausgeführt werden muss, sobald er auf den Markt kommt. (Vgl. http://boerse-frankfurt.com/pip/dispatch/de/pip/private_investors/wissen/handeln_fwb/orderzusaetze.htm).

[3] Bei der Kursfeststellung arbeiten auch Makler computerunterstützt mit dem Programm ‚Xontro', das aber nicht mit dem Computerhandel XETRA verwechselt werden darf. Heutzutage erfolgen nur noch rund zehn Prozent des Handels auf dem Parkett. Auf außerbörslichen Telefonhandel gehen wir nicht weiter ein.

[4] Einheitskurs ist ein „vom Kursmakler für jedes Papier täglich festgesetzter, offizieller K[urs] aller zum amtlichen Handel zugelassenen Papiere" (Gabler Wirtschaftslexikon, 2000: 1913).

dert werden. Die Kursfeststellung erfolgt nicht über Makler, sondern über das Computersystem. Sobald ein Gebot – eine *Order* – hinsichtlich Menge und Preis mit einem Angebot übereinstimmt, wird der Auftrag ausgeführt, das Geschäft kommt zustande. Dabei können auch Kunden-Limits wirksam werden. Kann eine Order nicht ausgeführt werden, wird sie am Ende des Handelstages gelöscht – es sei denn, sie ist mit einem zeitlichen Limit versehen. Bei einer *Auktion* können Anleger während der Aufrufphase ihre Aufträge in das Skontrobuch einstellen oder dortige Aufträge ändern bzw. löschen. Die Aufrufphase endet zufallsgeneriert. In der anschließenden Preisermittlungsphase wird der Kurs nach dem so genannten Meistausführungsprinzip festgelegt (vgl. Beike & Schlütz, 1999: 63f.). Wir werden später darauf eingehen, dass diese Überlegungen ein spezifisches Verständnis der Verknüpfung von individuellem Anlegerverhalten und Marktprozessen zugrunde legen (vgl. Kapitel 2.3).

An dieser Stelle ist zu ergänzen, dass die Klassifizierung in Abbildung 2.1 seit 1. November 2007 nicht mehr gültig ist. Vielmehr wird seither an der Deutschen Börse zwischen zwei Zugängen zum Kapitalmarkt und drei Transparenzstandards unterschieden: (1) Der amtliche und der geregelte Markt sind nunmehr im *(EU-)regulierten Markt* zusammengefasst. Er ist im öffentlichen Recht verankert (Wertpapierhandelsgesetz). Hier gibt es den Teilbereich „Prime Standard", in dem nur Unternehmen zugelassen sind, die sich ausländischen Investoren öffnen wollen und sich daher verpflichten, hohe internationale Transparenzstandards zu erfüllen. Die Zulassung zu diesem Teilbereich ist auch die Voraussetzung für die Aufnahme in den DAX, SDAX, MDAX sowie TecDAX. Weniger strenge Kriterien gelten für den „General Standard". (2) Daneben gibt es den *Open Market*, der zuvor Freiverkehr hieß und den privatrechtlichen Bereich darstellt. Hier gibt es den Teilbereich bzw. das Transparenzlevel „Entry Standard". Hier wird vor allem jüngeren, kleineren bis mittleren Unternehmen ein einfacher Zugang zum Kapitalmarkt eröffnet.[5]

In unserer empirischen Untersuchung berücksichtigen wir zum einen die *Kurse*, zum anderen die umgesetzten Stückzahlen bzw. Volumina von zehn ausgewählten deutschen Unternehmen aus verschiedenen Branchen bzw. Märkten. Für die *Volumina* der zehn exemplarischen Unternehmen beziehen wir uns auf den Parketthandel der Wertpapierbörsen in Frankfurt am Main, Stuttgart und München sowie den XETRA-Handel. Für den *Kurs* der Wertpapiere der zehn Unternehmen beziehen wir uns ausschließlich auf die Computerbörse XETRA (vgl. Kapitel 5.3). Den Handel mit Optionsscheinen haben wir im sekundäranalytischen Teil unserer empirischen Untersuchung nicht berücksichtigt (vgl. Ka-

---

5   Vgl. http://boerse-frankfurt.com/pip/dispatch/de/listcontent/private_investors/wissen/grundlagen_boerse/marksegmente.htm (Abruf: 12.01.2008).

pitel 5). Wir wollen den Unterschied zwischen Kassa- und Termingeschäften an dieser Stelle zumindest kurz skizzieren. Kassageschäfte werden sofort oder sehr kurzfristig wirksam, Termingeschäfte erst später. Hier kann man bedingte (Optionen) und unbedingte Termingeschäfte (Futures, Forwards) unterscheiden. Bei einer Option erwirbt man als Käufer das Recht, aber nicht die Pflicht, eine Aktie zum vereinbarten Basis- oder Ausübungspreis zu einem festgelegten Zeitpunkt (bzw. in einem Zeitraum) zu kaufen (Call) oder zu verkaufen (Put). Bei den meisten Optionsscheinen wird allerdings auf die Ausübung zugunsten eines Barausgleichs verzichtet. Im Prinzip setzt ein Anleger auf fallende Kurse, wenn er Verkaufsoptionsscheine (Puts) erwirbt und auf steigende Kurse, wenn er Calls kauft. Tritt seine Prognose ein, kann er sein Kapital deutlich stärker vermehren als ihm das durch den Leerverkauf (als Alternative zum Put) oder Kauf (Alternative zum Call) der zugrundeliegenden Aktie gelungen wäre. Auf der anderen Seite droht der Totalverlust des eingesetzten Kapitals, wenn die zugrundeliegende Aktie deutliche Kursgewinne bzw. –verluste hinnehmen muss.

2.1.2 *Aktien, Kennwerte, fundamentale und technische Analyse*

Bislang haben wir ein gewisses Grundverständnis von Aktien bereits vorausgesetzt, gehen nun aber auf Aktien als Form des Wertpapiers ausführlicher ein. Ein *Wertpapier* ist eine Urkunde, die bestimmte Rechte wie z.B. die Miteigentümerschaft an einem Unternehmen verbrieft. *Aktien* sind eine Form des Wertpapiers, das dem Aktionär einen Anteil am Gesamtvermögen einer Aktiengesellschaft (AG) bzw. Kapitalanlagegesellschaft (KAG) verbrieft. Neben den Stammaktien mit vollem Stimmrecht auf der Hauptversammlung gibt es Vorzugsaktien, die zwar kein Stimmrecht beinhalten, aber meist höhere Dividende versprechen. Unabhängig davon unterscheiden sich Namens- und Inhaberaktien darin, ob der Name des Aktionärs ins Aktienbuch eingetragen ist. Obwohl es kein klares Unterscheidungskriterium gibt, wird zudem oft zwischen Standard- und Nebenwerten differenziert. *Standardwerte („Blue Chips")* sind Aktien großer und bekannter Unternehmen – z.B. alle DAX-Werte. Als *Nebenwerte* gelten die meisten Aktien kleinerer, unbekannter Unternehmen.

Viele deutsche Aktien werden außerbörslich gehandelt, oder die AGs befinden sich in Familienbesitz. Unter *Streubesitz* versteht man den Besitz an Aktien einer AG, der an den Börsen gehandelt werden kann. Je größer der Streubesitz ausfällt, desto breiter ist der Markt für das betreffende Papier. Je geringer der Streubesitz, desto größer ist die *Marktenge*.

Als *Emission* bezeichnet man die Ausgabe neuer Wertpapiere, z.B. Aktien. Aus Unternehmenssicht wird durch Verkauf von Aktien (Fremd-)Kapital beschafft. Der *Nenn-* bzw. *Nominalwert* einer Aktie gibt aus Anlegersicht den Anteil am Grundkapital des Unternehmens an, den man als Anleger durch Kauf der Aktie erwirbt bzw. hält.[6] Zum Zeitpunkt der Emission ist das Grundkapital gleich der Summe der Nennwerte aller ausgegebenen Aktien dieses Unternehmens. Der *Kurs* einer Aktie ist ihr Preis an der Börse. Durch Multiplikation des Kurses mit der Anzahl der Aktien ergibt sich der *Marktpreis* – auch Markt- bzw. Börsenkapitalisierung genannt. Fundamentalanalysen nehmen an, dass der Marktpreis nicht mit dem *inneren Wert* bzw. *wahren Preis* einer Aktie übereinstimmen muss.[7] Diesen inneren Wert versuchen Fundamentalanalysen aus Gesamtmarkt-, Branchen- und Unternehmensanalysen zu bestimmen. Zu Kauf oder Halten (Verkauf oder Nichtkauf) wird dann geraten, wenn der wahre Preis über (unter) dem Marktpreis liegt (vgl. kritisch Röckemann, 1995: 5ff.). Bei bestimmten Anomalien am Aktienmarkt (vgl. Kapitel 2.2.4) wie so genannte „Bubbles" erhöht sich der Aktienkurs deutlich stärker als der Fundamentalwert und weicht immer mehr von ihm ab – bis die Blase platzt.

Allerdings ist der aktuelle Kursstand einer Aktie noch nicht sehr aussagekräftig. Dazu das Beispiel zweier Unternehmen aus derselben Branche: Die Aktie des einen Unternehmens notierte bei € 10, die des anderen bei € 5. Wenn die Emission im ersten Fall 50 Aktien und im zweiten Fall 100 Aktien umfasste, liegt die gleiche *Markt-* bzw. *Börsenkapitalisierung* vor. Sie reflektiert den Börsenwert, also die Bewertung eines Unternehmens an der Börse. Im Beispiel ist der Börsenwert beider Unternehmen gleich. Direkte Kursvergleiche zwischen Aktien einer Branche sagen also zunächst relativ wenig aus.

Aktionäre ordern oder zeichnen bestimmte Aktien, weil sie auf Zahlungen aus diesem Anlageobjekt hoffen. Zur Beurteilung möglicher Zahlungen stehen ihnen bestimmte *Kennzahlen* zur Verfügung (vgl. dafür Beike & Schlütz, 1999: 121ff.; Gabler Wirtschaftslexikon, 2000):

○ *Dividende, Dividendenrendite*: Die Dividende ist der Anteil am Gewinn einer Aktiengesellschaft, der auf die Aktionäre entsprechend der Anzahl ihrer Aktien entfällt.[8] Die Dividendenrendite ist das Verhältnis der Divi-

---

6   Die Unterscheidung zwischen Basiswert (z.B. Objekt ‚Aktie') und Basispreis (z.B. Marktpreis einer Aktie) erfolgt jedoch oft nicht konsistent (vgl. Busch et al., 2003: 38).
7   Der innere Wert entspricht in der Regel den zu erwartenden Zahlungen – meist der Dividende oder dem Liquidationswert (vgl. z.B. Welcker, 1991: 17f.).
8   Die Bilanz eines Unternehmens ist die vollständige Bestandsaufnahme der Aktiva (Soll) und Passiva (Haben), d.h. die Vermögensaufstellung zu einem bestimmten Stichtag. Für Aktiengesellschaften ist die Gliederung der Bilanz in bestimmte Posten gesetzlich vorgeschrieben. Der Umsatz umfasst Erlöse aus dem Verkauf aller Waren und Leistungen, aber auch Erlöse aus Vermietung oder Verpachtung. Der Gewinn bzw. Verlust bezogen auf die Geschäftsperiode wird aus Erträgen (z.B. Umsätzen, aber auch Zins- und Dividendeneinnahmen) und Aufwendungen errechnet: Übersteigen die Erträge die Aufwendungen einschließlich Ertragssteuern,

dende zum Aktienkurs mal hundert.[9] Sie reflektiert den Anteil der Ausschüttung am Börsenkurs des Unternehmens. Über die Höhe der Dividende entscheidet die Hauptversammlung nach Vorschlag von Vorstand und Aufsichtsrat. Dabei muss nicht jedes Jahr Dividende ausgeschüttet werden.[10] Zudem entspricht die Gesamtdividende oft nicht dem Gesamtgewinn, sondern fällt z.b. aufgrund von Rückstellungen oder Investitionen geringer aus. Die *Ausschüttungsquote* berechnet sich als Verhältnis aus der Dividende mal hundert durch den Gewinn je Aktie.

○ Kurs-Gewinn-Verhältnis (KGV): Zur Berechnung des KGV bzw. der „price earnings ratio" wird zunächst der Gewinn des Unternehmens durch die Zahl der Aktien dividiert, d.h. der Gewinn je Aktie berechnet.[11] Dann wird der Kurs der Aktie durch den Gewinn je Aktie dividiert. Das KGV gibt damit an, mit welchem Vielfachen des (Jahres-)Gewinns eine Aktie bezahlt werden muss bzw. gehandelt wird. Liegt das KGV für eine Aktie z.b. bei € 10, dann muss man für € 1 Gewinn das Zehnfache bezahlen. Das Unternehmen müsste dann aber 10 Jahre den aktuellen Gewinn verzeichnen, bis der aktuelle Marktpreis *fundamental* gerechtfertigt wäre. Als Faustregel gilt: Je niedriger (höher) das KGV, desto günstiger (ungünstiger) ist eine Aktie. Aktien traditioneller Branchen haben meist ein niedrigeres KGV als Aktien neuerer Branchen. Fundamentalanalysen betrachten aber nicht nur das aktuelle KGV, sondern orientieren sich an Vorhersagen. Das Kurspotenzial einer Aktie wird dabei aus dem erwarteten Gewinn und dem erwarteten KGV im Vergleich zum aktuellen Kurs berechnet. Allerdings ist das KGV nur im Branchenvergleich interpretierbar. Dabei muss aber ein im Branchenvergleich unterdurchschnittliches KGV keineswegs ein entsprechendes Kurspotenzial indizieren (vgl. Busch et al., 2003: 215f.), sondern kann auf fundamentale Faktoren wie z.B. Missmanagement zurückgehen.[12]

---

dann wird ein Gewinn verbucht, im umgekehrten Fall ein Verlust. Gewinn bzw. Verlust kann man als Resultat des reinen Geschäftserfolges eines Unternehmens betrachten.
9 Allgemein ist die Rendite (Profitrate) die prozentuale Verzinsung von eingesetztem Kapital.
10 Die Dividende wird in Deutschland jährlich ausgeschüttet.
11 Bei Verlusten kann natürlich kein KGV ermittelt werden.
12 Kann wegen Verlusten kein KGV berechnet werden, lässt sich zumindest das Kurs-Cashflow-Verhältnis (KCV) bestimmen. Hier wird der Kurs durch den Cashflow je Aktie dividiert. Damit reflektiert das KCV, mit welchem Vielfachen des Cashflow eine Aktie börslich gehandelt bzw. bewertet wird. Die Faustregel ist dabei analog zum KGV. Als Cashflow wird allgemein der Zuwachs an liquiden Mitteln durch das operative Geschäft eines Unternehmens bezeichnet, also das frei verfügbare Kapital für Investitionen, Schuldentilgung und Dividendenzahlung. Damit ist der Cashflow nicht identisch mit dem Gewinn. Meist wird der Cashflow aus Jahresüberschuss, Steuern von Ertrag und Einkommen, Abschreibungen sowie Veränderungen der langfristigen Rückstellungen berechnet. Bei Aktien zeigt eine hohe Liquidität erstens an,

○ *Volatilität*: Der Begriff bezeichnet die Schwankung eines Werts (Standardabweichung bzw. Varianz) um den Mittelwert oder Trend einer Zeitreihe in einem bestimmten Zeitraum (vgl. Gabler Wirtschaftslexikon, 2000: 3364). Eine Volatilität von 10% bedeutet, dass der (logarithmierte) Kurs innerhalb eines Zeitraums im Durchschnitt +/–10% um den aktuellen Kurswert herum pendelte, also zwischen 90% und 110% des aktuellen Werts schwankte. Für den DAX und die dort gelisteten Aktien prognostiziert die Deutsche Börse die Volatilität für 30 Handelstage. Dieser Volatilitätsindex VDAX – neuerdings VDAX-NEW – „drückt die vom Terminmarkt erwartete Schwankungsbreite – die implizite Volatilität – von DAX aus. VDAX-NEW gibt in Prozentpunkten an, welche Volatilität in den kommenden 30 Tagen für DAX zu erwarten ist".[13] Die *historische* Volatilität wird aus dem früheren Kursverlauf bestimmt. Bei *impliziter* Volatilität wird von der aktuellen Marktsituation ausgehend eine Prognose mittels Iterationsverfahren vorgenommen. In der Regel lässt hohe Volatilität hohe Renditen erwarten, da auch das Risiko für Anleger steigt (vgl. Busch et al., 2003).

Anlegern stehen zur Kurseinschätzung vor allem zwei Instrumente bzw. Methoden zur Verfügung: die Fundamental- und die technische Analyse.

○ Die *Fundamentalanalyse* geht nur von unternehmensbezogenen Einflussfaktoren auf den Kurs aus. Wie oben erwähnt, nehmen Fundamentalanalysen an, dass der Marktpreis nicht mit dem inneren Wert, also fundamental gerechtfertigten Preis übereinstimmt (vgl. Röckemann, 1995: 55ff). Fundamentalanalysen berücksichtigen quantitative und qualitative Einflussfaktoren auf die Kursentwicklungen. Zu quantitativen Faktoren gehören Informationen wie Geschäftsstrukturen, Erträge oder Bilanzen des Unternehmens. Zu qualitativen Faktoren werden Innovationspotenzial, Zukunftschancen von Produkten oder die Qualität des Managements gerechnet (vgl. Gabler Wirtschaftslexikon, 2000: 1165).

○ Die *technische Analyse*, die zwar auch, aber mehr als *Chart-Analysen* umfasst, versucht, die Kursentwicklung durch Beobachtung bisheriger Kursverläufe zu prognostizieren. Der Horizont der technischen Analyse ist dabei kurzfristiger als bei einer Fundamentalanalyse. Der Fokus liegt

---

dass sich das Papier wieder leicht verkaufen lässt; das ist bei Nebenwerten selten der Fall. Zweitens verweist hohe Liquidität an einer Börse auf das Potenzial, dass viele Anleger in die dort gehandelten Aktien investieren werden (vgl. Busch et al., 2003: 70, 223).

13 Vgl. http://deutsche-boerse.com/dbag/dispatch/de/isg/gdb_navigation/market_data_analytics/20_indices/26_vola-tility_indices/ (Abruf: 21.09.06).

nicht auf unternehmensbezogenen Faktoren, sondern auf der Identifikation von Trends und Zyklen mit Hilfe verschiedener Charttypen wie z.b. Linien-, Balken- oder Candle-Charts (vgl. z.B. Busch et al., 2003: 145ff., 292; Röckemann, 1995: 5ff).

2.1.3 Informations- und Anlegertypen am Aktienmarkt

Wie auf anderen Märkten ergeben sich an der Börse die Preise, also Aktienkurse, letztlich aus Angebot und Nachfrage. Zu den bereits vorgestellten Arten der Kursfeststellung gehört die Auktion. Von einem Auktionsverfahren als Marktprinzip geht auch das *Tâtonnement* nach Walras aus (vgl. z.B. Grossman, 1981): „Dabei wird gedanklich unterstellt, es gäbe einen Auktionator (unsichtbare Hand), der Preise [...] bekannt gibt und dem die [...] angebotenen und nachgefragten Mengen mitgeteilt werden. Stimmen Angebot und Nachfrage zu diesen Preisen nicht überein, ändert der Auktionator die Preise so lange, bis sich ein Marktgleichgewicht im Sinne der Markträumung einstellt" (Gabler Wirtschaftslexikon, 2000: 3015). In dem nach der Auktion eröffneten Handel findet der Austausch also zu einem für alle Marktteilnehmer gleichgewichtigen Preis statt. Der in der Preisermittlungsphase festgelegte Kurs „kommuniziert alle Informationen, über die der Agent vorher nicht verfügen konnte. [... Hier] erfüllen Preise [...] lediglich die Funktion der Markträumung; sie sind ‚Zahlen', die private Informationen ohne Rücksicht auf die Informationen anderer aggregieren" (von Heyl, 1995: 28f.).[14] In diesem *einfachen Gleichgewichtsmodell* verfügen also die Marktteilnehmer über private Informationen und bilden ihre Erwartungen nur im Vorfeld der Auktion, d.h. passen sie nicht an veränderte Preise an. Damit wird die Tatsache vernachlässigt, dass der vom (fiktiven) Auktionator veröffentlichte Preis auch Auskunft über die privaten Informationen der anderen Anleger geben kann. Solche Aspekte diskutieren wir nun ausführlich anhand eines Beispiels, das zeigt, wie sich aus dem Verhalten einzelner Anleger auf der Mikro-Ebene ein entsprechender Preis bzw. Kurs auf der Makro-Ebene ergibt. Dabei führen wir auch den *Informations-* und *Erwartungsbegriff* ein.

Die Effizienzmarkthypothese, auf die wir in Kapitel 2.2.1 ausführlich eingehen, betrachtet nicht den einzelnen Anleger, sondern den Aktienmarkt als Analyseeinheit (vgl. Fama, 1976: 143). Von Heyl (1995: 39) wendet zu Recht ein, dass dabei die „Mechanismen der Aggregation der individuellen Meinungen [nicht] näher betrachtet werden".[15] Dieser Einwand wirft die allgemeine Frage

---

14 „Der populäre *theoretische* Gleichgewichtsbegriff bezieht sich normalerweise auf einen Markt und bezeichnet einen Zustand des Ausgleichs zwischen Angebots- und Nachfrageplänen, eine sogenannte Markträumung" (Becht, 1999: 6; Herv.i.O.).
15 So könnten z.B. Anleger auch unterschiedlich risikobereit sein.

nach einer Verknüpfung von Mikro- und Makro-Ebene auf. In den Sozialwissenschaften wird die Erklärung, wie Mikro-Phänomene die Makro-Ebene beeinflussen, als *Aggregationsregel* bezeichnet (vgl. z.B. Coleman, 1990; Schimank, 2002). Bei Märkten wäre die Aggregationsregel eine Erklärung dafür, wie das Verhalten von Marktteilnehmern auf der Mikro-Ebene zu einem Marktgeschehen auf der Makro-Ebene wird – wie also z.b. bei Aktienmärkten das Verhalten der Anleger in einen bestimmten Kurs mündet. Hierfür gibt von Heyl (1995: 45ff.) gute Beispiele, die wir in drei Szenarien aufteilen:

○ *Szenario 1 – Informationsgleichgewicht*: Ausgangspunkt sind hier zwei risikoaverse Anleger A und B mit gleicher Vermögensausstattung („endowment") und identischer Risikobereitschaft. A und B haben den gleichen Informationsstand sowie die Erwartung, dass der Preis der Aktie mit gleicher Wahrscheinlichkeit € 100 oder € 200 betrage. Die identischen Informationsstände beider Anleger A und B schaffen keinen Anreiz zum Kauf oder Verkauf – es kommt also kein Handel zustande.

In diesem Szenario reicht es für Anleger aus, den ‚kostenfreien' Preis zu beobachten, um die jeweils beste Transaktionsentscheidung zu treffen. Denn der aktuelle Preis bzw. Kurs spiegelt zu jedem Zeitpunkt alle relevanten Informationen wider. Damit aber fehlt jeder Anreiz, *neue* Informationen zu beschaffen oder auszuwerten, um so weitere Gewinne zu erzielen. Daher wird kein Marktteilnehmer handeln. Wenn aber kein Anleger neue Informationen sammelt bzw. auswertet und auch keiner handelt, dann können sich diese Informationen gar nicht in den Preisen widerspiegeln. Damit ist allerdings unklar, wie überhaupt Handel zustande kommen soll. Dieses Erklärungsdilemma heißt *Informationsparadoxon* (vgl. Grossmann, 1976; Grossmann & Stiglitz, 1980; Hellwig, 1980). Nach Neumann & Klein (1982: 173) verschwindet es, wenn man die Möglichkeit von Informationsvorsprüngen einräumt:

○ *Szenario 2 – Informationsvorsprünge*: Wir nehmen an, dass Anleger A einen Informationsvorsprung gegenüber Anleger B hat, denn A weiß, dass die Wahrscheinlichkeiten für € 200 und € 100 im Verhältnis von 75:25 zueinander stehen. Anleger A wird also versuchen, seinen Informationsvorsprung in einen Gewinn umzusetzen. Dabei verspricht jeder Kaufpreis unter € 175 einen Gewinn. Anleger B hat immer noch den ‚alten' Informationsstand. Daher erscheint ihm jeder Preis über € 150 überzogen; er wird daher verkaufen. Durch diese Kauf- und Verkaufsabsichten wird sich der Kurs auf einen Preis zwischen € 150 und € 175 einpendeln. Wenn das Geschäft zustande kommt, dann hat nur Anleger A ein gutes Geschäft gemacht: „Der Informierte [Anleger A] weiß, daß er relativ zu seinen Informationen [75:25] billig kaufen konnte; der Uninformierte [Anleger B] denkt, daß er relativ zu seinen Informationen [50:50] teuer verkaufen konnte" (Heyl, 1995: 46).

Bei diesem Szenario gibt es zwei Arten von *Erwartungen*: (1) Jeder Anleger vermutet aufgrund seines eigenen Informationsstands einen bestimmten Preis bzw. Aktienkurs. Hier kann man von *informationsbezogener* Erwartung sprechen. (2) Jeder Anleger hat aber auch Vorstellungen über den Informationsstand des jeweils anderen Anlegers. Solche *marktteilnehmerbezogenen* Erwartungen sind vergleichbar mit dem, was Luhmann (1984) Erwartungserwartungen nennt: Anleger A erwartet, dass Anleger B weniger Informationen besitzt als er selbst und daher verkaufen würde. Ohne diese Erwartung würde Anleger A gar keinen Kaufauftrag lancieren. Anleger B erwartet dagegen, dass Anleger A wie er selbst über keine neuen Informationen verfügt. Ohne diese ‚falsche' Erwartungserwartung würde also Anleger B gar nicht verkaufen, d.h. es käme gar kein Handel zustande. Eine solche ‚falsche' Erwartung von Anleger B ist aber zunächst einmal eher unwahrscheinlich (vgl. Heyl, 1995: 47):

○ *Szenario 3 – Erwartungsanpassung*: Denn wenn Anleger A plötzlich handeln will, wird Anleger B nach den Gründen dafür fragen. Er wird einen Informationsvorsprung bei Ableger A vermuten, also seine eigene Erwartungserwartung anpassen – und dann nicht verkaufen. Denn die anhaltende Handelsbereitschaft von Anleger A vermittelt ihm jene Information, die bislang nur Anleger A hatte. Die Handelsbemühungen von A übernehmen hier also eine Informationsfunktion.

Anleger B erfährt durch die Handelsbereitschaft des Anlegers A den möglichen Preis, den dieser zu zahlen bereit wäre – und daher indirekt auch die Information, die bislang nur Anleger A vorlag. Anleger B muss diese Information nicht genau kennen; es genügt zu wissen, dass sie relevant ist. Die bislang nur ‚private' Information ist damit zum ‚common knowledge' geworden. In einer solchen Situation wird ein Gleichgewichtspreis zustande kommen, der „fully revealing" ist, also alle Informationen offenlegt. Dann bestehen aber weder Gewinnmöglichkeit noch Handelsanreiz. Diese Situation entspricht dem so genannten *„No-Trade-Theorem"* (vgl. z.B. Milgrom & Stockey, 1982): Durch *neue* Informationen verändert sich zwar der *Preis* – beispielsweise wie im Preisfeststellungsverfahren einer Auktion. Allerdings kommt in dieser Situation kein Handel zustande, d.h. die *Verteilung* der Aktien verändert sich nicht.

Tabelle 2.1: Börsenrelevante Typen von Informationen (eigene Darstellung)

Dimension	Ausprägungen	Beispiele
Reichweite	**Informiert sind ...**	
Privat	Wenige Marktteilnehmer	
Öffentlich	Viele/alle Marktteilnehmer	
Gehalt	**Information über ...**	
Primär	Basiswert, Unternehmen, Konkurrenz usw.	z.B. über Gewinnwarnung
Sekundär	Andere Marktteilnehmer	z.B. über Herdentrieb unter Anlegern
Tertiär	Wirtschafts- und Konjunkturlage, Wirtschaftspolitik usw.	z.B. über Anstieg des Ölpreises, über wirtschaftspolitische Entscheidungen
Quelle	**Information aus/von ...**	
Primär-direkt	Unternehmen usw.	z.B. Ad-hoc-Meldung eines Unternehmens
	Experten usw.	z.B. Analystenmeinung
Sekundär-direkt	Medien	z.B. Artikel über Missmanagement
Indirekt	Marktpreis/Aktienkurs	‚Preis als Kommunikator'

Mit den drei Szenarien lassen sich börsenrelevante *Typen von Informationen* anhand von drei Dimensionen klassifizieren (vgl. Tabelle 2.1). Wir verstehen dabei Information als die „Verminderung des Kenntnis- oder Aktualitätsgefälles zwischen Kommunikator [Sender] und Rezipient [Empfänger] oder auch als Beseitigung von Ungewissheit" (Schulz, 2002: 16).

- *Dimension 1 – Reichweite der Information*: Informationen können nur wenigen oder vielen Marktteilnehmern bekannt sein. Den ersten Fall nennen wir *private*, den zweiten Fall *öffentliche Information*.
- *Dimension 2 – Gehalt der Information*: Aus Anlegersicht haben Informationen über die Aktie, über das Unternehmen oder über die jeweiligen Konkurrenten bzw. die betreffende Branche *primären* Gehalt. Informationen über andere Anleger bzw. Marktteilnehmer – etwa entsprechende Einschätzungen eines Analysten über einen Herdentrieb unter Kleinanlegern – haben *sekundären* Gehalt. Informationen über die allgemeine Wirtschafts- und Konjunkturlage oder wirtschaftspolitische Entscheidungen haben dagegen aus Anlegersicht *tertiären* Gehalt.
- *Dimension 3 – Quelle der Information*: Die Art der Quelle ist stets aus der Perspektive des Marktteilnehmers zu beurteilen: Informationen über ein Unternehmen, die der Anleger etwa direkt von einem Unternehmenssprecher erfährt oder einer Ad-hoc-Meldung entnimmt, stammen für ihn aus einer *primär-direkten* Quelle (vgl. auch Ernst et al., 2005: 33ff.). Die Einschätzung eines Analysten über die Entwicklung eines Unternehmens ist ebenfalls eine Information aus einer Primärquelle, wenn sie vom Analysten direkt an den Anleger geht. Wird sie dagegen in einer Börsensen-

dung im Fernsehen veröffentlicht, dann stammt sie aus einer *sekundärdirekten Quelle*. Stammt die Einschätzung über das Unternehmen vom Moderator der Börsensendung, dann ist der Moderator wiederum eine primäre Quelle. Von *indirekter* Quelle sprechen wir dann, wenn die Quelle keine direkte Information liefert, sondern nur mittelbar Schlüsse auf bestimmte Aspekte, Prozesse oder Sachverhalte zulässt. Für unsere Untersuchung relevant ist als indirekte Informationsquelle vor allem der *Marktpreis*: Wie erwähnt, gibt er zwar nicht direkt Auskunft (z.B. über Information zu Bilanzen), informiert aber bislang ‚unwissende' Marktteilnehmer darüber, dass andere Anleger offenbar einen relevanten Informationsvorsprung haben. Nach Hayek (1945: 526) fungieren Preise also nicht nur als ‚Aggregator', indem sie Informationen aller Marktteilnehmer in einem Wert – dem Aktienkurs – aggregieren, sondern sind auch ein ‚Kommunikator'.

Die bisherigen Überlegungen unterstellen rationale Anleger, die zwar unterschiedliche Informationsstände haben können, sich aber in anderen Merkmalen wie z.B. Finanzausstattung oder Risikobereitschaft gleichen. Das ist eher unrealistisch. Vielmehr lassen sich verschiedene Typen von Anlegern unterscheiden (vgl. z.B. Shleifer & Summers 1990; Röckemann, 1995; von Rosen & Gerke, 2001; Ernst et al., 2005). Wir gehen dabei von sechs Klassifizierungsmöglichkeiten aus (vgl. Tabelle 2.2): (1) Mit dem Merkmal der *Rationalität* kann man rationale Anleger („Arbitrageure") von nicht rational handelnden Anlegern abgrenzen. (2) Mit dem Merkmal der *Professionalität* ist zwischen professionellen Anlegern und Laien zu unterscheiden. (3) Mit dem Merkmal der *Institutionalität* können wir auch zwischen institutionellen Anlegern und Privatanlegern differenzieren: Institutionelle Anleger sind z.B. im Bankwesen anzutreffen. Privatanleger wiederum sind zumindest in ihrem Börsenhandeln nicht institutionell verankert.[16] Statt von privaten Investoren ist auch von individuellen oder Kleinanlegern die Rede (vgl. z.B. Barber & Odean, 2005). Die jeweiligen Ausprägungen der drei Merkmale sind insofern idealtypisch, als Abstufungen etwa zwischen ‚Börsen-Profis' und ‚Börsen-Laien' möglich sind. Darüber hinaus überschneiden sich die drei Merkmale teilweise und sind daher eher analytisch zu trennen. So sind z.B. institutionelle Investoren professionelle Anleger, die oft rational handeln (sollten). Und unter privaten Anlegern, die meist mit kleineren Werten handeln, dürften die im Vergleich dazu unkundigeren Laien dominieren. Im Kontext von Noise-Trading (vgl. Kapitel 2.2.3.2) werden wir aber zeigen,

---

16 Ein Politiker, der als Privatperson mit Aktien handelt, ist als Parteimitglied in eine Institution eingebunden, aber das wird keinen (direkten) Einfluss auf sein Börsenhandeln haben.

dass selbst professionelle Anleger irren und dann als „Nice Trader" Rauschen am Markt erzeugen. Von Heyl (1995) rechnet professionelle „Bluffer" zudem zu den quasi-rational handelnden Investoren.

Tabelle 2.2: Klassifizierung von Anlegern (eigene Darstellung)

Klassifikationsmerkmal	Ausprägungen	
Rationalität	Rational handelnde Anleger	Nicht rational handelnde Anleger
Professionalität	Professionelle Anleger	Laien, nicht professionelle Anleger
Institutionalität	Institutionelle Anleger	Individuelle, private Anleger
Risikobereitschaft	Risikobereite Anleger	Risikoaverse Anleger
Informationsstand	Informierte, kundige Anleger	Uninformierte, unkundige Anleger
Liquidität	Liquide Anleger	Nicht liquide Anleger

(4) Anleger lassen sich aber auch nach ihrer *Risikobereitschaft* unterscheiden: Die bereits erwähnte Effizienzmarkthypothese und die daran anknüpfenden Ansätze unterstellen eine grundsätzliche Risikoaversion bei Anlegern. Allerdings sind auch risikobereite Anleger denkbar und wohl auch empirisch wahrscheinlich. Sie könnten z.b. unter den so genannten „Bluffern" zu finden sein (vgl. Kapitel 2.2.3). (5) Anleger lassen sich zudem nach ihrem *Informationsstand* differenzieren. So sind professionelle, institutionelle Anleger sicherlich meist besser informiert als Laien bzw. Privatanleger. Zudem dürften Investoren, gerade weil sie besser informiert sind, auch rationaler handeln als unkundigere Anleger. (6) Schließlich wird auch die *Liquidität* als notwendige Bedingung für Börsenhandeln bei Anlegern unterschiedlich ausgeprägt sein. Entsprechend berücksichtigt von Heyl (1995) die erwähnten „Liquidity Trader".

Dass die genannten sechs Merkmale nicht immer trennscharf gehalten werden oder gehalten werden können, zeigt z.B. eine Unterscheidung von Shleifer & Summers (1990). Die Autoren differenzieren zwischen „arbitrageurs", „smart money" und „rational speculators" auf der einen Seite und „noise traders" bzw. „liquidity traders" auf der anderen Seite.

2.2 Zentrale Ansätze der Kapitalmarktforschung

Mit den finanzwissenschaftlichen Grundlagen geht es nun um Theorien zu Kapitalmärkten, Börsengeschehen und Aktienkursen (vgl. Abbildung 2.2). (1) Zum einen diskutieren wir verschiedene Ansätze der Kapitalmarkttheorie.[17] Für unse-

---

17 „Die K[apitalmarkttheorie] untersucht den Zusammenhang zwischen Risiko und Ertrag der Geldanlage in risikobehafteten Vermögensgütern, z.B. Aktien, auf einem vollkommenen Kapi-

re Fragestellung interessiert besonders die „Effizienzmarkthypothese" (z.B. Fama, 1970). Am Rande gehen wir auch auf andere Ansätze wie das „Capital Asset Pricing Model" oder die „Arbitrage Pricing Theory" ein (vgl. z.B. Röckemann, 1995).[18] Relevanter ist aber der Noise-Trading-Ansatz (z.b. Shleifer & Summers, 1990), der sich als aktuelle Erweiterung der klassischen Kapitalmarkttheorie versteht. (2) Zum anderen diskutieren wir Überlegungen, die unter dem Schlagwort „Behavioral Finance" (z.B. Barberis & Thaler, 2003; Shiller, 2003) einen Paradigmenwechsel in der Kapitalmarktforschung propagieren und annehmen, dass Anleger nur bedingt rational handeln („bounded rationality"). Mit (sozial)psychologischen Befunden zur Informationswahrnehmung, Informationsverarbeitung und Urteilsbildung trägt die Behavioral Finance vor allem psychologischen Faktoren Rechnung.

Abbildung 2.2: Zentrale Ansätze zu Kapitalmärkten (eigene Darstellung)

Klassische Kapitalmarkttheorie (Auswahl)	Behavioral Finance (Auswahl)
Effizienzmarkthypothese	Anomalien der Informationswahrnehmung
Andere klassische Ansätze (CAPM, APT)	Anomalien der Informationsverarbeitung
Noise-Trading-Ansatz	Anomalien bei der Entscheidung

Die Kapitalmarkttheorie folgt zwei Leitbildern – dem Leitbild rationaler Anleger („homo oeconomicus") und dem effizienter Märkte (vgl. Roßbach, 2001: 4). Das erste Leitbild (vgl. Muth, 1961) postuliert, dass Anleger ihre Erwartungen bzw. ihr Entscheidungsmodell so bilden, dass sich die Kurse diesem Modell entsprechend entwickeln. Ansonsten werden Erwartungen angepasst, was zu Kursveränderungen führen kann. Auf diesem Leitbild baut das zweite auf, das wir ausführlicher diskutieren, weil es bis heute den Referenzpunkt der Kapitalmarktforschung darstellt (vgl. Kasperzak, 1997: 22).

---

18 talmarkt [...] und fragt, welche Aktienkurse bzw. Aktienrenditen sich im Gleichgewicht einstellen, wenn sich die einzelnen Anleger am Kapitalmarkt rational verhalten und sich am Markt Angebot und Nachfrage ausgleichen" (Gabler Börsenlexikon, 2000: 1702).
Für (Becht, 1999: 5) ist die Theorie der effizienten Kapitalmärkte „unter den Gesichtspunkten der Erklärung und Prognose als mikroökonomische Partialanalyse zu betrachten [...] und auf ihrem allgemeinsten Niveau als eine auf die Wertpapiermärkte übertragene Theorie des kompetitiven Gleichgewichts" zu verstehen.

2.2.1 Effizienzmarkthypothese

Nach der Theorie effizienter Kapitalmärkte (Fama, 1965, 1970, 1976) – kurz *Effizienzmarkthypothese* – „a market in which prices always ‚fully reflect' available information is called ‚efficient'" (Fama, 1970: 383). Der Begriff der Effizienz – präziser der *Informationseffizienz* – besagt, dass ein Markt Informationen sofort verarbeiten und in Kursen ausdrücken kann. Ein Markt ist dabei immer dann in Bezug auf ein definiertes Set an Informationen effizient, wenn Anleger durch Transaktionen auf Grundlage dieser Informationen keine Gewinne erzielen können (vgl. Ellenrieder, 2001: 172).

Zu den *allgemeinen Prämissen* der Effizienzmarkthypothese gehören die Annahmen, dass am Markt kompletter Wettbewerb und vollständige Preisstabilität ohne weitere Transaktionskosten oder Steuern herrschen (vgl. Becht, 1999: 8). Daneben benennt Fama (1970: 387f.) *spezielle Prämissen*: Allen Marktteilnehmern stünden alle relevanten Informationen kostenlos zur Verfügung. Die Teilnehmer hätten homogene Erwartungen und handelten – gemäß dem ersten Leitbild der Kapitalmarkttheorie (vgl. Muth, 1961) – rational in Bezug auf die Informationen, reagierten also auf neue Informationen korrekt und gleichgerichtet. Unter diesen Prämissen sorgt der Wettbewerb dafür, dass neue Informationen sofort im aktuellen Preis reflektiert werden. Das lässt sich an einem Beispiel illustrieren: Alle Anleger erhalten eine neue Information über ein Unternehmen, die umgehend für Angebot und Nachfrage sorgt. Daraus ergibt sich der aktuelle Kurs, der umgehend die neue Information abbildet, was eine *hohe Anpassungsgeschwindigkeit* voraussetzt (vgl. dazu auch Schuster, 2004: 56ff.).

2.2.1.1 Varianten der Effizienzmarkthypothese

Wie erwähnt, ist Informationseffizienz relativ zu betrachten, da sie nur ein bestimmtes *Informationsset* betrifft. Sie muss also keineswegs „eine fundamental ‚richtige' Bewertung der Aktie" (von Heyl, 1995: 36) bedeuten. Über die Effizienz von Aktienmärkten gibt es unterschiedliche Auffassungen (z.B. Rubinstein, 1975), wobei vor allem die Unterscheidung von Informations- und Allokationseffizienz relevant ist: Informationseffizienz ist eine notwendige, aber keine hinreichende Bedingung für *Allokationseffizienz*, d.h. für die effiziente Verteilung von Ressourcen – in diesem Fall von Kapital.[19] Werden Informationen z.B. nicht optimal ausgenutzt, dann müssen informationseffiziente Preise nicht zwin-

---

19 Allokationseffizienz lässt sich am neoklassischen Tauschmarkt erläutern: Hier werden Vor- und Nachteile der Tauschpartner durch Kompensationszahlungen ausgeglichen. Es wird so lange verhandelt, bis alle Ressourcen gleichsam ihrer besten Verwendung zugeführt worden sind und insofern ein Marktgleichgewicht erreicht worden ist (vgl. Lange, 1998: 80).

gend allokationseffizient sein (vgl. Orosel, 1996). Wenn wir verkürzt von ‚Effizienz' sprechen, meinen wir aber immer ‚Informationseffizienz'.

Tabelle 2.3: Ausprägungen der Informationseffizienz (eigene Darstellung)

Ausprägung	Informationsset (Effizienz in Bezug auf …)			Kein Erfolg für …	Belege
Schwache Effizienz	Bisheriger Kursverlauf	–	–	Technische Analyse	Kaum empirisch belegt
Mittlere Effizienz	Bisheriger Kursverlauf	Öffentliche Informationen	–	Fundamentalanalyse	Empirisch belegt
Starke Effizienz	Bisheriger Kursverlauf	Öffentliche Informationen	Private Informationen	Insiderhandel	Falsifiziert

Die Effizienzmarkthypothese kennt drei *Ausprägungen von Effizienz* (vgl. Tabelle 2.3). Sie lassen sich mit den erwähnten Formen der Aktienanalyse (vgl. Kapitel 2.1.2) in Verbindung bringen und umfassen unterschiedliche *Informationssets* (vgl. Fama, 1970: 388ff.; Von Heyl, 1995: 36f.):

○ *Schwache Effizienz*: In dieser Form ist ein Markt effizient im Hinblick auf historische Kursverläufe. Der aktuelle Kurs einer Aktie reflektiert vollständig den vorangegangenen Kursverlauf. Aus dieser Perspektive verspricht eine *technische Analyse*, die aus dem bisherigen Kursverlauf den künftigen Kurs (Erwartungswert) vorhersagen will, keinen Erfolg. Denn eine *künftige* Kursänderung geht nur auf *künftige*, also neue Informationen zurück, die aber sofort ‚eingepreist' sind. Damit ist die beste Schätzung für den *künftigen* Kurs (Erwartungswert) der *derzeitige* Kurs (vgl. Röckemann, 1995: 9).

○ *Mittlere Effizienz*: In dieser Form ist der Markt effizient im Hinblick auf ein Informationsset, das zusätzlich alle öffentlich verfügbaren Informationen beinhaltet. Der aktuelle Kurs reflektiert auch diese öffentlichen Informationen. Aus dieser Sicht verspricht eine *Fundamentalanalyse*, die solche Informationen auswertet, um den künftigen Kurs (Erwartungswert) vorherzusagen, keinen Erfolg. Diese Form der Effizienzmarkthypothese gilt als empirisch am besten belegt (vgl. z.B. May, 1991).

○ *Starke Effizienz*: In dieser Form ist der Markt effizient im Hinblick auf ein Informationsset, das zusätzlich alle nicht-öffentlichen Informationen umfasst. Der aktuelle Kurs reflektiert dann auch Informationen, die z.B. nur Insidern bekannt sind. Aus dieser Sicht versprechen Insiderhandel oder veröffentlichte Insiderinformationen keinen Erfolg. Das wurde empirisch weitgehend falsifiziert (vgl. z.B. Jaffe, 1974).

Aus Sicht der Effizienzmarkthypothese können nur überraschende Ereignisse bzw. völlig neue Informationen zu unerwarteten Kursveränderungen führen. Diese können allerdings – eben aufgrund ihrer Unvorhersehbarkeit – von Anlegern nicht gewinnbringend ausgenutzt werden (vgl. Roßbach, 2001: 4).

2.2.1.2 Random-Walk-Hypothese

Als mathematische Form der Effizienzmarkthypothese gilt die *Random-Walk-Hypothese* (vgl. z.B. Kendall, 1953; Osborne, 1959), wonach die Kursentwicklung die Realisation einer bestimmten Form des Random-Walk-Prozesses darstellt. Anders gesagt: Der Kurs scheint einen zufälligen Verlauf zu nehmen, weil neue Informationen – und die daraus resultierenden Kursänderungen – weder durch eine technische Analyse der früheren Kursentwicklung noch durch eine Fundamentalanalyse der zugrunde liegenden Informationen, z.B. über Unternehmensbilanzen, prognostiziert werden können. Damit führen nur *völlig neue, unvorhersehbare* Informationen zu einer Veränderung der Informationsmenge und damit zur Kursveränderung (vgl. Hoffmann, 2001: 12). Da wir bei unserer eigenen empirischen Untersuchung darauf zurückgreifen, gehen wir bereits hier ausführlich auf die zeitreihenanalytischen Grundlagen der Random-Walk-Hypothese ein (vgl. McCleary & Hay, 1982; Scheufele 1999; Schmitz, 1989; Schlittgen & Streitberg, 2001).

Eine *Zeitreihe* X_t – z.B. der Verlauf eines Aktienkurses – ist eine Folge von Messungen einer Variablen X zu t Zeitpunkten.[20] Ein *stochastischer Prozess* Z_t ist eine Folge von Zufallsvariablen Z_1, Z_2, usw. zu t Zeitpunkten.[21] Zeitreihen

---

20 Schmitz (1989: 201) verwendet für Originalreihen die Schreibweise X_t, für zentrierte Reihen Z_t. McCleary & Hay (1980: 311) verwenden für Zeitreihen Y_t und für differenzierte Reihen Z_t. Wir verwenden Z_t für stochastische Prozesse und X_t oder Y_t für Zeitreihen.

21 Ein Zufallsexperiment ist ein Versuch mit unvorhersehbarem Ergebnis. So weiß man beim Münzwurf nicht, ob Wappen oder Zahl kommt. Aber man kann die Wahrscheinlichkeit P angeben, mit der eines der Ergebnisse eintritt. Die Menge aller potenziellen Ergebnisse heißt Ergebnisraum Ω („omega") aus ω_1, ω_2 usw. Beim Münzwurf ist $\Omega = \{\omega_1, \omega_2\} = \{$Wappen, Zahl$\}$. Beim stetigen Ereignisraum gilt: $\Omega = \{\omega | 0 \leq \omega \leq n\}$. Eine Zufallsvariable Z ist eine Funktion, die jedes Ergebnis ω mit einer Zahl verbindet (vgl. Bortz & Döring, 1995: 377ff.). Z ist also eine Abbildung des Ergebnisraums Ω auf die reellen Zahlen. Beim Münzwurf gilt: Z: $\Omega \rightarrow \{0,1\}$. Die beiden Realisierungen von Z sind z_1: $\omega_1 \mapsto 0$ bzw. $\omega_1 \mapsto z(\omega_1) = 0$ sowie z_2: $\omega_2 \mapsto 1$ bzw. $\omega_2 \mapsto z(\omega_2) = 1$. Dabei ist p_1(Wappen) = p_2(Zahl) = 1/2. Bei einem stetigen Ergebnisraum lassen sich Wahrscheinlichkeiten nur für Teilmengen potenzieller Ereignisse angeben – etwa $0 \leq P(E) \leq 1$ für jedes Ereignis E (Positivitätsaxiom) oder $P(\Omega) = 1$ für das sichere Ereignis (Normiertheitsaxiom; vgl. zu den Kolmogorov-Axiomen z.B. Küchenhoff, 1993: 291ff.). Zufallsgrößen lassen sich durch zwei Funktionen charakterisieren. Bei einer stetigen Zufallsgröße Z gibt die Verteilungsfunktion $F(z) = P(Z \leq z)$ die Wahrscheinlichkeit P an, dass Z einen Wert annimmt, der nicht größer als z ist. $P(Z \leq a)$ ist z.B. die Wahrscheinlichkeit, dass Z einen Wert kleiner als a annimmt. Die Dichtefunktion $f(z) = F'(z)$ ist die Ableitung der Verteilungs-

sind Realisierungen stochastischer Prozesse.[22] Umgekehrt kann man die Merkmale empirischer Zeitreihen (z.b. Mittelwert, Trend) mit den Merkmalen stochastischer Prozesse vergleichen und dann z.b. sagen, dass der empirische Verlauf eines Aktienkurses einem Random Walk entspricht.

Tabelle 2.4: Arten des Random Walk (nach Scheufele, 1999: 58)

Typ	Erwartungswert (Mittelwert)	Variable	Bezeichnung
Typ 1	„Mit Zurückgehen"	Diskrete Zufallsvariable	–
Typ 2		Stetige Zufallsvariable	White Noise
Typ 3	„Ohne Zurückgehen"	Diskrete Zufallsvariable	–
Typ 4		Stetige Zufallsvariable	–

Ein solcher *Random Walk* hat zwei Charakteristika: Erstens sind die Zufallsvariablen identisch normalverteilt und zweitens sind sie stochastisch unabhängig voneinander, d.h. Erwartungswert $E(Z_t) = \mu_t$ und die $VAR(Z_t) = \sigma_t^2$ aller Zufallsvariablen Z_t sind für jeden Zeitpunkt t jeweils gesondert zu bestimmen.[23]

---

funktion. Die gesamte Fläche unter der ‚Kurve' entspricht dabei dem sicheren Ergebnis. Für den Fall, dass Z einen Wert zwischen a und b annimmt, kann man die Fläche unter der Dichtefunktion zwischen a und b als $P(a \leq z \leq b)$ angeben (vgl. Clauß & Ebner 1992: 147ff).

22 Das kann man sich analog zum Verhältnis von Stichprobe zu Grundgesamtheit vorstellen: Wenn wir n Personen zur Mediennutzung befragen, dann sind die Nutzungswerte Realisierungen der Zufallsgröße Z „Mediennutzung in der Grundgesamtheit". Dem Stichprobenmittelwert entspricht in der Population der Parameter μ. Ziehen wir i Stichproben mit jeweils n Befragten, dann sind die Nutzungswerte in den Stichproben Realisierungen identisch verteilter Zufallsgrößen Z_i. Pro Stichprobe lässt sich der Mittelwert berechnen. Die Mittelwerte aller Stichproben kann man als Realisierungen der Zufallsgröße Z_{MW} ‚Stichprobenmittelwert' begreifen (vgl. Küchenhoff, 1993: 325ff.). Wenn wir nun jeden Tag verschiedene Personen zur Mediennutzung befragen, dann wäre die tägliche Mediennutzung des Befragten X_A die Zeitreihe $X_A(t)$ und die tägliche Mediennutzung des Befragten X_B die Zeitreihe $X_B(t)$. Diese Zeitreihen sind nichts anderes als zwei der verschiedenen denkbaren Realisierungen einer Folge von Zufallsgrößen – also eines stochastischen Prozesses „Tägliche Mediennutzung".

23 Bei einer einzelnen Zufallsvariable Z betrachtet man meist nicht die gesamte Wahrscheinlichkeitsverteilung, sondern Mittelwert und Varianz (vgl. Beichelt, 1997: 12ff., 31ff.): Bei einer diskreten Zufallsgröße ist der Mittel- oder Erwartungswert $\mu = E(Z) = \Sigma z_i p_i$ (mit i=1,2,..., n) und die Varianz $\sigma^2 = VAR(Z) = \Sigma (z_i - E(Z))^2 p_i$. Bei einer stetigen Zufallsgröße sind die Parameter $E(Z) = {}_{-\infty}\!\int^{+\infty} z\, f(z)\, dz$ und $VAR(Z) = {}_{-\infty}\!\int^{+\infty} (z - E(Z))^2 f(z)\, dz$. Eine Folge von Zufallsgrößen kann man als mehrdimensionale Zufallsgröße bzw. Zufallsvektor $(Z_1, Z_2, ..., Z_n)$ mit mehrdimensionaler Wahrscheinlichkeitsverteilung auffassen. Wir beschränken uns auf zwei identisch verteilte Zufallsgrößen $Z_1 = X$ und $Z_2 = Y$. Dann gilt für den Vektor (X,Y): $E(X+Y) = E(X) + E(Y)$ und $VAR(X+Y) = VAR(X) + VAR(Y)$. Sind X und Y unabhängig voneinander, dann gilt: $E(X,Y) = E(X)E(Y)$ und $VAR(X,Y) = VAR(X)VAR(Y)$. Für die Kovarianz (gemeinsame Streuung) von X und Y gilt: $\gamma_{X,Y} = COV(X,Y) = E(XY) - E(X)E(Y)$. Sind X und Y unabhängig voneinander, dann ist $COV(X,Y) = 0$. Die (Auto-)Korrelation ist $\rho = CORR(X,Y) = COV(X,Y) / (\sqrt{VAR(X)} \sqrt{VAR(Y)})$. Diese Überlegungen lassen sich auf eine

Das bedeutet nicht, dass Erwartungswerte immer zeitunabhängig sind. Verschiedene Arten des Random Walk (vgl. Tabelle 2.4) lassen sich an einem Beispiel erläutern (vgl. Schmitz, 1989: 38ff.; Scheufele, 1999: 58ff.):

○ *Random Walk 1 (Diskret, mit Zurückgehen)*: Person A geht in einem rechtwinkligen Straßensystem auf der Hauptstraße und entscheidet sich an jeder Kreuzung per Münzwurf, ob sie nach links oder rechts in die Querstraße abbiegt. Bei der nächsten Kreuzung bzw. Querstraße muss sie wieder zur Hauptstraße zurück („mit Zurückgehen"). An jeder Kreuzung der Hauptstraße (zu jedem Zeitpunkt) besagt die diskrete Zufallsvariable Z_t, ob der Weg nach links (+1) oder rechts (–1) einzuschlagen ist. Die Entscheidungen an den Straßenkreuzungen (Zeitpunkte) sind aufgrund des Münzwurfs (Zufall) unabhängig voneinander.

○ *Random Walk 2 (Stetig, mit Zurückgehen)*: Person A folgt der bisherigen Logik, muss also zur Hauptstraße zurückkehren. Allerdings darf sie nun beliebig weit in die Querstraße hinein. Sie muss also nicht gleich bei der nächsten Kreuzung, aber irgendwann zurück. Da die Abweichungen von der Hauptstraße beliebig sind, liegt ein stetiger Random Walk mit Zurückgehen vor. Das Ausmaß der Entfernungen von der Hauptstraße wird durch normalverteilte, unabhängige Zufallsvariablen a_t bestimmt. Ein solcher Prozess heißt *White Noise* („Weißes Rauschen").

○ *Random Walk 3 und 4 (ohne Zurückgehen)*: Wenn Person A nicht zurückkehren muss, sind nach einer gewissen Zeit beliebig weite Entfernungen von der Hauptstraße möglich. Bei dieser Drift – Person A driftet immer weiter von der Hauptstraße ab – liegt ein Random Walk ohne Zurückkehren vor. Bei der Vorgabe, an jeder Kreuzung eine Münze zu werfen, also nur eine Straßeneinheit weit zu gehen, ist dieser Random Walk diskret. Wird auch auf diese Vorgabe verzichtet, ist er stetig.

Summe normalverteilter Zufallsvariablen (Z_1, Z_2, ..., Z_n) übertragen: Mit $\mu = E(Z)$ und $\sigma^2 = VAR(Z)$ gilt (vgl. Küchenhoff, 1993: 311; Beichelt, 1997: 32, 37): $E(Z_1 + Z_2 + ... + Z_n) = n\,\mu$ bzw. $E(1/n\,(Z_1 + Z_2 + ... + Z_n)) = \mu$ sowie $VAR(Z_1 + Z_2 + ... + Z_n) = n\,\sigma^2$ bzw. $VAR(1/n(Z_1 + Z_2 + ... + Z_n)) = \sigma^2/n$. Diese Gleichungen spielen z.B. beim Random Walk ohne Zurückgehen eine Rolle. Die Lageparameter μ_t und σ_t^2 sind bei stochastischen Prozessen eine Funktion der Zeit (vgl. Schmitz, 1989: 39f.): Man kann den Mittelwert der beobachteten Werte einer empirischen Zeitreihe X_t berechnen. Das ist etwas anderes als die Erwartungswertbildung bei Prozessen Z_t: Hier wird für jeden Zeitpunkt t der Mittelwert aller möglichen Werte (Realisierungen) der Zufallsgröße (z.B. Z_3) zu diesem Zeitpunkt (z.B. t_3) bestimmt. Schlittgen & Streitberg (2001) sprechen im ersten Fall vom „zeitlichen Mittel" und im zweiten vom „Ensemblemittel", also von der Mittelung des Ensembles aller Realisierungen des Prozesses. Die Erwartungs- oder Mittelwertfunktion gebe „die ‚durchschnittliche' Zeitfolge an, um welche die Realisierungen des Prozesses schwanken" (Schlittgen & Streitberg, 2001: 95).

Stellt man sich nun verschiedene Personen vor, die im gleichen Straßensystem nach der gleichen Logik (z.B. Random Walk 1) unterwegs sind, dann wird die Abfolge ihrer Münzwürfe dazu führen, dass sie unterschiedliche Wege beschreiten, die man jeweils als Zeitreihen sehen kann. Die Wege sind zwar unterschiedlich, folgen aber der gleichen Logik, also dem gleichen Prozess. Die Zeitreihen sind damit nichts anderes als *unterschiedliche Realisierungen des gleichen stochastischen Prozesses*. Zwei Arten des Random Walk sind dabei für die Effizienzmarkt- bzw. Random-Walk-Hypothese genauer zu betrachten:

○ *Random Walk 2*: Bei White Noise wird die Entfernung von der Hauptstraße durch normalverteilte, unabhängige Zufallsvariablen a_t beschrieben ($a_t \sim$ unabhängig $(0, \sigma_a^2)$ mit $t > 1$).[24] Der Ausgangspunkt, die Entfernung von der Hauptstraße bei t_0, ist 0. Danach gilt:

Zu t_1 gilt: $z_1 = a_1$
Zu t_2 gilt: $z_2 = a_2$
usw.

Formal gilt: $z_t = a_t$

Für $s \neq t$ sind die Zufallsvariablen a_t und a_s unabhängig voneinander.[25] Die Kovarianz der beiden Zufallsvariablen ist 0, wenn $s \neq t$ und σ^2, wenn $s = t$ (vgl. Schlittgen & Streitberg, 2001: 97). Damit kann der White-Noise-Prozess zu jedem neuen Zeitpunkt irgendeine Realisierung aus dem zulässigen Zustandsraum bzw. Wertebereich annehmen.

○ *Random Walk 3 und 4*: Verzichtet man auf die Vorgabe, wieder zur Hauptstraße zurückzugehen, dann lässt sich die aktuelle Entfernung von der Hauptstraße wie folgt bestimmen:

Zu t_1 gilt: $z_1 = a_1$
Zu t_2 gilt: $z_2 = a_1 + a_2$ oder, da $z_1 = a_1$: $z_2 = z_1 + a_2$
Zu t_3 gilt: $z_3 = a_1 + a_2 + a_3$ oder, da $z_2 = a_1 + a_2$: $z_3 = z_2 + a_3$
usw.

Formal gilt: $z_t = z_{t-1} + a_t$

Die aktuelle Entfernung ist damit die Entfernung zum vorigen Zeitpunkt plus den aktuellen Münzwurf a_t (vgl. Schmitz, 1989: 40). Schlittgen & Streitberg (2001: 93f.) erklären das für Roulette: $z_t = z_{t-1} + a_t$ gibt dann

---

24 Statt a_t wird auch u_t (z.B. Franses, 1998) oder ε_t geschrieben (Schlittgen & Streitberg, 2001). Die a_t werden auch als Zufalls- oder Random-Schocks bezeichnet (vgl. Schmitz, 1989: 44).
25 Statt s und t kann man auch t_1 und t_2 oder t und t–k schreiben (vgl. Schmitz, 1989: 44).

den bis zum Zeitpunk t akkumulierten Gewinn bzw. Verlust wieder. Analog kann man sich den aktuellen Kurs einer Aktie vorstellen.

Mit Erwartungswert, Varianz, Kovarianz und (Auto-)Korrelation hängen verschiedene Arten der *Stationarität* zusammen (vgl. Schlittgen & Streitberg, 2001: 100ff., 18ff.; Schmitz, 1989: 40f.):

○ *Mittelwertstationarität*: Alle Zufallsvariablen Z_t haben den gleichen Erwartungswert. $\mu_t = E(z_t)$ ist also konstant über die Zeit. Graphisch verläuft die Trendfunktion parallel zur Zeitachse (vgl. Beichelt, 1997: 57). Sobald eine Zeitreihe einen Trend nach oben oder unten aufweist, ist sie nicht mittelwertstationär (vgl. McCleary & Hay, 1980: 48). Bei White Noise ist der Erwartungswert stets 0, da $a_t \sim (0,\sigma_a^2)$, dieser Prozess ist also mittelwertstationär. Das betrifft auch den Random Walk ohne Zurückgehen, wenn $a_t \sim (0,\sigma_a^2)$:

Es sei: $z_t = z_{t-1} + a_t$ (mit $\mu=0$)

Damit gilt: $\mu_t = E(z_t)$
$= E(a_1 + a_2 + ... + a_{t-1} + a_t)$
$= E(a_1) + E(a_2) + ... + E(a_{t-1}) + E(a_t)$
$= t\, E(a_t) = t\, \mu$

Da $E(a_t) = 0$, gilt: $\mu_t = 0$ für alle t

Der Random Walk ohne Zurückgehen ist aber nur bei dieser Verteilung von $a_t \sim (0,\sigma_a^2)$ mittelwertstationär. Bei $\mu > 0$ bzw. $\mu < 0$ zeigt der Prozess bzw. seine Realisierung dagegen einen *Drift* nach oben bzw. unten (vgl. Schlittgen & Streitberg, 2001: 96).

○ *Varianzstationarität*: Ein mittelwertstationärer Prozess muss nicht varianzstationär sein. Auch wenn der Erwartungswert über die Zeit konstant ist, kann die Varianz zu- oder abnehmen, d.h. die Fluktuation der Realisierungen um die Trendfunktion variiert (vgl. Beichelt, 1997: 53). Varianzstationäre Prozesse sind zugleich mittelwertstationär, aber nicht umgekehrt (vgl. McCleary & Hay, 1980: 49ff.). Aufgrund der Unabhängigkeit der a_t ist White Noise immer auch varianzstationär, nicht aber der Random Walk ohne Zurückgehen. Das lässt sich leicht zeigen:

Es gilt: $\sigma_t^2 = VAR(z_t)$
$= VAR(a_1 + a_2 + ... + a_{t-1} + a_t)$
$= VAR(a_1) + VAR(a_2) + ... + VAR(a_{t-1}) + VAR(a_t)$
$= t\, VAR(a_t)$
$= t\, \sigma_a^2$

Die Varianz nimmt also beim Random Walk ohne Zurückgehen mit der Zeit immer weiter zu, was graphisch einer Keilform entspricht.

○ *Kovarianzstationarität, (Auto-)Korrelation*: Bei stochastischen Prozessen geht es um (Auto-)Kovarianz bzw. um deren standardisierte Form, die so genannte Autokorrelation. Bei der Kovarianz eines Prozesses werden jedem Zeitpunktepaar t und s die Zufallsvariablen Z_t und Z_s zugeordnet. Bei White Noise sind die Zufallsvariablen a_t und a_s für $s \neq t$ unabhängig voneinander. Die Kovarianz ist 0, wenn $s \neq t$ und σ^2, wenn $s = t$. White Noise ist damit kovarianzstationär. Allgemein ist ein Prozess kovarianzstationär, wenn die Autokovarianzen – also *Autokorrelationen* – nur von der Entfernung s–t, also dem *lag* (Verschiebung auf der Zeitachse) abhängen, nicht aber vom Zeitpunkt selbst. Ein kovarianzstationärer Prozess ist immer auch varianz-, aber nicht zwingend auch mittelwertsstationär (vgl. Schlittgen & Streitberg, 2001: 97, 100ff.).

Ein Prozess gilt als schwach stationär, wenn er mittelwerts- und kovarianzstationär (varianzstationär) ist. Streng stationär ist ein Prozess, wenn nicht nur die Mittelwerts- und Kovarianzfunktion, sondern alle stochastischen Charakteristika im Zeitverlauf invariant bleiben. Das betrifft z.B. White Noise. In der Praxis der Zeitreihenanalyse kann man sich meist mit *schwacher Stationarität* begnügen (vgl. Beichelt, 1997: 57ff.). Entscheidender ist der Umgang mit fehlender Stationarität (vgl. das Beispiel bei Scheufele, 1999: 107ff.): Eine Zeitreihe als Realisierung eines Prozesses ist nicht mittelwertstationär, wenn die Zeitreihe einen Trend nach oben oder unten aufweist (vgl. den Random Walk ohne Zurückgehen bei $\mu \neq 0$). Zeitreihen lassen sich meist durch *Trendbereinigung mittelwertstationär* machen (vgl. z.B. Schmitz, 1989: 20ff.). Im einfachsten Fall liegt ein linearer Trend vor, der sich durch eine steigende oder fallende Gerade beschreiben und daher durch Differenzbildung der Zeitreihe mit sich selbst beseitigen lässt. Schlittgen & Streitberg (2001: 18f.) sowie Scheufele (1999: 107ff.) zeigen anhand einfacher Beispiele, dass eine mittelwertstationär gemachte Zeitreihe aber keineswegs varianzstationär sein muss. Um Zeitreihen *varianzstationär* zu machen, wird in der Regel Logarithmieren empfohlen (vgl. McCleary & Hay, 1980: 48ff.; Schlittgen & Streitberg, 2001: 18f., 102f.):

○ Hier werden die Werte durch ihren *natürlichen Logarithmus* ersetzt:

$y_t = \log_e (x_t)$

Nach dieser Transformation kann die Zeitreihe immer noch einen Trend haben. Allerdings wurde der *exponentielle* Trend durch Logarithmierung in einen *linearen* Trend umgewandelt, der sich dann durch die erwähnte Differenzbildung entfernen lässt (vgl. Beichelt, 1997: 9).

Bereits Fama (1965: 45ff.) verweist darauf, dass die empirische Prüfung der Effizienzmarkt- bzw. Random-Walk-Hypothese nicht die tatsächlichen Werte, sondern deren natürlichen Logarithmus berücksichtigt. Wir gehen zunächst nochmals vom Random Walk ohne Zurückgehen aus:

◯ Random Walk:

$$z_t = z_{t-1} + a_t \quad \text{bzw. logarithmiert:} \quad log_e z_t = log_e z_{t-1} + a_t$$

Das ist äquivalent zu:

$$z_{t+1} = z_t + a_{t+1} \quad \text{bzw. logarithmiert:} \quad log_e z_{t+1} = log_e z_t + a_{t+1}{}^{26}$$

Dieser Prozess (z_{t+1}) erklärt nicht den aktuellen Wert (z_t) aus dem vorherigen Wert (z_{t-1}), sondern den *künftigen* Wert (z_{t+1}) aus dem aktuellen Wert (z_t). Genau darum geht es bei der *Prognose* von Aktienkursen.

◯ *Random-Walk-Hypothese*: Sie besagt nicht, dass sich der *Kurs* einer Aktie rein zufällig entwickelt, sondern vielmehr, dass die *Veränderungen im Kursverlauf rein zufällig* sind (vgl. Fama, 1965: 35, 40f.). Die Veränderung von einem zum nächsten Zeitpunkt berechnet sich durch einfache Differenzbildung: Dazu wird jeweils vom Wert zum aktuellen Zeitpunkt (z_t) der Wert zum vorherigen Zeitpunkt (z_{t-1}) subtrahiert. Ausgehend vom Random Walk ohne Zurückgehen $z_t = z_{t-1} + a_t$ ergibt sich damit:

$$z_t - z_{t-1} = a_t \quad \text{bzw. logarithmiert:} \quad log_e z_t - log_e z_{t-1} = a_t$$

Damit entspricht die Veränderung von einem zum nächsten Zeitpunkt nichts anderem als White Noise, also einer Folge stochastisch unabhängiger Zufallsvariablen. Konkreter formuliert ist also die *Veränderung des Aktienkurses rein zufällig*.

Für die „Prognose" gilt entsprechend:

$$z_{t+1} - z_t = a_{t+1} \quad \text{bzw. logarithmiert:} \quad log_e z_{t+1} - log_e z_t = a_{t+1}$$

---

26 Wir stellen die zeitreihenanalytischen Überlegungen zur Random-Walk-Hypothese etwas vereinfachter vor als andere Autoren (z.B. Fama, 1965, 1970; Becht, 1999), die mit Martingalen bzw. Markow-Ketten argumentieren oder Drifts und periodische Anteile in den Formeln berücksichtigen. Drift und periodischer Anteil lassen sich aber als Trend zusammenfassen und dann als Moving-Averages modellieren, wie es die obigen Formeln zeigen.

Vertreter der Effizienzmarkt- und Random-Walk-Hypothese gehen weder von absolutem Gleichgewicht aus, noch negieren sie komplett Abweichungen von diesem Gleichgewicht, also Anomalien. Vielmehr bilden die Effizienzmarkt- und die Random-Walk-Hypothese das Geschehen am Aktienmarkt *formallogisch* richtig ab. *Empirische* Abweichungen werden nicht bestritten (vgl. auch Kapitel 2.2.3).[27] Aber es wird angenommen, dass sich auch nach Anomalien immer wieder ein Marktgleichgewicht herausbildet (vgl. Roßbach, 2001: 22). Nach Rapp (2000: 90) steht dahinter das Modell der Normalverteilung. Es liegt auch anderen ‚klassischen' Ansätzen der Kapitalmarkttheorie zugrunde, die wir nachfolgend skizzieren, um einige relevante Aspekte einzuführen.

2.2.2 Weitere ‚klassische' Ansätze der Kapitalmarkttheorie

Der *Portfolio-Selection-Ansatz* bzw. *Portefeuilletheorie* (Markowitz, 1952) gilt als Ursprung der modernen Kapitalmarkttheorie und betrachtet Risikostreuung, d.h. die optimale Diversifizierung bzw. Mischung von Aktien.[28] Nach diesem Ansatz sollten risikoscheue, rational und nutzenmaximierend agierende und am Erwartungsnutzenprinzip orientierte Anleger riskante Anlagen streuen. Anleger könnten zwar nicht das systematische Risiko des Marktes beeinflussen, wohl aber das unsystematische Risiko einer Anlage im Portfolio. So lasse sich z.B. das Risiko einer Technologieaktie – gemessen an der Varianz der Rendite des Papiers – durch die Aktie aus einer anderen Branche auffangen.[29] Laut Röckemann (1995: 13) entzieht sich die Portefeuilletheorie aber aufgrund ihres normativen Charakters einer empirischen Überprüfung.

In *Indexmodellen* werden die Beziehungen zwischen Anlagen in einem Index ausgedrückt (vgl. Röckemann, 1995: 13f.). Dabei gibt der so genannte Beta-Faktor an, wie stark sich die Rendite eines einzelnen Wertpapiers ändert, wenn sich die Rendite des Marktes um eine Einheit ändert.[30] Die erwartete Rendite einer Anlage setzt sich damit zusammen aus einem marktspezifischen (systematischen) und einem anlagespezifischen (unsystematischen) Anteil.

Das *Capital Asset Pricing Model* (CAPM) haben Sharpe, Lintner und Mossin unabhängig voneinander entwickelt (vgl. z.B. Sharpe, 1964). Anknüpfend an

---

27 So betont z.B. Loistl (1994), dass sich die meisten DAX-Werte, die nicht einem Random Walk folgen, mit ARMA-Modellen recht gut approximieren lassen.
28 Ein Portfolio (Portefeuille) kann Finanztitel, Immobilien oder Waren bündeln und stellt den „Bestand von Wechseln […] oder anderen Wertpapieren […] eines Investors dar" (Gabler Wirtschaftslexikon, 2000: 2434).
29 Von mehreren Portfolios mit gleicher Rendite wird das mit dem geringsten Risiko bevorzugt. Bei Portfolios mit gleichem Risiko wird das mit der höchsten Rendite gewählt.
30 Bei positivem (negativem) Beta hat die Aktie größere (kleinere) Schwankungen als der Markt. Formal ist der Beta-Faktor wie das Beta-Gewicht der Regressionsanalyse zu verstehen.

die Effizienzmarkthypothese postuliert das CAPM erstens, dass die Struktur der Marktteilnehmer homogen ist, Anleger die gleichen Erwartungen in Bezug auf Risiken und Erträge (Renditen) haben und keine weiteren Transaktionskosten bestehen. Zweitens wird ein Kapitalmarkt im Gleichgewicht angenommen, bei dem aufgrund der homogenen Anlegerstruktur alle das gleiche Wertpapierportfolio, das Marktportfolio halten. Bei Gleichgewicht sind alle Transaktionen – also alle Käufe der nach der Erwartungsnutzenfunktion effizienten Aktien sowie alle Verkäufe nicht effizienter Papiere – bereits abgeschlossen. Im Portfolio befinden sich daher nur effiziente Anlagen. Kein Anleger ist damit bereit, das Portfolio aufzugeben oder umzuschichten, d.h. Aktien zu kaufen oder zu verkaufen. Für jede Anlage im Portfolio lassen sich Risiko und erwartete Rendite bzw. erwarteter Kurs im Zusammenhang der anderen Anlagen des Portfolios bestimmen. Wie erwähnt, bezieht sich der Beta-Faktor eines Wertpapiers auf das systematische Risiko. Die Aktienrendite entwickelt sich linear zur Kovarianz von Aktienrendite und Marktrendite. Aus diesen Überlegungen folgt die nachvollziehbare These, dass Anleger nur dann bereit sind, eine Aktie mit hohem Risiko (Beta-Faktor) zu halten, wenn sie eine hohe Rendite erwarten. Allerdings lässt sich das Modell empirisch kaum überprüfen, da sich das Marktportfolio aller Anlagewerte kaum bestimmten lässt und ein Gleichgewicht an Kapitalmärkten nicht der Normalfall ist (vgl. Röckemann, 1995: 13f.). Ross (1976) hat das CAPM zur *Arbitrage Pricing Theory (APT)* erweitert. Sie postuliert ebenfalls eine lineare Beziehung zwischen Risiko und Ertrag bzw. Aktienkurs, geht aber von prinzipiell beliebig vielen Einfluss- bzw. Risikofaktoren aus. Welche und wie viele Faktoren (z.B. Inflationsrate, Ölpreis) relevant werden, ist damit allerdings nicht geklärt (vgl. Copeland, 2000). Laut Röckemann (1995) ist die Portefeuilletheorie die theoretische Grundlage für CAPM und APT.

Abbildung 2.3: Ausgewählte Abhängigkeiten einer Aktie (eigene Darstellung)

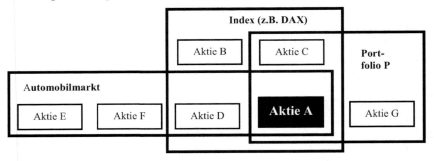

Diese Skizze weiterer Ansätze der Kapitalmarkttheorie kann genügen. Sie sollte vor allem zweierlei zeigen: (1) Zum einen liegen die Prämissen der Effizienzmarkthypothese auch anderen Ansätzen der Kapitalmarkttheorie zugrunde. So gehen auch die skizzierten Ansätze z.b. von rationalem Anlegerverhalten und einem Gleichgewicht aus. (2) Zum anderen sollten die Ansätze verdeutlichen, dass bei der Betrachtung einer *einzelnen* Aktie und deren Entwicklung immer auch die *Kovarianz* mit anderen Anlagen des gleichen Marktes (z.b. Automobilaktien) oder mit anderen Anlagen z.b. in einem Portfolio oder in einem Index (z.b. DAX) berücksichtigt werden muss (vgl. *Abbildung 2.3*).

In unserer eigenen empirischen Untersuchung werden wir solche Abhängigkeiten nicht vollständig modellieren können. Allerdings werden wir die Überlegung, die hinter dem erwähnten Beta-Faktor steht, methodisch aufgreifen, indem wir die Entwicklung einzelner Aktienkurse z.b. ‚DAX-bereinigen'. Die Kovarianzen einer Aktie mit anderen Aktien aufgrund der Zugehörigkeit zu einem Portfolio können wir nicht modellieren. Diese Kovarianzen bilden einen Teil der nicht erklärten Varianz in unseren empirischen Analysen. Einen Teil der Varianz versuchen wir *kommunikationswissenschaftlich* zu erklären.

2.2.3 Noise-Trading-Ansatz

„Wenn alle Marktteilnehmer ihre Erwartungen über zukünftige Preise entsprechend dem Postulat strenger Rationalität bilden, dann entsteht auf dem Markt ein Preis, der die Informationen aller, die am Marktprozeß teilhaben, in perfekter Weise aggregiert" (von Heyl, 1995: 56). Diese von der Effizienzmarkthypothese beschriebene Situation geht von einer *pareto-optimalen* Verteilung der Anlageobjekte als Ergebnis einer vorherigen Handelsrunde aus.[31] Dahinter stehen die vier bereits erwähnten Prämissen über die Marktteilnehmer:

○ Homogene Vermögensausstattung
○ Homogene Risikoeinschätzung
○ Homogene/r Informationsstand und Auslegung der Informationen
○ Homogenes und rationales Verhalten

---

31 Im Gegensatz zur „Summe der individuellen Nutzen" wird beim Pareto-Kriterium der Nutzen verschiedener Personen nicht (interpersonal) verglichen und addiert. Vielmehr werden individuelle ordinale Bewertungen, d.h. Präferenzordnungen betrachtet. Dabei ist egal, *welche* Person besser, gleich oder schlechter gestellt ist. Die typische Situation ist der Tausch bzw. Kauf und Verkauf: Ein Pareto-*Optimum* ist jener Zustand, der keine Verbesserung für eine Person erlaubt, ohne dass hierdurch eine andere Person eine Verschlechterung erfahren würde. Bei einer Pareto-*Verbesserung* wird mindestens eine Person besser gestellt, aber keine andere schlechter gestellt – oder anders gesagt: Der Nutzen für die eine Person ist nicht zugleich der Schaden für die andere Person (vgl. Sen, 1970).

Bei einer solchen Situation wird sich zwar aufgrund einer *völlig neuen* Information der Preis bzw. Kurs verändern; das hatten wir im Zusammenhang von Kursfeststellungsverfahren beschrieben. Allerdings kann nach diesen Überlegungen gar *kein Handel* zustande kommen. Das wurde im Zusammenhang des „Informationsparadoxon" erläutert (vgl. Kapitel 2.1.3). Mit Milgrom & Stockey (1982) entspricht das dem *„No-Trade-Theorem"*. Unbestritten ist aber, dass ja Handel stattfindet. Mit den Szenarien aus Kapitel 2.1.3 lässt sich dafür eine einfache Erklärung geben: Möglich ist z.b. ein *Informationsvorsprung* bei einem Anleger. Seine Kauf-Nachfrage aufgrund privater Informationen dürfte für die anderen Anleger jedoch als Information fungieren, d.h. sie erkennen, dass der Anleger kaufen will, weil er über weitere Informationen verfügt. Seine Nachfrage führt also zu einer Erwartungsanpassung bei den anderen Anlegern (vgl. Kapitel 2.1.3). Damit ist aber wieder die obige Ausgangssituation erreicht.

Alternative Erklärungen, weshalb dennoch Handel zutande kommt, geben zwei aktuellere Ansätze der Kapitalmarktforschung: der Noise-Trading-Ansatz und die Behavioral Finance. Beide teilen zwei Überzeugungen:

○ *Homo psychologicus*: Beide Ansätze versuchen, die oft beschworene „Psychologie der Börse" theoretisch zu modellieren. Dazu wird der ‚homo oeconomicus', also rationale Anleger, um einen ‚homo psychologicus' ergänzt, der quasi-rational bzw. weniger rational handelt.

○ *Heterogenität der Anleger*: Beide Ansätze verwerfen die Annahme einer homogenen Anlegerstruktur. So unterscheiden z.B. Shleifer & Summers (1990: 20) idealtypisch „two types of investors: ‚arbitrageurs' – also called ‚smart money' and ‚rational speculators' – and other investors [...] as known as ‚noise traders' and ‚liquidity traders' ".

Der Ansatz des Noise-Trading und die Behavioral Finance (vgl. dazu Kapitel 2.3) unterscheiden sich aber auch in zwei entscheidenden Aspekten:

○ *Bezug zur klassischen Kapitalmarkttheorie*: Der Noise-Trading-Ansatz versteht sich eher als Erweiterung der klassischen Kapitalmarkttheorie (vgl. Roßbach, 2001: 9). Die Behavioral Finance dagegen will einen Paradigmenwechsel (z.B. Rapp, 2000). Allerdings verwerfen auch deren Vertreter die Annahmen der Kapitalmarktforschung nicht völlig.[32]

---

32 So betont Roßbach (2001: 23): „Es kann kein Zweifel daran bestehen, dass ökonomische Faktoren die wichtigsten Einflußfaktoren auf die Preisbildung sind. Sie geben die ursächlichen Impulse für die Bildung der Erwartungen und somit für das Erzeugen von Handlungen. Wäre dies nicht so, würden die Finanzmärkte chaotische Verhaltensweisen ohne erkennbare Ursachen aufweisen und könnten zudem ihre volkswirtschaftlichen Funktionen nicht erfüllen".

○ *Marktbezug*: Arbeiten zum Noise-Trading beziehen sich auf das beobachtbare Verhalten aller Anleger bzw. auf faktisches Marktgeschehen. Wie die klassische Kapitalmarktforschung versuchen auch sie, Kursbildung zu erklären. Dagegen beziehen sich Arbeiten zur Behavioral Finance laut Röckemann (1995: 55ff.) nur indirekt auf Marktgeschehen und seien daher keine Modelle der Preisbildung. In der Tat werden grundlegende psychologische Mechanismen wie z.b. Framing-Effekte (vgl. als Überblick Scheufele, 2003) untersucht, die bei Preisbildung, aber eben auch in anderen Kontexten eine Rolle spielen *können*.

Weder der Noise-Trading-Ansatz (vgl. z.B. von Heyl, 1995; Röckemann, 1995; Shleifer & Summers, 1990) noch sein Kernbegriff des ‚Noise' sind eindeutig bestimmt. Beide gehen auf Black (1986) zurück, der Abweichungen vom fundamental gerechtfertigten Kurs als *Noise*, d.h. Grundrauschen am Markt bezeichnet. Er begreift Noise-Trader als Anleger, „die wegen Noise handeln und damit gleichzeitig Noise erzeugen" (Röckemann, 1995: 50). Shleifer & Summers (1990) sowie Röckemann (1995) haben ein engeres Verständnis und verstehen unter Noise-Trading ein nicht rationales Anlegerverhalten. Beide Sichtweisen versucht von Heyl (1995: 51ff.) zu integrieren. Ohne seine Typologie vorweg zu nehmen, unterscheidet er z.b. jene Anleger, die nicht rational handeln und daher Noise erzeugen, von jenen Anlegern, die solches Verhalten ganz bewusst, d.h. rational ausnutzen. „Noise-Trading existiert genau dann, wenn andere Gründe als die ‚richtige' Interpretation fundamental relevanter Informationen das Marktengagement auslösen" (von Heyl, 1995: 198). Abgrenzungsprobleme scheinen aber zu Ansätzen zu bestehen, die sich mit „Bubbles" und „Fads" bzw. „Fashions" beschäftigen (vgl. dazu Röckemann, 1995: 55ff.).

2.2.3.1 Kerngedanken und Analyselogik

Unter Vertretern des Noise-Trading-Ansatzes besteht Konsens darüber, dass der Aktienmarkt eine heterogene Anlegerstruktur aufweist, die nicht nur mit unterschiedlichen Informationsständen, sondern z.B. auch mit verschiedenen Rationalitätsgraden zu tun hat (vgl. zu Rationalität allgemein Balog, 2001: 141ff.). Aus dem Zusammenspiel des Verhaltens von rationalen und nicht rationalen Anlegern auf der *Mikro-Ebene* entwickle sich ein bestimmtes Marktgeschehen auf der *Makro-Ebene*. Mit dieser Mikro-Makro-Perspektive lässt sich sowohl die theoretische als auch die methodische Logik des Noise-Trading-Ansatzes anhand von zwei *Anomalien am Markt*, also anhand von zwei Abweichungen des Aktienkurses vom fundamental gerechtfertigten Kurs illustrieren.

Abbildung 2.4: Mechanismen auf Mikro- und Makro-Ebene zur Erklärung von Winner-Loser-Effekten (eigene Darstellung)

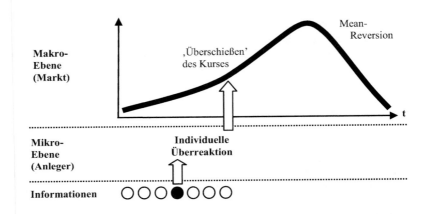

Die erste Markt-Anomalie ist der *Winner-Loser-Effekt* (vgl. Daske, 2002).[33] Dessen Ausgangspunkt ist die individualpsychologisch zu begründende Verfüg-

---

[33] Daske (2002: 3; Herv.i.O.) gibt neben einer überzeugenden empirischen Analyse auch eine gute Zusammenfassung von drei Typen des Winner-Loser-Effekts: „Für langfristige Formationsperioden von zirka drei bis fünf Jahren erbringt die Handelsstrategie des Kaufs der Verlierer- und Leerverkaufs der Gewinneraktien positive Renditen. Deshalb wird die Bezeichnung *langfristiger* Winner-Loser-Effekt verwendet. Für Formationsperioden von etwa drei bis zwölf Monaten erweist sich hingegen gerade die umgekehrte (zyklische) Strategie des Kaufs von Gewinneraktien und Leerverkaufs von Verliereraktien, die auch als *Momentum-Strategie* bezeichnet wird, als profitabel. Dieser mittelfristige Effekt wird in der Regel als Kontinuitätseffekt bezeichnet. Bei noch kürzeren Formationszeiträumen von bis zu einem Monat erbringt wiederum die zuerst beschriebene Strategie positive Renditen, so dass von einem kurzfristigen Winner-Loser-Effekt gesprochen wird. Es handelt sich also bei Winner-Loser-Effekten um drei Phänomene mit möglicherweise unterschiedlichen Ursachen". – Beim *Leerverkauf* (short sale, Blankoverkauf, Fixgeschäft) werden Aktien verkauft, die man zum Zeitpunkt des Geschäftsabschlusses nicht besitzt. Meist dient Short selling dazu, Gewinne aus fallenden Kursen zu erzielen. Wenn man z.B. 100 Aktien, die man als Short Seller nicht besitzt, zum Zeitpunkt des Vertragsabschlusses für einen Stückpreis von € 10 verkauft, und der Kurs später auf € 5 fällt, dann kann man die 100 Aktien wieder kaufen. Wenn man Transaktionskosten usw. einmal beiseite lässt, macht man einen Gewinn von € 500. „Der Leerverkäufer verkauft [also] die Papiere heute, die er dann zu einem späteren Zeitpunkt billiger am Markt einzukaufen versucht" (Gabler Wirtschaftslexikon, 2000: 1964). Nach deutschem Börsenrecht sind allerdings keine *tatsächlichen* Leerverkäufe zulässig, sondern Aktien müssen bei einem Leerverkauf z.B. aus einem Fond gegen entsprechende Gebühr ‚geliehen' werden.

barkeitsheuristik (vgl. Kahneman & Tversky, 1973; auch Kapitel 2.2.4.2):[34] Danach greifen Menschen bei ihrer Entscheidung (z.B. über Transaktionen) auf jene Informationen zurück, die gerade verfügbar sind. DeBondt & Thaler (1985, 1990) erklären damit *individuelle Überreaktionen*: Gerade unkundigere Privatanleger würden aktuell verfügbare, singuläre Informationen übergewichten, dagegen ältere und daher nicht mehr direkt verfügbare Informationen kaum beachten. Das führe dazu, dass solche Anleger auf neue, positive Informationen überreagieren.[35] Wenn dem nichts entgegenwirke oder auch ‚Börsen-Profis' aus Kalkül mitziehen, dann können solche Prozesse, die zunächst nur auf der *Mikro-Ebene* des einzelnen Anlegers stattfinden, sukzessive auf den Markt, also auf die *Makro-Ebene* durchschlagen. In solchen Fällen ‚überschießen' dann die Kurse (vgl. Abbildung 2.4).

Allerdings pendeln sie sich dann wieder ein. „Extreme movements in stock prices will be followed by subsequent price movements in the opposite direction" (DeBondt & Thaler, 1985: 795). Eine solche *Mean-Reversion* (Trendumkehr bzw. Rückstellungstendenz) ist statistisch auch als „Regression zur Mitte" bekannt (vgl. Murstein, 2003). Für die Makro-Ebene lässt sich daraus ableiten, dass ‚Loser-Aktien' mit geringerer Rendite als der Markt künftig höhere Renditen erzielen als die bisherigen ‚Gewinner-Aktien'. Aus Anlegersicht ist damit eine – bezogen auf den Kurs – antizyklische Anlagestrategie möglich: Durch Kauf von Loser-Aktien oder durch Leerverkauf von Winner-Aktien können entsprechende Überrenditen erzielt werden (vgl. Daske, 2002: 1).

Empirisch wird der Winner-Loser-Effekt nur auf der Markt-, also Makro-Ebene untersucht: Am Ende einer Formationsperiode werden Aktien anhand ihrer Rendite in Winner- und Loser-Aktien bzw. ‚künstliche' Portfolios eingeteilt. Anschließend wird deren (Über-)Rendite in der Testperiode beobachtet. Dabei ist die Länge der Testphase entscheidend für die jeweiligen Effekte (vgl. Daske, 2002). Die antizyklische Winner-Loser-Strategie macht zwar kurz- und langfristig Sinn; in mittelfristiger Hinsicht ist dagegen zyklisches Anlegerverhalten ratsam.[36] Shleifer (2000) und Mullainathan & Thaler (2001) beschreiben weitere Verlaufsformen: Aktien, deren Kurs in den ersten sechs Monaten deutlich nach oben geht, werden weiterhin im Kurs zulegen. Unternehmensmeldungen wiederum können zu einem Preissprung führen, dem sich dann ein langsamer Trend in dieselbe Richtung für ein Jahr oder länger anschließt.

---

34   Diskutiert werden auch Salienz-Effekte (vgl. allgemein z.B. Gigerenzer et al., 1999), wonach vor allem auffällige Informationen eine Rolle für Anlegerentscheidungen spielen.
35   Der Verfügbarkeitsheuristik folgen auch kundige Anleger (vgl. z.B. DeBondt & Thaler, 1990).
36   Daske (2002) spricht bei weniger als drei Monaten von kurz-, zwischen drei und zwölf Monaten von mittel- und bei mehr als einem Jahr von langfristigem Zeitraum.

Abbildung 2.5: Zusammenspiel privater und professioneller Anleger beim Positive-Feedback-Trading auf Mikro- und Makro-Ebene (eigene Darstellung)

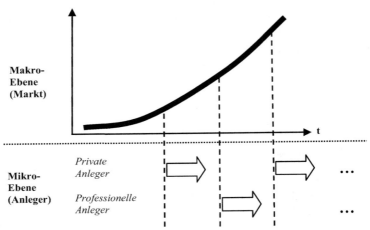

Die beschriebene Überreaktion von Anlegern auf eine aktuelle Information ist ein Phänomen auf der Ebene individueller Anleger, also auf Mikro-Ebene. Erst im Aggregat vieler Anleger (vgl. Abbildung 2.4) entsteht daraus ein ‚Überschießen' der Preise auf der Makro-Ebene. Dabei dürften weitere Mechanismen wie z.B. *Positive-Feedback-Trading* (vgl. z.B. Shleifer & Summers, 1990: 28ff.) wirksam werden. Diese zweite Anomalie versteht Röckemann (1995) nicht als „individuelle Anomalie" wie die Verfügbarkeitsheuristik, sondern als „interpersonelle Anomalie".[37] Der Begriff bezeichnet einen Herdentrieb („herding"), der in der Wahlforschung auch als „Bandwagon-Effekt" bekannt ist (vgl. Lazarsfeld et al., 1948: 107ff.). „One of the strongest investor tendencies documented in both experimental and survey evidence is the tendency to extrapolate or to chase the trend. Trend chasers buy stocks after they rise and sell stocks after they fall: they follow positive feedback strategies" (Shleifer & Summers, 1990: 28). Gerade unkundigere Privatanleger orientieren sich also an Trends bzw. Stimmungen am Markt („Stimmungs-Noise"; von Heyl, 1995: 57ff.). Ob den Privatanlegern immer bewusst ist, dass der Aktienkurs, dem sie folgen, das Verhalten anderer Anleger reflektiert, sei dahingestellt. Im Ergebnis ist ihr Verhalten jedenfalls *interpersonal* ausgerichtet. Aber auch für professionelle Anleger kann es

---

[37] Eine explizite Abgrenzung beider Ebenen liefert nur Röckemann (1995: 34ff.).

sinnvoll sein, die Gegenstrategie aufzugeben und selbst ‚auf den Wagen aufzuspringen' (vgl. De Long et al., 1990). Dadurch verstärkt sich der Trend, und der Kurs entfernt sich immer weiter vom fundamental gerechtfertigten Preis. Rationale Anleger dürften aber rechtzeitig vor der Trendumkehr wieder aussteigen (vgl. Abbildung 2.5). Erkennen unkundige Anleger einen solchen Abwärtstrend, werden sie vermutlich ebenfalls abspringen und verstärken damit die Rückkehr des Kurses zum Fundamentalwert (vgl. Röckemann, 1995: 54).

Während also unkundige Anleger der ‚Psychologie der Börse' erliegen, wird sie von den professionellen Anlegern strategisch ausgenutzt (vgl. von Heyl, 1995: 59). Aus der *Mikro-Makro-Perspektive* bewirkt das Zusammenspiel zweier unterschiedlicher Prozesse auf der Mikro-Ebene ein Phänomen auf der Makro-Ebene. Das Handeln der privaten und professionellen Anleger kann zeitversetzt oder synchron zusammenspielen. So ist denkbar, dass zunächst nur unkundige Anleger einem vorhandenen Trend folgen und ihn damit im Sinne einer *self-fulfilling prophecy* (Merton, 1948) verstärken. Erst danach nutzen ‚Börsen-Profis' den Trend strategisch aus (vgl. Shleifer & Summers, 1990: 28). Das wird weitere Kleinanleger auf den Plan rufen und zum ‚Überschießen' der Kurse führen (vgl. Abbildung 2.5). *Individuelle* Über- bzw. Unterreaktionen lassen sich mit Winner-Loser-Effekten auf Makro-Ebene in Verbindung bringen, die daher auch *Überreaktions-Effekte* heißen: „Bei negativen (positiven) Informationen werden Aktien unterbewertet (überbewertet) und haben in der Folge höhere (niedrigere) Renditen als der Markt" (Daske, 2002: 4). Auf der Makro-Ebene der Kurse werden dabei meist die Eigendynamiken, d.h. Autokorrelationen von Zeitreihen betrachtet – mit folgender Argumentation:

> „The underreaction evidence shows that over [short] horizons of perhaps 1-12 months, security prices underreact to news. As a consequence, news is incorporated only slowly into prices, which tend to exhibit positive autocorrelations over these horizons [i.e. exhibit a trend as a correction of the ‚underreaction mistake']. [...] The overreaction evidence shows that over longer horizons of perhaps 3-5 years, security prices overreact to consistent patterns of news pointing in the same direction. That is, securities that have had a long record of good news tend to become overpriced and have low average returns afterwards [negative autocorrelations]" (Barberis et al., 1998: 307f., 311).

> „Positive feedback trading reinforced by arbitrageurs' jumping on the bandwagon leads to a positive autocorrelation of returns at short horizons. Eventual return of prices to fundamentals, accelerated as well by arbitrage, entails negative autocorrelation of returns at longer horizons" (Shleifer & Summers, 1990: 29).

Bei den beschriebenen Prozessen ist aus *kommunikationswissenschaftlicher* Perspektive auch die Rolle der Massenmedien zu erörtern. In ihrem Modell der Informationsströme am Kapitalmarkt unterscheiden von Rosen & Gerke (2001: 108) zwei Typen von Informationsquellen für Anleger (vgl. Kapitel 2.1.3

sowie Kapitel 3.2.1): (1) Die erste Quelle sind Akteure am Kapitalmarkt. Dazu gehören *Unternehmen*, die Ad-hoc-Meldungen veröffentlichen oder Public Relations betreiben, sowie *Analysten*, die z.B. als Angestellte institutioneller Anleger (z.B. Kreditinstitute) an diese Institutionen ihre Empfehlung abgeben. (2) Die zweite Quelle sind *Massenmedien*. Sie erhalten z.B. Pressemitteilungen von Unternehmen oder Research-Berichte von Analysten und verarbeiten diese in ihrer Eigenlogik. Dass Medien eine Quelle indirekter Umweltbeobachtung neben direkter Erfahrung und Informationen ‚aus erster Hand' sind, wurde kommunikationswissenschaftlich früh behauptet (vgl. z.B. Noelle-Neumann, 1989). Medieneinflüsse sind dabei umso wahrscheinlicher, je weniger Rezipienten Zugang zu anderen Quellen haben oder je weniger sie sich selbst ein Bild machen können. Daher liegt nahe, dass gerade unkundigere Privatanleger kapitalmarktrelevante Informationen in der Berichterstattung nutzen. Für Rapp (2000: 105) sind Medien daher Verstärker „sozialer Infektionen" von Anlegergruppen.

Professionelle Anleger werden kaum auf Medien zurückgreifen, um sich über die Konjunkturlage, eine Branche oder ein Unternehmen zu informieren. Das bedeutet aber keineswegs, dass ‚Börsen-Profis' gegen Medienwirkungen immun wären. Denn die Berichterstattung kann als *Indikator* für das Verhalten nicht rationaler Privatanleger dienen. Das lässt sich anhand von Positive-Feedback-Trading erklären: Sicher vertrauen professionelle Anleger bei der Prognose, wann ein Aufwärtstrend durch Überreaktionen unkundiger Anleger verstärkt werden wird, auch auf ihre eigene Erfahrung. Als Prognose-Hilfe kann ihnen aber auch die Berichterstattung dienen: Wenn Medien unterschiedlicher Gattungen (Anlegerzeitschriften, Online-Portale, Börsensendungen) umfangreich und mit entsprechenden Anlegerempfehlungen über den Aufwärtstrend einer Anlage berichten, dann liegt nahe, dass unkundige Anleger diesem publizistisch forcierten Trend folgen. Professionelle Anleger denken, dass zwar nicht sie selbst, aber die unkundigen Anleger von den Medien beeinflusst werden. Genau das ist die erste Stufe des seit Davison (1983) als *Third-Person-Effekt* bekannten Phänomens (vgl. Paul et al., 2000; David et al., 2004; Conners, 2005; Huck & Brosius, 2007). Demnach glauben Menschen oft, dass die anderen („third"), nicht aber sie selbst („self") Medienwirkungen erliegen. Auf der zweiten Stufe resultieren daraus entsprechende Forderungen oder Handlungen. Wenn Menschen z.B. glauben, dass die Bevölkerung, nicht aber sie selbst negativ von Mediengewalt beeinflusst werden, dann werden sie z.B. politische Sanktionen gegen Gewaltverherrlichung in den Medien fordern oder unterstützen.

Vergleichbares betrifft den Kapitalmarkt: Wenn professionelle Anleger glauben, dass viele (unkundige) Anleger durch Medienberichte etwa zu Positive-Feedback-Trading verleitet werden, so werden die ‚Profis' aus strategischem Kalkül selbst ‚auf den Wagen aufspringen' – rechtzeitig vor der Trendumkehr aber wieder ‚abspringen' (vgl. De Long et al., 1990; von Heyl, 1995: 49). Nichts anderes beschreibt Keynes (1936: 214) *Schönheitswettbewerb*, bei dem die Juroren eine Belohnung erhalten, wenn der von ihnen prognostizierte Kandidat gewinnt. Hier setzt man als Juror weder auf die objektiv schönste Person noch auf jene Person, die einem selbst am besten gefällt, sondern auf jene Person, von der man glaubt, dass die meisten Juroren sie für am schönsten halten.

Third-Person-Effekte wurden in der Kommunikationswissenschaft meist für moralisch aufgeladene Themen wie Pornographie (z.b. Gunther, 1995; Lee & Tamborini, 2005), Gewalt (z.b. Hoffner & Buchanan, 2002) oder auch Terrorismus (z.b. Haridakis & Rubin, 2005) untersucht. Davison (1983) selbst hat aber den Bezug zum Aktienmarkt hergestellt und damit die Verbindung zwischen Mikro- und Makro-Ebene bereits vorweggenommen. Die nach Davison (1983) einsetzende experimentelle Forschung zum Third-Person-Effekt denkt zwar eine überindividuelle Ebene mit – z.B. durch den Fokus auf Forderungen nach Sanktionen. Allerdings werden in den Experimenten nur *individuelle* Sanktionsforderungen, z.B. gegen Gewalt im Fernsehen, abgefragt. Ein öffentlicher Druck, der politische Entscheidungen beeinflussen kann, lässt sich in solchen Experimenten zum Third-Person-Effekt gar nicht ermitteln – kurzum: Die Third-Person-Forschung vernachlässigt die *Makro-Ebene*.

Abbildung 2.6: Theoretischer und empirischer Schritt bei Untersuchungen des Noise-Trading-Ansatzes (eigene Darstellung)

Die beiden exemplarisch vorgestellten Anomalien – der Winner-Loser-Effekt und das Positive-Feedback-Trading – postulieren in der Längsschnittperspektive ein Wechselspiel aus Anlegerverhalten und Kursentwicklung, das sich methodisch nur schwer fassen lässt. Denn dazu müsste neben der Kursentwicklung auch das Anlegerverhalten zu möglichst vielen Zeitpunkten abgefragt oder beobachtet werden, was praktisch unmöglich ist. Ausgehend von unserer bereits mehrfach angesprochenen *Mikro-Makro-Perspektive* umfasst die Logik des Noise-Trading-Ansatzes zwei Schritte (vgl. Abbildung 2.6):

- *Theoretischer Schritt*: Ausgehend von Experimenten (z.B. Weber & Camerer, 1998) oder Befragungen (z.b. Shiller & Pound, 1989) werden theoretische Annahmen zum Zusammenspiel aus Anlegerverhalten (Mikro-Ebene) und Kursverlauf (Makro-Ebene) gemacht. Solche Aggregationsregeln können mehrere Argumentationsstufen umfassen (vgl. Röckemann, 1995: 69ff.), wie das Beispiel ‚Winner-Loser-Effekt' zeigt. Am Ende steht eine Hypothese über den Kursverlauf (Makro-Ebene).
- *Empirischer Schritt*: Empirisch überprüft wird aber nur die Hypothese über die Entwicklung des Kurses. So werden z.b. für Positive-Feedback-Trading nur die Autokorrelationen des Kurses betrachtet. Hohe und positive Korrelation einer Zeitreihe mit sich selbst gelten dann als Indikator für diese Form des Noise-Trading (vgl. Shleifer & Summers, 1990). In der *empirischen Black Box* sind aber alle Vorgänge unterhalb der Markt- bzw. Makro-Ebene (vgl. Abbildung 2.6). Teilweise werden auch nur historische Beispiele als Beleg angeführt (z.B. Rapp, 2000: 102f.).

Als weitere Schwierigkeit kommt dazu, dass sich psychologische und fundamentale Einflussfaktoren auf die Kursentwicklung empirisch kaum separieren lassen (vgl. auch Röckemann, 1995: 59). Zwar wäre denkbar, die Rolle beider Faktorenbündel bei der Transaktionsentscheidung von Anlegern in einer Anlegerbefragung zu ermitteln (vgl. z.B. Ernst et al., 2005; Brettschneider, 2005). Allerdings beruhen die Einschätzungen der Anleger dann erstens auf Selbstauskunft, und zweitens ist damit noch nicht nachgewiesen, ob und inwiefern diese Faktoren tatsächlich auf die Markt-Ebene durchschlagen.

2.2.3.2 Typen von Anomalien und Typen des Noise-Trading

Röckemann (1995: 32ff.) unterscheidet zwei Verhaltensanomalien, mit denen er Kursanomalien zu erklären versucht. Die damit einhergehenden drei *Typen von Anomalien* erörtern wir aus der bereits erwähnten Mikro-Makro-Perspektive.

- Auf der *Mikro-Ebene* geht es um „individuelle Verhaltensanomalien" (Röckemann, 1995: 33), d.h. Abweichungen vom ‚homo oeconomicus'. Hierzu gehören kognitionspsychologische Phänomene der Informationswahrnehmung und -verarbeitung sowie Entscheidungsfindung.
- Auf einer *Meso-Ebene* geht es um interpersonale Prozesse und dadurch hervorgerufene Verhaltensanomalien. Hierunter fallen sozialpsychologische bzw. Gruppenphänomene, die auch unter dem Label „Psychologie der Massen" diskutiert werden (vgl. z.B. Adler & Adler, 1984).

○ Auf der *Makro-Ebene* geht es schließlich um Anomalien am Markt, also um Abweichungen vom fundamental gerechtfertigten Kursverlauf. Darunter fallen z.b. so genannte „Bubbles".

Auf individuelle Verhaltensanomalien gehen wir bei Behavioral Finance ausführlicher ein (vgl. Kapitel 2.2.4). Im Folgenden beschränken wir uns auf Meso- und Makro-Ebene. Für die wechselseitige Orientierung von Anlegern *auf der Meso-Ebene* nennt der Noise-Trading-Ansatz diverse Gründe, die teilweise auch aus kommunikationswissenschaftlichen Zusammenhängen bekannt sind. Sie lassen sich zu sozial(psychologisch)en und strukturellen Faktoren bündeln:

○ *Sozial(psychologisch)e Faktoren*: Als Erklärung für die Orientierung von Anlegern an Analysten bzw. ‚Gurus' wird das *Meinungsführerkonzept* diskutiert (vgl. z.b. Snow & Parker, 1984). Wir kommen darauf im Zusammenhang von Medienwirkungen zurück. Hier genügt die Kernaussage, wonach Informationen in einem Mehr-Stufen-Fluss der Kommunikation oft zuerst zu den Meinungsführern gelangen und von dort dann die weniger aktiven Mitglieder einer Gruppe erreichen (vgl. kommunikationswissenschaftlich: Schenk, 2002: 307ff.). Die Überlegungen Festingers (1954, 1957) zum sozialen Vergleich und zur Dissonanzreduktion werden von Scharfenstein & Stein (1990) im *„Sharing-the-Blame-Effekt"* integriert: Verluste aus Anlagegeschäften erzeugten zwar kognitive Dissonanz, seien aber leichter zu ertragen, wenn auch andere sie erleiden. Daher orientierten sich Anleger oft an anderen Investoren. Gleichförmige Prognosen unter Analysten werden mit Mechanismen erklärt, die der *Isolationsfurcht* in der Schweigespiraltheorie ähneln (vgl. Noelle-Neumann, 1989): „Wer abweicht, muß begründen, wer sagt, was alle sagen, nicht" (Gaulke, 1992: 45; zit. n. Röckemann, 1995: 42). Gerke (2000: 154) diagnostiziert eine Suche nach Leitbildern und ‚Börsen-Gurus' bei den Nutzern von Börsensendungen. Deren Meinungen würden selbst dann übernommen, wenn sie der eigenen Überzeugung widersprechen – nur um später nicht als ‚Versager' dazustehen, falls die Prognose doch eintrifft (vgl. Roßbach, 2001: 13). Das lässt sich auch mit der Ankerheuristik (vgl. Kapitel 2.2.4.2) erklären, da ‚Börsen-Gurus' einen Anker oder Referenzpunkt für Transaktionsentscheidungen darstellen. Konformes Verhalten unter Anlegern lässt sich aber auch als *soziale Imitation* interpretieren: Da unkundigeren Anlegern oft das entsprechende Wissen fehlt, versuchen sie, das herrschende Marktverhalten – den ‚Noise' am Markt – zu imitieren (vgl. Rapp, 2000: 100f.). Daher kann gleichförmiges Verhalten selbst dann auftreten, wenn der ihm zugrunde liegende Informationsgehalt veraltet ist (vgl. Shiller & Pound, 1989).[38] Auf die ‚Psychologie der Masse' rekurrieren wiederum *Contagion-Modelle*. Danach wirken Nachrichten oder Gerüchte wie ansteckende Krankheiten, die sich zunächst auf unkundige Anleger übertragen, die wiederum andere, auch professionelle Anleger ‚anstecken' (vgl. z.B. Shiller & Pound, 1989).[39] Solche „sozialen Infektionen" (Rapp, 2000: 101) würden durch die Berichterstattung der Massenmedien noch verstärkt. Dadurch steige die Zahl der aktuell aktiven Anleger exponentiell an, was auf der Makro-Ebene ein stark homogenes Marktverhalten hervorrufe.

○ *Strukturelle Faktoren*: Gleichartige Entscheidungen bei verschiedenen Marktteilnehmern lassen sich auch auf ähnliche Ausbildung oder Analysemethoden zurückführen (vgl. Klausner, 1984). Professionelle Anleger orientieren sich an Zwängen bzw. Vertretern ihrer Institution. So führt nach Jansson (1983) z.B. der Zwang zur (viertel-)jährlichen Dokumentation der eigenen Leistung dazu, dass institutionelle Anleger kurzfristige Erfolge suchen und vor Dokumentationsterminen verlustbringende Aktien abstoßen. Den Einfluss institutioneller Zwänge auf individuelles Handeln diskutiert die Soziologie mit Konstrukten wie Rollen oder Normen als Constraints (vgl. Balog, 2001; Schimank, 2002).

Während die bisherigen Modelle spezifische Erklärungen für Ko-Orientierung unter Anlegern geben, zielen Überlegungen des Noise-Trading-Ansatzes auf der *Makro-Ebene* auf die Erklärung von Markt-Anomalien, d.h. Abweichungen des Kursverlaufs von der fundamental gerechtfertigten Entwicklung.[40] Die Abgrenzung zu Arbeiten über Preisblasen („bubbles") ist jedoch nicht eindeutig. *Bubbles* sind „vom Fundamentalwert abweichende Preisbildungen, die wie beim Aufblasen eines Luftballons bis zum Platzen hin verlaufen [... und] aus übertriebenen Erwartungen entstehen" (Röckemann, 1995: 57). Damit werden also *Zuwächse*, nicht aber Einbrüche im Aktienkurs beschrieben. Insofern hat der Noise-Trading-Ansatz u.E. einen größeren Erklärungsanspruch als Arbeiten, die nur Preisblasen betrachten. Das Entstehen von Bubbles wird sehr disparat erklärt. Teilweise werden unkundige Anleger und ihre Überreaktionen angeführt. Teilweise wird auch mit Anlegern argumentiert, die eine beginnende Blase zu erkennen glauben und aufgrund dieser Kontroll-Illusion handeln, wodurch sich die Blase vergrößert. Teilweise werden Blasen mit dem Handeln professioneller Investoren erklärt: Diese ‚Börsen-Profis' würden aus rationalen Erwägungen

---

38 Mit Kepplinger et al. (1989b) kann man hier auch von einem Echo-Effekt sprechen.
39 Imitation und Anstiftung wurden in der Kommunikationswissenschaft vor allem in Arbeiten zu Medien und Gewalt untersucht (vgl. als Überblick Kunzcik & Zipfel, 2005).
40 Bei solchen Ineffizienzen ist auch von unvollständigen Märkten die Rede.

kurzfristige Profite anstreben und daher auf die Preisblase spekulieren, was Bubbles zusätzlich ausweite (vgl. Camerer, 1989; Flood & Hodrick, 1990). Eine ähnliche Diskussion betrifft *„Excess Volatility"*, d.h. die Zunahme der Volatilität von Kursen (vgl. z.b. Shiller, 1981; Cutler et al., 1991; Cochrane, 1991). Wie erwähnt, prognostiziert z.b. der VDAX-NEW der Deutschen Börse die implizite Volatilität für 30 Handelstage (vgl. Kapitel 2.1.2). Überblickt man empirische Studien, dann scheint Noise-Trading einen Einfluss auf die Volatilität von Aktienkursen zu haben, die sogar auf verschiedene Märkte ausstrahlen und exzessiv werden kann (vgl. King & Wadwhani, 1990). Dabei spielt z.b. das Positive-Feedback-Trading unkundiger Anleger eine Rolle (vgl. Scharfenstein & Stein, 1990; Campbell & Kyle, 1993). Amihud & Mendelson (1991) erläutern den Mechanismus hinter dem Phänomen der Excess Volatility am Beispiel der Tokioter Börse: Nach der regulären Auktion am Mittag seien die Volatilitäten geringer als bei der Eröffnungsauktion (vgl. Kapitel 2.1.1). Denn die Handelsunterbrechung am Mittag sei nur kurz und erzeuge daher wenig Unsicherheit. Ähnlich argumentieren Stoll & Whaley (1990), dass die Eröffnungskurse meist volatiler seien als nachfolgende Notierungen, weil Anleger zu diesem frühen Handelszeitpunkt die Orderlage noch nicht überblicken könnten.

Verschiedene Sichtweisen des Noise-Trading versucht von Heyl (1995: 51ff.) in einer *Typologie* zu integrieren. Er unterscheidet zwei Handelsgründe und jeweils zwei Handelsmotive. (1) Zu den *rational handelnden Investoren* rechnet er in Anlehnung an die „beliefs" und „endowments" bei Grossmann & Stiglitz (1980) zwei Typen von Anlegern bzw. zwei Arten des Noise-Trading:[41]

○ *„Nice Trader"* unterscheiden sich nicht im Informationsstand von anderen Anlegern, wohl aber in ihren Einschätzungen („beliefs"). Sie glauben dabei an ihren Informationsvorsprung und versuchen, über Aktienanalysen profitable Wertpapiere ausfindig zu machen und mit ihnen gewinnbringend zu handeln. Die Aktivität dieser Investoren führt zu einem Rauschen am Markt, das auf Irrtum beruht *(„Irrtums-Noise")*.

○ *„Liquidity Trader"* unterscheiden sich in ihrer Ausstattung („endowment") von anderen Anlegern. Einerseits kann überschüssiges Kapital (z.B. Erbschaft) in Wertpapiere investiert werden, andererseits kann aber auch das Erzielen von Liquidität wiederum ein Motiv für das Börsenhandeln sein. Die Aktivität dieser Investoren führt zu einem Rauschen am Markt, das man *„Liquiditäts-Noise"* nennen könnte.

---

41   Die Begriffe für Händler gehen auf Bagehot (1971) zurück.

(2) Aus *psychologischen* Gründen handeln von Heyl (1995) zufolge zwei Typen von Anlegern:

○ *„Herder"* haben wir im Kontext des Positive-Feedback-Trading bereits diskutiert. Sie werden durch Stimmungen am Markt oder durch Gruppenprozesse dazu motiviert, „in steigende Kurse hinein [zu] kaufen bzw. in fallende [zu] verkaufen" (von Heyl, 1995: 52). Ihre Aktivität führt also zu einem Rauschen, das auf Stimmungen am Markt beruht und daher *„Stimmungs-Noise"* genannt wird.

○ *„Bluffer"* handeln nicht aufgrund psychologisch erklärbarer Verzerrungen in der Wahrnehmung und Verarbeitung von Informationen, sondern aus Kalkül. Damit ist aber nicht die erwähnte Strategie gemeint, als professioneller Anleger auf den durch unkundige Investoren angeheizten Trend aufzuspringen. Vielmehr geht es darum, durch Handelsaktivität einen Informationsvorsprung ‚vorzugaukeln'. Da andere Anleger dann meist nachziehen, kann der Bluffer rechtzeitig mit Gewinn ‚abspringen'. Das nennt von Heyl (1995) *„Strategie-Noise"*. Der Strategiebegriff umfasst aber mehr als nur diese Form der Täuschung.

Zusammenfassend geht der Noise-Trading-Ansatz also weiterhin von einer Informations*symmetrie* unter Anlegern aus. Dennoch werden Markt-Anomalien konstatiert, die mit ähnlichen Überlegungen erklärt werden, wie sie auch die Behavioral Finance (vgl. Kapitel 2.2.4) anführt. Im Gegensatz zu dieser Forschungstradition gibt der Noise-Trading-Ansatz aber die Grundannahmen der Kapitalmarkttheorie nicht auf. Von Heyl (1995: 202; Herv.i.O.) bringt das so auf den Punkt: „[Der Noise-Pegel ist] *klein* genug [...], um die aus dem Marktengagement der Noise-Händler resultierenden *Risiken* klein und kontrollierbar zu halten, und [...] gleichzeitig *groß* genug [...], um für einige Marktteilnehmer genügend *Anreize* zur Informationsbeschaffung, Informationsbewertung und zum Handeln an der Börse zu schaffen." Nach von Heyls (1995: 207) Einschätzung spielen Kleinanleger dabei keine nennenswerte Rolle. Allerdings können professionelle bzw. institutionelle Anleger – im Sinne des Third-Person-Effekts (vgl. Kapitel 2.2.3.1) – bei umfangreicher und konsonanter *Berichterstattung* über Aktien mit *viel Streubesitz* vermuten, dass es zu einem Herdentrieb bei unkundigen Kleinanlegern kommt und daher selbst ‚auf den Zug aufspringen'.

2.2.4 Behavioral Finance

Noise-Trading-Ansatz und Behavioral Finance teilen die Annahme eines homo psychologicus sowie einer heterogenen Anlegerstruktur. Während der Noise-

Trading-Ansatz aber an der Kapitalmarkttheorie festhält, bemüht sich die Behavioral Finance um eine eigene, verhaltenswissenschaftliche Finanztheorie (vgl. Hoffmann, 2001). Für Guo (2002: 33) stellt die Behavioral Finance „eine Synthese von Finanzmarkttheorie, Psychologie und Entscheidungstheorie" dar. Für Vertreter der Behavioral Finance (z.B. Rapp, 2000: 89) gibt es zu viele Anomalien, um weiterhin an der Kapitalmarkttheorie festzuhalten. Allerdings betont Roßbach (2001: 22) zu Recht, dass „[k]aum ein Vertreter der vorherrschenden Kapitalmarkttheorie [...] wirklich an die Existenz permanenter Gleichgewichtssituationen auf dem Kapitalmarkt glaub[t]. Das Gleichgewicht ist jedoch eine nützliche Hilfsgröße, da es eine kalkulierbare Situation beschreibt, die sich bei Gültigkeit der Annahmen einstellen würde".

2.2.4.1 Kerngedanken und Analyselogik

Ausgangspunkt der Behavioral Finance (vgl. z.B. Shiller, 2003; Camerer et al., 2003; Goldberg & von Nitzsch, 2004) ist die Abkehr vom ‚homo oeconomicus', an dessen Stelle ein begrenzt rational oder sogar irrational handelnder Akteur tritt. Darin folgt der Ansatz dem Konzept der „bounded rationality" von Simon (1957). Wie der Noise-Trading-Ansatz bleiben auch Studien zur Behavioral Finance aber empirisch oft auf der Markt-Ebene (vgl. Abbildung 2.6).

Eine Zuordnung einzelner Studien zu einem der beiden Ansätze – Noise-Trading-Ansatz oder Behavioral Finance – ist oft nicht eindeutig, zumal viele Studien von beiden Ansätzen als Argumentationshilfe bemüht werden. Ungeachtet dessen glauben Autoren wie Shiller (2003) an einen Paradigmenwechsel von der klassischen Kapitalmarkttheorie zur Behavioral Finance (vgl. Tabelle 2.5). Ein gutes Beispiel für die Analyselogik der Behavioral Finance bietet eine Studie von Barberis et al. (1998), die folgendes annimmt:

> „We have supposed that corporate announcements such as those of earnings represent information that is of low strength but signiphicant statistical weight. This assumption has yielded the prediction that stock prices underreact to earnings announcements and similar events. We have further assumed that consistent patterns of news, such as series of good earnings announcements, represent information that is of high strength and low weight. This assumption has yielded a prediction that stock prices overreact to consistent patterns of good or bad news" (Barberis et al., 1998: 332f.).

Empirisch untersucht werden aber nur Kurse. Die Erklärung für Über- oder Unterreaktionen auf *Makro-Ebene* werden in den – bereits beim Noise-Trading-Ansatz erwähnten – individualpsychologisch begründeten Abweichungen vom homo oeconomicus gesehen. Barberis et al. (1998) rekurrieren in ihrer Studie auf das Konzept des *konservativen Anlegers*, der seine Überzeugungen nur sehr langsam ändert (vgl. Edwards, 1968), sowie auf das Konzept der *Verfügbar-*

keitsheuristik von Tversky & Kahneman (1974). Barberis et al. (1998: 310) räumen jedoch ein, dass hinter den Kursbewegungen (Makro-Ebene) auch ganz andere psychologische Prozesse (Mikro-Ebene) stecken können.

Tabelle 2.5: *Paradigmenwechsel nach Rapp (2000: 92)*

Aspekt	Klassische Kapitalmarkttheorie	Behavioral Finance
Investoren	Homogen *(Handelsmotiv: Gewinnerzielung)*	Heterogen *(zahlreiche „sozio-dynamische" Handelsmotive)*
Information	Vollkommen *(vollständig, zeitgleich, korrekt, kostenlos)*	Unvollkommen/unvollständig *(Informationsasymmetrie, Informationsdiffusion)*
Verhalten	Unabhängiges, rationales Verhalten *(individuell, kollektiv)*	Abhängige „irrationale" Verhaltensmuster *(systematische Verhaltensanomalien)*
Fehler	Ausgleich individueller Fehler auf der Markt-Ebene *(im Sinne des Gesetzes der großen Zahl)*	Aggregation individueller Fehler auf der Markt-Ebene *(„soziale Imitation", „soziale Infektion")*
Arbitrage-Prinzip	Funktionierend *(Ausgleich von Fehlbewertungen durch „rationale" Spekulanten, Arbitrageure)*	Eingeschränkt funktionierend *(da wirkungslos bei kollektivem Fehlverhalten und „Marktmoden")*

Wir hatten bereits erörtert, dass eine Untersuchung von Kursverläufen mit einem möglicherweise erheblichen Anteil nicht-erklärter Varianz zu rechnen hat (vgl. Kapitel 2.2.2). Allerdings verschärft sich das Problem der Varianzaufklärung, das bei jeder empirischen Studie auftritt, noch bei einem Modell, das psychologische Phänomene der Individual- bzw. Mikro-Ebene zur Erklärung von Marktphänomenen auf Makro-Ebene heranzieht. Denn unabhängige und abhängige Variablen sind in einem solchen Modell nicht auf der gleichen Ebene angesiedelt und müssen durch Aggregationsregeln überzeugend verknüpft werden (vgl. Kapitel 2.1.3). Zudem könnte man den Einwand eines *(individualistischen) Fehlschlusses* vorbringen (vgl. dazu allgemein z.B. Langer, 2004), wonach individuelle Anomalien auf der Mikro-Ebene zwar in psychologischen Experimenten nachgewiesen wurden, aber nicht zwingend in Anomalien auf der Makro-Ebene münden müssen: „Auch wenn systematische Muster im Individualverhalten existieren, müssen diese sich aufgrund der Heterogenität der Marktteilnehmer nicht zwangsläufig auch im Marktverhalten widerspiegeln, da sie sich neutralisieren können. Genau dieser Ansicht widersprechen jedoch die Anhänger der Behavioral Finance" (Roßbach, 2001: 12).

Die Effizienzmarkthypothese bestreitet individuelle Verhaltensanomalien gänzlich, da sie von rationalen Anlegern ausgeht. Und selbst wenn „individuelle Fehler" auftreten, wären sie vernachlässigbar. Dafür werden laut Guo (2002: 28) drei Erklärungen bemüht: Erstens würde eine ‚unsichtbare Hand' den normalen Anleger gleichsam zwingen, sich marktgerecht zu verhalten („Marktdisziplin").

Zweitens würden sich Fehler im Aggregat im Sinne des Gesetzes der großen Zahl ausgleichen („Aggregationseffekt"). Drittens würden die nicht rationalen Investoren rasch vom Markt verdrängt („Ausleseprozess"). Der Noise-Trading-Ansatz räumt sowohl individuelle als auch Markt-Anomalien ein. Allerdings geht auch er davon aus, dass sich wieder ein Gleichgewicht einstellt – etwa wie wir es für Winner-Loser-Effekte beschrieben hatten (vgl. Abbildung 2.4). Für Anhänger der Behavioral Finance sind Anomalien dagegen „systematisch und intersubjektiv korreliert" (Rapp, 2000: 94) und werden somit auf der Makro- bzw. Markt-Ebene wiederholt wirksam. Für Guo (2002: 29f.) sind die drei Annahmen der Kapitalmarkttheorie nicht überzeugend:

○ *Einwand gegen Marktdisziplin*: Diese Behauptung sei an sehr viele Voraussetzungen geknüpft. So müssten Arbitrageure, um Fehler zu eliminieren, z.B. über äußerst umfangreiche Kenntnisse verfügen und frei von jeglichen Restriktionen sein. Solche Bedingungen seien am realen Aktienmarkt in vielen Fällen überhaupt nicht erfüllt.

○ *Einwand gegen Aggregationseffekt*: Dieser Effekt rekurriere auf das Gesetz der großen Zahl, das wiederum die Unabhängigkeit der Fälle bzw. Einheiten voraussetze. Der bereits erwähnte Herdentrieb und andere interpersonale Verhaltensmuster widersprächen dieser Grundannahme des Gesetzes der großen Zahl.

○ *Einwand gegen Ausleseprozess*: Dieser Gedanke folge einer veralteten Evolutionstheorie. Und auch Evolutionstheorien ließen Fehlertoleranz zu. Fehler müssten daher keine Irrationalität bedeuten, sondern könnten auch Ausdruck von Flexibilität sein.

2.2.4.2 Individuelle Anomalien

Mit Röckemann (1995: 32ff.) wurden individuelle, interpersonale und Markt-Anomalien unterschieden (vgl. Kapitel 2.2.3). Wir gehen nun ausführlicher auf individuelle Anomalien ein. In der Behavioral-Finance-Forschung wurden unterschiedliche *Typologien individueller Anomalien* vorgelegt. Ausgewählte Typologien haben wir in Tabelle 2.6 zusammengestellt. Die Differenzierung zwischen Verhaltens- und Entscheidungs-Anomalien bei Rapp (2000) überzeugt dabei allerdings nicht, zumal manche Phänomene nicht konsistent eingeordnet werden. Darüber hinaus subsumieren Rapp (2000) und Roßbach (2001) unter individuellen Anomalien auch solche Phänomene, die Röckemann (1995) nicht ganz zu Unrecht als „interpersonelle Anomalien" bezeichnet.

Tabelle 2.6: Typologien individueller Anomalien (eigene Darstellung)

Art der individuellen Anomalien	Rapp (2000: 93)	Roßbach (2001: 13f.)	Heidorn & Siragusano (2004: 3ff.)
Wahrnehmungs-Anomalien		X	X
Verarbeitungs-Anomalien		X	X
Verhaltens-Anomalien	X		
Entscheidungs-Anomalien	X	X	X

Mit solchen Klassifizierungen lassen sich verschiedene *Anomalien der Informationswahrnehmung und Informationsverarbeitung* benennen (vgl. Röckemann, 1995: 34ff., Shiller, 1999; Roßbach, 2001: 12ff.; Barberis & Thaler, 2003; Guo, 2002: 68ff.). Wir differenzieren dabei nicht nach Wahrnehmung und Verarbeitung, da viele Phänomene (z.b. Selektivität) beide Prozesse betreffen (z.b. selektive Wahrnehmung und Verarbeitung von Informationen). Hinzu kommen aber auch Aspekte, die aus der Kommunikationswissenschaft bekannt sind – vor allem der bereits beschriebene *Third-Person-Effekt* (vgl. Kapitel 2.2.3.1).

○ *Selektivität*: Das Phänomen selektiver Wahrnehmung und Verarbeitung von Informationen ist in der Kommunikationswissenschaft hinreichend bekannt (vgl. als Überblick Schenk, 2002). Theoretisch begründet wird es in der Behavioral Finance meist mit Festingers (1957) Theorie kognitiver Dissonanz, wonach Menschen Informationen, die ihren eigenen Vorstellungen und Meinungen widersprechen, verdrängen oder vernachlässigen. Ex-post-Rationalisierungen von Kursveränderungen mit Hilfe technischer oder fundamentaler Analysen sind laut Röckemann (1995: 35) ein gutes Beispiel dafür. Selektivität lässt sich aber auch im Sinne einer schemageleiteten Wahrnehmung bzw. Verarbeitung interpretieren (vgl. z.B. Fiske & Taylor, 1991: 96ff.).

○ *Verfügbarkeits- und Auffälligkeitsheuristik*: Am häufigsten diskutiert die Behavioral Finance Faustregeln bzw. Heuristiken. Die *Verfügbarkeitsheuristik* besagt, dass wir für die beste Entscheidung zwischen Optionen eigentlich alle Aspekte jeder Option abwägen müssten. Meist begnügen wir uns aber mit ‚nur guten' Lösungen und nutzen nur die im Moment der Entscheidungsfindung verfügbaren Informationen (vgl. Tversky & Kahneman, 1974. Das können z.B. aktuelle (Medien-)Informationen sein, die dann zu Überreaktionen führen. Die *Auffälligkeitsheuristik* unterstellt wiederum, dass Menschen besonders auffällige Informationen überbewerten, was zu einem Salience-Effekt führt (vgl. Gigerenzer et al., 1999). Das können z.B. Skandalberichte über ein Unternehmen in der Börsenberichterstattung sein.

- *Repräsentativitätsheuristik und gambler's fallacy*: Bei dieser Faustregel folgen Menschen nicht der Wahrscheinlichkeitstheorie, sondern schließen aus Attributen des Einzelfalls auf den allgemeinen Fall (vgl. z.B. Kahneman & Tversky, 1972). Daher würden Anleger z.B. übermäßig auf Preistrends reagieren, aber auch nicht existierende Trends zu erkennen glauben, was dann tatsächlich Trends auslösen könne – wir haben das als Positive-Feedback-Trading beschrieben (vgl. Röckemann, 1995: 36). Die gegenteilige Anomalie ist regressives Denken. Eine Form davon ist die *gambler's fallacy*, also die Neigung, „aus der Beobachtung einer Anzahl gleichwahrscheinlicher ähnlicher Ereignisse abzuleiten, dass die Wahrscheinlichkeit des Auftretens eines anderen Ereignisses höher ist. Beispielsweise wird beim Roulette nach zwölfmal rot eher schwarz erwartet. […] Es wird auch vom ‚Aberglauben an das Gesetz des Durchschnitts' gesprochen, beispielsweise glauben viele Investoren, dass es nach steigenden Kursen am Aktienmarkt wieder zu fallenden Kursen kommen muss" (Guo, 2002: 72). Für Röckemann (1995: 36) schlägt sich die Repräsentativitätsheuristik auch im *information sources effect* nieder, wonach die „Güte von Informationen […] höher eingeschätzt [wird], wenn sie von mehreren, scheinbar unabhängigen Quellen genannt werden". Allerdings ist das u.E. ein Salience-Effekt: Eine solche konsonante Informationslage ragt aus der Fülle anderer Informationen heraus. Das kann dann im zweiten Schritt möglicherweise auch dazu führen, dass Anleger solche Informationen als allgemeingültig betrachten.

- *Ankerheuristik*: Eine weitere Faustregel ist die Nutzung eines Referenzpunkts oder Ankers für Entscheidungen (vgl. Kahnemann et al., 1991; Aronson et al., 2003). Unter Zeitdruck würden Inverstoren oft zu ihrem Anker zurückkehren. In stark ausgeprägter Form wird dieses Anchoring auch „Status-quo Bias" oder – wie erwähnt – Konservatismus (Edwards, 1968) genannt. „Eine Verankerung mit falschem Anker führt zu systematischen Verzerrungen der Art, dass eine ursprüngliche Information (Anker) ein Endurteil stärker prägt, als im Verlauf der Zeit hinzukommende neue Informationen, die den vorliegenden früheren Informationen zumindest teilweise widersprechen" (Guo, 2002: 71). Anchoring kann auch darin bestehen, dass aktuelle Informationen als Anker dienen und ältere Informationen als unwichtiger erscheinen; das ist bei starker Marktaktivität wahrscheinlich (vgl. Heidorn & Siragusano, 2004: 5f.). Ein Referenzpunkt kann aber z.B. auch ein ‚Börsen-Guru' sein.

- *Komplexitätsreduktion, Mental Accounting und Kontroll-Illusion*: Aufgrund ihrer „Komplexitäts-Aversion" (Rapp, 2000: 98) tendieren Anleger dazu, zunächst scheinbar unwichtige Informationen zu vernachlässigen oder mit „einfachen Zusammenhängen wie Trends, Marktlagen oder Stimmungen" (Heidorn & Siragusano, 2004: 6) zu erklären. Darüber hinaus neigen Anleger zum *Mental Accounting* (vgl. Thaler, 1985): Sie nehmen ökonomisch zusammenhängende Sachverhalte nicht holistisch wahr, sondern zerlegen sie in verschiedene Teile und legen daran jeweils andere Bewertungskriterien an. Umgekehrt überschätzen Investoren oft ihre eigene Urteilsfähigkeit. Aufgrund von *Kontroll-Illusion (Overconfidence)* werden sie im Laufe der Zeit nachlässiger, achten also weniger auf Risiken (vgl. z.B. Bungard & Schultz-Gambard, 1990: 145ff.). Das wird verstärkt durch wiederholte Erfolge (vgl. Rapp, 2000: 97). Overconfidence ist auch wahrscheinlich bei schwierigen Aufgaben und schwer einzuschätzenden Situationen (vgl. Guo, 2002: 63f.).

Einige Autoren (z.B. Röckemann, 1995: 35; Roßbach, 2001: 13) beschreiben *Framing-Effekte* als Anomalie der Informations*wahrnehmung*. Allerdings geht es dabei weniger um Wahrnehmung als um die Frage, inwiefern die Präsentation, Darstellung bzw. Rahmung – das Framing – eines Sachverhalts die Informationsverarbeitung und Urteilsbildung bzw. Entscheidungsfindung von Menschen beeinflussen (vgl. als Überblick Scheufele, 2003). Die Anhänger der Behavioral Finance (z.B. Guo, 2002: 70) rekurrieren meist auf die Framing-Variante der *Prospect Theory* (Kahneman & Tversky, 1984; Tversky & Kahneman, 1981, 1986a, b, 1990). Diese Theorie berücksichtigt eine Nutzen- bzw. Wertefunktion mit abnehmendem Grenznutzen wie auch klassische Nutzentheorien. Die entsprechende S-Kurve ist aber bei der Prospect Theory im Verlustbereich steiler als im Gewinnbereich – denn „losses loom larger than gains" (Kahneman & Tversky, 1979: 279). Zudem gehen subjektive Eintrittswahrscheinlichkeiten gewichtet in die Entscheidung ein: Mittlere bis größere Wahrscheinlichkeiten werden unterbewertet, während sichere Optionen überwertet werden („certainty effect").[42] Eine sichere Entscheidung wird risikoavers, der umgekehrte Fall risikosuchend genannt. Darüber hinaus nimmt die Prospect Theory an, dass Menschen die Konsequenzen einer Option immer relativ zu einem *Referenz- oder Bezugspunkt* als Gewinn oder Verlust einschätzen („reflection effect"). Der Schnittpunkt des Koordinatensystems der Nutzenkurve ist ein solcher Referenzpunkt. Dessen experimentelle Variation nennen die Autoren *Framing*. Unterschieden wird eine Framing- und Bewertungs-Phase (vgl. Tversky & Kahneman, 1990: 66). Die Framing-Phase definiert die Situation. Im Experiment wird Probanden die Entscheidung entweder im Rahmen von *Gewinn („gains")* oder

---

42 Die sichere Option wird selbst dann bevorzugt, wenn die riskantere objektiv mehr Nutzen hat (vgl. Tversky & Kahneman, 1981: 453f.).

aus der Perspektive von *Verlust ("losses")* vorgestellt. In dem so induzierten Bezugsrahmen (Frame) bewerten Probanden dann in der Entscheidungsphase die Optionen und votieren für die Option mit dem subjektiv höchsten Nutzenwert – entsprechend der jeweiligen Wert- und Gewichtungsfunktion.[43]

Mehrere Autoren (z.B. Roßbach, 2001; Guo, 2002; Heidron & Siragusano, 2004) nennen folgende individuelle *Entscheidungs-Anomalien* und rekurrieren dabei teilweise auch auf die Überlegungen der Prospect Theory:

○ *Loss-Aversion und Referenzpunkt-Effekt*: Die *Verlust-Aversion* lässt sich direkt aus der Prospect Theory ableiten und bezeichnet die mit „losses loom larger than gains" (Kahneman & Tversky, 1979: 279) bereits erwähnte Neigung von Anlegern, Verluste stärker zu gewichten als Gewinne in vergleichbarer Höhe. Auch der *Referenzpunkt-Effekt* geht letztlich auf die Prospect Theory zurück. Er besagt, dass Veränderungen nahe bei einem solchen Bezugspunkt größer empfunden werden als Veränderung, die weiter weg vom Referenzpunkt liegen.

○ *Überempfindlichkeiten gegenüber Verlusten*: Phänomene der Verlustwahrnehmung lassen sich ebenfalls mit der Wertefunktion der Prospect Theory im Gewinn- und Verlustbereich erklären. Mit *Regret Avoidance* ist die Tendenz von Anlegern gemeint, „Enttäuschung bzw. Bedauern (regret) über eine nach dem Eintritt des Ereignisses als fehlerhaft eingestufte Entscheidung dadurch zu vermeiden, dass der potenzielle Verlust nicht (oder noch nicht) realisiert wird" (Guo, 2002: 73). Im Zweifelsfall

---

43 Als klassischer Test gilt das „Asian disease"-Problem: Probanden wird vorgegeben, eine asiatische Krankheit bedrohe 600 Menschen und zwei medizinische Maßnahmen wären denkbar. In einer Experimentalbedingung werden die Maßnahmen als Gewinn gerahmt: „If program A is adopted, 200 people will be saved. If program B is adopted, there is 1/3 probability that 600 people will be saved, and 2/3 probability that no people will be saved." In der anderen Bedingung werden die Maßnahmen aus Verlust-Perspektive präsentiert: „If program C is adopted, 400 people will die. If program D is adopted, there is 1/3 probability that nobody will die, and 2/3 probability that 600 people will die" (Tversky & Kahneman, 1981: 453). A und C sind jeweils die sichere Option, B und D jeweils die Option mit wahrscheinlichem Ausgang. Alle Maßnahmen sind im Ergebnis identisch. Nach dem Sicherheitseffekt müssten sich Probanden jeweils für die sichere Variante entscheiden. Beim Gewinn-Frame zeigte sich das auch: Hier wogen Probanden die sichere Option A und die riskante Option B aus der Perspektive von Überleben ab und entschieden sich mehrheitlich für die sichere Variante. Denn jeder ‚sicher Gerettete' war besser als ein nur ‚möglicherweise Geretteter'. Auch aus Verlust-Perspektive wird die sichere Option überwertet – allerdings in negativer Hinsicht: Hier war jeder ‚sichere Tote' schlimmer als ein ‚möglicherweise Toter'. Die riskante Variante wog hier weniger schlimm. Damit favorisierten Probanden rein aufgrund sprachlicher Variation einer Entscheidung unterschiedliche Optionen: Der sichere Gewinn (risikoaverse Option) wurde subjektiv höher eingeschätzt als der wahrscheinliche. Der sichere Verlust besaß negativere Valenz als der wahrscheinliche (risikofreudigere Option) (vgl. Scheufele, 2003: 33f.).

verhalten sich Anleger also passiv, da sie über Verluste durch Aktivität mehr enttäuscht sind als über gleich hohe Verluste, die durch Passivität entstanden (vgl. Roßbach, 2001: 14). Loss- Aversion gilt auch als Ursache für den *Dispositionseffekt (endowment effect)*, wonach Inverstoren Anlagen mit Gewinn zu früh und solche mit Verlust zu spät verkaufen, d.h. sich bei Verlusten risikofreudiger und bei Gewinnen risikoaverser verhalten (vgl. z.B. Shiller, 1999). Mit *Sunk-cost effect* wird die Tatsache bezeichnet, dass Anleger selbst bei negativen Kursverläufen an Wertpapieren festhalten, um keine Verlustrealisierung hinzunehmen – selbst wenn ein profitables Neuengagement in Aussicht steht.

○ *Ambiguitäten*: Unter der *Ambiguitäts-Aversion* versteht man die Tatsache, dass Optionen ohne exakte oder eindeutige subjektive Wahrscheinlichkeiten für Anleger als unbestimmt erscheinen. Investoren wählen daher bei ansonsten gleichrangigen Alternativen die Option ohne Ambiguität (vgl. Röckemann, 1995: 38f.). Das *Ellsberg-Paradoxon* (vgl. Ellsberg, 1961) besteht darin, dass bei „zunehmender Ambiguität [...] die Bereitschaft eines ambiguitätsaversen Entscheidungsträgers [sinkt], Transaktion durchzuführen und unsichere Positionen in der ambiguitätsbehafteten Anlage zu halten" (Guo, 2002: 73). Davon ausgehend ist beispielsweise zu vermuten, dass eine sehr heterogene Berichterstattung über ein Wertpapier oder das betreffenden Unternehmen in Börsensendungen, Anlegerzeitschriften und Finanzportalen eine ambivalente Situation für jene Anleger schafft, die für ihre Transaktionsentscheidung auch mediale Informationen heranziehen. Das Gegenteil wäre der Fall bei konsonanter Berichterstattung. *Konsonanz* wurde in der Kommunikationswissenschaft mehrfach als zentraler Wirkungsfaktor beschrieben (vgl. dazu Noelle-Neumann, 1973; Schenk, 2002).

2.2.4.3 Markt-Anomalien

Ausgehend von den individuellen Anomalien der Informationswahrnehmung, Informationsverarbeitung und Entscheidungsfindung, die oft nur in experimentellen Settings nachgewiesen wurden (vgl. Röckemann, 1995: 45), versucht die Behavioral Finance die auf der Markt-Ebene empirisch beobachtbaren Anomalien zu erklären. Dabei wird Einwänden seitens der klassischen Kapitalmarkttheorie vor allem mit zwei Argumenten widersprochen: Zum einen könnten sich Anomalien der Mikro-Ebene individueller Anleger im Aggregat nicht aufheben, sondern kumulieren und damit marktwirksam werden. Zum anderen unterliegen selbst ‚Börsen-Profis' Wahrnehmungs-, Verarbeitungs- und Verhaltensverzerrungen (vgl. Shiller & Pound, 1989; De Bondt & Thaler, 1990).

Im Zusammenhang des Noise-Trading-Ansatzes wurden bereits wichtige Markt-Anomalien vorgestellt (vgl. Kapitel 2.2.3). Und „[d]ie Liste der Anomalien wird immer länger" (Guo, 2002: 16). Neben Bubbles (z.B. Nasdaq-Bubble von 1999), Moden und Saisonalitäten („Kalenderanomalien" Roßbach, 2001: 8) führt Guo (2002: 11ff.) auch Short-Term Momentum und Long-Term Reversal an, die wir bei Winner-Loser-Effekten diskutiert haben (vgl. Daske, 2002). Mit Roßbach (2001: 7ff.) unterscheiden wir auf der Markt-Ebene zwischen Abweichungen von der Effizienzmarkthypothese und Kennwerte-Anomalien.

Zu den *Abweichungen von der Effizienzmarkthypothese* gehören vor allem Über- und Unterreaktionen. Empirische Belege dafür liefern z.B. die Studien von De Bondt & Thaler (1985) sowie Barberis et al. (1998), die auf die Repräsentativitätsheuristik rekurrieren. In diesem Zusammenhang interessieren auch die bereits vorgestellten Winner-Loser-Effekte (vgl. z.B. Daske, 2002). Daneben haben wir Mean-Reversion (vgl. z.B. Murstein, 2003) und Excess Volatility (vgl. z.B. Shiller, 1981; Cutler et al., 1991) diskutiert. In beiden Fällen kann Positive-Feedback-Trading eine wichtige Rolle spielen, wobei es im ersten Fall eine Wirkung auf die ‚Richtung', im zweiten Fall auf die ‚Schwankungsbreite' der Kursentwicklung hat. Roßbach (2001) erwähnt zwei weitere Effekte: Beim Ankündigungseffekt wirken Preisänderungen, die durch eine Ankündigung hervorgerufen wurden, oft unverhältnismäßig lange nach. Beim Index-Effekt steigen Kurse steil an, wenn eine Aktie in einen Index aufgenommen wird.

Die wichtigste der von Roßbach (2001) genannten Kennwerte-Anomalien ist der *Size-effect* oder *Kleinfirmeneffekt* (vgl. z.B. Banz, 1981; Fama & French, 1995). Danach erzielen Aktiengesellschaften mit geringer Marktkapitalisierung (vgl. dazu Kapitel 2.1.2) in einem längeren Zeitraum oft höhere Renditen als Aktien von Unternehmen mit hoher Marktkapitalisierung. Aus diesem Grund hält Zarowin (1990) auch einen Vergleich zwischen Aktien unterschiedlicher Marktkapitalisierung bei der Untersuchung von Winner-Loser-Effekten für wichtig, da Zarowin (1990: 214) diese Effekte nur als andere „manifestation of the size phenomenon" betrachtet.

Zusammenfassend kann man sagen, dass die Behavioral Finance der oft beschworenen „Psychologie der Börse" besser gerecht wird als die klassische Kapitalmarkttheorie. Das bringt Guo (2002: 20) gut auf den Punkt:

> „Das aktuelle Marktgeschehen ist auch mit der Stimmung eng verbunden: Euphorie (eine Haussestimmung mit Hoffnung als Dominante) oder Depression (eine Baissestimmung mit Angst als Dominante) kann Auf- oder Abwärtsbewegungen an der Börse auslösen, die sich von der wirtschaftlichen Realität lösen. Beispielsweise lassen sich positive Bubbles beobachten, wenn Euphorie herrscht, und hingegen sind negative Bubbles zu beobachten, wenn sich die Marktteilnehmer in einer depressiven Stimmung befindet [sic!]" (Guo, 2002: 20).

Auch wenn die Überlegungen der Behavioral Finance im Gefolge von Shillers (1981) Beitrag zu Excess Volatility erst Anfang der 1990er Jahre breites Interesse fanden (vgl. Roßbach, 2001: 10), sind sie keineswegs neu. Mehrere Autoren (z.B. Röckemann, 1995: 43; von Heyl, 1995: 31; Shiller, 2003: 87f.) machen zu Recht aufmerksam darauf, dass bereits Keynes' (1936) Überlegungen zum *Schönheitswettbewerb* der Tatsache Rechnung trugen, dass das Verhalten am Aktienmarkt weniger mit fundamentalen Werten als mit Zuversicht und Orientierung an anderen Anlegern zu tun hat. Wie bereits kurz angerissen (vgl. Kapitel 2.2.3.1), geht Keynes (1936) von einem Schönheitswettbewerb einer Zeitung aus, bei dem ein Teilnehmer die sechs schönsten Gesichter aus 100 Fotos auswählen soll. Der Teilnehmer erhält eine Belohnung, wenn ‚sein Kandidat' gewinnt. Die beste Strategie wäre dann, weder auf den objektiv schönsten Kandidaten zu setzen noch dem eigenen Geschmack zu folgen, sondern jenen Kandidaten zu wählen, von der man glaubt, dass auch die meisten anderen Teilnehmer sie wählen. „Investoren geht es [also] darum, beim Verkauf einen möglichst guten Preis zu lösen, und nicht darum, die ‚wahren', auf Fundamentaldaten beruhenden Werte eines Wertpapiers herauszufinden […]. Die Schönheitskonkurrenzgeschichte deutet auf die Sensibilität der Erwartungen hin, die dem Geschehen auf Aktienmärkten zugrunde liegen" (Shiller, 2003: 88). Wir sind der Auffassung, dass die Metapher von Keynes (1936) aber vielmehr bereits auf den Third-Person-Effekt verweist, den wir oben beschrieben haben.

2.3 Zusammenfassung und Schlussfolgerungen

Unsere Ausführungen bündeln wir zu theoretischen und methodischen Feststellungen. Daraus lassen sich entsprechende Schlussfolgerungen ableiten.

2.3.1 *Theoretische Zusammenfassung und Schlussfolgerungen*

Die *finanzwissenschaftlichen Grundlagen* lassen sich zu folgenden Feststellungen zusammenfassen:

- *Aktienhandel und Aktien(kurse)*: Die Wertpapierbörse steht Anlegern nicht direkt offen, sondern dazwischen geschaltet sind Makler und Händler (Broker, Dealer). Die Kursfeststellung (fortlaufender Handel, Auktion) erfolgt in der Regel nach dem Meistausführungsprinzip, unterscheidet sich aber beim Parkett- und beim Computerhandel. Aktien sind Wertpapiere, die einen Anteil am Gesamtvermögen einer Aktien- oder Kapitalanlagegesellschaft verbriefen – ausgedrückt im Nominal- bzw.

Zusammenfassung und Schlussfolgerungen 61

Nennwert. Unterschieden werden Standard- und Nebenwerte, Papiere mit hoher und niedriger Marktkapitalisierung oder viel und wenig Streubesitz. Der Kurs einer Aktie ist ihr Preis an der Börse; multipliziert mit der Anzahl der Aktien heißt er Marktpreis.

- *Analysen*: Den inneren Wert bzw. wahren Preis einer Aktie versuchen fundamentale Analysen zu bestimmen. Sie berücksichtigen quantitative und qualitative Einflussfaktoren auf die Kursentwicklung (z.B. Geschäftsstrukturen, Erträge), während technische Analysen die Kursentwicklung durch Beobachtung bisheriger Kursverläufe prognostizieren.

- *Kennwerte*: Die Dividende ist der Anteil am Gewinn einer Aktiengesellschaft, der auf die Aktionäre je nach deren Stückzahlbesitz entfällt. Die Dividendenrendite stellt die Dividende ins Verhältnis zum Aktienkurs. Das Kurs-Gewinn-Verhältnis (KGV) gibt an, mit welchem Vielfachen des Gewinns eine Aktie bezahlt werden muss bzw. gehandelt wird. Je niedriger (höher) das KGV, desto günstiger (ungünstiger) ist die Aktie. Die Volatilität eines Kurses gibt dessen Schwankungsbreite in einem bestimmten Zeitraum (z.B. 30 Handelstage) an.

- *Gleichgewichtsmodelle*: Beim Tâtonnement nach Walras verfügen Anleger nur über private Informationen und passen ihre Erwartungen nicht an Preiseveränderung an. Im Modell rationaler Anleger mit gleicher Vermögensausstattung und Risikoaversion gibt es keinen Handel. Der aktuelle Kurs spiegelt alle relevanten Informationen. Daher haben Anleger keinen Anreiz, neue Informationen zu beschaffen und auszuwerten. Wenn kein Anleger das tut und keiner handelt, können sich Informationen aber nicht im Kurs spiegeln. Dieses Informationsparadoxon verschwindet bei Informationsvorsprüngen, die aber wiederum zur Erwartungsanpassung uninformierter Anleger führen dürften. Damit verändert sich der Preis, aber es gibt keinen Handel (No-Trade-Theorem).

- *Informationstypen*: Nach der Reichweite sind private und öffentliche Informationen zu unterscheiden. Informationen über Aktien, Unternehmen oder Konkurrenten bzw. Branche haben primären Informationsgehalt. Informationen über andere Marktteilnehmer haben sekundären, Informationen z.B. über die Wirtschaftslage dagegen tertiären Gehalt. Informationen können aus einer Primärquelle (z.B. Unternehmen) stammen und direkt an Anleger gehen (z.B. als Ad-hoc-Meldungen) oder indirekt verbreitet werden (z.B. über Massenmedien). Eine indirekte Informationsquelle ist der Kurs. Er gibt Auskunft darüber, *dass* Anleger einen Informationsvorsprung haben, nicht aber im Hinblick auf *was*.

- *Anlegertypen*: Anleger lassen sich nach Rationalität, Professionalität, Institutionalität, Risikobereitschaft, Informationsstand und Liquidität klassifizieren. Meist werden ‚Profis' und ‚Laien' unterschieden, wobei professionelle Anleger oft institutionell verortet sind und rationaler handeln als unkundigere Kleinanleger.

Die Überlegungen der *Kapitalmarkttheorie* und *Effizienzmarkthypothese* lassen sich zu folgenden Feststellungen zusammenfassen:

- *Effizienzmarkthypothese*: Mit dem Leitbild rationaler Anleger (homo oeconomicus) und homogener Anlegerstruktur bezeichnet die Effizienzmarkthypothese einen Market als (informations)effizient, an dem Preise (Aktienkurse) alle frei verfügbaren Informationen umgehend reflektieren, was aber eine hohe Anpassungsgeschwindigkeit voraussetzt. Anleger können durch Transaktionen auf Grundlage dieser Informationen keine Gewinne erzielen. Neue Informationen gelangen zwar an den Markt, sind aber sofort in den aktuellen Kursen ‚eingepreist'. Dahinter stehen allgemeine und spezifische Prämissen (z.b. vollständiger Wettbewerb, rationale Anleger). Somit können nur überraschende, ganz neue Informationen zu unerwarteten Kursveränderungen führen. Aufgrund ihrer Unvorhersehbarkeit können Anleger diese Informationen aber nicht gewinnbringend ausnutzen.
- *Typen von Effizienz*: In schwacher Form ist ein Markt effizient im Hinblick auf historische Kursverläufe. Hier verspricht eine technische Analyse keinen Erfolg. Bei mittlerer Effizienz reflektiert der aktuelle Kurs zusätzlich auch alle öffentlichen Informationen. Hier verspricht eine Fundamentalanalyse, die diese Informationen zur Prognose auswertet, keinen Erfolg. Bei starker Effizienz reflektiert der aktuelle Kurs zusätzlich auch nicht-öffentliche Informationen, also z.B. Insider-Informationen, was einen Profit aus Insiderhandel unwahrscheinlich macht.
- *Aktien im Kontext*: Weitere Ansätze der Kapitalmarkttheorie (z.B. CAPM, APT) folgen zwar den Prämissen der Effizienzmarkthypothese, machen aber deutlich, dass Anlagen im Kontext zu betrachten sind. So hat die erwartete Rendite einer Aktie einen marktspezifischen (systematischen) und einen anlagespezifischen (unsystematischen) Anteil. Neben Markt bzw. Branche sowie Aktien der Konkurrenz sind Anlagen auch oft als Teil eines Portfolios oder Indizes (z.B. DAX) zu betrachten.

Die Überlegungen des *Noise-Trading-Ansatzes* und der *Behavioral Finance* lassen sich zu folgenden Feststellungen zusammenfassen:

- *Prämissen*: Die Probleme von Kapitalmarkttheorie und Effizienzmarkthypothese verschwinden, wenn man an die Stelle eines rationalen homo oeconomicus und einer homogenen Anlegerstruktur den homo psychologicus und eine heterogene Anlegerstruktur setzt.
- *Verhältnis zur Kapitalmarkttheorie*: Der Noise-Trading-Ansatz versteht sich als Erweiterung der Kapitalmarkttheorie. Der Begriff ‚Noise' bezeichnet Abweichungen vom fundamental gerechtfertigten Kursverlauf. Die Behavioral Finance sucht dagegen als „Synthese von Finanzmarkttheorie, Psychologie und Entscheidungstheorie" (Guo, 2002: 33) den Paradigmenwechsel. Eine Zuordnung empirischer Studien zu einem der Ansätze ist oft nicht eindeutig, da beide die gleichen Studien als Argumentationshilfe nutzen. Im Grunde gehen beide Forschungstraditionen davon aus, dass Abweichungen von der Effizienzmarkthypothese und den Annahmen der Kapitalmarkttheorie zu häufig sind, um ignoriert zu werden. Die Behavioral Finance vertritt diese Position aber entschiedener und verlangt den Paradigmenwechsel, während der Noise-Trading-Ansatz letztlich doch der Kapitalmarkttheorie verpflichtet ist.
- *Mehr-Ebenen-Konzept*: Noise-Trading-Ansatz und Behavioral Finance unterscheiden zwischen der Mikro-Ebene individueller Anleger und der Makro-Ebene des Marktes bzw. der Kurse. Markt-Anomalien werden mit individuellen Anomalien der Wahrnehmung und Verarbeitung von Informationen und Verhaltens-Anomalien erklärt. Als Aggregationsregeln, um beide Ebenen zu verbinden, werden das Meinungsführerkonzept sowie Ansätze zu sozialer Imitation und Ansteckung herangezogen.
- *Individuelle Anomalien*: Zu Anomalien der Wahrnehmung und Verarbeitung von Informationen gehört die Selektivität von Anlegern. Daneben werden besonders Heuristiken diskutiert. Nach der Verfügbarkeitsheuristik nutzen Anleger gerade verfügbare, nach der Auffälligkeitsheuristik vor allem auffällige Informationen. Bei der Repräsentativitätsheuristik schließen Investoren vom Einzelfall auf den allgemeinen Fall. Sie reagieren daher z.B. übermäßig auf Trends oder überschätzen Informationen, die aus mehreren Quellen stammen (information sources effect). Die gegenteilige Anomalie ist regressives Denken. Die Ankerheuristik besagt, dass Anleger einem Referenzpunkt folgen und unter Zeitdruck dahin zurückkehren. Das kann sich als konservatives Verhalten oder als Orientierung an ‚Experten' manifestieren. Zur Komplexitätsreduktion gehört, dass Anleger sich Kursverläufe einfach erklären oder zu Mental Accoun-

ting neigen. Sie unterliegen zudem oft Kontroll-Illusionen, die sich bei positiver Konditionierung (z.B. lange Hausse-Phasen) verstärken.[44]

○ *Entscheidungs-/Verhaltens-Anomalien*: Nach der Prospect Theory verläuft die Nutzenkurve im Verlustbereich steiler als im Gewinnbereich. Zudem werden sichere Optionen überbewertet (certainty effect). Schließlich schätzen Anleger Entscheidungsalternativen relativ zu einem Referenzpunkt ein („reflection effect"). Dieser lässt sich durch Rahmung als Gewinn oder Verlust verschieben, was Framing-Effekte hervorruft: Beim Gewinn-Frame bevorzugen Anleger den sicheren Gewinn (risikoaverse Option), auch wenn die Option mit wahrscheinlichem Gewinn völlig identisch ist. Beim Verlust-Frame bevorzugen Anleger den wahrscheinlichen Verlust (risikofreudige Option), da der sichere Verlust subjektiv schwerer wiegt. Daraus folgt, dass Anleger Verluste stärker gewichten als Gewinne in vergleichbarer Höhe (Loss-Aversion). Im Zweifel verhalten sich Investoren passiv, da Verluste durch Aktivität enttäuschender sind (Regret Avoidance). Zudem werden Gewinner-Aktien oft zu früh und Verlust-Papiere zu spät verkauft (Dispositionseffekt). Anleger halten selbst bei negativem Kursverlauf an Wertpapieren fest, um Verlustrealisierung zu vermeiden (Sunk-cost effect). Aufgrund von Ambiguitäts-Aversion bevorzugen sie generell Papiere mit geringer Ambiguität.

○ *Markt-Anomalien und Aggregationsregeln*: Die psychologischen Phänomene bei Anlegern (Mikro-Ebene) schlagen auf den Markt bzw. die Kurse (Makro-Ebene) durch. Das zeigt sich z.B. für Winner-Loser-Effekte: Bei langfristigen Perioden von drei bis fünf Jahren und bei sehr kurzen Perioden unter einem Monat bringt der Kauf von Verlierer- sowie der Leerverkauf von Gewinner-Aktien Überrenditen, da die Kurse der Loser-Aktien zulegen. Bei drei bis zwölf Monaten ist die gegenteilige, also zyklische Momentum-Strategie profitabel. Diese Markt-Anomalien lassen sich durch verschiedene psychologische Phänomene erklären. Man kann z.B. auf die Verfügbarkeitsheuristik zurückgreifen: Gerade unkundigere Privatanleger zeigen Überreaktionen auf aktuelle Informationen. Wenn dem nichts entgegenwirkt oder professionelle Anleger aus Kalkül mitziehen, können die Kurse ‚überschießen'. Sie pendeln sich dann erst nach einer Weile ein (Mean-Reversion). Das lässt sich aber auch als Positive-Feedback-Trading deuten: Kleinanleger mit geringer Expertise orientie-

---

44 Mit Hausse (Bullenmarkt) werden Phasen steigender Kurse oder Indexwerte bezeichnet, während Baisse (Bärenmarkt) der Begriff für Phasen sinkender Kurse oder Indizes ist. Von einer Bullenfalle spricht man, wenn ‚bullish' denkende Investoren auf den Trend setzen, aber in dem Moment von sinkenden Kursen überrascht werden. Der umgekehrte Fall (beim Leerverkauf) heißt Bärenfalle (vgl. Gabler Wirtschaftslexikon, 2000: 315, 1429).

ren sich oft an Trends bzw. Markt-Stimmungen (Herdentrieb). Da im Gefolge einer ‚sozialen Infektion' immer mehr Anleger an den Markt drängen, kommt es zu einer Homogenisierung des Marktverhaltens. Dabei spielen die Orientierung am Mehrheitsverhalten und an ‚Experten' als Anker, die Transaktionen strategischer Noise-Trader, die Medienberichterstattung als Multiplikator und bei längeren Phasen auch die Kontroll-Illusion und Konditionierungen auf komplexe Weise zusammen. Während Trend, ‚Überschießen' und Mean-Reversion die Auf- und Abwärtsbewegung im Kursverlauf beschreiben, bezeichnet Excess Volatility die Zunahme der Schwankungsbreite von Kursen. Sie tritt beispielsweise in Phasen mit viel Unsicherheit unter Anlegern auf.

Im Modell der Informationsflüsse am Kapitalmarkt, das von Rosen & Gerke (2001: 9) vorgelegt haben und das wir später ausführlicher diskutieren (vgl. Kapitel 3.2.3.1), sind Medien – neben Analysten (z.b. bei Banken und Kapitalanlagegesellschaften) sowie privaten und institutionellen Anlegern – eine der Zielgruppen für anlegerrelevante Informationen. Journalisten erhalten z.b. direkt von Unternehmen Ad-hoc-Meldungen oder PR-Material, aber auch Research-Berichte von Analysten, die sie in ihrer Berichterstattung aufgreifen und damit an Anleger als Rezipienten weiterleiten. Aus den bisherigen Ausführungen lassen sich bereits einige Überlegungen zur *Rolle der Massenmedien* bei den beschriebenen Prozessen unter Anlegern bzw. am Aktienmarkt ableiten:

○ *Ausgangsfrage*: Medien bieten öffentliche Informationen. Allerdings besagt die Effizienzmarkthypothese in ihrer mittelstarken Ausprägung, dass solche Informationen nicht gewinnbringend ausgenutzt werden können, da sie umgehend in den Kursen reflektiert werden. Dem steht aber die Tatsache entgegen, dass Anlegerzeitschriften, Börsensendungen und Online-Finanzportale teilweise beträchtliche Auflagen bzw. Reichweiten erreichen (vgl. Kapitel 3.1). Ob die Hoffnung der Anleger auf Gewinne aus Medieninformationen berechtigt ist, bleibt aber zu prüfen. Profit ist jedenfalls nicht die einzige denkbare Medienwirkung.

○ *Rezipienten*: Medien sprechen potenziell eine größere Anlegerschaft an als andere relevante Informationsquellen (ähnlich Gerke, 2000: 162). Für Rapp (2000: 101) sind Medien „‚Überträger' und ‚Beschleuniger' einer ‚sozialen Infektion'", bei der es zur weiteren (temporären) Ausweitung der Anlegerschaft komme. Mit den Klassifizierungsmerkmalen für Investoren in Tabelle 2.2 sind Medienwirkungen zunächst bei Privatanlegern wahrscheinlich. Denn Privatanleger dürften weniger rational handeln, uninformierter bzw. unkundiger sein. Aufgrund fehlender institutioneller

Verankerung stehen ihnen zudem jene Informationsquellen, auf die Kreditinstitute oder Unternehmen zurückgreifen, gar nicht zur Verfügung (vgl. Rapp, 2000: 100), so dass sie stärker auf Medieninformationen zurückgreifen (müssen) als ‚Börsen-Profis'. Aber auch professionelle (institutionelle) Anleger sind nicht frei von psychologischen Verzerrungen. So lässt sich z.b. mit dem Third-Person-Effekt erklären, weshalb selbst ‚Börsen-Profis' auf den Zug des Positive-Feedback-Trading der ‚Börsen-Laien' aufspringen – um aber rechtzeitig vor der Trendumkehr wieder abzuspringen (vgl. Abbildungen 2.5 und 2.6).

○ *Kumulation und Konsonanz*: Umfang und Dauer der Berichterstattung lassen sich im Begriff ‚Kumulation' (Noelle-Neumann, 1973) bündeln und mit den Anomalien auf Anlegerseite verknüpfen. Eine kumulative Börsen- und Aktienberichterstattung ist für (Privat-)Anleger besonders salient.[45] Mitunter wirken zwar auch einzelne Anlagetipps etwa einer Börsensendung (vgl. Gerke, 2000: 162ff.). Dabei handelt es sich aber um sehr kurzfristige, vereinzelte Effekte. Das eigentliche, auch längerfristige Wirkungspotenzial der Medien resultiert aus Kumulation und Konsonanz (vgl. Noelle-Neumann, 1973). Intermediale Konsonanz, also die gleichförmige Berichterstattung verschiedener Medien, kann den ‚information sources effect' begünstigen: Privatanleger dürften Medien generell als unabhängigere Quelle betrachten als z.b. Unternehmenssprecher. Vor allem aber scheinen Informationen bei konsonanter Berichterstattung aus mehreren Quellen zugleich zu stammen.[46] Darüber hinaus reduziert sich bei konsonanter Berichterstattung die Ambiguität der Entscheidungssituation für Anleger – aber auch die Möglichkeit, als Anleger solchen Informationen auszuweichen, um etwaige Dissonanz zu reduzieren. Denn negative Informationen, die kumulativ und konsonant präsentiert werden, können selbst die Anhänger einer Position, gegen die solche negativen Informationen sprechen, nicht ignorieren (vgl. Donsbach, 1991).[47] Aktuelle Medieninformationen sind leichter verfügbar als Informationen, die älter sind oder aus anderen, für Privatanleger schwerer zugänglichen Quellen stammen. Damit dürften saliente und leicht verfügbare Medien-

---

45 Beispielsweise sind wiederholte Medienbeiträge mit positiven Prognosen für die Automobilbranche oder wiederholte Artikel über einen möglichen Führungswechsel an der Spitze von DaimlerChrysler für Anleger auffälliger als ein einzelner, solcher Bericht.
46 Dass dahinter auch eine einzige Ursprungsquelle (z.B. eine Agenturmeldung oder ein Meinungsführermedium) stecken kann, dürfte Kleinanlegern oft nicht bewusst sein.
47 Donsbach (1991: 164ff.) konnte zeigen, dass Anhänger einer Partei selbst dann Zeitungsberichte lasen, die gegen ‚ihre' Partei sprachen, wenn es sich dabei um negative Informationen (z.B. Skandalberichte) handelte.

informationen entsprechende Überreaktionen besonders unter ‚Börsen-Laien' begünstigen oder das bereits vorhandene Positive-Feedback-Trading verstärken. Das wiederum führt zur weiteren Homogenisierung des Anlegerverhaltens am Markt (vgl. Rapp, 2000: 101).

○ *Inhalte und Darstellung*: Neben fundamentalen Informationen z.b. zu Bilanzen, Strukturen, Innovationspotenzial und Management liefern Medien auch Charts, historische Kursverläufe und Indexinformationen. Zudem bieten sie ein Forum für Analystenmeinungen, geben aber auch eigene Anlegertipps oder veröffentlichen Ad-hoc-Meldungen. Medien sind damit eine Sekundärquelle, d.h. Vermittler der Informationen Dritter (z.b. Analysten, Unternehmen) und eine Primärquelle, indem sie z.b. Sachverhalte selbst in einen Bezugsrahmen stellen oder Anlegertipps geben (vgl. Kapitel 2.1.3). Daraus können sich verschiedene Effekte ergeben: Für unkundigere Anleger dürften Medien – z.b. der Moderator einer TV-Börsensendung – als Anker dienen. Die mediale Funktion der Komplexitätsreduktion kommt wiederum der Neigung von Anlegern entgegen, sich Prozesse vereinfachend – z.b. als Fad oder Marktlage – zu erklären. Dabei dürfte auch die Repräsentativitätsheuristik wirksam werden, d.h. unkundigere Anleger verallgemeinern Medieninformationen und reagieren z.b. auf einen vermeintlichen Aufwärtstrend. Hat das Medium, das über einen potenziellen Positivtrend berichtet, eine hinreichend große Reichweite (z.b. als Online-Finanzportal), dann dürften viele unkundigere Anleger zu ‚Trend-Chasern' werden, so dass es – im Sinne einer *self-fulfilling prophecy* (Merton, 1948) – dann tatsächlich zu einem deutlichen Kurszuwachs kommt. Darüber hinaus dürften Mediendarstellungen, die der Sichtweise des Anlegers entsprechen, dessen Kontroll-Illusion begünstigen. Medienberichte können aber auch Regret Avoidance und Dispositionseffekte verstärken. So können negative Berichte über ein Unternehmen oder die Einschätzung des Moderators einer Börsensendung über einen wahrscheinlichen Kurseinbruch dazu führen, dass Anleger sich erst einmal passiv verhalten, um den potenziellen Verlust nicht (gleich) realisieren zu müssen.

2.3.2 *Methodische Zusammenfassung und Schlussfolgerungen*

Methodische Aspekte haben wir bereits an mehreren Stellen diskutiert. Sie lassen sich in folgenden Feststellungen zusammenfassen:

○ *Random-Walk-Hypothese*: Als mathematische Form der Effizienzmarkthypothese gilt die Hypothese des Random Walk (ohne Zurückgehen). Sie besagt nicht, dass sich der Kurs einer Aktie (z_t) rein zufällig entwickelt, sondern vielmehr, dass die Veränderungen im Kursverlauf ($z_t - z_{t-1} = a_t$) rein zufällig sind, also einem White-Noise-Prozess folgen. Der Random Walk ist der Ausgangs- bzw. Referenzpunkt zur Feststellung von Markt-Anomalien wie etwa das Überschießen der Kurse.

○ *Aktien im Kontext*: Die Kovarianzen einer Aktie mit anderen Aktien aufgrund der Zugehörigkeit zu einem Portfolio werden wir in unserer empirischen Untersuchung nicht modellieren. Allerdings berücksichtigen wir die Beziehung zum Referenz-Index (vgl. Kapitel 5.3). Auf das generelle Problem (nicht) erklärter Varianzen gehen wir gleich ein.

○ *Mikro-Makro-Logik*: Mehrfach wurde betont, dass zwischen einer Mikro-Ebene individueller Anleger und einer Makro-Ebene des Markts bzw. der Aktienkurse zu unterscheiden ist (vgl. z.B. Rapp, 2000; Röckemann, 1995; von Heyl, 1995; Roßbach, 2001). Röckemann (1995) berücksichtigt zudem eine Meso-Ebene, auf der die wechselseitige Orientierung von Anlegern zu verorten sei, also z.b. Prozesse der Meinungsführerschaft oder der sozialen Imitation und Infektion. Eine Untersuchungsanlage, die alle Ebenen abdeckt scheint kaum möglich. Daher verweisen empirische Studien für die Mikro-Ebene oft nur auf entsprechende Befunde aus der Psychologie, während die eigentliche empirische Untersuchung auf die Makro-, also Markt-Ebene fokussiert. In der empirischen Black Box sind damit alle Vorgänge unterhalb dieser Ebene (vgl. Abbildung 2.6).

Beispiele für die Mikro-Makro-Logik im Noise-Trading-Ansatz und in der Behavioral Finance haben wir bereits gegeben (vgl. Kapitel 2.2.3.1). Methodische Implikationen wurden ebenfalls angerissen, sollen nun aber ausführlich diskutiert werden. Wir gehen zunächst von dem Erklärungsschema bzw. deduktiv-nomologischen Modell bei Hempel & Oppenheim (1948) aus. Dieses *Hempel-Oppenheim-Schema* umfasst einen erklärenden Teil, das Explanans, und einen zu erklärenden Teil, das Explanandum. Das Explanans wiederum teilt sich auf in ein Gesetz und Randbedingungen.

Als Beispiel denken wir uns ein Erklärungsmodell prosozialen Verhaltens (vgl. dazu z.B. Bierhoff, 2003). Wir wollen das Verhalten von Person P und Person Q erklären – das ist das *Explanandum*. Das Gesetz im *Explanans* lautet: Der Glaube, dass es in der Welt gerecht zugeht, vermindert die Bereitschaft von Personen, prosozial zu handeln (vgl. z.B. Dalbert & Schneider, 1995). Die Randbedingung betrifft den Glauben an eine gerechte Welt bei P und Q. Mit diesem Erklärungsschema wird man aus der Tatsache, dass P an eine gerechte Welt glaubt, Q dagegen nicht (Randbedingung) sowie mit dem Gesetz über prosoziales Verhalten schlussfolgern, dass Q sich prosozialer verhält als P.

Abbildung 2.7: Erklärungsschemata für zwei ausgewählte Phänomene in Noise-Trading-Ansatz und Behavioral Finance (eigene Darstellung)

Erklärungsschema aus der Mikro-Perspektive			
Explanans	Gesetz	‚Börsen-Laien' nutzen mehr leicht verfügbare Informationen als ‚Börsen-Profis'	Mikro-Ebene
	Randbedingung	Anleger A ist ‚Börsen-Laie' Anleger B ist ‚Börsen-Profi'	Mikro-Ebene
Explanandum		*Verfügbarkeitsheuristik*: Anleger A unterliegt ihr stärker als Anleger B	Mikro-Ebene
Erklärungsschema aus der Mikro-Meso-Perspektive			
Explanans	Gesetz	‚Börsen-Laien' orientieren sich stärker an ‚Börsen-Gurus' als ‚Börsen-Profis'	Mikro-Ebene
	Randbedingung	Anlegergruppe A sind ‚Börsen-Laien' Anlegergruppe B sind ‚Börsen-Profis'	Meso-Ebene
Explanandum		*Homogenität*: Verhalten in Anlegerschaft A folgt stärker dem ‚Börsen-Guru' und ist damit homogener als in Anlegerschaft B	Meso-Ebene

Für Anleger und Aktienmarkt ist das Erklärungsschema wesentlich komplexer. Wir diskutieren zunächst die generellen methodischen Implikationen und gehen dann auf Lösungsvorschläge aus finanzwissenschaftlichen Studien ein. Die Überlegungen zum Noise-Trading-Ansatz und zur Behavioral Finance lassen sich schematisch in entsprechenden Erklärungsmodellen umsetzen (vgl. Abbildungen 2.7 und Abbildung 2.8).

○ *Erklärung der Mikro-Perspektive:* Hier sollen Phänomene auf der Mikro-Ebene des einzelnen Anlegers erklärt und empirisch nachgewiesen werden. Explanans und Explanandum sind auf einer Ebene verortet – nämlich auf der Mikro-Ebene. Das Explanandum kann z.B. die Verfügbarkeitsheuristik sein. Das Explanans besteht hier aus einem Gesetz, z.B. dass ‚Börsen-Laien' leicht verfügbare Informationen häufiger nutzen als ‚Börsen-Profis'. Die Randbedingung, welche die unabhängige Variable markiert, ist der – z.B. in einer Anlegerbefragung zu ermittelnde – Kenntnis- und Erfahrungsstand von Anlegern.

○ *Erklärung der Mikro-Meso-Perspektive:* Hier soll das Zusammenspiel der Anlegerschaft auf der Meso-Ebene erklärt und empirisch belegt werden. Das Explanandum kann z.B. die Homogenität unter Anlegern sein. Das im Explanans enthaltene Gesetz könnte z.B. auf Ankerheuristik oder Meinungsführerkonzept verweisen und postulieren, das sich ‚Börsen-Laien' häufiger an ‚Börsen-Gurus' orientieren als ‚Profis'. Die Randbedingung würde zwei Anlegergruppen unterscheiden – nämlich ‚Laien' und ‚Profis' – und dann Binnen- und Zwischengruppen-Varianzen betrachten. Letztlich zielt eine solche Erklärung aber auf Homogenität und damit ein Merkmal der Anlegerschaft auf der Meso-Ebene.

2.3.2.1 Multiples Erklärungsdilemma

Komplexer gestalten sich Erklärungen, bei denen das Explanandum auf der Makro-Ebene des Markts bzw. der Aktienkurse angesiedelt ist. Abbildung 2.8 illustriert beispielhaft das Problem, das wir *multiples Erklärungsdilemma* nennen. Roßbach (2001) und Schuster (2004) reißen das Problem teilweise ebenfalls an, aber aus recht allgemeiner Perspektive:

> „Auch wenn bereits eine Vielzahl an Verhaltensmechanismen aufgedeckt wurde, konnte es bislang nur in Ansätzen gelingen, zu erklären, welche Mechanismen in welcher Situation und in welcher Stärke auftreten. [...] Zur Beherrschung dieser Komplexität muss sich somit auch die Behavioral Finance der Reduktion bedienen [...]. Dabei entsteht die Problematik der Auswahl der relevanten Verhaltensmechanismen, welche durch deren teilweise Überlappung zusätzlich verschärft wird. [... So] sind [...] Modelle im Hinblick auf ihre Erklärungs- und Prognosefähigkeit unbefriedigend" (Roßbach, 2001: 24).
>
> „Die Kursbildung an den Finanzmärkten ist eine komplexe Funktion verschiedener Faktoren, deren Kombination und Gewicht im Zeitverlauf variiert. Die[s] verhindert, das Maß der Wirkungen einzelner Ursachen auf die Preise definitiv fest zu legen" (Schuster, 2004: 69).

Auch Barberis et al. (1998: 310), die auf die Verfügbarkeitsheuristik zur Erklärung von Über- und Unterreaktion der Preise (Makro-Ebene) zurückgreifen, räumen ein, dass hinter solchen Kursbewegungen auch ganz andere psychologische Prozesse (Mikro-Ebene) stecken könnten. Röckemann (1995: 59) sieht die Schwierigkeit, dass sich psychologische und fundamentale Einflüsse auf die Kursentwicklung empirisch kaum separieren lassen.

Das multiple Erklärungsdilemma verweist auf das Problem der *Varianzzerlegung*, das wir aus Varianz- und Regressionsanalysen kennen (vgl. dazu z.B. Backhaus et al., 2000): Die Streuung bzw. Varianz der abhängigen Variable (,Explanandum') eines Erklärungsmodells lässt sich in zwei Teile zerlegen. Der erste ist der Anteil an Varianz der abhängigen Variable Y, der durch die Werte der unabhängigen Variable X_n erklärt wird (,Explanans'). Der zweite Teil ist die nicht-erklärte Varianz; so können Störfaktoren, die nicht gemessen wurden, für einen Teil der Streuung der abhängigen Variable verantwortlich sein. Aus mehrfaktoriellen Varianzanalysen ist das Zusammenspiel von Prädiktoren bekannt: Die erklärte Varianz lässt sich bei zwei Prädiktoren X_1 und X_2 weiter differenzieren in einen Haupteffekt des ersten Prädiktors X_1, einen Haupteffekt des zweiten Prädiktors X_2 und einen Interaktionseffekt X_1*X_2.

Zusammenfassung und Schlussfolgerungen 71

Abbildung 2.8: Multiples Erklärungsdilemma im Querschnitt – Beispiel mit drei ‚Börsen-Laien' und zwei ‚Börsen-Profis' (eigene Darstellung)

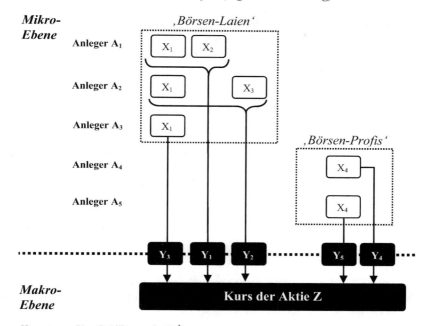

Hinweise: X_n = Prädiktoren für Y [A)]
Y = Anlegerverhalten
Z = Aktienkurs

[A)] Ist ein Prädiktor für die Entscheidung eines Anlegers Y wirksam, erhält er das Gewicht bzw. den Wert 1, ansonsten das Gewicht 0. Damit sind z.B. die Prädiktoren X_1 bis X_3 zumindest formal auch in der Gleichung für das Anlegerverhalten von A_4 enthalten, haben dort aber das Gewicht 0 und fallen daher weg: $Y_4 = 0*X_1 + 0*X_2 + 0*X_3 + 1*X_4 = X_4$

Daraus lässt sich ein fiktives Beispiel bzw. Szenario ableiten, bei dem der Kursverlauf von Aktie Z erklärt werden soll. Wir betrachten das multiple Erklärungsdilemma zunächst im *Querschnitt* (vgl. Abbildung 2.8):

○ *Mikro-Ebene*: Wir gehen von drei ‚Börsen-Laien' aus: Anleger A_1 folgt der Ankerheuristik und orientiert sich an einem ‚Börsen-Guru' (X_1). Zudem unterliegt er einer Kontroll-Illusion (X_2). Beide Faktoren bestimmen sein individuelles Anlageverhalten. Investor A_2 folgt ebenfalls dem ‚Guru' (X_1), bedient sich aber zudem der Auffälligkeitsheuristik (X_3), beachtet also nur saliente ‚Expertentipps' für seine Entscheidung. Anleger A_3 folgt ausschließlich dem ‚Guru' (X_1). Die beiden ‚Börsen-Profis' A_4 und A_5 folgen ihrem eigenen Expertenwissen (X_4). Damit lassen sich die Anlegerentscheidungen (Y) in folgenden Gleichungen formulieren, wobei „e" jeweils den Residualterm als die nicht-erklärte Varianz bildet:

$$Y_1 = X_1 + X_2 \qquad\qquad + e_1$$
$$Y_2 = X_1 + \qquad X_3 \qquad + e_2$$
$$Y_3 = X_1 \qquad\qquad\qquad + e_3$$
$$Y_4 = \qquad\qquad\qquad X_4 + e_4$$
$$Y_5 = \qquad\qquad\qquad X_4 + e_5$$

○ *Makro-Ebene*: Der Kurs der Aktie Z ergibt sich mit diesen Gleichungen aus dem Anlageverhalten der fünf Investoren Y_1 bis Y_5. Das lässt sich in folgender Gleichung formulieren, wobei „E" der Residualterm sei:

$$Z = Y_1 + Y_2 + Y_3 + Y_4 + Y_5 + E$$
$$= (X_1 + X_2) + (X_1 + X_3) + (X_1) + (X_4) + (X_4) + E$$
$$= 3*X_1 + X_2 + X_3 + 2*X_4 + E$$

mit: $E = e_1 + e_2 + e_3 + e_4 + e_5$

○ *Varianzzerlegung*: Die Gleichung für den Aktienkurs Z enthält zwei Terme. Der erste Term Z_L beschreibt den Einfluss des Verhaltens der drei ‚Börsen-Laien' auf den Aktienkurs:

$$Z_L = Y_1 + Y_2 + Y_3$$
$$= 3*X_1 + X_2 + X_3$$

Der zweite Term Z_P markiert den Einfluss des Verhaltens der ‚Börsen-Profis' auf den Aktienkurs:

$$Z_P = Y_4 + Y_5$$
$$= 2*X_4$$

Damit lässt sich der Aktienkurs in zwei Bestandteile zerlegen. Z_L und Z_P bilden die erklärte Varianz und E den nicht-erklärten Varianzanteil:

Z	=	$Z_L + Z_P$	+	E
Gesamtvarianz		*Erklärte Varianz*		*Nicht-erklärte Varianz*

Aus dem Aktienkurs (Z) selbst ist erst einmal nicht ersichtlich, welche Anleger dazu mit ihrer Entscheidung (Y_n) jeweils beisteuern. Und selbst wenn das bekannt wäre, müsste geklärt werden, welche individuellen Faktoren (X_n), wie z.B. Verfügbarkeitsheuristik, die jeweilige Anlegerentscheidung (Y) bestimmen. Dabei kann auch der Fall auftreten, dass einzelne Faktoren nicht separat, sondern im Sinne eines Interaktionseffekts (z.B. X_1*X_2) das Anlegerverhalten (Y) bestimmen. Dieses Erklärungsdilemma ist im *Längsschnitt* noch verschärft. Das lässt sich am Positive-Feedback-Trading erklären (vgl. Abbildung 2.5 in Kapitel 2.2.3.1). Dafür diskutieren wir ein einfaches Szenario, das den Aktienkurs Z und die Anleger A_1 bis A_5 betrachtet. Im Längsschnitt mit z.B. drei Phasen wird deren Verhalten unterschiedlich wirksam:

○ *Phase 1*: Dem Tipp eines ‚Börsen-Gurus' in einer Börsensendung im Fernsehen folgen zunächst nur Anleger A_1 und A_3. In dieser Phase lässt sich der Kursstand von Aktie Z durch das Verhalten dieser beiden Anleger erklären, d.h. es schlägt messbar auf die Aggregate-Ebene des Kurses durch. Das lässt sich in folgende Gleichung fassen:

$Z_{P1} = Y_1 + Y_3$
$\phantom{Z_{P1}} = 2*X_1 + X_2$

○ *Phase 2*: Aufgrund der Nachfrage von A_1 und A_3 kommt es zu einem Kursanstieg. Er bleibt auch Anleger A_2 nicht verborgen, der auf den Experten-Tipps wegen mangelnder Salienz zunächst nicht reagierte. Den einsetzenden Trend will er nun ausnutzen und kauft Aktien. Den Kurs der Aktien Z in Phase 2 gibt folgende Gleichung wieder:

$Z_{P2} = Z_{P1} + Y_2$
$\phantom{Z_{P2}} = 3*X_1 + X_2 + X_3$

○ *Phase 3*: Nachdem der Aktienkurs Z weiter ansteigt, finden es auch die ‚Börsen-Profis' A_4 und A_5 strategisch sinnvoll, auf den Trend ‚aufzuspringen', der sich dadurch weiter verstärkt. Der aktuelle Kurs lässt sich jetzt in folgender Gleichung zusammenfassen:

$Z_{P3} = Z_{P2} + Y_4 + Y_5$
$\phantom{Z_{P3}} = (3*X_1 + X_2 + X_3) + 2*X_4$

Der Kursstand in jeder der drei Phasen setzt sich also jeweils aus dem Verhalten anderer Anleger zusammen – und damit auch jeweils aus anderen Einflüssen auf das Verhalten dieser Anleger. Dabei dürften *Medieneinflüsse* auf das Anlegerverhalten in manchen Fällen so viele Anleger betreffen, dass dies auf der Aggregat-Ebene im Kurs messbar wird. In anderen Fällen sind Medieneinflüsse auf der Mikro-Ebene zwar vorhanden, betreffen aber zu wenige Anleger, um auf die

Makro-Ebene durchzuschlagen (vgl. auch Kapitel 6.2.2.5). In der Börsenrealität stellt sich all dies natürlich noch wesentlich komplexer dar.

- *Kursdeterminanten*: Die Anlegerschaft für ein Papier ist nicht unveränderlich, sondern kann sich z.B. im Gefolge einer ‚sozialen Infektion' immer mehr ausdehnen. Den Kurs (Z) zu verschiedenen Zeitpunkten bestimmt das Verhalten (Y_n) unterschiedlicher Anleger.
- *Verhaltensdeterminanten*: Auch das Verhalten eines Anlegers kann zu verschiedenen Zeitpunkten unterschiedlich motiviert sein, was das Beispiel nicht modellierte. So wäre z.b. denkbar, dass Anleger A_1 in einer Phase aufgrund der Ankerheuristik zunächst nur dem ‚Börsen-Guru' folgt ($Y_{P1} = X_1$) und erst in der nächsten Phase aufgrund des faktischen Trends auch noch einer Kontroll-Illusion erliegt ($Y_{P2} = X_1 + X_2$).
- *Zeit*: Damit dürften sich verschiedene Einflussgrößen auf das Verhalten der Anleger (Y) und damit auch auf den Kursverlauf (Z) zudem im Zeitverlauf überlagern, summieren oder aufheben.
- *Feedback*: Hinzu kommen Feedback-Prozesse – etwa wenn sich eine Trendveränderung oder ein ‚Überschießen' der Preise (Makro-Ebene) im Verhalten eines einzelnen Anlegers (Mikro-Ebene) niederschlägt. Man kann die Wahrnehmung des Trendschubs zwar auch als individuelles Merkmal modellieren. Letztlich handelt es sich aber um einen Kontexteffekt (vgl. dazu Langer, 2004), der individuell gebrochen wird.

2.3.2.2 Lösungen für das multiple Erklärungsdilemma

Die bislang geschilderten Erklärungsprobleme sind vielfältig. Es sind verschiedene Lösungen denkbar, die aber jeweils Nachteile haben. Keine führt aus der Problemlage komplett heraus. Daher sprechen wir von einem *multiplen Erklärungsdilemma*. Finanzwissenschaftliche Studien haben verschiedene Lösungsalternativen eingesetzt, die wir nun eingehender diskutieren. In der finanzwissenschaftlichen Literatur lassen sich für unser Problem vier Lösungen finden:

- Anlegerbefragungen
- (Simulations-)Experimente
- Sekundäranalysen von Daten zum Anlegerverhalten
- Sekundäranalysen von Marktdaten

Die ersten drei Optionen haben den Vorteil, dass sie Anlegermerkmale auf der angemessenen Ebene erfassen – nämlich der Mikro-Ebene des individuellen Anlegers. Damit bieten sie einen direkten empirischen Zugang zu den Annahmen des Noise-Trading-Ansatzes und der Behavioral Finance – nicht aber einen Zugang zur Markt-Ebene wie die vierte Option. Alle vier methodischen Strategien haben Vorteile, aber teilweise auch erhebliche Nachteile. Die Vor- und *Nachteile* wollen wir anhand einiger exemplarischer Studien diskutieren.

(1) *Anlegerbefragungen* (z.B. Brettschneider, 2005; Ernst et al., 2005) ermitteln z.B. Informationsnutzung und Handelsmotive von Anlegern und unterscheiden z.B. auch zwischen dem Informationsverhalten privater und institutioneller Anleger (vgl. Ernst et al., 2005: 33ff.). Die Angaben der Anleger zu ihren Entscheidungen und Transaktionen sind aber nur *Selbstauskunft*: Die Anleger äußern Verhaltensabsichten oder geben retrospektive Auskünfte. Das Handeln in der konkreten, realen Börsen- bzw. Marktsituation wird nicht erfasst. Darüber hinaus wird nicht das Handeln *aller* Anleger, das den Kurs einer Aktie Z bestimmt, ermittelt. Um sinnvolle Aussagen vom Sample befragter Anleger auf den Kurs zu machen, müsste man eine hierfür repräsentative Stichprobe ziehen. Das ist aufgrund der schwer bestimmbaren Grundgesamtheit kaum einzulösen. Befragungen erklären also die Varianz im Anlegerverhalten (Y) durch Einflussfaktoren (X_n) auf Individualebene. Sie erklären aber nicht die Varianz im Aktienkurs (Z). Damit sind alle Prozesse oberhalb der Mikro-Ebene des einzelnen Anlegers eine empirische Black Box (vgl. Abbildung 2.8).[48]

(2) Einen Schritt weiter gehen *(Simulations-)Experimente*, die Probanden vor experimentell simulierte (Markt-)Situationen stellen. Solche Experimente werden teilweise mit Studenten, teilweise mit professionellen Investoren und Anlegern durchgeführt. So ließen z.B. Andreassen & Kraus (1990) Studenten in einem simulierten Aktienmarkt wiederholt handeln und simulierten verschiedene Trends. Benartzi & Thaler (1999) konnten experimentell zeigen, dass Probanden ihre Pension häufiger in Aktien anlegten, wenn ihnen historische Renditen über einen Zeitraum von 30 Jahren statt nur für ein Jahr vorgelegt wurden. Auch die Rolle individueller Anomalien für das Anlegerverhalten ließ sich experimentell nachweisen – z.B. der Dispositionseffekt (z.B. Weber & Camerer, 1992) oder die Ankerheuristik in einer Simulation mit Immobilien-Experten (Northcraft & Neale, 1987). Copeland & Friedman (1992) haben den Einfluss von Informationen auf die Preisbildung am Markt experimentell untersucht. Huber et al. (2006) haben mit entsprechender Software den Einfluss des Informationsniveaus auf das Anlegerverhalten geprüft. Sie konnten zeigen, „dass mehr Informationen nur bei relativ hohem Informationsniveau einen signifikant positiven Grenznutzen für die Rendite eines Händlers hat, dass der Grenznutzen

---

[48] Shiller (2000) hat Investoren dazu befragt, was für Ursachen sie für den Börsencrash von 1987 verantwortlich machen. Diese Befragung nähert sich zwar der Markt-Ebene, bildet sie empirisch aber nicht ‚objektiv' ab, sondern erfasst subjektive Einschätzungen der Anleger.

zusätzlicher Informationen bei niedrigen oder mittleren Informationsniveaus jedoch statistisch nicht von null verschieden ist" (Huber et al., 2006: 189). Experimente nähern sich zwar der Zielvariable, indem sie z.b. die Kursentwicklung als Ergebnis simulierter Handelsaktivitäten der Probanden erklären. Es handelt sich aber nur um *Simulationen*. Wie stark sich die experimentell manipulierten Faktoren in der *realen* Börsensituation im Anlegerverhalten (Y) und Aktienkurs (Z) niederschlagen, ist eine empirische Black Box. Darüber hinaus beeinflussen am Aktienmarkt – neben den experimentell manipulierten Faktoren – auch andere Mechanismen bzw. Faktoren das Anlegerverhalten sowie den Kursverlauf (vgl. Abbildung 2.8).

(3) *Sekundäranalysen von Daten zum Anlegerverhalten* greifen auf die wenigen Datenbanken zurück, die das Verhalten von Anlegern als Trading Records speichern (vgl. dazu Guo, 2002: 151f., 180). Beispiele für Sekundäranalysen mit Daten ausgewählter Anleger(gruppen) bieten die Arbeiten von Barber & Odean (2001, 2002, 2005). Die Autoren haben z.b. die Bedeutung von Overconfidence beim Verhalten zweier Subgruppen von Anlegern untersucht: Die eine Gruppe waren Online-Investoren, die andere Gruppe bildeten – im Sinne von „matched pairs" – Anleger mit vergleichbarer Vermögensausstattung, Investmenterfahrung und Soziodemographie (vgl. Barber & Odean, 2002). Auf ähnliche Weise untersuchten Barber & Odean (2001) die Rolle des Geschlechts auf die Kontroll-Illusion bei Anlegern. Sekundäranalytisch ausgewertet wurden Daten für Anleger aus knapp 38.000 Haushalten mit Online-Zugang bei einem großen Discount-Broker. In einer weiteren Studie prüften Barber & Odean (2005) die Hypothese, dass individuelle Anleger stärker der Auffälligkeitsheuristik erliegen als institutionelle Investoren. Dazu wurden Transaktionen aus vier Datenquellen kontrastiert: Handelsdaten eines kleinen und eines großen Discount Brokers, einer „retail brokerage firm", die repräsentativ für individuelle Anleger sei, sowie Daten der ‚Plexus Group' als Indikator für professionelle Anleger. Sekundäranalysen mit Daten zum Anlegerverhalten haben gegenüber Simulationsexperimenten den Vorteil, dass das Anlegerverhalten in der Realsituation beleuchtet wird. In unserer Logik (vgl. Abbildung 2.8) bewegen sich diese Studien auf der Ebene des Anlegerverhaltens (Y). Allerdings wird nur das Verhalten eines Teils jener Anleger (Y_1), betrachtet, die den Kurs einer Aktie (Z) beeinflussen. Die empirische Black Box ist hier das Verhalten jener Anleger (Y_2), die ebenfalls für das Wertpapier relevant sind, aber nicht im Sample enthalten sind.

(4) Während Barber & Odean (2005) die Anleger in Subgruppen einteilen und deren Transaktionen (Y) vergleichen, werden bei *Sekundäranalysen von Marktdaten* die Wertpapiere (Z) in Gruppen unterteilt und im Hinblick auf Kurse, Renditen oder Handelsvolumina kontrastiert. Als Beispiel können die erwähnten Arbeiten zum Winner-Loser-Effekt dienen (vgl. z.B. Daske, 2002; Ak-

higbe et al., 2002): Hier werden Aktien am Ende einer Formationsperiode anhand ihrer Rendite klassifiziert. Anschließend wird in einer Testperiode die Rendite für Winner- und Loser-Aktien verglichen. Die theoretischen Erklärungen setzen bei Anlegerverhalten (Y) und individuellen Einflussfaktoren (X_n) an (vgl. z.B. De Bondt & Thaler, 1985). Empirisch bleiben diese aber eine Black Box (vgl. Abbildung 2.6 und Abbildung 2.8). Ein anderes Beispiel sind Studien zu Positive-Feedback-Trading und Über- bzw. Unterreaktionen (z.B. Cutler et al., 1991). Empirisch betrachtet werden Autokorrelationen von Kursen bzw. Renditen in kurzen und langen Zeiträume: „The finding of a positive serial correlation at short horizons implies that a substantial number of positive feedback traders must be present in the market, and that arbitrage does not eliminate the effects of their trades on prices" (Shleifer & Summers, 1990: 29). Langfristig sind dagegen eher negative Autokorrelationen zu erwarten.

Die Logik solcher Studien haben wir in Kapitel 2.2.3.1 bereits erörtert: Im theoretischen Schritt werden Annahmen zum Zusammenspiel aus Anlegerverhalten (Y) und Kursverlauf (Z) getroffen, wobei die Aggregationsregeln oft mehrstufig sind. Das Ergebnis ist dann eine Hypothese über Kurs- oder Renditenverläufe, die im empirischen Schritt dann auf der Makro-Ebene des Kurses oder der Renditen eines Wertpapiers (Z) geprüft wird. Dabei werden unterschiedliche *Kontrastierungsstrategien* eingesetzt: So kontrastierten z.B. French & Roll (1986) die Schlusskurse bei Zeiten mit viel und wenig Handel, während Amihud & Mendelson (1991) den Auktionsmechanismus bei der Eröffnung der Börsensitzung und die Call-Auktion nach kontinuierlichem Handel (z.B. am Nachmittag) verglichen. Akhigbe et al. (2002) haben nicht nur Winner- und Loser-Aktien, sondern dabei auch Technologiepapiere und andere Aktien im Hinblick auf deren Überrenditen kontrastiert. Hong et al. (2000) werteten den Umfang der Analyse-Coverage als Indikator für Informationsdiffusion. Es wurde vermutet, dass sich firmenspezifische Informationen bei geringer Coverage nur langsam unter Anlegern verbreiten, so dass die Momentum-Strategie hier stärker ausgeprägt sein sollte. Die Aktien wurden nach Analyse-Coverage in drei Gruppen aufgeteilt und im Hinblick auf ihr Momentum verglichen.[49]

Sekundäranalysen von Marktdaten kontrastieren unter anderem kurz- und langfristige Zeiträume, verschiedene Zeitpunkte im täglichen Börsenhandel (z.B. Eröffnungs- und Schlusskurs) oder unterschiedliche Unternehmen bzw. Aktien nach bestimmten Kriterien, wie z.B. Winner/Loser oder Analyse-Coverage. Der entscheidende Vorteil solcher Marktanalysen besteht darin, dass sie die *Varianz der abhängigen Variablen* Kurse, Volumina oder Renditen (Z)

---

49 In den Regressionsmodellen stellten die seriellen Korrelationen die abhängige Variable und die Analyse-Coverage den Prädiktor dar.

vollständig abbilden. Der Kursverlauf einer Aktie (Z) umfasst hier also – im Gegensatz zu Sekundäranalysen mit Anlegerdaten – den Einfluss des Verhaltens *aller* für diese Anlage relevanten Investoren. Allerdings fehlt bei Sekundäranalysen mit Marktdaten der Nachweis, „dass [z.B.] die festgestellten Über- sowie Unterreaktionen tatsächlich auf behaviorale Ursachen zurückzuführen sind" (Guo, 2002: 144). Als weitere Schwierigkeit kommt hinzu, dass sich psychologische und fundamentale Einflussfaktoren auf die Kursentwicklung empirisch kaum separieren lassen. Statistisch ist dies als *Konfundierungsproblem* bekannt (vgl. dazu Backhaus et al., 2000). So hängt z.B. die Beachtung eines Wertpapiers durch Analysten auch von der Größe des Unternehmens ab. Zwar sind die Prozesse unterhalb der Makro-Ebene damit eine empirische Black Box. Allerdings kann man sie im ersten Schritt zumindest theoretisch modellieren und daraus mit Hilfe entsprechender Aggregationsregeln Hypothesen für die Makro-Ebene ableiten. Diese lassen sich im zweiten Schritt auf der Makro- bzw. Markt-Ebene überprüfen (vgl. ähnlich Guo, 2002: 115ff.).

Aus der Mikro-Perspektive ist das nur eine *Behelfslösung*. Umgekehrt bieten Anlegerbefragungen oder Simulationsexperimente aber ihrerseits nur Behelfslösungen für die Makro-Ebene an. Damit kann keine der vier methodischen Strategien voll überzeugen. Ein Idealdesign würde alle vier Strategien kombinieren, wäre aber forschungsökonomisch nicht realisierbar. Wir werden in der eigenen empirischen Untersuchung neben einer Primäranalyse der Medienberichterstattung eine Sekundäranalyse von Marktdaten durchführen, dabei aber auf die Befunde aus Anlegerbefragungen sowie die Erkenntnisse aus Simulationsexperimenten und Sekundäranalysen mit Anlegern zurückgreifen.

3 Kommunikationswissenschaftliche Überlegungen

Nach den finanzwissenschaftlichen Grundlagen geht es nun um kommunikationswissenschaftliche Überlegungen. Unsere Untersuchung fragt nach dem Zusammenhang zwischen der Medienberichterstattung einerseits und den Aktienkursen bzw. Handelsvolumina ausgewählter deutscher Unternehmen andererseits. In diesem Kapitel gehen wir zunächst auf Angebote und Nutzung der Wirtschafts- und Börsenberichterstattung ein. Danach diskutieren wir mögliche Wirkungen der Wirtschafts- und Börsenberichterstattung in volkswirtschaftlicher, vor allem aber in finanzwissenschaftlicher Hinsicht.

3.1 Wirtschaftsrelevante Angebote und deren Nutzung

Die Finanz- und Wirtschaftsberichterstattung ist entweder ein redaktioneller Teil oder der alleinige Gegenstand einer Vielzahl von Angeboten im Rundfunk, in Tages- und Wochenzeitungen, in Publikumszeitschriften und inzwischen auch verstärkt im Internet. Aufgrund der hohen Komplexität des Themas dominiert jedoch noch die Berichterstattung in Printmedien (vgl. Heinrich & Moss, 2006: 19). Wir stellen zunächst die Entwicklung, Angebote und Inhalte, anschließend empirische Befunde zur Nutzung bzw. zu Nutzern vor.

3.1.1 *Entwicklung, Angebote und Inhalte*

Zu einem regelrechten Boom mit einer deutlichen Ausweitung der Wirtschafts- und Finanzberichterstattung kam es Ende der 1990er Jahre (vgl. Mast, 2003: 280). Getragen wurde diese Entwicklung hauptsächlich durch das Börsengeschehen. In Folge des Börsengangs der ‚Deutschen Telekom' im Jahr 1996 waren viele Bürger erstmalig mit der Anlageform ‚Aktie' in Berührung gekommen. Die rasante Kursentwicklung in den folgenden Jahren dürfte ebenfalls dazu geführt haben, dass die Zahl der Aktionäre und Fondsbesitzer in Deutschland zwischen 1996 und 2001 von 5,6 auf 12,9 Millionen angestiegen war. Bis 2004 sank sie auf 10,5 Millionen, hält sich aber seitdem auf diesem Niveau.[50] Das hat sicherlich mit dazu beigetragen, dass die allgemeine wirtschaftliche Entwicklung und das Geschehen an der Börse immer mehr Menschen interessieren. Aktien-Tipps, Branchen-Reports und die Aussicht auf Kursgewinne haben auch in der Wirtschaftsberichterstattung an Bedeutung gewonnen (vgl. Schuster, 2000, 2001). Zugleich stiegen auch die Werbeeinnahmen der Wirtschaftspresse deutlich an (vgl. Mast, 2003: 280). Der März 2000 markierte dann zumindest an den Börsen einen deutlichen Wendepunkt. Nach einer lang anhaltenden Hausse folgte eine Phase deutlicher und nachhaltiger Kurskorrekturen. Die Geschäftsmodelle einiger bisheriger Vorzeigeunternehmen der New Economy entpuppten sich als wenig solide, die Kurse fielen zum Teil ins Bodenlose und die Depotwerte vieler Anleger folgten ihnen. Die Terroranschläge vom 11. September 2001 verstärkten die negativen Erwartungen. Die Auflagen der Wirtschaftsmedien brachen ein, manche der neuentstandenen Angebote verschwanden komplett wieder vom Markt und auch die Werbeeinnahmen gingen deutlich zurück. Nach einer Phase der Konsolidierung existiert heute jedoch ein – im Vergleich zu der Zeit vor der beschriebenen Börseneuphorie – deutlich gewachsenes und auf einzelne Zielgruppen zugeschnittenes Angebot wirtschafts- und börsenrelevanter Informationen in unterschiedlichen Medien.[51]

Im Bereich der *Printmedien* gibt es eine große Anzahl unterschiedlicher Angebote, die sich zum Teil ausschließlich der Wirtschafts- und Finanzberichterstattung widmen. (1) In Deutschland erscheinen über 150 regionale und überregionale Tageszeitungen mit einem Wirtschaftsteil (vgl. Kroll, 2005). Daneben erscheinen mit der ‚Börsen-Zeitung', dem ‚Handelsblatt' und der ‚Financial Times Deutschland' drei Titel, die auf die Wirtschafts- und Finanzberichterstattung fokussieren. Die Funktion eines Leitmediums kann neben diesen drei Titeln auch der ‚Frankfurter Allgemeinen Zeitung' (FAZ) und der Süddeutschen Zeitung' (SZ) zugeschrieben werden (vgl. Heinrich & Moss, 2006: 19). In Folge des Börsen-Booms haben vor allem die überregionalen Zeitungen ihre Wirtschaftsredaktionen ausgebaut, dem Ressort mehr Umfang im jeweiligen Blatt zugestanden sowie das Spektrum der Themen erweitert. (2) Die Wirtschaftsberichterstattung in Zeitschriften ist eher heterogen. So berichten neben politischen Magazine wie ‚Spiegel' oder ‚Focus' auch Fachzeitschriften wie ‚Horizont' und PR-Zeitschriften wie z.B. Verbandszeitschriften der Industrie- und Handelskammern über die wirtschaftliche Entwicklung oder über einzelne Unternehmen und Branchen. Fast ausschließlich diesen Themen widmen sich die

---

50   Vgl. http://www.dai.de/internet/dai/dai-2-0.nsf/dai_statistiken.htm (Abruf: 11.01.2008).
51   Soweit nicht anders belegt, orientieren wir uns im Folgenden an der Darstellung von Angebotsstruktur und -inhalten bei Brosius & Koschel (2007) und Mast (2003: 71ff., 279ff.).

Wirtschafts- und Anlegermagazine. In diesem Bereich traten Ende der 1990er Jahre eine Vielzahl neuer Publikationen auf den Markt, von denen sich aber nur einige etablieren und dann auch am Markt halten konnten. (3) Das Segment der Printmedien vervollständigen die Wochenzeitschriften. Hier ist ‚Die Zeit' eindeutiger Marktführer. Die Wochenzeitschriften berichten zwar ebenfalls über wirtschaftliche Themen, ihr inhaltlicher Schwerpunkt liegt jedoch eher auf Politik, Gesellschaft und Kultur.

Anhand der Arbeiten von Kepplinger & Ehmig (z.B. 2000, 2005) lässt sich die inhaltliche Entwicklung der Wirtschaftsmagazine in Deutschland recht gut nachzeichnen. In breit angelegten quantitativen Inhaltsanalysen von inzwischen zehn Wirtschaftszeitschriften haben die Autoren die Themenangebote über die Jahre hinweg untersucht. Nach der Studie von 2005 beschäftigten sich 42 Prozent aller untersuchten Beiträge mit Finanzprodukten. Auch wenn die Anzahl der Beiträge über Anlagethemen seit dem erwähnten Börsen-Crash leicht zurückgegangen ist, bilden sie noch immer einen wichtigen Schwerpunkt der Berichterstattung. Die Autoren ordneten einen Beitrag dann unter das Anlagethema ein, wenn er konkrete Geldanlagemöglichkeiten thematisierte. Fast jeder dritte Beitrag berichtete über Branchen oder Unternehmen, fast jeder vierte Artikel behandelte das allgemeine Wirtschaftsgeschehen. Insgesamt hat sich das Themenspektrum offensichtlich in den letzten Jahren kaum verändert. Am häufigsten berichten die überregionalen Tageszeitungen über Unternehmen. An zweiter Stelle folgt die deutsche Wirtschaftspolitik.

Im *Rundfunk* fand bis Anfang der 1990er Jahre nur am Rande Wirtschafts- und Börsenberichterstattung statt. Friedrichsen (1992: 68f.) ging seinerzeit von rund 15 Stunden an Wirtschaftsinformationen pro Woche im Fernsehen aus; im Jahr 1990 wurden von Montag bis Freitag nur vier Sendungen ausgestrahlt. Auch die Angaben von Schenk & Rössler (1996: 39) zum Hörfunk beziehen sich auf diese Zeit: Damals wurden insgesamt 44 Stunden an Wirtschaftsberichterstattung im Radio ausgestrahlt. Mittlerweile ist es allerdings zu einer deutlichen Ausweitung der Wirtschaftsberichterstattung im Rundfunk gekommen. Die ARD sendet seit 2001 von Montag bis Freitag die ‚Börse im Ersten' kurz vor der Hauptsendung der ‚tagesschau'. Bereits existierende Sendungen verzeichnen Reichweitengewinne und auch innerhalb bestehender Angebote kommt der Finanz- und Börsenberichterstattung eine größere Bedeutung zu (vgl. Spachmann, 2005: 197f.). Daneben bieten inzwischen auch die privaten Anbieter etliche Wirtschaftssendungen an. Inzwischen existiert mit ‚Bloomberg TV' sogar ein reiner Wirtschaftskanal. Die Nachrichtenkanäle ‚N24' und vor allem ‚n-tv' setzen eindeutig auf Wirtschaft als thematischem Schwerpunkt.

Quiring (2004) betrachtete die Inhalte der Wirtschaftsberichterstattung der Hauptnachrichtensendungen von ‚ARD', ‚ZDF', ‚RTL' und ‚SAT.1' zwischen

1994 bzw. 1996 und 1998 und identifizierte die Lage am Arbeitsmarkt als dominantes Thema. Zudem zeigte sich offenbar ein Zuwachs der Wirtschaftsberichterstattung. Über negative Entwicklungen einzelner realwirtschaftlicher Indikatoren berichteten die Sender umgehend und wertend. Eine positive Entwicklung fand dagegen keinen oder nur selten Eingang in die Berichterstattung, was zudem dann zögerlich erfolgte. Die Untersuchung kann als Beleg für den – häufig auch in anderen Bereichen anzutreffenden – Negativismus der Wirtschaftsberichterstattung gewertet werden. Auch Brettschneider (2000) schreibt der Arbeitslosenstatistik eine dominierende Rolle in der Berichterstattung der Fernsehnachrichten zwischen 1995 und 1998 zu und problematisiert seinerseits den Negativismus der Beiträge. Seiner Ansicht nach zeichneten die Nachrichtensendungen ein Bild der Konjunkturlage, das der Realität nicht entsprach.

Schließlich kann die Entwicklung im *Online*-Bereich als Beleg für die erwähnte Ausweitung und Aufwertung der Wirtschafts- und Börsenberichterstattung gelten. Dabei spielen neben den Internetpräsenzen von Tageszeitungen und (Anleger-)Zeitschriften vor allem auch die speziell auf Anleger zugeschnittenen Angebote eine Rolle. So verzeichnete das Finanzportal ‚Onvista' im März 2005 über sechs Millionen Besucher und lag damit – was die reinen Besucherzahlen angeht – noch vor dem Webauftritt der SZ.[52] Das Online-Portal ‚Finanztreff' besuchten im selben Monat dreieinhalb Millionen Menschen. Ein großer Vorteil dieser Online-Angebote besteht darin, Informationen zeitnah und darüber hinaus jederzeit und mobil abrufbar zu präsentieren. Die Portale können kursrelevante Nachrichten – anders als z.B. Zeitungen – innerhalb weniger Minuten veröffentlichen. Gegenüber den Fernsehsendungen bieten sie für Anleger den Vorteil, dass Informationen unabhängig von Sendezeiten und inzwischen auch per Mobiltelefon genutzt werden können. Aber auch schon vor einigen Jahren konnten sich Nutzer per SMS aktuelle Informationen oder Kurse abrufen. Systematische Untersuchungen der Inhalte der Wirtschafts- und Börsenberichterstattung von Online-Angeboten existieren unseres Wissens aber bislang nicht.

In der Vergangenheit stand die Wirtschaftsberichterstattung der Medien häufig aufgrund ihrer zu komplexen, für Laien wenig verständlichen Sprache sowie aufgrund der oft negativen Darstellung der tatsächlichen wirtschaftlichen Lage in der *Kritik*. Darüber hinaus würden die Medien nicht in dem Umfang über das Wirtschaftsgeschehen berichten, der ihm aufgrund seiner Relevanz für viele Bürger zukommen sollte. Die Wirtschaftsberichterstattung sei für die meisten Bürger wenig unterhaltsam und werde daher auch kaum rezipiert (vgl.

---

52 Inzwischen ist ‚Onvista' noch populärer. So besuchten allein im Januar 2008 über 14,5 Millionen Nutzer die Seite. Vgl. http://ivwonline.de/ausweisung2/search/ausweisung.php (Abruf: 06.02.2008).

Quiring, 2003: 71; Schenk & Rössler, 1996: 117). Zwar stünde den ‚Wirtschaftsprofis' ein hinreichend umfangreiches und differenziertes Angebot zur Verfügung. Eine auf die Interessen von Arbeitnehmern und Verbrauchern fokussierende Berichterstattung existiere dagegen kaum. Ob die Medien solche Kritikpunkte entsprechend aufgegriffen haben, muss offen bleiben. Jedenfalls ist aktuell eine gewisse Entwicklung hin zu einer verständlicheren, zielgruppenspezifischen Wirtschaftsberichterstattung zu erkennen (vgl. Brosius & Koschel, 2007). Inzwischen wird der Rezipient „als Verbraucher, Arbeitnehmer und Anleger angesprochen und erhält gezielt Informationen, die auf diese Rollen zugeschnitten sind" (Mast, 2003: 83). Eine Ursache dafür war nicht zuletzt die Entwicklung an den Börsen. Schenk & Rössler (1996: 113) hatten noch festgestellt, dass die Wirtschaftsberichterstattung in deutschen Zeitschriften vor allem auf Unternehmer und Investoren zugeschnitten sei und Verbraucherinteressen nur mit Tipps zur Geldanlage und zu Steuern bedient würden. Allerdings ist die aktuelle Entwicklung nicht nur positiv zu bewerten. So konzentriert sich das, was Schuster (2000) als „neuen Wirtschaftsjournalismus" bezeichnet, nunmehr auf die Frage nach der Verwertbarkeit von Informationen. Dabei dominiert die Ratgeberfunktion bei Geldanlagen. Die Berichterstattung wird mittlerweile „auf möglichst leicht verständliche Handlungsempfehlungen zugespitzt" (Spachmann, 2005: 199). Wo sich früher eine Unternehmensmeldung auf die Wiedergabe von Zahlen beschränkte, stellt sie nun den Anlagetipp mit subjektivem Anteil in den Vordergrund (vgl. Schuster, 2000).

Auf Negativismus als Merkmal der Medienberichterstattung gehen wir später ausführlicher ein (vgl. Kapitel 3.2.2.1). Auch die Wirtschaftsberichterstattung weist diese Tendenz auf. In einer Untersuchung der Überschriften, Leadtexte bzw. Anmoderationen der ‚tagesschau', der ‚Bild'-Zeitung, der FAZ, des ‚Spiegel' sowie des dpa-Basisdienstes zwischen 1992 und 1997 kommt Hagen (2005: 183) zu dem Ergebnis, dass bei der Darstellung der gesamtwirtschaftliche Lage „Negativismus ein erheblicher struktureller Effekt in der Konjunkturberichterstattung ist". Die Medien stellten das Geschehen zudem überwiegend anhand pauschaler Bewertungen dar. Unter den in den Beiträgen erwähnten Einzelindikatoren dominiert klar die Arbeitslosenquote.

Im Gegensatz dazu überwiegen in Anlegerzeitschriften – selbst in der Phase des Börsenabschwungs mit faktischen Kurseinbrüchen – die Kaufempfehlungen und Beiträge mit positivem Tenor (vgl. Wolf, 2001). Sie lassen sich besser verkaufen als Verkaufempfehlungen (vgl. Reisner, 2000: 134). Der Nutzwert für die Leserschaft soll auch durch Anlageempfehlungen geschaffen werden. So können bei entsprechender Liquidität alle Leser einer Kaufempfehlung nachkommen. Bei einer Verkaufsempfehlung – zumal für einen Nebenwert – dürfte das auf nur sehr wenige Nutzer zutreffen. Und selbst dann wollen sie keine Verkaufsempfehlung lesen, wenn die betreffende Aktie schon unter Einkaufskurs notiert. Der Verlust wird von vielen Anlegern erst nach Realisierung (durch Verkauf) als solcher empfunden. Bis zu diesem Zeitpunkt halten sie an der Hoffnung fest, dass sich der Kurs erholen wird (vgl. Kapitel 2.2.4.2). Dass allerdings der Hinweis auf die irrationale Überbewertung bei vielen Aktien zum richtigen Zeitpunkt die Rezipienten vom Kauf abhalten und ihnen somit auch eine Menge Geld hätte sparen können, wird bei solchen Überlegungen nicht berücksichtigt. Die nachträgliche Enttäuschung der Kleinanleger über die nicht eingetroffenen Prognosen dürfte nach März 2000 mit zum deutlichen Rückgang der Auflagen der Finanz- und Anlegermagazine beigetragen haben.

3.1.2 Nutzung der Wirtschafts- und Börsenberichterstattung

Ob und in welchem Umfang das Angebot an Wirtschafts- und Börsenberichterstattung genutzt wird, hängt in erster Linie vom persönlichen Interesse des Rezipienten an wirtschaftlichen Sachverhalten ab (vgl. Brosius & Koschel, 2007; Brettschneider 2000). Nach einer Befragung des Instituts für Demoskopie Allensbach (2000) ist rund ein Drittel der deutschen Bevölkerung an solchen Fragen interessiert. Vor allem Verbrauchertipps und Informationen mit regionalem Bezug halten die Bürger für relevant. Aktientipps interessierten zwar insgesamt nur jeden vierten Befragten, unter den wirtschaftlich Interessierten war es aber immerhin jeder zweite Bürger. Die Frage nach den besten Informationsquellen fiel im Jahr 2000 noch deutlich zugunsten von Fernsehen und Zeitungen aus. Bei Informationen zur wirtschaftlichen Entwicklung lagen beide Mediengattungen vor Zeitschriften und dem Internet. Im Hinblick auf Informationen zu Aktien wurde aber schon damals das Internet von fast ebenso vielen Befragten als beste Informationsquelle genannt wie Fernsehen und Tageszeitungen.

Zum Informationsverhalten von (deutschen) Privatanlegern gibt es kaum aktuelle Studien. Eine Online-Befragung von Brettschneider (2005) untersuchte die Kriterien für Anlageentscheidungen und die Informationsquellen der Privatanleger. Ernst et al. (2005) haben über 65.000 Privatanleger im Jahr 2003 befragt.[53] Neben den relevanten Informationskanälen deutscher Privatanleger wurde auch die Bewertung dieser Quellen unter den befragten Investoren ermittelt. Die Ergebnisse der Studie zeigen, dass sich unter den befragten Aktionären der Deutschen Post relativ viele Anleger befanden, die im Lauf der 1990er Jahre

---

53 Allerdings handelt es sich bei diesen Aktionären nur um Aktionäre der Deutschen Post. Angeschrieben worden waren etwa 800.000 Privatanleger von denen ca. 90.000 den Fragebogen zurücksandten. Fehler- oder lückenhaft ausgefüllte Fragebogen wurden ebenso wenig ausgewertet wie die Angaben von ausländischen Investoren, so dass am Ende rund 68.000 Fragebögen als Basis der Analysen dienten (vgl. Ernst et al., 2005: 16).

erstmals mit der Anlageform ‚Aktie' in Kontakt gekommen waren. Sechs von zehn Anlegern gaben an, dass sie erst innerhalb der letzten zehn Jahre Aktien gekauft hatten. Anhand von Merkmalen wie fachrelevanter Ausbildung, Dauer des Aktienbesitzes und investierten Summen wurde zwischen ‚Profis' und ‚Einsteigern' differenziert. Insgesamt nutzten die befragten deutschen Privatanleger vor allem Massenmedien als Informationsquelle. Drei von vier Befragten gaben an, dieser Informationsquelle eine (sehr) hohe Bedeutung beizumessen. Interessanterweise fand sich unter den ‚Profis' sogar ein höherer Anteil, auf den das zutraf, als unter den ‚Einsteigern'. Geschäfts- und Jahresberichte nannten dagegen nicht einmal die Hälfte der Befragten als (sehr) bedeutend, Anlageberater sogar nur zwei von fünf Befragten. Erwartungsgemäß ist das Ergebnis, dass die ‚Profis' die Medienberichterstattung im Vergleich zu den ‚Einsteigern' als deutlich verständlicher beurteilten, die Vertrauenswürdigkeit dieser Informationen aber etwas geringer einschätzten.

Die Befragung von Brettschneider (2005) fokussierte auf das *Verhalten* von Anlegern. Da es sich um eine Online-Befragung handelte, überrascht wenig, dass Online-Portale als wichtigste Quelle für Anlageentscheidungen eingestuft wurden. Dabei entfielen die mit Abstand meisten Nennungen auf ‚Onvista'. Den zweiten Platz nahm ‚Finanztreff' ein. Diese Rangfolge deckt sich mit dem IVW-Listing, auf das wir für das Mediensample unserer eigenen Studie zurückgriffen (vgl. Kapitel 5.2.1.1). Fast ebenso relevant waren Wirtschaftszeitschriften, gefolgt von überregionalen Tageszeitungen. Börsen- und Wirtschaftssendungen im Fernsehen betrachteten die Befragten als deutlich weniger wichtig für ihre Anlageentscheidung, regionale Tageszeitungen und vor allem Boulevardzeitungen waren (nahezu) irrelevant. Unter den überregionalen Tageszeitungen wurden am häufigsten die FAZ und SZ genannt, bei den Wirtschafts- und Börsenzeitschriften ‚Börse-Online' und ‚Capital'. Im Vergleich dazu wurden Fernsehsendungen deutlich seltener von den Befragten als wichtige Quelle erwähnt. Hier belegten die ‚Telebörse' (n-tv) und die ‚Börse im Ersten' (ARD) die ersten Plätze. Zwei Drittel der befragten Anleger handeln selten mit Aktien, verlassen sich sehr oft auf die Empfehlungen von Anlageberatern und nutzen häufiger Fernsehsendungen, um sich zu informieren. Wer dagegen viel mit Aktien handelt, orientiert sich offenbar stärker am Internet und an Printmedien.

Wir greifen auf die Erkenntnisse zur Entwicklung der Wirtschafts- und Finanzberichterstattung sowie zur Nutzung solcher Angebote bzw. Informationen bei der Festlegung unseres Mediensamples zurück (vgl. dazu Kapitel 5.2.1.1). So haben wir z.B. anlegerrelevante Angebote aus verschiedenen Mediengattungen berücksichtigt. Wir konzentrieren uns dabei auf Angebote mit großer Reichweite bzw. Nutzerschaft und auf Angebote, die in Anlegerbefragungen häufig als relevante Informationsquelle genannt worden waren.

3.2 Wirkungen der Wirtschafts- und Börsenberichterstattung

3.2.1 Allgemeine Überlegungen zu Medienwirkungen

Die Wirtschafts- und Börsenberichterstattung kann Wirkungen in volkswirtschaftlicher und in finanzwissenschaftlicher Hinsicht entfalten. Zunächst sind jedoch allgemeine Überlegungen zu Medienwirkungen notwendig. Wir diskutieren einerseits generelle Rahmenbedingungen von Medienwirkungen. Andererseits erörtern wir kommunikationswissenschaftliche Wirkungsansätze, die wir später für die Frage nach dem Zusammenhang zwischen Berichterstattung sowie Aktienkursen bzw. Handelsvolumina aufgreifen werden.

3.2.1.1 Generelle Rahmenbedingungen für Medienwirkungen

Zu den generellen Rahmenbedingungen für Wirkungen der Massenmedien rechnen wir drei Aspekte:

- Medien als Informationsquelle
- Kumulation, Konsonanz und Salienz
- Negativismus

Das Modell der Informationsflüsse, das von Rosen & Gerke (2001) vorgelegt haben (vgl. Kapitel 3.2.3.1), unterscheidet zwei Informationsquellen für Anleger: Die erste sind Akteure am Kapitalmarkt, wozu Unternehmen und Analysten gerechnet werden, die zweite sind Massenmedien. Neben der direkten Erfahrung von Menschen und neben Informationen aus dem sozialen Umfeld bilden Massenmedien eine *indirekte Informationsquelle*. Darauf haben verschiedene kommunikationswissenschaftliche Ansätze wie Schweigespiraltheorie (vgl. z.B. Noelle-Neumann, 1989) oder Kultivierungsansatz (vgl. z.B. Gerbner & Gross, 1976) hingewiesen.[54] In Kapitel 2.1.3 und Kapitel 2.2.3.1 wurde erörtert, dass Medieneinflüsse damit vor allem dann wahrscheinlich sind, wenn Rezipienten weder Zugang zu anderen Informationsquellen haben noch auf Primärerfahrung zurückgreifen können. Bezogen auf unsere Fragestellung bedeutet das: ‚Börsen-Laien' dürften stärker auf Medien als Informationsquelle für ihr eigenes Anle-

---

54 Die Kultivierungshypothese postuliert, dass die Medien – allen voran das Fernsehen – mit der Gesamtheit ihrer Inhalte eine kohärente symbolische Welt vermittelten und damit unsere Vorstellungen (Kultivierung erster Ordnung), aber auch unsere Einstellungen (Kultivierung zweiter Ordnung) prägen bzw. kultivieren. Die Erweiterung um den Gedanken der „Resonance" berücksichtigt, dass medial geprägte Erfahrungen auf den Nährboden von Primärerfahrungen fallen können (vgl. Gerbner et al., 1994, 1999; Signorielli & Morgan, 1990).

gerverhalten zurückgreifen als ‚Börsen-Profis'. Allerdings werden professionelle Anleger die Medien als ‚Seismograph' nutzen, um z.b. ein mögliches Herdenverhalten unkundiger Anleger zu antizipieren. Dies wurde im Zusammenhang des Third-Person-Effekts schon diskutiert (vgl. Kapitel 2.2.3.1).

Manche Studien (z.B. Gerke, 2000) untersuchen Kursausschläge nach singulären Medienbeiträgen. Allerdings dürfte ein einzelner Medienbeitrag kaum Effekte entfalten. Denn das Wirkungspotenzial der Medien resultiert aus Kumulation und Konsonanz (vgl. Noelle-Neumann, 1973): *Kumulation* meint, dass Medien nicht nur einmal, sondern wiederholt über einen oder ähnliche Sachverhalte berichten. Wir werden sehen, dass Kumulation auch für das Zustandekommen z.B. von Framing-Effekten (vgl. Scheufele, 2003, 2006) oder Kultivierungseffekten (vgl. z.B. Gerbner et al., 1994, 1999) entscheidend ist. *Konsonanz* meint Gleichförmigkeit der Berichterstattung, wobei man inter- und intramediale Konsonanz unterscheiden kann. Bei intramedialer Konsonanz berichtet ein Medium gleichförmig im Längsschnitt. Relevanter ist intermediale Konsonanz. Sie liegt vor, wenn verschiedene Mediengattungen (z.B. TV, Print, Online) bzw. verschiedene Organe einer Mediengattung (z.B. Qualitätszeitungen) gleichartig über einen Sachverhalt berichten – ihn z.B. vergleichbar bewerten (vgl. z.B. Eps et al., 1996; dazu auch Abbildung 5.1 in Kapitel 5.2.1.1).

Ein börsenbezogenes Beispiel für Konsonanz liefern Mathes et al. (2000), die das Zusammenspiel aus Medientenor und Analysten-Bewertungen zu einem konsistenten Unternehmensimage untersuchten. In Kapitel 2.3.1 haben wir weitere Konsequenzen aus kumulativer und konsonanter Berichterstattung diskutiert: So kann intermediale Konsonanz z.B. den „information sources effect" begünstigen: Die Tatsache, dass Privatanleger Medien im Vergleich zu Unternehmenssprechern als glaubwürdiger betrachten, dürfte bei konsonanter Berichterstattung aus mehreren Quellen verstärkt werden. Darüber hinaus reduziert sich auch die Ambiguität der Entscheidungssituation für Anleger. Schließlich ist eine kumulative Berichterstattung auch besonders salient.

Salienz wird vor allem in kognitionspsychologisch fundierten Ansätzen der Medienwirkungsforschung diskutiert (vgl. auch Higgins, 1996).[55] So unterstellt z.B. der Agenda-Setting-Ansatz (vgl. Rössler, 1997a; Eichhorn, 1996), dass die

---

55 Der Prototypen-Ansatz der Kognitionspsychologie definiert Salienz über das Kategorien- bzw. Schema-Konstrukt: Zu jeder Kategorie gibt es demnach einen Prototyp als bestes Beispiel oder als typischen Vertreter der Kategorie bzw. des Schemas. Nach Rosch & Mervis (1975: 574f.) teilt zwar jedes Mitglied der Kategorie mindestens ein Attribut mit anderen Mitgliedern. Es gibt aber kein Merkmal, das alle gemeinsam haben. So liegt der Spatz als Prototyp der Kategorie „Vögel" dort, wo die Schnittmenge der „salient attributes" (Rosch & Mervis, 1975: 590) am größten ist. Salient sind dabei jene Merkmale mit hoher „cue validity", die also sehr wahrscheinlich mit dieser, nicht aber mit anderen Kategorien assoziiert werden.

Medien-Agenda mit der Rezipienten-Agenda korrespondiert. Eines der drei Modelle des Ansatzes ist das Salience-Modell. Es postuliert, dass die stärkere Hervorhebung eines Themas in den Medien dazu führt, dass auch die Rezipienten dieses Thema für bedeutsamer halten als andere Themen.[56] Beim Framing-Ansatz (vgl. Scheufele, 2003, 2006) spielt Salienz ebenfalls eine wichtige Rolle. Nach Price et al. (1997: 486) hat Framing mit den „salient attributes of a [media] message" zu tun. Diese fungierten bei der Informationsverarbeitung der Rezipienten als Schlüsselreize („cues") und aktivierten jene Schemata der Rezipienten, deren saliente Attribute sich mit den Cues der Medienbotschaft decken. Mit Framing lässt sich auch die Wirkungsperspektive der Theorie instrumenteller Aktualisierung verknüpfen (Kepplinger et al., 1991). Salienz wird hier über Rosenbergs (1956) Theorie kognitiv-affektiver Konsistenz implementiert. Danach hat eine Person eine positive Einstellung zu einem Objekt (positiver Affekt), wenn es nützlich für zentrale Werte ist (positive Kognition). Zwischen affektiver und kognitiver Komponente besteht Konsistenz. Rezipienten können z.B. für oder gegen Abtreibung sein. Fördert z.B. eine liberale Gesetzgebung zentrale Werte wie Freiheit (positive Kognitionen), dann haben Rezipienten eine positive Einstellung zur Abtreibung. Die Medien könnten nun kumulativ und konsonant werthaltige Sachverhalte hochspielen und diese für Rezipienten salienter machen (kognitive Komponente). Um kognitiv-affektive Konsistenz herzustellen, werden Rezipienten dann ihre Einstellung den nun veränderten Kognitionen anpassen. Im Hinblick auf das Verhalten von Anlegern am Aktienmarkt wurde Salienz im Zusammenhang der Verfügbarkeits- und Auffälligkeitsheuristik diskutiert (vgl. Kapitel 2.2.4.2): Bei Anlageentscheidungen berücksichtigen Anleger vor allem auffällige und leicht verfügbare Informationen. Diese begünstigen individuelle Überreaktionen unter ‚Börsen-Laien' und können damit Positive-Feedback-Trading verstärken. Für unkundigere Investoren dürften auch die Empfehlungen von ‚Börsen-Gurus' salient sein.

Als salient gelten insbesondere *negative Informationen* (vgl. Pratto & John, 1991; Meffert et al., 2006). Nach Skowronski & Carlston (1989) sind sie unerwarteter, seltener und eindeutiger als positive Informationen und werden daher von Rezipienten besser erinnert. Donsbach (1991: 164ff.) konnte darüber hinaus zeigen, dass die Anhänger einer Partei selbst dann Zeitungsberichte lasen, die gegen ‚ihre' Partei sprachen, wenn es sich dabei um negative Informationen (z.B. Skandalberichte) handelte. Negative Informationen können also die Schranke der selektiven Wahrnehmung von Rezipienten unterlaufen. Im Hin-

---

56 Laut Awareness-Modell lenkt die Berichterstattung über ein Thema – im Sinne von ‚berichtet: ja/nein' – die Aufmerksamkeit der Rezipienten auf das Thema. Das Priorities-Modell unterstellt analoge Themenreihen bei Medien und Rezipienten (vgl. McCombs, 1977).

blick auf Anleger am Aktienmarkt wurden individuelle Überreaktionen (Unterbewertung von Aktien) auf negative Informationen diskutiert (vgl. z.b. Daske, 2002). Die Prospect Theory (z.B. Kahneman & Tversky, 1984; Tversky & Kahneman, 1990) postuliert wiederum, dass Verluste schwerer wiegen als Gewinne in gleicher Höhe – und damit Informationen über Verluste für Anleger salienter sein dürften als vergleichbare positive Meldungen (vgl. Kapitel 2.2.3.1).

Dass *Negativismus* in der Medienberichterstattung zugenommen hat, belegen zahlreiche Studien für verschiedene politische und gesellschaftliche Bereiche (vgl. z.b. Westerstahl & Johansson, 1986). So stieg z.b. seit Ende der 1970er Jahre der Anteil der Fernsehbeiträge über politische Normverstöße deutlich an (vgl. Marcinkowski et al., 2001). Zu vergleichbaren Einschätzungen kommt die Langzeitstudie von Kepplinger (1998) zur Politikdarstellung in Printmedien: Zwar berichteten die Zeitungen keineswegs über immer mehr negative Ereignisse, sondern mehr über positive Ereignisse. Aber der Tenor der Problemdarstellungen wurde mit gewissen Schwankungen pessimistischer. Auch der Anteil der Berichte über Mängel des politischen Systems lag klar über dem Anteil optimistischer Beiträge. Zudem nahm der Anteil negativer Aussagen über Politiker deutlich zu – mit relativem Höhepunkt Mitte der 1980er Jahre. Im Querschnitt war der Anteil von Aussagen über die Problemlösungsfähigkeit von Politikern noch höher als jener von Aussagen über deren Persönlichkeit. Zwei Drittel der Aussagen über Problemlösungsfähigkeit waren dabei negativ. Negativismus bei Politikerdarstellungen belegen auch Studien zu Wahlkämpfen (vgl. z.B. Donsbach & Jandura, 1999). Angesichts von Börsencrashs wie 1987 und der Diskussion um Managementfehler und Managergehälter ist Vergleichbares auch für die Wirtschaftsberichterstattung im Allgemeinen bzw. die Börsenberichterstattung im Spezifischen zu erwarten.

Der zunehmende Negativismus in der Medienberichterstattung wird oft mit Merkmalen von Ereignissen bzw. mit der Zuschreibung solcher Merkmale erklärt. Diese Merkmale heißen *Nachrichtenfaktoren*. Je mehr Nachrichtenfaktoren auf ein Ereignis zutreffen bzw. je mehr ihm von Journalisten zugeschrieben werden, desto wahrscheinlicher ist, dass über das Ereignis berichtet wird, d.h. desto höher ist dessen Nachrichtenwert. Negativität kommt im Rahmen der Nachrichtenwerttheorie in den Nachrichtenfaktoren „Schaden", „Misserfolg" oder „Kontroverse" zum Ausdruck (vgl. z.B. Staab, 1990). Nachrichtenfaktoren sind aber nicht nur Kriterien der Nachrichtenselektion und Nachrichtenstrukturierung, sondern auch Kriterien der Verarbeitung von Medienbeiträgen für Rezipienten (vgl. Eilders, 1997). Darüber hinaus lässt sich mit der Nachrichtenwerttheorie erklären, warum über größere Firmen umfangreicher berichtet wird als über kleinere (vgl. Guo, 2002): Unternehmen wie DaimlerChrysler bedienen gleichsam das ökonomische Pendant zu Nachrichtenfaktoren wie „Elite-Person" und „Elite-Nation". Aber auch der Kleinfirmeneffekt (vgl. Kapitel 2.2.4.3) lässt sich – außer über die Zusammensetzung der Anlegerschaft bei Nebenwerten – im Sinne der rezipientenbezogenen Lesart der Nachrichtenwerttheorie (Eilders, 1997) erklären: Shoemaker et al. (1987) zufolge berichten Medien häufiger über stark abweichende Ereignisse. Über Kleinfirmen wird zwar kaum berichtet. Wenn aber berichtet wird und wenn Anlagetipps zu diesen Nebenwerten publiziert werden, dann ist diese vom üblichen Muster abweichende Berichterstattung für (Klein-)Anleger besonders salient.

3.2.1.2 Generelle Ansätze zu Medienwirkungen

Unsere Untersuchung beleuchtet die Zusammenhänge zwischen Börsen- bzw. Aktienberichterstattung sowie Kursen bzw. Handelsvolumina. Welche Rolle die Medien am Aktienmarkt spielen, diskutieren wir ausführlich in Kapitel 3.2.3. Grundlage für diese Argumentation sind – vor dem Hintergrund der Überlegungen in Kapitel 2 – folgende Ansätze der Medienwirkungsforschung:

○ Agenda-Setting-, Framing- und Kultivierungsansatz
○ Meinungsführerkonzept
○ Third-Person-Effekte

Wir haben diese Ansätze ausgewählt, weil sie vier zentrale Aspekte unserer Argumentation abdecken: (1) Sie tragen der Tatsache Rechnung, dass Medien eine von mehreren Informationsquellen sind (vgl. Kapitel 3.2.3.1). (2) Prozesse der Informationsverarbeitung, die eine wichtige Rolle am Aktienmarkt spielen (vgl. Kapitel 2), lassen sich mit dem Agenda-Setting-, Framing- und Kultivierungsansatz gut modellieren bzw. darin gut integrieren. (3) Framing- und Kultivierungsansatz wiederum erklären, wie neue Informationen in entsprechende Anlageentscheidungen münden. Gerade jene Prozesse, die der Noise-Trading-Ansatz und die Behavioral Finance mit Stimmung, Noise, Positive-Feedback-Trading oder Herdentrieb etikettieren (vgl. Kapitel 2.2.3 und Kapitel 2.2.4), lassen sich mit den beiden Ansätzen greifen. (4) Das bereits erwähnte Meinungsführerkonzept erlaubt, die Rolle von Analysten im Sinne der Ankerheuristik, aber auch die Rolle der Medien als Orientierungshilfe für Anleger zu erklären.

Laut *Agenda-Setting-Hypothese* (vgl. als Überblick Brosius, 1994; Rössler, 1997a; Schenk, 2002: 399ff.) beeinflussen Medien weniger die Einstellungen der Rezipienten, sondern die Themen, über die sie nachdenken (vgl. McCombs & Shaw, 1972). Thematisierung meint im Querschnitt zunächst nur, dass ein Thema in der Medienberichterstattung überhaupt auftaucht. Im Längsschnitt lassen sich Themenkarrieren und Verdrängungsprozesse zwischen Themen nachzeichnen (vgl. z.B. Brosius & Kepplinger, 1995). Zahlreiche Studien haben die Kernthese inzwischen verfeinert. So intervenieren z.B. Orientierungsbedürfnis, Involvement und politisches Interesse der Rezipienten den Wirkungszusammenhang. Viele Studien belegen stärkere Effekte für Printmedien als für das Fernsehen, dem eher eine „spotlight"-Funktion zugeschrieben wird. Aktuellere Arbeiten zu *Second-Level-* bzw. *Attribute-Agenda-Setting* (z.B. Golan & Wanta, 2001; McCombs & Ghanem, 2001; Takeshita, 1997) betrachten als abhängige Variable nicht mehr nur die wahrgenommene Themenrelevanz, sondern sowohl die Vorstellungen der Rezipienten von Personen als auch ihre Meinungen über Personen. Nach McCombs & Ghanem (2001) gehe es auf dem „first-level" um Objekte (Themen, Kandidaten) und auf dem „second-level" um deren kognitive sowie affektive Attribute, die wiederum nichts anderes sind als Bewertungen.[57] Bezogen auf den *Aktienmarkt* geht es zunächst um die reine Thematisierung, also den Umfang der Berichterstattung über bestimmte Themen oder Themenaspekte. Berichten die Medien z.B. wiederholt über Managementfehler bei einem Unternehmen, dann machen sie dieses Thema im Bewusstsein der am Aktienmarkt aktiven Rezipienten salient. Andere Themen wie Bilanzen oder Umsatz, über die kaum berichtet wird, halten diese Anleger, die sich (auch) an der Medienberichterstattung orientieren, dann für weniger relevant.

Second-Level-Agenda-Setting verweist auf Prozesse, die eher mit *Priming* zu tun haben (vgl. Scheufele, 2006). Kommunikationswissenschaftliche Arbeiten zu Priming-Effekten (z.B. Iyengar & Kinder, 1987) postulieren, dass Medien mit den Themen, die sie hochspielen (Agenda-Setting), zugleich auch die Kriterien liefern, anhand derer Rezipienten Personen beurteilen. Wenn Medien z.B. im Bundestagswahlkampf vorwiegend ökonomische statt soziale Themen behandeln, dann werden die Kandidaten für das Kanzleramt an ihrer Kompetenz in ökonomischen statt sozialen Fragen beurteilt (vgl. Kepplinger et al., 1994). Der Priming-Ansatz stammt aus der Kognitionspsychologie (vgl. z.B. Higgins, 1989): In psychologischen Experimenten wird den Probanden z.B. ein bestimmtes Wort gezeigt (Prime), während die Kontrollgruppe das Wort nicht sieht. Danach sollen die Probanden Wörter erkennen (Target). Die Probanden der Prime-Bedingung erkennen das zuvor gezeigte Wort in der Regel schneller als die Probanden der Kontroll-Bedingung. In anderen Experimenten werden Probanden auf Eigenschaften ‚geprimet' und sollen anschließend das ambivalent einzuordnende Verhalten einer Person (Target) beurteilen. Das Urteil über die Person erfolgt dann meist in Richtung der zuvor genannten Eigenschaft (vgl. z.B. Higgins

---

57 Second-Level- bzw. Attribute-Agenda-Setting wird oft mit Framing gleichgesetzt, wogegen mehrere Argumente sprechen (vgl. Scheufele, 2003: 60f., 2004). Empirische Studien (z.B. Golan & Wanta, 2001) belegen zumindest, dass sich die von den Medien betonten Attribute von Präsidentschaftskandidaten in den Kandidatenimages der Wähler wiederfinden.

et al., 1985). Priming-Effekte sind generell umso stärker, je kürzer der letzte Prime zurückliegt (*Recent Priming*) bzw. je häufiger das Primen erfolgte (*Frequent Priming*) (vgl. Peter, 2002; Scheufele, 2003). Häufiges Primen deckt sich mit der als *Kumulation* beschriebenen Bedingung für Medienwirkungen: Berichten Medien z.B. wiederholt über Managementfehler, so werden Anleger diese Managementfehler bei ihrer Anlageentscheidung stärker berücksichtigen als andere Kriterien. Sie ziehen also im Sinne der Verfügbarkeitsheuristik nicht alle, sondern nur die durch Medien-Priming leicht verfügbar gemachten Aspekte für ihre Entscheidung über ein Wertpapier heran.

Im Kontext von Priming-Effekten werden meist auch *Framing-Effekte* diskutiert (vgl. z.B. Price & Tewksbury, 1997; Scheufele, 2003, 2006). Ein psychologischer Ansatz zu Framing-Effekten wurde mit der Prospect Theory bereits diskutiert (vgl. Kapitel 2.2.4.2). Frames sind Bezugsrahmen bzw. Perspektiven, die an ein Thema angelegt werden bzw. in die ein Sachverhalt gestellt wird. Frames helfen dabei, neue Informationen sinnvoll einzuordnen und effizient zu verarbeiten. Wird ein Thema oder Sachverhalt gerahmt, dann werden bestimmte „aspects of perceived reality" (Entman, 1993: 52) betont, also salient gemacht, während andere Aspekte in den Hintergrund treten. Wenn z.B. die Aktie eines Unternehmens in den Bezugsrahmen von Managementfehlern gestellt wird, dann interessieren Führungsqualitäten oder Strukturen des Managements, nicht aber Bilanzen, Umsatz oder Produktinnovationen.

Frames lassen sich auf kognitiver, diskursiver und textlicher Ebene verorten (vgl. Scheufele, 2003). Als kognitive Einheiten werden sie meist analog zu Schemata konzipiert, was den Frame-Begriff aber obsolet macht. Nach Scheufele (2003, 2006) beziehen sich kognitive Schemata auf spezifische Objektklassen (z.B. Unternehmen) bzw. auf Relationen zwischen Objekten (z.B. Ursachen für Kursverlauf). Die aktuell aktivierten Schemata einer Person für verschiedene Objektbezüge spannen einen Bezugs- bzw. Erwartungsrahmen, d.h. einen kognitiven Frame auf (vgl. Scheufele, 2003: 91ff.). Kognitive Frames sind bis zu einem bestimmten Grad sozial geteilt und werden diskursiv etabliert und verändert – z.B. die kognitiven Frames von Journalisten im redaktionellen Diskurs. Diese journalistischen Frames schlagen sich auch in der Berichterstattung, also in Medien-Frames nieder (vgl. Scheufele, 2003: 177ff., 2006).

Mediale Rahmungen entfalten entsprechende Wirkung, wobei man vier Framing-Effekte unterscheiden kann (vgl. Scheufele, 2003, 2006). Erstens können Medien-Frames die bereits vorhandenen Schemata von Rezipienten aktivieren (Aktivierungs-Effekt). Einmal aktiviert behält ein Schema ein gewisses Erregungsniveau. Damit erhöht sich die Wahrscheinlichkeit, dass es später erneut aktiviert wird, was dem Priming-Effekt entspricht (vgl. Price & Tewksbury, 1997). Zweitens kann kumulatives, konsonantes Medien-Framing die Vorstellungen der Rezipienten sukzessive in Richtung des Medien-Frames verschieben (Transformations-Effekt). Wer z.B. als Anleger immer gleiche Zeitungsberichte über Managementfehler bei einem Unternehmen liest, wird seine Vorstellungen über das Unternehmen diesem Bezugsrahmen anpassen. Drittens kann Medien-Framing dazu führen, dass Rezipienten ein Schema überhaupt erst herausbilden (Etablierungs-Effekt). Viertens lassen sich Einstellungseffekte unterscheiden (vgl. Nelson et al., 1997). Sie lassen sich z.B. mit der in Kapitel 3.2.1.1 erwähnten Wirkungsperspektive der Theorie der instrumentellen Aktualisierung oder unter Rückgriff auf das Erwartungs-Bewertungs-Modell von Fishbein & Ajzen (1975) erklären. Dazu folgendes Beispiel: Wenn die Medien ein Unternehmen immer wieder in den Bezugsrahmen von Managementfehlern stellen, dann dürfte dieser Aspekt im Bewusstsein der Anleger zunächst salienter werden. Mit dieser Veränderung der kognitiven Komponente wird sich auch die mit diesem Aspekt verbundene affektive Komponente stärker in der Gesamteinstellung niederschlagen. Der Frame „Managementfehler" dürfte also zu einer negativen Einstellung der Anleger zum Unternehmen und dessen Wertpapier führen. Einstellungseffekte lassen sich für bestimmte Themen auch über Emotionen und zentrale Grundwerte erklären (vgl. Scheufele & Gasteiger, 2007).

Mit dem Framing-Ansatz lassen sich auch einige Überlegungen der bereits erwähnten *Kultivierungsforschung* (vgl. Gerbner & Gross, 1976; Gerbner et al., 1994, 1999; Signorielli & Morgan, 1990) in Verbindung bringen. Laut der Kultivierungshypothese vermitteln Medien eine kohärente symbolische Welt und prägen bzw. kultivieren damit die Vorstellungen der Rezipienten (Kultivierung erster Ordnung) und deren Meinungen (Kultivierung zweiter Ordnung). Da sich die These in der modernen Medienlandschaft nicht direkt prüfen lässt, werden Rezipienten meist in Nutzergruppen unterteilt. Bezogen auf das Fernsehen postuliert die Kultivierungshypothese, dass Vorstellungen und Meinungen der Vielseher stärker durch die Medienrealität, die von der faktischen Realität abweicht, geprägt sein dürften als die Vorstellungen und Meinungen der Wenignutzer. Das Verhältnis zwischen Effekten erster und zweiter Ordnung wurde bislang weder theoretisch noch empirisch zufriedenstellend geklärt (vgl. z.B. Shrum, 2001). Eine Erweiterung der Kultivierungshypothese ist das Konzept des „mainstreaming". Danach divergieren die Einstellungen von Menschen mit unterschiedlicher Bildung, Schichtzugehörigkeit oder politischer Grundhaltung. Allerdings verschwinden solche Unterschiede in der Gruppe der Vielseher und münden in den Mainstream der Meinungen. Der Kultivierungsgedanke lässt sich z.B. auf die Frage nach einem medial geprägten Klima bei politischen oder gesellschaftlichen Problemen anwenden (vgl. Scheufele & Brosius, 2001). Bezogen auf das Börsengeschehen dürften entsprechende Medien die Ansichten vieler unkundigerer Anleger über den so genannten „Neuen Markt" geprägt haben. Damit dürften sie zur damaligen Euphorie am Aktienmarkt mit beigetragen haben. Denn unter jenen Anlegern, die sich stark auf Medienberichte verlassen haben, dürfte sich das erwähnte Mainstreaming der Meinungen entwickelt haben.

Der *Third-Person-Effekt* wurde bereits in Kapitel 2.2.3.1 diskutiert und soll hier nur nochmals angerissen werden (vgl. Davison, 1983; Paul et al., 2000; David et al., 2004; Conners, 2005; Huck & Brosius, 2007). Die meisten Menschen glauben, dass nicht sie selbst, sondern die anderen von den Medien beeinflusst werden. So glauben Menschen beispielsweise, dass Gewalt in den Medien nur die Aggressivität der anderen Menschen erhöht. Daraus resultieren Forderungen nach dem Verbot medialer Gewaltdarstellungen. Während die Forderungen hier auf ein Handeln der Politik oder Justiz zielen, ist die Folge der Selbst- und Fremdeinschätzung am Aktienmarkt das Handeln der Investoren selbst: Glauben professionelle Anleger, dass Medienberichte viele unkundigere Anleger zum ‚Herdentrieb' verleiten, so werden die ‚Profis' selbst aus strategischem Kalkül auf den Trend aufspringen. Zwar wird kaum einer von ihnen die Medien nutzen, um sich über die Konjunkturlage oder ein Unternehmen zu informieren. Das bedeutet aber nicht, dass ‚Börsen-Profis' gegen Medienwirkungen immun wären. Der Third-Person-Effekt ist eine solche Medienwirkung. Auch hierbei spielen Kumulation und Konsonanz eine entscheidende Rolle. Erst wenn Medien unterschiedlicher Gattungen umfangreich und mit entsprechenden Anlegerempfehlungen über den Aufwärtstrend einer Aktie berichten, ist zu erwarten, dass vor allem unkundige Anleger dem publizistisch forcierten Trend folgen – und damit auch professionelle Investoren auf den Trend reagieren.

Für Kleinanleger hingegen sind Medien eine direkte Informationsquelle. Daneben dürften aber auch ‚Börsen-Gurus' und Analysten als Entscheidungsanker fungieren (vgl. Kapitel 2.2.3.2 und Kapitel 2.2.4.2). Die Kommunikationswissenschaft spricht allgemein von *Meinungsführern*, während die Finanzwissenschaft (z.B. von Rosen & Gerke, 2001) eher den Begriff der Intermediäre verwendet. Meinungsführer („opinion leader") sind glaubwürdige, anerkannte und kompetente Ratgeber für bestimmte Fragen und damit Multiplikatoren für (Medien-)Botschaften. Meist sind sie gut in ein soziales Netzwerk integriert, haben relativ viele Freunde und pflegen ihre sozialen Kontakte. Sie dürfen aber nicht mit z.B. charismatischen Persönlichkeiten oder Stars verwechselt werden. Zudem sind sie nicht z.B. auf bestimmte Schichten beschränkt, sondern ähneln vielmehr ihrer Gefolgschaft. Allerdings haben sie breiteres Interesse, sind involvierter und besser informiert als diese.

Das Meinungsführerkonzept postuliert einen mehrstufigen Prozess („multi-step flow"), bei dem Medienbotschaften erst zu den Meinungsführern gelangen und von dort dann gefiltert an deren Gefolgschaft („opinon askers/followers"). Dabei erfolgt der Informationsfluss eher horizontal als vertikal. Inzwischen wurde das Meinungsführerkonzept mehrfach verfeinert. So wurden Meinungsführer der Meinungsführer oder der Rollentausch zwischen Meinungsführern und Meinungsfolgern diskutiert. Zudem zeigte sich, dass die Berichterstattung über wichtige Probleme die Menschen relativ ungefiltert erreichen kann, wobei die Befunde aber etwas widersprüchlich sind. Zumindest ist interpersonale Kommunikation bei wichtigen Ereignissen eher Anschlusskommunikation als Erstinformation. Grob kann man sagen, dass Medien eher für Informationsvermittlung und Meinungsführer eher für Meinungsbildung relevant sind (vgl. Weimann, 1994; Schenk, 1995; Fahr, 2006). Sicher lässt sich teilweise darüber streiten, inwiefern Analysten und ‚Börsen-Gurus' den Kriterien eines Meinungsführers entsprechen. Denn Personen wie André Kostolany haben oft einen Status, der eher einem Star oder Meinungsmacher entspricht. Andererseits treffen viele Merkmale von Meinungsführern durchaus auf Analysten zu.

3.2.2 *Medienwirkungen in volkswirtschaftlicher Hinsicht*

Mit den eben dargelegten Überlegungen zu Medienwirkungen lässt sich auch die Forschungslage zu Medienwirkungen in volkswirtschaftlicher Hinsicht diskutieren. Neben der Wirtschaftsberichterstattung sind auch die aktuelle wirtschaftliche Lage und die Ansichten der Bevölkerung zu berücksichtigen. In diesem Kontext lassen sich die Inhalte der Berichterstattung mit Realitätsindikatoren vergleichen, um zu untersuchen, ob die Medien ein angemessenes Bild der Wirtschafts- bzw. Konjunkturlage zeichnen. Einerseits können die Medien die tatsächliche Wirtschaftsentwicklung nur nachzeichnen, andererseits können sie auf einzelne Aspekte bzw. Indikatoren (z.B. Arbeitslosenquote) stärker fokussieren oder sich mit ihrer Darstellung gänzlich von der Realität entfernen. Eine Form der Fokussierung der Wirtschaftsberichterstattung wird unter dem Stichwort ‚Negativismus' diskutiert (vgl. Quiring, 2004).

Die Medien können die *Wahrnehmungen* der aktuellen wirtschaftlichen Situation unter Rezipienten oder deren Wahrnehmung der Relevanz wirtschaftlicher Themen beeinflussen (vgl. z.B. Behr & Iyengar, 1985; Brettschneider, 2000; Hagen, 2005). Für den einzelnen Rezipienten ist es kaum möglich, die konjunkturelle Entwicklung direkt zu beobachten oder sich aus anderen Quellen selbst zu informieren. Direkt wahrnehmbar sind allenfalls punktuelle Aspekte wie z.B. die Teuerungsrate. Das mediale Wirkungspotenzial lässt sich vor diesem Hintergrund dann am besten untersuchen, wenn die Medienrealität von der faktischen Lage deutlich abweicht. Daraus ergeben sich weitere Fragestellungen: So kann untersucht werden, welche Konsequenzen sich aus der medial geprägten Einschätzung der Wirtschaftslage z.B. auf die Wahlentscheidung der Rezipienten ergeben (vgl. z.B. Friedichsen, 2001; Quiring, 2003, 2004). Des

Weiteren können sich die medial beeinflussten Wahrnehmungen der Rezipienten auf die wirtschaftliche Entwicklung selbst auswirken – indem die Bevölkerung aufgrund der Berichterstattung ihr Konsumverhalten ändert.[58] So zeigen Kepplinger & Roth (1978), dass die ‚Ölkrise' 1973/74 faktisch kaum bestand. Die Medien stellten das Geschehen aber als krisenhaft dar, schürten damit unter der Bevölkerung Panik, worauf Hamsterkäufe einsetzten, die dann tatsächlich zu jener, von den Medien ‚prophezeiten' Verknappung der Ölvorräte führten.

Inwieweit die Medienberichterstattung die *Problemsicht* der Bevölkerung beeinflusst, untersuchten auch z.B. Behr & Iyengar (1985) in ihrer Zeitreihenstudie zu den Effekten der Fernsehnachrichten über Inflation, Energiekosten und Arbeitslosigkeit auf die Bevölkerungsansichten im Sinne des Agenda-Setting-Ansatzes. Die Studie zeigt, dass nur die Berichterstattung über die ersten beiden Themen entsprechende Agenda-Setting-Effekte zeitigten. Weitere Studien aus diesem Bereich zeigen ebenfalls, dass nicht bei allen Themen der Wirtschaftsberichterstattung Agenda-Setting Effekte auftreten (vgl. z.B. Brosius & Kepplinger, 1990; Kepplinger et al. 1989b).

Brettschneider (2000) untersuchte, inwieweit sich die Wirtschaftsberichterstattung der Abendnachrichten von ARD, ZDF, RTL und SAT.1 von 1995 bis 1998 auf die *Urteile* der Bevölkerung zur allgemeinen wirtschaftlichen Entwicklung auswirkte. Zudem wurde die Nutzung regionaler und lokaler Tageszeitungen erfasst. Die Urteile der Bevölkerung werden offenbar stärker durch die Berichterstattung als durch die tatsächliche Wirtschaftsentwicklung geprägt. In den alten Bundesländern korrelierte die Nutzung öffentlich-rechtlichen Nachrichtensendungen und Tageszeitungen mit einem negativen Urteil über die gesamtwirtschaftliche Situation. In den neuen Ländern wurde die Fernsehberichterstattung offenbar durch relativ häufige positive Berichte in Regionalzeitungen über Einzelunternehmen und -branchen kompensiert.

Dem *Zusammenspiel* aus Wirtschaftsberichterstattung, realer Entwicklung und wahlrelevanten Vorstellungen der Bevölkerung ging Quiring (2004) nach. In seiner Sekundäranalyse nutzte er auf Daten zur Wirtschaftsberichterstattung der Abendnachrichten von ARD, ZDF, RTL und SAT.1 zwischen 1994 bzw. 1996 und 1998 des Instituts ‚Medientenor' sowie Umfragedaten von ‚Forsa'. Neben dem Interesse an wirtschaftlichen Themen und der Frage nach der Erwartung an die wirtschaftliche Entwicklung, war auch die Sonntagsfrage gestellt worden. Die reale Wirtschaftsentwicklung wurde anhand von Daten des Statistischen Bundesamtes nachgezeichnet. Die Sekundäranalyse zeigt, dass die Be-

---

58 Nicht umsonst werden Indizes, die Auskunft über die Erwartungen der Bevölkerung an die wirtschaftliche Entwicklung geben, gleichermaßen von Volkswirten, Unternehmen und Teilnehmern am Aktienmarkt als relevanter Indikator berücksichtigt. Ein Beispiel hierfür ist der Konsumklimaindex der Gesellschaft für Konsumforschung (GFK).

richterstattung vor allem die Vorstellungen der Bevölkerung über die gesamtwirtschaftliche Entwicklung und über einzelne Indikatoren beeinflusste. Nur beim Thema ‚Inflation' schien es einen Einfluss der realen Entwicklung auf die Bevölkerungsmeinung zu geben. Die Berichterstattung beeinflusste direkt das Interesse an wirtschaftlichen Themen und die Antworten auf Frage nach den dringlichsten Problemen (Agenda-Setting-Effekt). Zudem wurden die Kanzlerkandidaten anhand ihrer Kompetenz zur Lösung dieser Probleme beurteilt, was ein Priming-Effekt ist (vgl. Kapitel 3.2.1.2). Für die Angaben bei der Sonntagsfrage – als Indikator der Wahlabsicht für die Bundestagswahl 1998 – spielte die Kandidatenpräferenz eine zentrale Rolle. Die Einschätzung der Bevölkerung zur zukünftigen Entwicklung der Wirtschaft hatte keinen direkten Einfluss auf die Wahlabsicht, wohl aber vermittelt über die Kandidatenpräferenz oder Kompetenzeinschätzung. Die Realindikatoren spielten gar keine Rolle.

Auch die Studie von Hagen (2005) nähert sich der Trias aus Wirtschaftsberichterstattung, Wirtschaftslage und Bevölkerungsmeinung. Sie beruht auf einer Primäranalyse der Konjunkturberichterstattung deutscher Leitmedien (‚ARD-tagesschau', ‚Bild', ‚Frankfurter Allgemeine Zeitung', ‚Der Spiegel' sowie dpa-Basisdienst) zwischen 1992 und 1997 und einer Sekundäranalyse von Umfragedaten (GfK-Verbraucherbefragung) und Konjunkturstatistiken des ifo-Instituts. Die Studie fragte nach Medienwirkungen auf die Urteile von Bevölkerung und Entscheidern in Unternehmen unter Kontrolle des Einflusses der tatsächlichen wirtschaftlichen Entwicklung. Die untersuchten Medien schienen die Einschätzung der Wirtschaftslage sowohl unter der Bevölkerung als auch unter Managern zu beeinflussen. Nur die Entwicklung der Arbeitslosenquote hatte einen direkten Effekt auf die Urteile der Konsumenten. Die Mediendarstellung beeinflusste nicht nur die – z.B. für Urteile über die Bundesregierung relevante – Einschätzung über die zurückliegende Entwicklung, sondern auch die Vorstellungen über die zukünftige Konjunkturentwicklung.

An der Wirtschaftsberichterstattung der Massenmedien wird immer wieder deren Tendenz zum Negativismus kritisiert. Tatsächlich gibt es durchaus zahlreiche Belege für diesen Vorwurf. Die Berichterstattung koppelt sich teilweise von der Entwicklung der Realindikatoren ab und überbetont negative Aspekte. Zugleich beeinflussen die Massenmedien das Problembewusstsein der Bevölkerung und deren Urteil über die wirtschaftliche Entwicklung. Allerdings ist bislang noch nicht abschließend geklärt worden, welche Rahmenbedingungen vorhanden sein müssen, damit sich die Wirtschaftsberichterstattung auf die Bevölkerung auswirkt (vgl. Wu et al., 2002). Wir werden später sehen, dass das mediale Wirkungspotenzial am Aktienmarkt das spezifische Zusammenspiel mehrerer Faktoren erfordert (vgl. zusammenfassend z.B. Kapitel 7.4).

3.2.3 Medienwirkungen in finanzwissenschaftlicher Hinsicht

Die Medienwirkungsforschung hat sich mit den möglichen Effekten der Aktien- und Börsenberichterstattung auf das individuelle und kollektive Anlegerverhalten (Mikro- bzw. Meso-Ebene) sowie auf Aktienkurse bzw. Volumina (Makro-Ebene) bislang kaum beschäftigt. Eine der wenigen Ausnahmen ist die theoretisch ausgerichtete „qualitative Meta-Analyse" von Schuster (2004) zu finanzwissenschaftlichen Studien, die sich mit dem Einfluss (medialer) Informationen beschäftigen – vor allem mit dem Einfluss von Analysten-Einschätzungen bzw. Anlegertipps der ‚Börsen-Gurus' (vgl. Schuster, 2004: 17ff.). Ein anderes Beispiel sind Studien aus dem Bereich der angewandten Medienforschung (z.B. Mathes et al., 2000). Sowohl die finanzwissenschaftlichen als auch die kommunikationswissenschaftlichen Studien legen explizit oder implizit meist eine *Profit-Perspektive* an und fragen damit nach – aus Anlegersicht – positiven Effekten. Allerdings gibt es durchaus eine Reihe von Studien zu Noise-Trading und zur Behavioral Finance, die Prozesse beleuchten, die gerade aus Sicht unkundigerer Kleinanleger nicht grundsätzlich positiv zu werten sind – etwa Herdentrieb, Über- und Unterreaktionen oder Mean-Reversion.

3.2.3.1 Medien als Quelle anlagerelevanter Informationen

Bevor wir auf Studien zu Medienwirkungen im finanzwissenschaftlichen Kontext eingehen, sind zunächst Überlegungen zur Rolle der Massenmedien als Quelle anlagerelevanter Informationen erforderlich. In der Finanzwissenschaft besteht offenbar kein Konsens, wie Medien in börsen- oder aktienrelevanten Zusammenhängen zu modellieren sind. Wir erkennen dabei zwei Positionen:

○ *Position 1 – Medien als „Intermediäre"*: Auf der einen Seite stehen Autoren (z.B. von Rosen & Gerke, 2001; Kladroba & von der Lippe, 2001; Kladroba et al. 2003; Bonner et al., 2004; Böhmer & Löffler, 1999), die Medien nur als „Intermediäre" betrachten: Medien sind demnach nur Vermittler der von Unternehmen lancierten Informationen sowie deren Investor Relations und Public Relations oder gelten als Vermittler von Analystenmeinungen, die z.B. Wirtschaftszeitschriften abdrucken.
○ *Position 2 – Medien als Einflussgröße*: Auf der anderen Seite stehen Autoren (z.B. Roßbach, 2001; Täubert, 1998; Tumarkin & Whitelaw, 2001), die zumindest bestimmten Mediengattungen – z.B. Finanzforen im Internet – eine gewisse Rolle in börsen- bzw. anlagerelevanten Zusammenhängen zusprechen. So sieht z.B. Rapp (2000: 105) die Rolle der Medien in einer Verstärkung „sozialer Infektionen" (vgl. Kapitel 2.2.3.1).

Die erste Position scheint in der Finanzwissenschaft zu dominieren.[59] Die Frage, welche Bedeutung Massenmedien tatsächlich für das individuelle und kollektive Anlegerverhalten sowie für die Kurse und Handelsvolumina haben, ist nur empirisch zu beantworten. Zunächst einmal haben beide Positionen ihre Berechtigung. Das lässt sich mit dem *Modell der Informationsflüsse am Kapitalmarkt* erläutern, das von Rosen & Gerke (2001) vorgelegt haben. Sie gehen davon aus, dass sowohl institutionelle als auch private Anleger „auf wahre und zeitnahe *Informationen* angewiesen [sind], wenn sie sachgerechte Entscheidungen zum Kauf, Verkauf oder Halten von Wertpapieren oder anderen Anlageformen treffen wollen". Das modifizierte Modell zeigt Abbildung 3.1.

Abbildung 3.1: Modell der Informationsflüsse am Kapitalmarkt (modifiziert nach von Rosen & Gerke, 2001: 9)

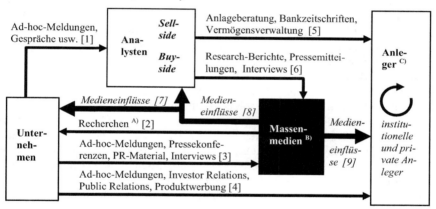

A) Recherchen modellieren die Autoren versehentlich als Einfluss auf die Medien.
B) Hier unterscheiden von Rosen & Gerke (2001) zwischen Journalisten und „Gurus". Sinnvoller wäre dagegen, bei Medien bzw. Journalisten weiter zu differenzieren zwischen Reportern vor Ort, Redakteuren in Nachrichtenagenturen (z.B. VWD), Redakteuren bei Leitmedien (z.B. Handelsblatt) und bei den übrigen Medien.
C) ‚Außerhalb' der Anleger verorten die Autoren auch Chat-Rooms. Aus unserer Sicht sind Chat-Rooms und Foren nur eine technische Arena für interpersonale Kommunikation unter Anlegern, die auch face-to-face erfolgen kann.

---

59 Ein gutes Beispiel ist die Studie von Bonner et al. (2004: 1), „[who] examine[d] the effect of media coverage received by sell-side analysts on investor reaction to analysts' quarterly earnings forecast revisions".

Ausgangspunkt des Modells ist die Überfülle an Informationen, aus der Anleger schöpfen können. Mit Luhmann (1984) kann man die Funktion der Vermittler von Informationen am Aktienmarkt daher in der Komplexitätsreduktion sehen. Die *Primärquelle* von Informationen in diesem Modell sind die *Unternehmen*, die Ad-hoc-Meldungen an Analysten [1], Journalisten [3] oder Anleger [4] liefern.[60] Sie richten sich aber auch mit Investor bzw. Public Relations, Pressekonferenzen oder Produktwerbung an Anleger und Journalisten [3, 4]. Von Rosen & Gerke (2001) unterscheiden drei *Zielgruppen* von Informationen:

- Analysten
- Journalisten
- Anleger

Analysten beschaffen, prüfen und verarbeiten Informationen und geben entsprechende Empfehlungen z.B. für Kreditinstitute, Journalisten oder Anleger. Dabei sind Sell- und Buy-side-Analysten zu unterscheiden. *Buy-side-Analysten* arbeiten für institutionelle Anleger wie z.B. Kapitalanlagegesellschaften, Versicherungen oder Banken, in deren Anlageentscheidungen die Empfehlungen direkt einfließen. Berichte, Empfehlungen und Mitteilungen von *Sell-side-Analysten*, die in der Regel von Banken finanziert werden, gehen an ‚externe' Anleger [5] oder an die Medien [6], die über solche Analysen berichten.[61]

Neben Journalisten diskutieren von Rosen & Gerke (2001: 12) auch die so bezeichneten „Gurus". Diese seien oft keine Analysten, sondern Personen, „die in der Öffentlichkeit eine so intensive Wirkung entfalten, dass sie durch ihre Empfehlungen Kurse insbesondere marktenger Aktien zu bewegen vermögen". Den Autoren ist erstens darin zuzustimmen, dass z.B. der Moderator einer Börsensendung im Fernsehen ein solcher ‚Guru', an dem sich Kleinanleger orientieren, sein kann. Zweitens betonten die Autoren zu Recht, dass die Rolle solcher Journalisten problematisch wird, wenn sie auch privat als Anleger auftreten und *„Front Running"* betreiben (vgl. von Rosen & Gerke, 2001: 12; Gerke, 2000: 156, 160ff.).[62] Allerdings ist aus unserer Sicht zwischen der Funktion als Journalist und der Selbst- oder Fremd-Zuschreibung als ‚Börsen-Guru' zu unterscheiden. Zudem können auch Analysten diese Rolle spielen. Daher differenzieren wir in Abbildung 3.1 nicht weiter zwischen Journalisten und ‚Gurus'. Viel-

---

60 Zu den Ziffern in eckigen Klammern vgl. Abbildung 3.1.
61 Banken machen mit den Research-Berichten und Empfehlungen der Sell-side-Analysten ihrerseits Umsatz bzw. verlangen dafür entsprechende Provision.
62 „Nach § 14 WPHG ist es ihnen verboten, kursrelevante Informationen, die sie aus dem analysierten Unternehmen gewonnen haben, ohne gleichzeitige Herstellung der Bereichsöffentlichkeit zu nutzen oder an andere Insider weiterzugeben" (Gerke, 2000: 160).

mehr verorten wir Journalisten bei den Massenmedien. Dass hier weiter z.B. zwischen Agenturmitarbeitern, Redakteuren oder freien Mitarbeitern zu differenzieren wäre, ist uns bewusst. So sind z.B. bei Online-Portalen, die ebenfalls in unserem Medien-Sample enthalten sind (vgl. Kapitel 5.2), sicher teilweise andere Journalisten anzutreffen als etwa bei einer klassischen Tageszeitung (vgl. dazu im Überblick z.B. Pürer, 2003: 148ff.).[63]

Medien haben zwei *Zielgruppen*: Die eine sind die Anleger [9], also die Leser von Tageszeitungen mit Börsenteil (z.B. FAZ) und von Anlegerzeitschriften (z.B. Capital), die Zuschauer von Börsensendungen im Fernsehen (z.B. Börse im Ersten) und die Nutzer von Online-Portalen (z.B. Onvista). Die andere Zielgruppe sind jene Akteure, die ihrerseits als Kommunikatoren bzw. Intermediäre auftreten – also Analysten [8] und Unternehmen [7].[64] Im Zusammenhang des Noise-Trading-Ansatzes und der Behavioral Finance haben wir bereits Überlegungen zu Medieneinflüssen bei diesen Zielgruppen diskutiert (vgl. Kapitel 2.3.1): Unkundigere Privat- bzw. Kleinanleger dürften anlagerelevante Medienangebote bzw. Informationen häufiger als ‚Börsen-Profis' direkt in ihre Entscheidung einfließen lassen. Denn ihnen stehen andere Informationsquellen oft gar nicht zur Verfügung. Mediale Informationen kommen aber auch der mehrfach beschriebenen Anlegerpsychologie entgegen: So können z.B. Medien mit großer Reichweite (z.B. Online-Portale) ‚soziale Infektionen' unter Marktteilnehmern hervorrufen oder verstärken (vgl. z.B. Rapp, 2000: 101; Rolke, 2000: 28). Daneben sind Medienberichte für unkundigere Anleger salient und leicht verfügbar. Medial verbreitete Anlagetipps von Analysten oder Empfehlungen z.B. des Moderators einer Börsensendung reduzieren Komplexität und dienen Anlegern als Entscheidungsreferenz. Konsonante, kumulative Berichterstattung kann aber auch die Ambiguität der Entscheidung verringern.

‚Börsen-Profis' nutzen die Medienberichterstattung zwar kaum als Quelle von Informationen über Unternehmen oder die Entwicklung von Kursen oder Indizes. Aber sie dürften Medienberichte nutzen, um daraus Hinweise z.B. über ein Herdenverhalten anderer Anleger abzuleiten. So dürften professionelle bzw. institutionelle Investoren z.B. aufgrund einer anhaltend positiven Berichterstattung über eine Aktie vermuten, dass viele Kleinanleger davon beeinflusst werden. An dem antizipierten Verhalten dieser Anleger werden sie dann ihre eigene Transaktionsentscheidung ausrichten – also z.B. ebenfalls auf den vermuteten medieninduzierten Trend auf-, aber vor der Trendabkehr wieder abspringen. Das

---

63 Chat-Rooms im Internet, die von Rosen & Gerke (2001) ebenfalls berücksichtigen, haben wir in Abbildung 3.1 nicht aufgenommen, da wir sie in unserer Studie nicht berücksichtigen.
64 Eine von Rolke (2000: 28) erwähnte, aber nicht näher beschriebene „internationale Studie" soll belegen, dass „gerade deutsche Analysten die Medien als Informationsquelle nutzen".

wurde als Third-Person-Effekt in Kapitel 2.2.3.1 diskutiert. Medien können über drei *anlagerelevante Bereiche* berichten (vgl. auch Kapitel 2.1.3).

- *Wirtschaft(spolitik)*: Der erste Bereich sind allgemeine wirtschaftliche Zusammenhänge und Prozesse sowie wirtschaftspolitische Entscheidungen (z.b. Erdölpreise oder Leitzinssenkung).
- *Börsen, Indizes*: Der zweite Bereich ist das allgemeine Börsengeschehen, etwa die Entwicklung von DAX oder Nasdaq.
- *Unternehmen, Branchen, Aktien*: Der dritte Bereich sind markt- bzw. branchenbezogene sowie unternehmensspezifische Informationen. Medien berichten z.b. über die Fusion zweier Telekommunikationsunternehmen, über den Wechsel im Aufsichtsrat eines Autoherstellers oder die Kurseinbrüche bei vielen Technologiepapieren.

Diese drei Bereiche unterscheiden wir später auch im Codebuch unserer Primäranalyse der Online-, Print- und Fernsehberichterstattung (vgl. Kapitel 5.2.2.2). Daneben ist zu unterscheiden zwischen drei Arten von ‚Informationen' in den Medien (vgl. ähnlich Mathes et al., 2000 sowie Kapitel 5.2.2.2):[65]

- *Fakten*: Hierzu gehört neben Informationen z.B. über eine Unternehmensfusion, die Bilanzen oder den Personalwechsel im Management eines Unternehmens auch der Abdruck von Ad-hoc-Meldungen. Aber auch Leitzinssenkungen, Gerichtsurteile etwa gegen ein Computerunternehmen oder die Verabschiedung eines wirtschaftpolitischen Gesetzes fallen in den Bereich von Fakten.
- *Meinungen von Dritten*: Hierzu gehören die Meinungen all jener Akteure, die in Medienberichten zitiert oder referiert werden (z.B. Unternehmenssprecher), aber auch die z.B. in einem Online-Portal abgedruckte Meinung eines Analysten (z.B. Anlagetipp eines ‚Börsen-Gurus').
- *Meinungen von Journalisten*: Journalisten können auch eigene Einschätzungen z.B. zum Kursverlauf einer Aktie abgeben. Zudem können sie in ihrer Berichterstattung über eine Branche oder über ein Unternehmen wertende Begriffe verwenden und damit ihren Berichten einen bestimmten *Tenor* geben. Oder sie können in sich werthaltige Sachverhalte hochspielen (vgl. dazu Kepplinger et al., 1989a) und damit bestimmte *Valenzen* in ihren Beiträgen transportieren (vgl. dazu auch Kapitel 5.2.2.2).

---

[65] Mathes et al. (2000: 83f.) unterscheiden zwischen „hard facts" (Unternehmenskennwerten) und „soft facts" (Image des Unternehmens und seines Managements).

3.2.3.2 Finanzwissenschaftliche Studien zur Rolle von Medieninformationen am Aktienmarkt

Mit dem durch von Rosen & Gerke (2001) vorgelegten und hier etwas modifizierten Modell der Informationsflüsse sowie mit den bisherigen Überlegungen zu Massenmedien, Anlegern und Aktien lässt sich nun die finanzwissenschaftliche Forschung zur Rolle von Medieninformationen am Aktienmarkt diskutieren. Schuster (2004) bietet hierfür einen ersten Literaturüberblick, an dem wir uns teilweise orientieren. Wir gehen aber in dreierlei Hinsicht weiter: Erstens klassifizieren wir die Studien der Finanzwissenschaft. Zweitens arbeiten wir die kommunikationswissenschaftlichen Aspekte bzw. Defizite stärker heraus. Drittens legen wir in unserer Studie nicht nur eine theoretische, sondern auch eine methodische und empirische Perspektive an. Finanzwissenschaftliche Studien zur Rolle von Medieninformationen lassen sich klassifizieren

- nach der untersuchten Mediengattung,
- nach der untersuchten Art der (Medien-)Information.

Nach der *untersuchten Mediengattung* lassen sich Arbeiten zur Wirkung von (Medien-)Informationen im Internet, Fernsehen sowie in Printmedien differenzieren. Will man die Ergebnisse aus einer Meta-Perspektive betrachten, so steht man jedoch vor dem Problem, dass die Studien meist ein Medium (z.B. Anlegerzeitschrift) fokussieren und auch in anderer Hinsicht oft nur bedingt untereinander vergleichbar sind. So gibt es z.B. Studien mit relativ kurzem Untersuchungszeitraum (z.B. Pari, 1987; Täubert, 1998; Gerke, 2000), aber auch Untersuchungen, die Renditen in einem recht langen Zeitraum beleuchten (z.B. Marthur & Waheed, 1995; Sant & Zamann, 1996).

Ein Beispiel für Untersuchungen zu (Medien-)Informationen in *Printmedien* ist die Studie von Barber & Loeffler (1993), die Überrenditen nach Empfehlungen in der monatlichen „Dartboard"-Kolumne des ‚Wall Street Journal' untersuchten.[66] In den Tagen nach Analystentipps kam es zu Überrenditen von rund vier Prozent, die sich aber innerhalb von 25 Handelstagen in ihr Gegenteil verkehrten. Die Autoren führen die positiven Überrenditen auf die Aktivität naiver Anleger zurück. Vergleichbare Befunde ergab die Untersuchung von Sant & Zamann (1996) zu Artikeln in der Wirtschaftszeitschrift ‚Inside Wall Street'. Bereits einen Tag vor bis zu einem Tag nach der Veröffentlichung positiver Analystenkommentare zeigten sich Überrenditen von über zwei Prozent; danach folgte aber der Abwärtstrend, und sechs Monate später betrug die Negativrendi-

---

66 In der Kolumne geben vier Analysten ihre Tipps ab (vgl. Barber & Loeffler, 1993: 274).

te im Durchschnitt sogar knapp sieben Prozent. Eine größere Stichprobe von über 1.600 Aktienempfehlungen in sechs deutschen Wirtschaftszeitschriften untersuchten Kladroba & von der Lippe (2001). Rund zwei Drittel der Empfehlungen rieten zum Kauf. Aber nur die Hälfte aller Tipps brachte kurzfristige Gewinne. Über 40 Prozent aller untersuchten Aktien zeigte erst steigende, dann fallende Kurse (vgl. Kladroba & von der Lippe, 2001: 14f.). Ein Reversal kann bereits nach wenigen Tagen einsetzen, wie Han & Suk (1996) für Analysten-Empfehlungen in der Finanzzeitschrift ‚Barron's' zeigen.[67]

Vergleichbares zeigen Studien zu Empfehlungen in *Fernsehsendungen*. So fanden Beltz & Jennings (1997), dass Empfehlungen der Sendung ‚Wall Street Week' einen Tag danach nur – angesichts der Transaktionskosten – mäßige Renditen erbrachten, ein halbes Jahr später jedoch deutliche Unterrenditen. Solche Entwicklungen lassen sich im Kontext von Winner-Loser-Effekten diskutieren (vgl. Kapitel 2.2.3). Gerke (2000) zeigt exemplarisch anhand der ‚3sat Börse' die Gefahr von Börsenmanipulationen im Fernsehen: Während die Empfehlungen zu Aktien des Neuen Markts im Börsenbrief von Egbert Prior am Mittwoch keine Reaktionen auslösten, gab es deutliche Kursausschläge nach Priors Auftritt im Fernsehen am nachfolgenden Freitag. Diese lassen sich mit der erwähnten Ankerheuristik erklären (vgl. Kapitel 2.2.4.2). Kundigere Anleger konnten dagegen mit den Informationen aus dem Mittwochsbrief die Wirkung der Freitagssendung antizipieren, also Front Running betreiben und kumulierte Überrenditen von bis zu 24 Prozent erzielen (vgl. Gerke, 2000: 162f.).

Das bislang beschriebene Muster belegen auch Studien zu *Finanzwebsites im Internet*. Bereits einen Tag vor entsprechenden Empfehlungen kam es einer Untersuchung von Hirschey et al. (2000) zufolge zu einem deutlichen Kurszuwachs, aber auch zu erhöhtem Handelsvolumen bei jenen Aktien, die auf der Website ‚Motley Fool' beworben worden waren. Tumarkin & Whitelaw (2001) untersuchten knapp 200.000 Kommentare auf den Message Boards von ‚RagingBull.com', Das & Chen (2001) dagegen 85.000 Messages bei ‚Yahoo!'. In beiden Fällen zeigten sich positive Korrelationen zwischen Messages und Volumina: Kumulierten positive Meinungen, dann erhöhte sich auch das *Handelsvolumen* bei den betreffenden Werten. Allerdings ließen sich damit keine Gewinne erzielen. Das liegt vielfach darin begründet, dass selbst erkennbare Überrenditen oft komplett durch die Transaktionskosten kompensiert werden.

Die bislang vorgestellten exemplarischen Studien fragen nach der Wirkung von (Analysten-)Empfehlungen in den drei Mediengattungen. Daneben lassen

---

67 Laut Daten des ‚Medien Tenor' haben Analystenzitate in börsenrelevanten deutschen Printmedien (z.B. Handelsblatt, Wirtschaftswoche, FAZ), aber auch in größeren regionalen Zeitungen Ende der 1990er Jahre deutlich zugenommen (vgl. Vollbracht, 1998a,b).

sich Studien zur Wirkung weiterer *Arten von Informationen* unterscheiden. Die Mehrzahl davon beleuchtet neben direkten Tipps (z.B. Kaufen) auch (medial) verbreitete *Unternehmensmeldungen*. So untersuchten z.B. Patell & Wolfson (1984) die Kurse vor und nach Dividenden- bzw. Gewinnankündigungen, die über den ‚Dow Jones News Service' verbreitet wurden. Dabei zeigte sich zweierlei: Erstens setzte die Marktreaktion bereits vor dem Publikationstag ein und kulminierte dann in den ersten 15 Minuten nach der Veröffentlichung. Nach rund einer Stunde war die Kursanpassung fast komplett vollzogen. Dies belegt erneut die in der Effizienzmarkthypothese postulierte hohe Anpassungsgeschwindigkeit der Kurse an neue Informationen. Zweitens folgten auf Gewinnankündigungen signifikante Kursveränderungen, nach Dividendenankündigungen folgten dagegen geringere Marktreaktionen. Eine ähnliche Studie führten Gerke et al. (1997) durch. Sie betrachteten den Kursverlauf nach der Veröffentlichung von Dividendenänderungen in deutschen Wirtschaftsdiensten und im ‚Handelsblatt' von 1987 bis 1994. Dabei zeigten sich unmittelbare Kursausschläge am Tag der Veröffentlichung von Dividendenerhöhungen, danach aber nicht. Auf die Bekanntgabe von Dividendensenkungen bzw. -ausfälle reagierte der Markt ebenfalls sofort, allerdings auch noch einige Tage darüber hinaus. Aus kommunikationswissenschaftlicher Sicht besonders relevant ist eine Studie von Stice (1991) zu Veröffentlichungen von Ertragszahlen: Die Pflichtmeldung des Unternehmens selbst führte zwar zu keinen Kursausschlägen. Aber die erneute Veröffentlichung im ‚Wall Street Journal' ließ Marktreaktionen (Kurse und Volumina) erkennen, die jedoch insgesamt nur mäßig waren. Zudem wurden in der Studie die Werte kleinerer Unternehmen betrachtet.

Eine andere Gruppe von Studien beschäftigt sich mit Kursveränderungen nach der Veröffentlichung *volkswirtschaftlicher Daten*. Dazu gehört z.B. die Studie von Jain (1988), die einen Einfluss der Bekanntgabe z.B. von Inflationsraten oder Arbeitslosenquoten auf die Kurse nahe legt – allerdings nur als unmittelbarer Effekt ohne Nachwirkung. Solche Informationen scheinen also noch schneller ‚eingepreist' zu werden als unternehmensspezifische Informationen. Eine weitere Gruppe von Studien beleuchtet die Effekte *bedeutender (politischer) Ereignisse* auf Kurse und Volumina. Ein Beispiel ist die Studie von Cutler et al. (1989), die Kursbewegungen im Index ‚Standard & Poors' (S&P) nach rund fünfzig Ereignissen (z.B. Afghanistan-Invasion der UdSSR 1979) untersuchten: Nach fünfzehn Ereignissen zeigten sich Bewegungen im S&P von rund 1,5 Prozent. Andere Ereignisse machten sich dagegen nicht bemerkbar. Laut Chen & Siems (2004) hängen Marktreaktionen auch von der Art der Ereignisse ab. So machen sich z.B. Terroranschläge wie der 11. September 2001 offenbar am Aktienmarkt bemerkbar, nicht aber ‚kleinere' Terrorakte.

Das Zusammenspiel aus Berichterstattung, Public Relations und Aktienkursen beleuchten nur wenige Studien. Beispielsweise zeigen Dyck & Zingales (2003) mittels Korrelations- und Regressionsanalysen, dass die Kurse zwar auf medial berichtete Gewinnankündigungen reagieren. Das ist aber vor allem bei Aktien der Fall, die nur von wenigen Analysten beobachtet werden. Zudem muss das Medium eine glaubwürdige Quelle sein (z.B. New York Times). Vor allem aber scheint es sich hier um einen medienvermittelten Effekt der Public Relations zu handeln. Denn der Tenor der Berichterstattung folgte meist dem ‚spin' der Pressemitteilung (vgl. Dyck & Zingales, 2003: 28).[68] Auch Täubert (1998: 204ff.) zeigt für die Kursentwicklung von DAX-Unternehmen, wie Pressemitteilungen der Unternehmen ein publizistisches Echo hervorrufen, das wiederum – zumindest in der graphischen Betrachtung – mit einer kurzfristigen Kursveränderung korrespondiert. Diese Analysen sind einzelfallbezogen und gehen über graphische Betrachtungen kaum hinaus, was auch mit geringen Fallzahlen zu tun hat. Allerdings gehört Täuberts (1998) Studie zu den wenigen finanzwissenschaftlichen Arbeiten, die nicht nur die Quantität, sondern auch die Qualität der Berichterstattung (Inhalte und Tenor der Beiträge) betrachtet. Die Autorin fand einen erkennbaren Zusammenhang zwischen den Inhalten der Pressemitteilungen und den Inhalten der untersuchten Presseartikel ($\lambda = 0.47$).

Insgesamt scheinen die medial vermittelten bzw. verstärkten Analystentipps und Unternehmensmitteilungen vor allem bei *Nebenwerten* bzw. Aktien *kleinerer Unternehmen* Reaktionen auszulösen. So zeigt Gerke (2000: 162) in seiner Fallstudie zur Sendung ‚3sat Börse' Kursausschläge nach Empfehlungen besonders für kleine Nebenwerte. Auf Basis einer Stichprobe mit 144 Aktienempfehlungen kamen Trahan & Bolster (1995) zu ähnlichen Befunden. Stice (1991) stellte abnormale Preisentwicklungen nach der Wiederveröffentlichung von Ertragszahlen im ‚Wall Street Journal' ebenfalls für Kleinfirmen fest. Bamber (1986) fand vergleichbare Muster in den Handelsvolumina kleiner Papiere. Chan (2003) wiederum stellte nur geringe Überrenditen nach positiven Meldungen in Printmedien fest. Gerade Nebenwerte vollzogen aber eine deutliche Underperformance gegenüber Vergleichsindizes nach negativen Medieninformationen. Ähnliches zeigt die Studie von Ferreira & Smith (1999): Hier gingen die Renditen von Nebenwerten, die in der Kolumne ‚Small Stock Focus' des ‚Wall Street Journals' empfohlen worden waren, bereits einen Tag nach dem Anlagetipp zurück. Wer als Privatanleger der Kaufempfehlung folgte, die schon am Tag zuvor ‚eingepreist' war, musste in diese Falle tappen.

---

68 Beispiele für den direkten Erfolg von Werbekampagnen bzw. Public Relations bei Anlegern gibt Rolke (2000: 26f.) mit ‚Deutsche Telekom' und ‚DaimlerChrysler'.

Dass sich Kursreaktionen teilweise bei kleinen Firmen deutlicher zeigen als bei Standardwerten, kann als Beleg für den *Size-effect* gelten (vgl. dazu Banz, 1981; Fama & French, 1995). Erklären kann man das mit der Anwesenheit vieler unkundiger Privatanleger: Sie investieren öfter in kleinere Werte (vgl. z.B. Lee et al., 1991: 82) und neigen auch stärker zu Überreaktionen auf öffentliche Informationen als ‚Börsen-Profis'. Laut Akhigbe et al. (2002: 146) werden Kleinfirmen von Marktteilnehmern kaum verfolgt. „Therefore, it is possible that smaller firms are subject to larger degrees of error when the market reevaluates their share prices in response to new information. For a sample of stocks that experience overreaction (underreaction), it is expected that the degree of reversal (drift) will be larger for small firms". Laut Guo (2002: 168) berichten auch die Medien nur selten über Nebenwerte. Wenn sie aber berichten oder Analystentipps veröffentlichen, dann dürften diese Medieninformationen für Privatanleger besonders salient sein – was dann zu individuellen Überreaktionen führen kann (vgl. Kapitel 2.2.4.2). Dennoch scheint das kein durchgängiger Effekt zu sein. So fanden z.B. Barber & Odeon (2005: 18) nicht nur für Nebenwerte, sondern auch für Standardwerte ein „attention-based buying" bei Anlegern.

Finanzwissenschaftlichen Studien geben zudem Hinweise darauf, dass die Marktreaktionen auf *positive und negative Informationen* unterschiedlich ausfallen – obschon die diesbezüglichen Befunde u.E. nicht konsistent sind. Gerke et al. (1997) haben z.B. die Effekte von Informationen über positive und negative Dividendenveränderungen untersucht. Nach Informationen über eine Dividendenerhöhung in Wirtschaftsdiensten und im Handelsblatt zeigten sich positive Kursveränderungen nur am Veröffentlichungstag. Dagegen bewirkte die Publikation von Dividendensenkungen oder Dividendenausfällen einen Abwärtstrend der Kurse, der über den Publikationstag hinaus nachwirkte. Das kann man als gewissen Beleg für unser Argument werten, dass negative Informationen salienter sind als positive Informationen sowie (drohende) Verluste im Sinne der Prospect Theory schwerer wiegen als vergleichbare (mögliche) Gewinne. Nach Conrad et al. (2002) können negative Informationen entsprechende Marktreaktionen in einem positiven Marktumfeld auslösen. Das kann man wiederum mit Salienz oder der oben diskutierten „Deviance" (vgl. Shoemaker et al., 1987) der negativen Informationen von der positiven Branchensituation erklären. Andererseits referiert Bernard (1993) auch Befunde, wonach positive Überraschungen anhaltend hohe Überrenditen nach sich ziehen können. Nach der bereits erwähnten Studie von Chan (2003) schlagen bei kleinen Werten negative Informationen offenbar stärker auf den Kurs durch als positive Meldungen in den Headlines von Zeitungen wie der ‚New York Times'. Niederhoffer (1971) fand, dass Kursanstiege nach Meldungen über negative Ereignisse etwas stärker ausfielen als Kursabschläge nach positiven Ereignissen.

Insgesamt scheinen sich Veränderungen in Kursen oder Handelsvolumina schon kurz vor der (medialen) Publikation neuer Informationen bemerkbar zu machen. Oft ist der Ausschlag auch noch am Veröffentlichungstag messbar. Danach kehrt sich die Entwicklung jedoch meist wieder um und kann ins Gegenteil umschlagen – etwa indem ein Papier deutlich unter einen Vergleichsindex zurückfällt. Dieses Muster, auf das auch Schuster (2004) fokussiert, betrifft einen engen Untersuchungszeitraum. Studien zu Winner-Loser-Effekten (z.B. Daske, 2002) legen nahe, dass Auf- und Abwärts-Trends in Kursverläufen oder Renditeentwicklungen je nach Breite des Zeithorizonts auftreten und erklärt werden müssen (vgl. dazu auch Kapitel 2.2.3.1).

Einige Studien (z.b. Berry & Howe, 1991; Mitchell & Mulherin, 1994; Chan et al., 2001) zeigen, dass Kurs- oder Rendite-Veränderungen geringer ausfallen als Veränderungen von Handelsvolumina. Das dürfte auch daran liegen, dass Renditen durch Transaktionskosten oft kompensiert werden, so dass trotz Aktivität keine Gewinne zu erzielen sind. Chan et al. (2001) stellten fest, dass ein höheres Handelsvolumen eher bei ökonomischen als politischen Informationen erkennbar ist. Das lässt sich möglicherweise damit erklären, dass Anleger die Auswirkungen politischer Vorgänge auf die Wirtschaft schlechter einschätzen können als die Auswirkungen ökonomischer Ereignisse. Daher reagieren sie auf politische Neuigkeiten erst einmal nicht. Vermutlich spielt dabei auch die „Loss-Aversion" eine Rolle, wonach sich Anleger im Zweifelsfall passiv verhalten, da sie über Verluste durch Aktivität enttäuschter sind als über gleich hohe Verluste durch Passivität (vgl. Kapitel 2.2.4.2).

3.3 Zusammenfassung und Schlussfolgerungen

Die Frage nach dem Zusammenhang zwischen Aktienberichterstattung einerseits und Aktienkursen bzw. Handelsvolumina von Unternehmen andererseits lässt sich theoretisch nur beantworten, wenn man theoretische Ansätze und Befunde empirischer Studien sowohl aus der Finanz- als auch der Kommunikationswissenschaft zusammenführt.

3.3.1 *Zusammenfassung finanz- und kommunikationswissenschaftlicher Überlegungen und Befunde*

Die kommunikationswissenschaftlichen Überlegungen und Befunde zu den *Angeboten* und zur *Nutzung* der Wirtschafts- und Börsenberichterstattung lassen sich in folgenden Feststellungen bündeln:

- *Angebote*: Im Zuge der lang anhaltenden Börsen-Hausse erlebte auch die Wirtschafts- und Finanzberichterstattung einen Boom. Nach dem Wendepunkt im März 2000 sanken aber die Auflagen und manche Angebote wurden wieder ganz eingestellt. Trotzdem hat sich Umfang der Berichterstattung seit Beginn der 1990er Jahre vervielfacht. Dabei ist gerade Wirtschaftsberichterstattung nach wie vor eine Domäne der Printmedien. Kritisiert wurden in der Vergangenheit die oft zu komplexe, für Laien wenig verständliche Darstellung wirtschaftlicher Sachverhalte, der zu geringe Umfang und die Tendenz zum Negativismus. Inzwischen kann man eine zielgruppenorientiertere Berichterstattung feststellen, die teilweise eine Reduktion auf die Ratgeberfunktion hat. Im Hinblick auf eine spezifisch auf Anleger zugeschnittene Finanzberichterstattung dürften künftig besonders Online-Angebote aufgrund ihres Aktualitätsvorteils und der fast ständigen Verfügbarkeit eine bedeutendere Rolle spielen.
- *Nutzung*: Rund ein Drittel der Deutschen scheint an wirtschaftlichen Fragestellungen interessiert zu sein. Besonders stark genutzt wird die Wirtschafts- und die Börsenberichterstattung. Zum Informationsverhalten von (deutschen) Privatanlegern gibt es kaum aktuelle Studien. Nach den spärlichen Befunden sind Massenmedien offensichtlich die wichtigste Quelle für Privatanleger, wenn es darum geht, Anlageentscheidungen zu treffen. Dabei unterscheiden sich aber erfahrene Kleinanleger von solchen, die seltener handeln. Die ‚Einsteiger' orientieren sich eher an Anlageberatern und nutzen vor allem das Fernsehen als Informationsquelle. Die erfahreneren Privatanleger beziehen ihre Informationen dagegen eher aus dem Internet und aus den Printmedien.

Die Überlegungen zu *generellen Rahmenbedingungen von Medienwirkungen* lassen sich in folgenden Feststellungen bündeln:

- *Informationsquellen*: Neben eigener Erfahrung und Informationen aus dem sozialen Umfeld sind Medien eine weitere Informationsquelle für Menschen. Am Aktienmarkt sind Medien für unkundigere Kleinanleger eine wichtige Informationsquelle über Branchen, Unternehmen, Kursverläufe oder die Wirtschaftslage. Allerdings werden auch professionelle Investoren die Medien nutzen, um im Sinne eines Third-Person-Effekts z.B. ein Herdenverhalten von Kleinanlegern zu antizipieren.
- *Kumulation und Konsonanz*: Kumulation meint, dass Medien wiederholt über Sachverhalte berichten. Konsonanz bezeichnet die Gleichförmigkeit der Darstellung, wobei wir zwischen inter- und intramedialer Konsonanz unterscheiden. Eine kumulative Berichterstattung macht die berichteten

Sachverhalte im Bewusstsein der Rezipienten salienter und ist damit eine zentrale Bedingung z.b. für Framing-Effekte, aber auch für das Phänomen der Verfügbarkeits- oder Auffälligkeitsheuristik. Konsonanz begünstigt wiederum den „information sources effect", reduziert aber z.b. auch die Ambiguität der Entscheidungssituation für Anleger.

○ *Negativismus*: Besonders salient sind negative Informationen z.b. über einen Skandal im Management eines Unternehmens. Solche Informationen überwinden die Schranke der selektiven Wahrnehmung und Verarbeitung von Informationen bei Rezipienten. Im Lauf der Zeit hat Negativismus in der Berichterstattung deutlich zugenommen, was sich beispielsweise mit der Nachrichtenwerttheorie erklären lässt.

Grundlage unserer Überlegungen zur Rolle der Massenmedien am Aktienmarkt sind neben den bereits diskutierten finanzwissenschaftlichen Ansätzen vor allem kommunikationswissenschaftliche *Erklärungsansätze für Medienwirkungen*. Sie lassen sich in folgenden Feststellungen bündeln:

○ *Agenda-Setting- und Priming-Effekte*: Medien beeinflussen weniger die Einstellungen der Rezipienten als die Themen, über die sie nachdenken (Agenda-Setting). Mit den Themen werden auch bestimmte Aspekte hochgespielt, die als Kriterien für eine Beurteilung von Personen oder Sachverhalten leichter verfügbar sind als andere Aspekte (Priming). Gerade unkundige Anleger dürften sich an den prominent berichteten Themen und Aspekten orientieren. Das Konzept des Frequent Priming verweist wiederum auf den Faktor der Kumulation.

○ *Framing-Effekte*: Frames sind Bezugsrahmen oder Perspektiven, mit deren Hilfe sich neue Sachverhalte sinnvoll einordnen und effizient verarbeiten lassen. Framing bedeutet, dass Medien bestimmte Aspekte betonen, also salient machen. Mediale Rahmungen – z.B. ein Fokus auf Managementfehler statt auf Umsätze eines Unternehmens – entfalten entsprechende Wirkungen: Kumulatives, konsonantes Medien-Framing kann die bereits vorhandenen Schemata der Rezipienten aktivieren (Aktivierungs-Effekt), deren Vorstellungen in Richtung des Medien-Frames verschieben (Transformations-Effekt), ein Schema erst herausbilden (Etablierungs-Effekt) oder Urteile beeinflussen bzw. Meinungen verändern (Einstellungs-Effekt). Ohne explizites Urteil oder Argument kann eine bestimmte Rahmung also eine entsprechende Bewertung nahelegen. So dürfte z.B. der Frame „Managementfehler" eine negative Einstellung zum Wertpapier des Unternehmens begünstigen.

○ *Kultivierungseffekte*: Die Kultivierungshypothese postuliert ähnliche Effekte auf die Vorstellungen und Meinungen der Rezipienten. So legt der Kultivierungsgedanke z.b. nahe, dass die Mediendarstellung seinerzeit die Ansichten vieler unkundigerer Anleger über den ‚Neuen Markt' geprägt haben dürfte und zur Euphorie unter Anlegern beigetragen hat. Unter jenen Anlegern, die sich stark auf Medienberichte verlassen hatten, zeigte sich vermutlich auch ein Mainstreaming der Meinungen.

○ *Third-Person-Effekte*: Die meisten Menschen glauben, dass sie selbst zwar nicht von Medienberichten beeinflusst werden, wohl aber die anderen. Am Aktienmarkt kann sich aus dieser Selbst- und Fremdeinschätzung ein entsprechendes Anlegerverhalten ergeben: Glauben professionelle Investoren, dass die Medienberichterstattung viele unkundigere Anleger zum ‚Herdentrieb' verleiten könnte, so werden sie selbst aus strategischem Kalkül auf den antizipierten Trend aufspringen und diesen damit weiter verstärken.

○ *Meinungsführer*: Das Meinungsführerkonzept postuliert einen mehrstufigen Prozess, bei dem Medienbotschaften erst zu Meinungsführern gelangen und von dort gefiltert an deren Gefolgschaft gehen. Als Meinungsführer lassen sich in gewisser Hinsicht auch Analysten oder ‚Gurus' begreifen, auch wenn ihr Status teilweise dem eines Stars oder Meinungsmachers entspricht. Zudem scheint die Berichterstattung über wichtige Probleme die Menschen relativ ungefiltert erreichen zu können. Grob gesagt sind Medien eher für die Vermittlung von (Erst-)Informationen und Meinungsführer eher für die Meinungsbildung im Zuge interpersonaler Anschlusskommunikation verantwortlich.

Die Befunde empirischer Studien zur *Rolle von Massenmedien in volkswirtschaftlicher Hinsicht* lassen sich zu folgenden Feststellungen bündeln:

○ *Agenda-Setting-Effekte*: Die Wirtschaftsberichterstattung pointiert oftmals negative Aspekte des wirtschaftlichen Geschehens. Die meisten kommunikationswissenschaftlichen Wirkungsstudien fokussieren auf die Wahrnehmungen der aktuellen wirtschaftlichen Situation unter der Bevölkerung bzw. auf die Wahrnehmung der Relevanz wirtschaftlicher Themen seitens der Rezipienten – womit die Studien mehrheitlich in den Bereich der Agenda-Setting-Forschung fallen. Das mediale Wirkungspotenzial erklärt sich dann vor allem daraus, dass die meisten Menschen kaum Primärbeobachtungen z.B. über die konjunkturelle Entwicklung vornehmen können, sondern in Bezug auf wirtschaftliche Themen auf die Medienberichterstattung als Informationsquelle angewiesen sind. Die vorliegenden empirischen Studie zeigen, dass es sehr wohl diesbezügliche Agenda-Setting-Effekte gibt, aber nicht alle wirtschaftlichen Themen, welche die Medien behandeln, solche Effekte haben.

○ *Urteilsbildung*: Vereinzelt wurden auch weitergehende Effekte auf die Urteile der Rezipienten z.B. über die allgemeine wirtschaftliche Entwicklung untersucht, aber auch Priming-Effekte auf die Urteile der Rezipienten über Kanzlerkandidaten sowie auf deren Wahlabsichten. Meist wurde auch die Sachlage in Form von Realitätsindikatoren mit berücksichtigt. Dabei zeigte sich, dass die Urteile der Rezipienten oftmals stärker durch die Medienrealität als durch die faktische Sachlage beeinflusst werden. Allerdings ist weder theoretisch noch empirisch bislang abschließend geklärt worden, welche Rahmenbedingungen spezifisch für die denkbaren Wirkungen der Wirtschaftsberichterstattung auf die Bevölkerungsansichten und Rezipientenurteile erforderlich sind.

Die Befunde empirischer Untersuchungen zur *Rolle von Massenmedien am Aktienmarkt* lassen sich zu folgenden Feststellungen bündeln:

○ *Generelle Perspektive*: Finanzwissenschaftliche wie auch kommunikationswissenschaftliche Arbeiten zur Rolle von (Medien-) Informationen am Aktienmarkt legen eine mehr oder minder explizite Profit-Perspektive an. Der Noise-Trading-Ansatz und die Forschung zu Behavioral Finance beleuchten jedoch auch Prozesse, die mit Blick auf unkundige Kleinanleger nicht grundsätzlich positiv zu bewerten sind. Darüber hinaus legen z.B. Studien zu Winner-Loser-Effekten nahe, nicht nur kurzfristige, sondern auch längerfristige Horizonte anzulegen.

○ *Stellenwert von Medien*: In der finanzwissenschaftlichen Forschung lassen sich zwei Positionen zur Rolle von Medien am Aktienmarkt unterscheiden. Die erste Position begreift Medien als „Intermediäre" für Informationen über Unternehmen, für Investor und Public Relations oder für Analystenmeinungen. Die zweite Position billigt Medien (z.B. Finanzforen im Internet) einen gewissen Einfluss auf das Börsengeschehen zu – etwa eine Verstärker-Rolle bei „sozialen Infektionen".

○ *Informationsflüsse am Aktienmarkt*: Nach von Rosen & Gerke (2001) sind Unternehmen die Primärquelle von Informationen, die an Analysten, Journalisten und Anleger gehen. Analysten geben selbst Berichte und Einschätzungen ab, die sich an Journalisten und Anleger richten. Journalisten haben zwei Zielgruppen: Zum einen dienen ihre Beiträge Kleinanlegern als primäre Informationsquelle über Unternehmen, Branchen oder Kurse. Professionelle Investoren haben solche Informationen aus anderer

Hand. Für sie ist die Berichterstattung aber ein Seismograph für ein mögliches Herdenverhalten unter unkundigen Investoren.
- *Typen medialer Informationen*: Medien liefern Fakten, also z.b. Informationen über Unternehmensfusionen, Börsenkurse oder Leitzinssenkungen. Zusätzlich veröffentlichen sie Ad-hoc-Meldungen. Zudem transportieren sie die Meinungen von Dritten, also z.b. Aussagen von Unternehmenssprechern, Analystenmeinungen oder Anlagetipps von ‚Börsen-Gurus'. Schließlich können Journalisten auch eigene Einschätzungen abgeben, ihren Berichten einen bestimmten Tenor über wertende Begriffe geben oder in sich werthaltige Sachverhalte hochspielen.
- *Marktreaktionen nach Medien*: Studien zu Empfehlungen in Printmedien lassen erkennen, dass solche Tipps zwar kurzfristige Überrenditen erlauben, die aber bald in einen noch deutlicheren Abwärtstrend umschlagen. Vergleichbares zeigen Studien zu Empfehlungen in Fernsehsendungen. In beiden Fällen sind die Überrenditen wegen der Transaktionskosten nur als mäßig bis gering einzustufen. Das beschriebene Muster zeigt sich auch bei Finanzwebsites im Internet. Viele Kommentare auf Message Boards können zwar das Handelsvolumen erhöhen, erlauben aber aufgrund der Transaktionskosten keine Gewinne.
- *Marktreaktionen nach Informationen*: Die meisten Studien beleuchten Anlageempfehlungen. Einige Studien untersuchen auch Kurse bzw. Handelsvolumina vor und nach (medial publizierten) Unternehmensmeldungen. Der Tenor der Berichterstattung folgt dabei meist dem Tenor der Unternehmensmitteilung. Kursveränderungen gibt es meist schon einen Tag vor und auch am Tag einer Dividendenankündigung, selten danach. Das spricht für die hohe Anpassungsgeschwindigkeit der Kurse an neue Informationen. Gewinnankündigungen führen offenbar eher bei Aktien, die Analysten kaum beachten, zu Marktreaktionen. Volkswirtschaftliche Informationen werden noch rascher ‚eingepreist' als unternehmensspezifische Informationen. Politische Ereignisse können auf die Kurse durchschlagen, was aber von der Art der Ereignisse abhängt. Befunde zu positiven und negativen Informationen fallen nicht eindeutig aus: Teilweise scheinen Marktreaktionen auf negative, teilweise auf positive Informationen stärker und nachhaltiger zu sein. Die oft exorbitant hohen Renditen für Internet-Aktien Ende der 1990er Jahre (vgl. Schuster, 2004: 103) belegen, dass positive (Medien-)Informationen den Markt mit antreiben können. Der Zusammenbruch des ‚Neuen Markts' dürfte aber ebenfalls durch Medienberichte mit beschleunigt worden sein.
- *Marktreaktionen nach Unternehmen*: Insgesamt scheinen medial vermittelte bzw. verstärkte Analystentipps und Unternehmensmitteilungen eher

bei Neben- als bei Standardwerten Reaktionen bei Kursen und Volumina auszulösen. Diesen Size-effect kann man mit der Anwesenheit vieler Kleinanleger erklären, die öfter in kleine Werte investieren und stärker zu Überreaktionen auf öffentliche Informationen neigen als ‚Börsen-Profis'. Allerdings sind die Befunde nicht konsistent.

3.3.2 Kommunikationswissenschaftliche Schlussfolgerungen aus finanzwissenschaftlichen Studien zu Informationen am Aktienmarkt

Finanzwissenschaftliche Studien zur Rolle von (Medien-)Informationen am Aktienmarkt weisen aus kommunikationswissenschaftlicher Perspektive einige Beschränkungen auf. Diese Defizite betreffen folgende Punkte:

- Realität und Medienrealität
- Qualitäten der Berichterstattung und Wirkungsbedingungen
- Einordnung von Medienwirkungen

(1) Die fehlende *Unterscheidung zwischen Realität und Medienrealität* in der Finanzwissenschaft ist darauf zurückzuführen, dass die meisten finanzwissenschaftlichen Arbeiten den Medien nur die Rolle eines ‚Informationstransmitters' zugestehen (vgl. Kapitel 3.2.3.1). So moniert auch Schuster (2004: 91), dass oft „von der – wenig realistischen – Annahme aus[gegangen werde], daß Medienberichte über Unternehmen und Industrien stets durch Veränderungen in fundamentalen Faktoren veranlaßt werden". Zuvor haben schon Warner & Molotch (1993: 167) betont, dass Ereignisse und Medienberichte oft nicht analytisch getrennt werden. Medien sind nicht nur Informationsvermittler, sondern Journalisten prägen auch eine ‚eigene Realität', indem sie Sachverhalte und Ereignisse z.B. in bestimmte Bezugsrahmen stellen (vgl. Scheufele, 2003, 2006) oder jene werthaltigen Sachverhalte bevorzugen, welche die redaktionelle Linie oder ihre eigene Meinung stützten (vgl. Kepplinger et al., 1989a). Die ‚Realität' und deren Darstellung in den Medien lassen sich also theoretisch und methodisch durchaus unterscheiden (vgl. auch Scheufele, 2005: 84f.).[69]

(2) Dafür ist wiederum erforderlich, nicht nur die Nachrichtendichte, also die Quantität der Medienberichterstattung zu erfassen. Vielmehr müssen auch die spezifischen *Qualitäten der Berichterstattung* betrachtet werden – also die

---

69 ‚Realität' und ‚Medienrealität' lassen sich methodisch z.B. über Interventionsprüfungen separieren. Dieses Verfahren prüft den Einfluss eines Ereignisses (z.B. Rücktritt eines Vorstandsmitglieds) auf eine Zeitreihe (z.B. Kursverlauf). Das Modell lässt sich um die Mediendarstellung als weiteren Prädiktor erweitern, so dass das relative Gewicht beider Prädiktoren kontrastiert werden kann (vgl. Scheufele, 1999: 164ff., 2002).

Art und Weise, in der die Medien bestimmte Sachverhalte oder Ereignisse rahmen und bewerten. In diese Richtung weisen auch die in Kapitel 3.2.1.2 erörterten Ansätze zu Medienwirkungen (z.b. zu Framing- und Priming-Effekten). Darüber hinaus modellieren die meisten finanzwissenschaftlichen Studien die in Kapitel 3.2.1.1 diskutierten *Rahmenbedingungen für Medienwirkungen* nicht hinreichend: Auf die Rolle von Negativismus und Salienz z.b. für die bei Anlegern bemerkbare Verfügbarkeits- und Auffälligkeitsheuristik (vgl. Kapitel 2.2.4.2) wurde mehrfach verwiesen. Darüber hinaus resultiert das eigentliche Wirkungspotenzial der Medien aus Kumulation und Konsonanz: Erst wenn Medien wiederholt und gleichförmig berichten, schaffen sie ein Klima, das gerade für unkundigere Anleger entscheidungsrelevant werden kann. Nur bei kumulativer, konsonanter Berichterstattung kann es auch zu jenen Prozessen kommen, die der Noise-Trading-Ansatz und die Forschung im Rahmen der Behavioral Finance als Überreaktionen, Herdenverhalten oder „soziale Infektion" beschreiben (vgl. Kapitel 2.2.3 und Kapitel 2.2.4).

Der *Kumulation* der Medienberichterstattung nähert sich – als eine der wenigen Ausnahmen – eine Studie von Niederhoffer (1971). Sie zeigt, dass bedeutende Ereignisse nur dann Kursbewegungen auslösen, wenn es zu anhaltender Berichterstattung wie z.B. bei internationalen Krisen kommt, nicht aber bei nur vereinzelten Artikeln. Allerdings kann auch hier nicht klar zwischen Ereignis und Berichterstattung getrennt werden. Denn unbedeutende Ereignisse rufen, zumindest wenn man der Nachrichtenwerttheorie folgt (vgl. Kapitel 3.1), oft keine umfangreiche oder anhaltende Berichterstattung hervor. *Konsonanz* beleuchtet die Fallstudie von Mathes et al. (2000). Den Autoren zufolge brach der Kurs von ‚Loewe' nach dem Börsengang trotz positiver Berichterstattung erst einmal ein. Der Kurs erholte sich erst, als nicht nur die Medien positiv berichteten, sondern auch die Analysten positiv urteilten – d.h. als Medien und Analysten ein konsonantes Bild bzw. ‚konsistentes Image' vermittelten.

(3) Ein weiteres Defizit finanzwissenschaftlicher Forschung besteht darin, dass sie explizit oder implizit eine *Profit-Perspektive* anlegt und damit nur nach positiven Effekten für Anleger fragt. Andererseits gibt es eine Reihe von Studien im Rahmen des Noise-Trading-Ansatzes und der Behavioral Finance, die auch – gerade mit Blick auf Kleinanleger – eher negative Prozesse beleuchten. Kritisch zu betrachten ist also weniger das methodische Vorgehen finanzwissenschaftlicher Studien als vielmehr die Einordnung der empirischen Befunde: Aus finanzwissenschaftlicher Sicht macht der Fokus auf Gewinne oder Überrenditen durchaus Sinn. Aus kommunikationswissenschaftlicher Sicht hingegen ist eine Negativrendite oder Underperformance nach Medienveröffentlichungen kein Argument *gegen*, sondern ein Argument *für* Medienwirkungen: Auch Medienwirkungen, die für Anleger dysfunktional sein mögen, bleiben Medienwirkun-

gen. Möglicherweise löst erst die mediale Veröffentlichung den fundamental nicht gerechtfertigten kurzfristigen Ausschlag im Kurs aus, der mittelfristig in einen Abwärtstrend umschlägt. Hinweise darauf gibt z.B. die erwähnte Studie von Stice (1991), die zeigt, dass erst die mediale Wiederveröffentlichung von Pflichtmeldungen von Ertragszahlen zu mäßigen Marktreaktionen führt.

Abbildung 3.2: Idealtypische Szenarien zur Rolle der Medien am Aktienmarkt (eigene Darstellung)

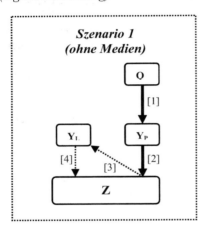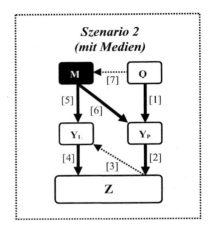

Hinweise: Q = Informationsquelle (z.B. Unternehmenssprecher)
M = Medieninformation
Y_L = Anlegerverhalten der ‚Börsen-Laien'
Y_P = Anlegerverhalten der ‚Börsen-Profis'
Z = Aktienkurs

Mit diesen Überlegungen unterscheiden wir *zwei Szenarien*. Sie sind insofern *idealtypisch*, als das darin beschriebene Anlegerverhalten auf der Mikro- bzw. Meso-Ebene und damit die Marktreaktionen auf der Makro-Ebene am Aktienmarkt in dieser reinen Form selten empirisch anzutreffen sind. Die Szenarien greifen die Mehr-Ebenen-Argumentation aus Kapitel 2.3.2 auf.

○ *Szenario 1 (ohne Medien)*: Folgt man den empirischen Befunden, so stellen sich Kursveränderungen oft schon kurz vor dem Bekanntwerden einer neuen Information am Markt ein. Sie sind in der Regel unmittelbar oder kurz danach eingepreist. Da diese Informationen nicht medial verbreitet werden, ist anzunehmen, dass mehrheitlich professionelle Anleger diese Informationen erhalten [1].[70] Denn sie verfügen über mehr und über andere Informationsquellen als Kleinanleger (vgl. Kapitel 3.2.3.1). Mit der Mehr-Ebenen-Logik aus Kapitel 2.3.2.1 (vgl. auch Abbildung 2.8) beeinflusst also vor allem das Verhalten *professioneller Anleger* (Mikro-Ebene) den Kursverlauf (Makro-Ebene) [2]. Sicherlich werden bei entsprechenden Marktreaktionen auch unkundige Kleinanleger das Verhalten der ‚Börsen-Profis' anhand einer Kursveränderung ablesen [3] (vgl. Tabelle 2.1; Kapitel 2.1.3), auf den Trend aufspringen und damit z.B. einen Kursanstieg weiter verstärken [4], wie wir das für Positive Feedback beschrieben haben (vgl. Abbildung 2.5; Kapitel 2.2.3.1).

○ *Szenario 2 (mit Medien)*: Neben dem Marktpreis als Indikator für das Verhalten anderer Anleger (vgl. Kapitel 2.1.3) sowie Informationen aus anderer Hand fungieren die Medien als weitere Informationsquelle für Investoren. Dieses Szenario baut also auf dem ersten Szenario ohne Medien auf. Hinzu kommen aber auch Einflüsse der Medienberichterstattung auf die beiden Anlegergruppen: Wie mehrfach erörtert wurde, nutzen ‚*Börsen-Laien*' die Medien als Primärquelle für Informationen über Unternehmen, Kurse oder Branchen [5]. Der Medieneinfluss manifestiert sich im Anlegerverhalten, das auch auf den Kurs durchschlägt [4]. Dagegen werden *,Börsen-Profis*' Medien nicht als direkte Informationsquelle nutzen. Allerdings dient ihnen die Medienberichterstattung – im Sinne des Third-Person-Effekts – als Seismograph z.B. für ein mögliches Herdenverhalten unkundiger Anleger [6]. Insofern werden auch professionelle Anleger ihr Verhalten teilweise an der Medienberichterstattung orientieren und z.B. auf den Kurstrend aus strategischem Kalkül aufspringen. Dies wird ebenfalls auf den Kurs durchschlagen [2] (vgl. auch Abbildung 2.5; Kapitel 2.2.3.1). Der Kurs (Z) ist hier das Ergebnis des Verhaltens professioneller Anleger (Y_P) und des Verhaltens unkundiger Anleger (Y_L). Beide werden auf unterschiedliche Weise durch Informationen aus den Medien und aus anderen Quellen beeinflusst. Dabei ist die Berichterstattung sicher bis zu einem gewissen Grad das Resultat der Informationen anderer Quellen wie Unternehmenssprecher oder Analysten [7]. Das haben wir mit dem Modell der Informationsflüsse am Aktienmarkt nach von Rosen & Gerke (2001) diskutiert. Dennoch sind Medien nicht nur ein ‚Informationstransmitter', sondern prägen in einigen Fällen auch eine ‚eigene Realität'(vgl. Kapitel 3.2.3.1).

---

70 Zu den Ziffern in eckigen Klammern vgl. Abbildung 3.2.

Auf welche Informationsflüsse, welche Anlageentscheidungen von welchen Investoren die Entwicklung von Kursen, Renditen oder Handelsvolumina im Einzelnen zurückzuführen ist, lässt sich auf der Makro-Ebene von Kursen, Volumina oder Renditen nicht (mehr) rekonstruieren. Finanzwissenschaftliche Studien, die empirisch auf der Makro-Ebene argumentieren, hatten wir in Kapitel 2.3.2.2 als *Sekundäranalysen von Marktdaten* bezeichnet. Meist legen solche Studien eine Kontrastierungsstrategie an, indem sie z.b. kurz- und langfristige Zeiträume vergleichen oder unterschiedliche Unternehmen bzw. Aktien nach bestimmten Kriterien wie z.b. „Loser" und „Winner" gegenüberstellen. In der Regel werden die Renditen, Kurse oder Handelsvolumina für einen ganzen Pool an Aktien untersucht. Die Interpretation der empirischen Befunde hat zumindest im Hinblick auf Medieninformationen oft den Charakter einer Ex-post-Erklärung. Dabei spielt auch eine Rolle, dass die Befunde – z.b. zu den Effekten positiver und negativer Informationen – nicht immer eindeutig sind. Eine größere Rolle scheint aber zu spielen, dass kommunikationswissenschaftliche Überlegungen zu den generellen Rahmenbedingungen und den Wirkungsmechanismen bei Medienwirkungen bislang kaum Eingang in die Finanzwissenschaft gefunden haben. Von Rosen & Gerke (2001) bieten mit ihrem Modell der Informationsflüsse am Aktienmarkt hier eine der wenigen Ausnahmen.

In unserer empirischen Untersuchung (vgl. Kapitel 4 bis Kapitel 6) fragen wir nach dem *(Kausal-)Zusammenhang* zwischen Börsen- bzw. Aktienberichterstattung einerseits und Kursen bzw. Handelsvolumina andererseits. Dabei berücksichtigen wir die Mikro-Ebene (z.B. Überlegungen zur Verfügbarkeitsheuristik), die Meso-Ebene (z.B. Annahmen zum Herdentrieb) und die Makro-Ebene (z.B. Kursverlauf). Mit diesen – in theoretisch-analytischer Hinsicht – trennscharfen Ebenen sind aber erhebliche methodische Probleme verbunden. Diese wurden in Kapitel 2.3.2.2 ausführlich als *multiples Erklärungsdilemma* diskutiert: Anlegerbefragungen und (Simulations-)Experimente beleuchten zwar die Mikro-Ebene der Anleger. Die Makro-Ebene (Kurse und Handelsvolumina) bleiben aber eine empirische Black Box. Näher an die Markt-Ebene rücken Sekundäranalysen mit Daten zum Anlegerverhalten. Allerdings berücksichtigen sie nur jenen Teil der Varianz im Kurs oder in den Volumina, der auf das Verhalten der im Sample berücksichtigen Anleger zurückgeht. Damit wird die Varianz der abhängigen Variablen nicht vollständig modelliert. Sinnvoller in dieser Hinsicht sind *Sekundäranalysen mit Marktdaten*. Solche Daten werden wir in unserer Untersuchung neben den primär erhobenen Inhaltsanalysedaten berücksichtigen (vgl. ausführlich Kapitel 5).

Wir sind uns bewusst, dass auch ein solches Design nicht optimal ist, weil hier alle Prozesse unterhalb der Markt-Ebene eine empirische Black Box bleiben (vgl. Kapitel 2.3.2). Wenn wir von Einflüssen der Börsen- bzw. Aktienberichterstattung auf Anleger (Mikro-Ebene) und damit auf Kurse bzw. Handelsvolumina (Makro-Ebene) ausgehen, dann müssten wir eigentlich für die mikrotheoretischen Überlegungen entsprechende Zeitreihen für jeden einzelnen Anleger bilden (vgl. Abbildung 2.8, Kapitel 2.3.2.1). Das individuelle Anlegerverhalten – bezogen auf ein bestimmtes Wertpapier – wäre in einem *Analysemodell der Mikro-Ebene* die abhängige Variable. Die unabhängigen Variablen wären z.B. die Nutzung medialer Anlegerangebote (z.B. Onvista, Telebörse), die Nutzung anderer Quellen (z.B. Anlageberater der Bank), die finanzielle Ausstattung oder die Risikobereitschaft. Aber auch die Kursverläufe anderer Wertpapiere, die für den Anleger aktuell relevant sind, und das Verhalten anderer Marktteilnehmer wären unabhängige Variablen in diesem Modell. Eine empirische Black Box wären jedoch alle Prozesse oberhalb der Mikro-Ebene. Anders formuliert: Medieneinflüsse auf einzelne Anleger ließen sich auf die beschriebene Weise empirisch angemessen modellieren. Allerdings wäre immer noch offen, ob diese Medienwirkungen auch auf den Markt durchschlagen, d.h. ob sie überhaupt *makrorelevante Reichweite* haben bzw. *Makrowirkungen* sind.

Dies erfordert ein *makrotheoretisches Modell*, das die Kurse bzw. Volumina, also die Markt-Ebene fokussiert. Welche Anleger durch welche Medienangebote wie stark beeinflusst werden, bleibt hier jedoch offen. Damit stehen wir vor einem ähnlichen Problem wie viele finanzwissenschaftliche Studien, die auf die Aggregat- bzw. Markt-Ebene fokussieren (vgl. Kapitel 2.3.2.2). Ein vergleichbares Problem stellt sich jedoch auch bei anderen kommunikationswissenschaftlichen Fragestellungen, die mit Aggregatdaten arbeiten – etwa bei Studien zur Rolle der Medien bei rechter Gewalt (vgl. Scheufele, 2002: 184). Dort sind Daten z.B. für Einstellungen, Mediennutzung und Gewaltbereitschaft rechter Gewalttäter nicht verfügbar, da der Zugang zu diesen Problemgruppen beschränkt oder unmöglich ist (vgl. Brosius & Esser, 1995: 50 ff.). Für unsere Fragestellung sind – mit erheblichem Aufwand – möglicherweise entsprechende Daten zum Anlegerverhalten zu beschaffen. Allerdings fehlen in den betreffenden Datenbanken, auf die z.B. Barber & Odean (2001, 2002, 2005) zurückgriffen (vgl. Kapitel 2.3.2.2), Informationen über die von den Anlegern jeweils genutzten Medien bzw. anderen Informationsquellen.

Zusammenfassend bleibt festzuhalten: Die Frage nach dem (kausalen) Zusammenhang zwischen Börsen- bzw. Aktienberichterstattung einerseits und Kursen bzw. Handelsvolumina andererseits kann empirisch weder ausschließlich auf der Mikro- noch ausschließlich auf der Makro-Ebene beantwortet werden. Wie wir in Kapitel 2.3.2 erörtert haben, würde ein ideales Untersuchungsdesign alle relevanten Ebenen abdecken. Das ist aber weder forschungsökonomisch möglich noch liegen dafür relevante Sekundärdaten vor. Wir werden daher in unserer Untersuchung neben einer Primäranalyse der Medienberichterstattung eine Sekundäranalyse von Marktdaten durchführen, dabei aber auf die Befunde aus Anlegerbefragungen sowie auf Erkenntnisse aus Simulationsexperimenten und Sekundäranalysen mit Anlegern zurückgreifen.

4 Forschungsfragen

In unserer Studie bringen wird die Börsen- und Unternehmensberichterstattung ausgewählter Print-, Fernseh- und Online-Angebote mit Kursverlauf und Handelsvolumina von zehn Unternehmen ausgewählter Branchen in Verbindung. Ausgehend von den Überlegungen zum multiplen Erklärungsdilemma (vgl. Kapitel 2.3.2 und Kapitel 3.3.2) bewegen wir uns empirisch ausschließlich auf der Makro-Ebene. Welche Motive und Überlegungen (X) das Verhalten eines individuellen Anlegers (Y) beeinflussen, können wir aber theoretisch erörtern, indem wir auf Anlegerbefragungen und (Simulations-)Experimente zurückgreifen. Welche Anleger mit ihren Entscheidungen (Y) wie stark den Aktienkurs (Z) beeinflussen, bleibt in unserer Studie ebenfalls eine empirische Black Box. Hier können wir aber auf Sekundäranalysen von Daten zum Anlegerverhalten rekurrieren. Die *Grundlogik* unserer Studie umfasst vier Schritte:

- *Schritt 1*: Überlegungen zum Anlegerverhalten
- *Schritt 2*: Überlegungen zur Rolle der Massenmedien
- *Schritt 3*: Festlegung von Konstellationen mit starkem und schwachem Medieneinfluss (*theoretische* Kontrastierungsstrategie)
- *Schritt 4*: Korrelationen zwischen Medienberichterstattung und Aktienkursen bzw. Handelsvolumina bei verschiedenen Konstellationen (*empirische* Kontrastierungsstrategie)

Im *ersten Schritt* wurden aus empirischen Studien, die auf der Mikro- bzw. Meso-Ebene argumentieren, Überlegungen darüber abgeleitet, warum Anleger welche Entscheidung treffen (z.B. Verfügbarkeitsheuristik), wie solche Entscheidungen mit jenen anderer Investoren zusammenspielen (z.B. Herdentrieb) und wie sich diese Prozesse der Mikro- bzw. Meso-Ebene in den Aktienkursen bzw. Handelsvolumina, also auf der Makro-Ebene niederschlagen können (z.B. als ‚Überschießen der Preise') (vgl. Kapitel 2). Im *zweiten Schritt* wurden Überlegungen darüber angestellt, unter welchen kommunikationswissenschaftlich relevanten Bedingungen die Medien welche Investoren in welcher Hinsicht in deren Entscheidungen beeinflussen können (vgl. Kapitel 3).

Im *dritten Schritt* identifizieren wir verschiedene empirisch unterscheidbare Konstellationen, bei denen die Medien eine wichtige Rolle für das Anlegerverhalten spielen dürften. So wurde z.B. wiederholt darauf verwiesen, dass Privatanleger häufiger auf Medieninformationen zurückgreifen als institutionelle Anleger. Somit ist das Wirkungspotenzial der Medien z.B. in Marktkonstellationen, bei denen viele Privatanleger die relevante Anlegerschaft stellen, größer als bei Konstellationen mit wenigen Privatanlegern. Wir verfolgen damit jene *Kontrastierungsstrategie*, die für Sekundäranalysen mit Markt-Daten in Kapitel 2.3.2.2 vorgestellt wurde (vgl. auch Guo, 2002: 115ff.).[71]

Im *vierten Schritt* gehen wir empirisch vor und bewegen uns auf Aggregat-Ebene: Wir berechnen synchrone und zeitversetzte Korrelationen zwischen Medienberichterstattung und Kursen bzw. Handelsvolumina. (1) Während synchrone *Zeitverschiebungen („lags")* keine Kausalaussagen ermöglichen, sind bei zeitversetzten Korrelationen indirekte Kausalschlüsse möglich (vgl. dazu Kapitel 6.2.1): (2) Eine *negative Zeitverschiebung (negative lags)* zeigt an, dass sich die Berichterstattung später verändert als der Kursverlauf oder die Entwicklung des Handelsvolumens. Damit ist die Vermutung, dass die Berichterstattung den Kurs oder das Handelsaufkommen beeinflusst, logisch auszuschließen. (3) Eine *positive Zeitverschiebung (positive lags)* spricht wiederum klar gegen die Vermutung, dass eine Veränderung im Kurs oder Handelsaufkommen eine Veränderung in der Berichterstattung auslöst. Die Kreuzkorrelationen kontrastieren wir dann für die zuvor theoretisch festgelegten Konstellationen. So sollten sich z.B. stärkere Korrelationen bei positiven lags für jene Aktien ergeben, unter deren Anlegerschaft viele Privatanleger zu vermuten sind.

Da sich nicht immer gerichtete Hypothesen aufstellen lassen, formulieren wir durchweg Forschungsfragen. Ausgangspunkt sind das Modell der Informationsflüsse am Aktienmarkt, die Unterscheidung in ‚Börsen-Profis' und ‚Börsen-Laien' (vgl. Kapitel 3.2.3.1) sowie unsere theoretischen Szenarien zur Rolle der Medien (vgl. Kapitel 2.3.2.1 und Kapitel 3.3.2).

Kontrastierung 1 – Anleger und Unternehmen

Wir haben *Anleger* nach verschiedenen Merkmalen klassifiziert (vgl. Tabelle 2.2 in Kapitel 2.1.3). So sind z.B. institutionelle Investoren oft rational agierende ‚Börsen-Profis'. Unter Privatanlegern sind dagegen häufiger ‚Börsen-Laien' zu finden. Darüber hinaus nutzen diese Anleger jeweils andere *Quellen*: Institutionelle Anleger haben z.B. weit mehr Zugriffsmöglichkeiten auf Primärquellen

---

71 Kurse bzw. Handelsvolumina repräsentieren zwar das aggregierte Verhalten aller Anleger, lassen aber keine direkten Schlussfolgerungen über Prozesse auf der Mikro- und Makro-Ebene zu. Solche Schlussfolgerungen bergen die Gefahr eines *ökologischen Fehlschlusses* (vgl. z.B. Robinson, 1950). Er liegt auch darin begründet, dass man die Mediennutzung eines einzelnen Anlegers mit unserem Design nicht erfassen kann.

als Privatanleger, die davon sogar meist ausgeschlossen sind (vgl. Kapitel 3.2.3.1). Anleger nutzen die genannten Quellen aber auch aus unterschiedlichen Gründen: Während Privatanleger die Berichterstattung verfolgen, um Informationen z.b. über das Management eines Unternehmens zu erfahren, haben institutionelle bzw. professionelle Anleger solche Informationen meist längst aus anderen Quellen erfahren. Sie nutzen Medien jedoch ebenfalls – etwa als ‚Seismograph' für ein mögliches Herdenverhalten unter Kleinanlegern (vgl. Kapitel 2.2.3.1, Kapitel 3.2.1.1 und Kapitel 3.3.2).

Daraus lassen sich Annahmen für die Makro-Ebene ableiten: Der Einfluss von Kleinanlegern auf Kursverlauf und Handelsvolumen dürfte bei *Nebenwerten* größer sein als bei Standardwerten. Zudem dürften Kleinanleger die *Medien* stärker als direkte Informationsquelle nutzen. Somit kann man für die Aggregat-Ebene vermuten, dass Korrelationen zwischen Medienberichterstattung und Kursen bzw. Handelsvolumina bei *positiven* lags häufiger für Nebenwerte als für Standardwerte zu finden sind.[72] Allerdings nutzen auch professionelle Anleger die Medien, etwa um „soziale Infektionen" (Rapp, 2000: 101) zu antizipieren und strategisch auszunutzen. Damit lässt sich auf der Makro-Ebene nicht mehr rekonstruieren, wie viel Varianz im Kurs bzw. Handelsvolumen auf die Medienorientierung der Kleinanleger oder der professionellen Investoren zurückgeht (vgl. auch Kapitel 2.3.2). Aus den bisherigen Überlegungen ergibt sich folgende Forschungsfrage:

F1a: Korrelieren Aktienkurse bzw. Handelsvolumina und Medienberichterstattung stärker bei Neben- oder Standardwerten?

Wertpapiere lassen sich nicht nur in Standard- und Nebenwerte unterteilen, sondern auch nach *Volatilität* unterscheiden. Aktien mit hoher Volatilität dürften anfälliger für neue, saliente Informationen sein als Aktien mit stabilem Kursverlauf. Hoch volatile Werte versprechen höhere Rendite, sind aber auch risikoreicher für Anleger. Möglicherweise ist gerade bei volatilen Aktien das mediale Wirkungspotenzial größer: Eine volatile Aktie ist besonders für unkundige Anleger zunächst schwer einzuschätzen. Eine kumulative und vor allem konsonante Medienberichterstattung könnte solchen Anlegern Klarheit suggerieren. Bei einer wiederholt positiven Berichterstattung – gegebenenfalls mit expliziten Anlagetipps – ist ein Positive-Feedback-Trading unter ‚Börsen-Laien' also durch-

---

[72] Marktkapitalisierung (Kurs mal Anzahl der Aktien) ist eines der Kriterien für die Einteilung in Standard- und Nebenwerte (vgl. Kapitel 2.1.2). Da Unternehmen mit geringer Marktkapitalisierung in einem längeren Zeitraum oft höhere Renditen erzielen, fordert Zarowin (1990) z.B. einen Vergleich zwischen Aktien unterschiedlicher Marktkapitalisierung bei der Untersuchung von Winner-Loser-Effekten (vgl. Kapitel 2.2.4.3).

aus nicht unwahrscheinlich. Denn eine kumulativ und konsonant positive Mediendarstellung reduziert jene Ambiguität, die ein stark variabler Kursverlauf den unkundigen Anlegern zunächst indiziert.

Neben Volatilität spielt *Streubesitz* eine zentrale Rolle: Wertpapiere von Unternehmen, die nur eine geringe Zahl an Aktien in den freien Börsenhandel geben, dürften wenig anfällig für Trends sein, die Analysten oder Medienberichte angestoßen oder verstärkt haben. Denn wenn Kleinanleger in keinem nennenswerten Umfang Aktien erwerben können, kann sich ihr Verhalten auch nicht im Kurs niederschlagen. Bei Aktien mit viel Streubesitz, die zudem Nebenwerte sind, dürften mehr Privatanleger zur kursrelevanten Anlegerschaft gehören. Sie sind damit anfälliger für (Medien-)Informationen, was sich auf der Ebene der Kurse bzw. Handelsvolumina niederschlagen kann. Damit ist hoher Streubesitz eine Bedingung dafür, dass jener Teil der Varianz im Aktienkurs oder Handelsvolumen, der sich mit der Medienberichterstattung in Verbindung bringen lässt, nicht gleichsam durch den Markt kompensiert wird.[73]

F1b: Korrelieren Aktienkurse bzw. Handelsvolumina und Medienberichterstattung stärker bei Aktien mit hoher oder niedriger Volatilität?

F1c: Korrelieren Aktienkurse bzw. Handelsvolumina und Medienberichterstattung stärker bei Aktien mit viel oder wenig Streubesitz?

Marktkapitalisierung ist das Produkt aus Aktienkurs und Anzahl der Aktien. Sie drückt den Wert eines Papiers an der Börse aus, der sich nicht mit dem ‚wahren' Wert decken muss (vgl. Kapitel 2.3.2). Die Einteilung in Standard- und Nebenwerte ist nicht deckungsgleich mit der Unterscheidung in hohe und niedrige Marktkapitalisierung. Vereinfacht kann man sagen: Standardwerte wie die im DAX gelisteten Papiere sind Aktien von Unternehmen mit hoher Marktkapitalisierung. Nebenwerte sind aber nicht immer Unternehmen mit geringer Marktkapitalisierung. Ein Beispiel ist EM.TV, dessen Aktie einen hohen Marktwert hatte, obwohl der ‚wahre' Wert deutlich darunter lag. Bei Unternehmen mit hoher Marktkapitalisierung ist mehr Berichterstattung zu erwarten als bei Unternehmen mit niedriger Marktkapitalisierung. Ob damit auch stärkere Medieneffekte

---

73 Allerdings gibt es durchaus Einwände gegen das Argument der Marktkompensation (vgl. Kapitel 2.2.4.1). Dass Anomalien auf Mikro- und Meso-Ebene durch das Gesetz der großen Zahl auf der Makro-Ebene ausgeglichen würden, setzt die Unabhängigkeit der Fälle voraus. Ein Herdentrieb unter Anlegern beispielsweise widerspricht aber dieser Bedingung. Darüber hinaus sei an dieser Stelle darauf verwiesen, dass eine alternative Argumentation zur Rolle des Streubesitzes denkbar ist: Befindet sich nur ein kleiner Anteil der Aktien eines Unternehmens im Streubesitz, ist der Markt für dieses Papier relativ ‚eng'. Gerade dann könnte sich ein Einfluss der Transaktionen von Kleinanlegern zeigen.

zu erwarten sind, hängt wiederum von Streubesitz und Volatilität des Papiers ab und ist letztlich nur empirisch zu klären. Aus den bisherigen Überlegungen ergibt sich folgende Forschungsfrage:

F1d: Korrelieren Aktienkurse bzw. Handelsvolumina und Medienberichterstattung stärker bei Werten von Unternehmen mit hoher oder niedriger Marktkapitalisierung?

Geht man von der Effizienzmarkthypothese aus, so fallen Medienberichte unter öffentlich verfügbare Informationen (vgl. Kapitel 2.2.1). Solche Informationen sollten sofort ‚eingepreist' sein. Der aktuelle Aktienkurs reflektiert mit anderen Worten umgehend die publizierte Information, die zur Vorhersage des künftigen Kurses daher keinen Erfolg verspricht. Mit Noise-Trading-Ansatz und Behavioral Finance sowie mit unseren Überlegungen zur Rolle der Medien am Aktienmarkt wird man dagegen unter bestimmten Bedingungen gewisse Medieneinflüsse erwarten. Inwiefern sie durch andere Prozesse kompensiert werden und damit auf der Makro-Ebene nicht mehr bemerkbar sind, wird noch zu diskutieren sein – und ist vor allem eine empirische Frage.

Damit sind zwei *Kausal-Szenarien* denkbar: (1) Das erste nennen wir *Resonanz-Szenario*, wobei zwei Varianten zu unterscheiden sind: Zum einen finden Veränderungen im Aktienkurs oder Handelsvolumen ihre Resonanz unmittelbar in entsprechenden Medienberichten – z.B. in einem Artikel über einen Kurseinbruch. Zum anderen werden neue Sachverhalte oder Vorgänge, die im Kurs unmittelbar reflektiert werden, kurz darauf auch in den Medien berichtet. Damit erfolgt zunächst die Resonanz in der Medienberichterstattung erst nachdem sich die Information bereits im Kurs niedergeschlagen bzw. in Handelsaktivität bereits bemerkbar gemacht hat – kurz: Es wird also früher eingepreist als berichtet. (2) Das zweite Szenario nennen wir *Einfluss-Szenario*: Medien veröffentlichen Informationen, die zu diesem Zeitpunkt teilweise sicher schon im Kurs eingepreist sind. Aber erst durch die mediale Publikation verbreiten sich diese Informationen auch unter Privatanlegern. Einen empirischen Beleg dafür bietet z.B. die oben erwähnte Studie von Stice (1991). Nach diesem Szenario macht sich die Reaktion jener Anleger, die sich auf Medienberichte verlassen, erst nach der Medienpublikation bemerkbar. Die Reaktion der Anleger, die über andere Quellen verfügen, dürfte sich schon früher bemerkbar machen.

Wir berechnen in unserer Studie nicht nur synchrone Korrelationen zwischen Medienberichterstattung und Aktienkursen bzw. Handelsvolumina, sondern auch zeitversetzte Korrelationen. Dieses Vorgehen erlaubt Hinweise darauf, welches der beiden Szenarien empirisch unter welchen Bedingungen wahrscheinlicher ist. Damit ergibt sich für die in den Forschungsfragen F1a bis F1d beschriebenen Zusammenhänge folgende Forschungsfrage:

F1e: Geht eine Veränderung der Medienberichterstattung einer Veränderung der Kurse bzw. Handelsvolumina voraus oder folgt sie ihr nach?

Kontrastierung 2 – Qualitäten der Medienberichterstattung

Wir gehen davon aus, dass die in Kapitel 3 erörterten Medienwirkungen nur möglich sind, wenn Medien kumulativ und konsonant berichten (vgl. Kapitel 3.2.1.1). Der Agenda-Setting-Ansatz und unsere Überlegungen zu Salienz (vgl. Kapitel 3.2.1.1) legen nahe, dass die Medien mehr Aufmerksamkeit für eine Aktie unter (potenziellen) Anlegern hervorrufen, wenn sie wiederholt, umfangreich und prominent über das Unternehmen und dessen Aktie berichten. *Kumulation* lässt sich als Zeitreihe modellieren, die pro Tag die Anzahl der Medienberichte über das Unternehmen abbildet. Hier kann man von der täglichen Gesamtpräsenz des Unternehmens in den Medien sprechen. Zwar wird nicht jeder Anleger alle Medien rezipieren. Aus Befunden zur Nachrichtenrezeption (z.B. Donsbach, 1991; Früh, 1991) kann man aber ableiten, dass auch die Nennung eines Unternehmens in der Überschrift z.B. eines Zeitungsbeitrags (Headline-Präsenz) entsprechende Aufmerksamkeit bei Rezipienten wecken kann. Aus diesen Überlegungen ergeben sich folgende Forschungsfragen:

F2a: Korrelieren Aktienkurse bzw. Handelsvolumina stärker bei umfangreicher oder wenig umfangreicher Medienberichterstattung?
F2b: Korrelieren Aktienkurse bzw. Handelsvolumina stärker bei viel oder wenig Headline-Präsenz in der Medienberichterstattung?

Intramediale Konsonanz liegt vor, wenn ein Medium im Längsschnitt gleichförmig bzw. konsistent berichtet. *Intermediale Konsonanz* liegt vor, wenn verschiedene Mediengattungen gleichförmig berichten, wobei sich diese Konsonanz in den Tendenzen, den Valenzen oder den Journalisten- bzw. Analysten-Einschätzungen zeigen kann. Ein börsenbezogenes Beispiel für Konsonanz im Sinne eines Zusammenspiels aus Tendenz der Berichterstattung verschiedener Medien und einer gleichgerichteten Einschätzung von Analysten bietet die erwähnte Studie von Mathes et al. (2000). Aus diesen Überlegungen ergibt sich folgende Forschungsfrage (vgl. auch Abbildung 5.1 in Kapitel 5.2.1.1):

F2c: Korrelieren Aktienkurse bzw. Handelsvolumina stärker mit einer konsonanten oder nicht-konsonanten Medienberichterstattung?

Wenn prominente Analysten in anlagerelevanten Medien zum Kauf oder Verkauf raten, dürften unkundige Kleinanleger, die solche Medien häufig nuten, diesem Rat der ‚Gurus' folgen. Mit den Wirkungsansätzen in Kapitel 3.2.1.2 sind aber auch subtilere Effekte denkbar. Durch *Framing* machen Medien bestimmte Aspekte salient, während sie andere in den Hintergrund rücken. Wenn z.B. die Aktie eines Unternehmens in den Bezugsrahmen von Managementfehlern gestellt wird, dann fragen Rezipienten nach Führungsqualitäten oder Managementstrukturen, nicht nach Bilanzen, Umsätzen oder Produktinnovationen des Unternehmens. Damit legen Medien besonders den unkundigen Kleinanlegern eine Sichtweise auf ein Papier nahe, die mit fundamentalen Faktoren gar nichts zu tun haben muss. Je mehr ‚Börsen-Laien' zur relevanten Anlegerschaft gehören, desto mehr dürften die Anlageentscheidungen zudem in einen ‚Mainstream' im Sinne des *Kultivierungsansatzes* münden, der sich dann auf der Aggregat-Ebene des Kurses bzw. Handelsvolumens bemerkbar macht.

Die mediale *Rahmung* kann das Urteil der Anleger über ein Wertpapier in eine bestimmte Richtung lenken. Diesen Framing-Effekt dürfte ein expliziter Tenor des Medienbeitrags oder eine direkte Anlageempfehlung noch verstärken. Erfolgt das mediale Framing kumulativ und konsonant, dann bleibt darüber ein Thema wie z.B. Managementfehler auch längere Zeit im Bewusstsein der am Aktienmarkt aktiven Rezipienten und kann selbst zu einem späteren Zeitpunkt deren Anlageentscheidung beeinflussen. Denn Anleger ziehen im Sinne der *Verfügbarkeitsheuristik* nicht alle, sondern oft nur die durch solches *Medien-Priming* leicht verfügbar gemachten Aspekte für ihre Entscheidung heran. Aus diesen Überlegungen er gibt sich folgende Forschungsfrage:

F2d: Korrelieren Aktienkurse bzw. Handelsvolumina mit unterschiedlichen medialen Rahmungen einer Aktie unterschiedlich stark?

Für die in den Forschungsfragen F2a bis F2d formulierten Zusammenhänge ergibt sich folgende Forschungsfrage zur zeitlichen Dynamik zwischen Medienberichterstattung und Aktienkursen bzw. Handelsvolumina:

F2e: Geht eine Veränderung der Medienberichterstattung einer Veränderung der Kurse bzw. Handelsvolumina voraus oder folgt sie ihr nach?

Finanzwissenschaftliche Befunde zur Rolle positiver und negativer Informationen am Aktienmarkt sind nicht eindeutig (vgl. Kapitel 3.2.3.2). Mit der Nachrichtenwerttheorie und empirischen Befunden zur allgemeinen Wirtschaftsberichterstattung ist aus kommunikationswissenschaftlicher Sicht einerseits zu erwarten, dass auch die Aktien- bzw. Börsenberichterstattung mehr negative als positive Sachverhalte behandelt bzw. häufiger einen negativen als positiven Tenor an das Börsengeschehen anlegt. Andererseits legen inhaltsanalytische Befunde zur Aktien- und Börsenberichterstattung eher das Gegenteil nahe (vgl. Kapitel 3.1). Ob eher die positiven oder eher die negativen Medienberichte eine stärkere Veränderung im Kursverlauf oder im Handelsvolumen mit sich bringen, ist eine eine empirische Frage. Mit der Verfügbarkeitsheuristik dürften sich Anleger in ihren Entscheidungen stärker an negativen Informationen orientieren als an positiven Meldungen (vgl. Kapitel 3.2.1.1). Mit der Regret Avoidance bzw. dem Sunk-cost effect dagegen lässt sich umgekehrt argumentieren: Anleger halten oft erst einmal an (‚Verlierer'-)Papieren fest, um keine Verlustrealisierung hinzunehmen. Damit wäre nach negativen Medienberichten keine erhöhte oder sogar eine geringere Handelsaktivität zu erwarten als nach positiven Beiträgen. Darüber hinaus spricht eine ganz praktische Überlegung dafür, dass positive Beiträge ein höheres Wirkungspotenzial haben als negative. Gerade Kleinanleger dürften die Aktien der meisten Unternehmen, über die berichtet wird, nicht in ihrem Depot haben. Die nötige Liquidität vorausgesetzt, können sie also jeden positiven Bericht in einen Kaufauftrag umsetzen. Die meisten negativen Berichte behandeln dagegen Unternehmen, deren Aktien sie nicht besitzen und die sie somit auch nicht verkaufen können.

Wir unterscheiden drei Arten einer Tendenz bzw. Bewertung in der Medienberichterstattung: (1) Der *Tenor* als Gesamttendenz eines Medienbeitrags kann sich aus expliziten Bewertungen oder durch Hochspielen positiver bzw. negativer Aspekte eines Themas ergeben (vgl. Tabelle 5.8 in Kapitel 5.2.2.2). (2) *Valenz* ist die Richtung branchenspezifischer und unternehmensbezogener Kennwerte (z.B. Kundenzahlen, Kurs-Gewinn-Verhältnis). So markieren z.B. steigende Kundenzahlen eine positive Valenz (vgl. Tabelle 5.13 in Kapitel 5.2.2.2). (3) Journalisten und vor allem Analysten, die in den Medienbeiträgen zu Wort kommen, können aber auch eigene Einschätzungen vornehmen, indem sie z.B. eine Kaufempfehlung abgeben (vgl. Tabelle 5.15 in Kapitel 5.2.2.2). Mit den Befunden finanzwissenschaftlicher Studien (vgl. Kapitel 3.2.3.2) sowie den Überlegungen zum Meinungsführerkonzept (vgl. Kapitel 3.2.1.2) ist zu vermuten, dass gerade unkundigere Kleinanleger z.B. medial verbreiteten Anlagetipps von Analysten folgen. Daneben dürften sie sich aber auch an eher ‚objektiven Fakten' (z.B. für Börsen-Kennwerte) orientieren. Aus unseren Überlegungen ergeben sich folgende Forschungsfragen:

F3a: *Korrelieren Aktienkurse bzw. Handelsvolumina sowie Tenor der Medienberichterstattung gleichgerichtet oder gegengerichtet?*
F3b: *Korrelieren Aktienkurse bzw. Handelsvolumina sowie Valenz der Medienberichterstattung gleichgerichtet oder gegengerichtet?*

F3c: Korrelieren Aktienkurse bzw. Handelsvolumina sowie Journalisten-Empfehlungen gleichgerichtet oder gegengerichtet?

F3d: Korrelieren Aktienkurse bzw. Handelsvolumina sowie Analysten-Empfehlungen gleichgerichtet oder gegengerichtet?

Für die in den Forschungsfragen F3a bis F3d formulierten Zusammenhänge ergibt sich folgende Forschungsfrage zur zeitlichen Dynamik zwischen Medienberichterstattung und Aktienkursen:

F3e: Geht eine Veränderung der Medienberichterstattung einer Veränderung der Kurse voraus oder folgt sie ihr nach?

Kontrastierung 3 – Mediengattungen und Zeiträume

Bislang wurde nicht nach *Mediengattungen* unterschieden. Mit den Befunden zu Angeboten und Nutzung anlagerelevanter Medien (vgl. Kapitel 3.1) lassen sich jedoch in zweierlei Hinsicht Unterschiede zwischen Mediengattungen postulieren: Erstens richten sich Finanzportale, Tageszeitungen oder Börsensendungen im Fernsehen nicht durchweg an die gleiche *Zielgruppe*. Zudem werden sie von den Anlegern nicht aus den gleichen Gründen genutzt. So dürfte z.b. ein institutioneller Investor die Finanzseiten der Qualitätspresse als Indikator für ein mögliches Herdenverhalten unter Kleinanlegern verfolgen. Privatanleger hingegen werden sich – auch im Sinne einer Ankerheuristik – z.B. an Börsensendungen im Fernsehen oder an den Anlagetipps in Finanzportalen orientieren.

Zweitens sind Mediengattungen unterschiedlich aktuell. Vor dem Hintergrund der hohen Anpassungsgeschwindigkeit der Kurse, in die neue Informationen laut der Effizienzmarkthypothese sofort eingepreist werden, haben Online-Angebote einen deutlichen *Aktualitätsvorsprung* vor Börsensendungen im Fernsehen und vor Tageszeitungen. Eine Information, die am Morgen am Aktienmarkt diffundiert, ist als eine kurz darauf im Finanzportal veröffentlichte Meldung noch nicht so ‚alt' wie ihre (Wieder-)Veröffentlichung in der abendlichen Börsensendung oder in der Zeitung am nächsten Morgen. Hier macht die Redeweise „time is money" tatsächlich Sinn. Ob Online-Angebote und Fernsehsendungen auch im Hinblick auf Börsenthemen eine stärkere Spotlight-Funktion im Sinne der Agenda-Setting-Forschung (vgl. Brosius, 1994; Rössler, 1997a) erfüllen als die Print-Berichterstattung, ist empirisch zu klären. Aus diesen Überlegungen ergibt sich folgende Forschungsfrage:

F4a: Korrelieren Aktienkurse bzw. Handelsvolumina mit der Berichterstattung unterschiedlicher Mediengattungen unterschiedlich stark?

Überblickt man die finanzwissenschaftliche Forschung, so scheinen (medial) veröffentlichte Informationen zumindest keine kurzfristigen Gewinne zu versprechen. Selbst die mitunter erkennbaren kurzfristigen Überrenditen werden oft durch Transaktionskosten kompensiert und fallen danach teilweise sogar hinter Vergleichsindizes zurück (vgl. Kapitel 3.2.3.2). Wir vergleichen daher in unserer Studie kurz- und mittelfristige Untersuchungszeiträume (vgl. Abbildung 5.1 in Kapitel 5.2.1.1). Relevanter sind aber verschiedene *Marktsituationen bzw. Börsenphasen*, für welche die bislang diskutierten Zusammenhänge zwischen Berichterstattung und Aktienkurs bzw. Handelsvolumen unterschiedlich ausfallen dürften. So sind Aktienmärkte beispielsweise in rezessiven Phasen volatiler als in Perioden einer Hochkonjunktur (vgl. Guo, 2002:140). Folgt man Röckemann (1995: 41), dann sind Anleger bei einem fallenden Markt empfänglicher für Anlagetipps von ‚Gurus' als bei einem stabilen Markt. Das mag auch daran liegen, dass „in einer relativ schlechten wirtschaftlichen Lage [...] positive Nachrichten eher ungewöhnlich sind und deswegen stärker gewichtet werden" (Ernst et al., 2005: 24). Wie die ‚Internet-Blase' um die Jahrtausendwende zeigt, dürfte andererseits ein Positive-Feedback-Trading in Börsen-Hochphasen begünstigt werden. Denn hier spielen psychologische Faktoren wie Herdentrieb oder Kontroll-Illusion eine wichtige Rolle (vgl. Rapp, 2000: 105). Sie können durch die Medienberichterstattung hervorgerufen oder weiter verstärkt werden. Aus diesen Überlegungen ergibt sich folgende Forschungsfrage:

F4b: Korrelieren Aktienkurse bzw. Handelsvolumina mit der Berichterstattung unterschiedlich stark in Hoch- und Tiefphasen der Börse?

Für die in den Forschungsfragen F4a und F4b formulierten Zusammenhänge ergibt sich folgende Forschungsfrage zur zeitlichen Dynamik zwischen Medienberichterstattung und Aktienkursen bzw. Handelsvolumina:

F4c: Geht eine Veränderung der Medienberichterstattung einer Veränderung der Kurse bzw. Handelsvolumina voraus oder folgt sie ihr nach?

5 Untersuchungsanlage

Unsere Untersuchung kombinierte eine Primär- und eine Sekundärerhebung. Die *Primärerhebung* umfasste eine Inhaltsanalyse der Wirtschafts- und Finanz-, vor allem aber der Börsen- und Unternehmensberichterstattung ausgewählter Printmedien, Fernsehsendungen und Online-Portale. Die *Sekundäranalyse* untersuchte die Kursverläufe sowie die Handelsvolumina ausgewählter deutscher Unternehmen und Branchen sowie die entsprechenden Börsen-Indizes.

5.1 Unternehmensstichprobe

Wir berücksichtigten auch generelle wirtschaftliche Aspekte (z.B. Ölpreis, wirtschaftspolitische Entscheidungen). Im Kern zielten jedoch sowohl die Primär- als auch die Sekundäranalyse auf ausgewählte Unternehmen und Branchen. Wir haben einerseits die Berichterstattung über diese Unternehmen, andererseits die Kursverläufe und Handelsvolumina dieser Unternehmen untersucht. Die Stichprobe der Unternehmen und zentrale Kennwerte zeigt Tabelle 5.1.

Die zehn Unternehmen repräsentieren verschiedene Branchen (z.B. Automobil- und Softwarebranche) und haben hinreichende Varianz in relevanten Kennwerten. Das Sample ermöglicht, die späteren Ergebnisse für unterschiedliche Typen von Unternehmen zu kontrastieren (vgl. Kapitel 4 und Kapitel 5.4). Das ist ratsam, weil manche Effekte nur durch den Vergleich von Unternehmen z.B. mit unterschiedlicher Größe identifiziert werden können (vgl. Zarowin, 1990). Berücksichtigt wurden nur Kennwerte, die Rückschlüsse über den potenziellen Einfluss von Kleinanlegern auf die Kursentwicklung bzw. auf die Höhe des Handelsvolumens zulassen. Eine Beschreibung der einzelnen Kennwerte erfolgte bereits in Kapitel 2.1.2. Für die Auswahl der Unternehmen waren vor allem der Börsen-Umsatz, der Anteil an Aktien im Streubesitz und die Volatilität der Kurse ausschlaggebend. Die Auswahl der Unternehmen erfolgte jeweils im Vergleich zu den anderen Werten des DAX, SDAX bzw. TecDAX. So wurde z.B. DaimlerChrysler aufgrund des Vergleichs mit den übrigen 29 Werten des DAX ausgewählt. Daher sind die Kennwerte auch, aber nicht nur, in Relation zu den anderen Unternehmen im Sample zu interpretieren.

Tabelle 5.1: Unternehmenssample und zentrale Kennwerte

Unternehmen	Branche	Index
DaimlerChrysler	Automobile	DAX
Deutsche Telekom	Telekommunikation	DAX
Infineon	Technologie	DAX
Lufthansa	Transport & Logistik	DAX
Evotec	Pharma & Healthcare	TecDAX
Mobilcom	Telekommunikation	TecDAX
Solarworld	Industrie	TecDAX
T-Online	Software	TecDAX
Consumer Electronics	Industrie	SDAX
EM.TV	Medien	SDAX

Unternehmen	Börsen-Umsatz Mio. € [A]	Marktkap. Mio. € [B]	Umsatz 2004 Mio. € [B]
DaimlerChrysler	5.408	33.980	142.059
Deutsche Telekom	8.544	62.253	57.880
Infineon	1.388	5.500	7.195
Lufthansa	783	4.598	16.965
Evotec	6	183	73
Mobilcom	148	1.152	1.897
Solarworld	163	917	200
T-Online	61	9.987	2.012
Consumer Electronics	2	25	284
EM.TV	76	399	207

Unternehmen	Volatilität [C]	Streubesitz [D]	KGV 2005 [E]
DaimlerChrysler	16.9	82.4%	15.3
Deutsche Telekom	15.5	62.0%	12.1
Infineon	27.9	81.8%	36.2
Lufthansa	22.0	91.4%	18.7
Evotec	57.0	87.0%	negativ
Mobilcom	43.5	66.7%	18.6
Solarworld	54.2	66.1%	16.2
T-Online	21.9	12.0%	39.1
Consumer Electronics	63.3	100.0%	negativ
EM.TV	44.7	66.6%	135.4

[A] Umsätze im XETRA-Handel und den deutschen Präsenzbörsen mit Papieren der Unternehmen im Monat April 2005 in Millionen Euro. Quelle: Cash Market: Monthly Statistics – April 2005. Deutsche Börse AG. http://deutsche-boerse.com/dbag/dispatch/de/kir/gdb_navigation/market_data_analytics/45_statistics (Abruf: 17.05.2005).
[B] Quelle: Börse Online, Heft Nr. 27 vom 30.06.2005, S.64ff.
[C] Volatilität bezieht sich auf den Zeitraum von 250 Handelstagen vor dem 16.05.2005. Quelle: Daily Key Figures DAX, SDAX und TecDAX. Deutsche Börse AG. Vgl. http://deutsche-boerse.com/dbag/dispatch/de/kir/gdb_navigation/listing/50_Reports_and_Statistics (Abruf: 17.05.2005).
[D] Quelle: Daily Weighting File DAX, SDAX und TecDAX. Deutsche Börse AG. Vgl. http://deutsche-boerse.com/dbag/dispatch/de/kir/gdb_navigation/market_data_analytics/20_indices/20_selection_indices (Abruf: 17.05.2005).
[E] Erwartete Werte für das Jahr 2005. Quelle: www.onvista.de. Unternehmensprofile zu den einzelnen Unternehmen. Abgerufen am 23.06.2005.

Die Kriterien für die Auswahl der zehn Unternehmen und damit die Grundlage für die späteren Kontrastierungsstrategien (vgl. Kapitel 4) sind:

- Börsen-Umsatz
- Marktkapitalisierung
- Streubesitz
- Volatilität
- Kurs-Gewinn-Verhältnis

(1) Der *Börsen-Umsatz* berechnet sich als Gesamtwert aus allen in einem Monat an den deutschen Börsen gehandelten Papieren des Unternehmens. Er gibt damit an, wie viel Euro innerhalb eines Monats beispielsweise mit Aktien von EM.TV umgesetzt wurden. (2) Die Marktkapitalisierung korreliert hoch mit dem Börsen-Umsatz. Sie ist das Produkt aus dem aktuellen Kurs und der Anzahl der insgesamt ausgegebenen Anteilsscheine. Damit repräsentiert sie den Wert des Unternehmens an der Börse, der aber mehr oder minder vom fundamentalen Wert abweichen kann. Je höher der Börsen-Umsatz und die Marktkapitalisierung ausfallen, desto geringer dürfte der Einfluss von Kleinanlegern, die anfällig für Medienwirkungen sind, auf den Kursverlauf bzw. das Handelsvolumen sein. Damit sinkt die Wahrscheinlichkeit, dass die Medienwirkungen so viele Anleger betreffen, dass sich dies auf der Aggregat-Ebene messen lässt. Das betrifft vor allem DaimlerChrysler (DCX) und Deutsche Telekom (DTE). Hier erreicht der monatliche Börsen-Umsatz Werte von mehreren Milliarden Euro und liegt somit in einer Größenordnung, die einen messbaren Einfluss der Aufträge von Kleinaktionären auf den Kurs oder das Handelsvolumen eher unwahrscheinlich macht (vgl. dazu auch Kapitel 3.2.3 und Kapitel 6.2.2.5). Das Gegenteil trifft auf Evotec (EVT) und Consumer Electronics (CE) zu. Aber auch bei EM.TV (EMTV), Solarworld (SOW), Mobilcom (MOB) und T-Online (TOI) ist das monatliche Handelsvolumen nicht derart hoch, dass Kauf- oder Verkaufsaufträge von Kleinanlegern gar keine Rolle spielen dürften. Die beiden DAX-Unternehmen Infineon (IFX) und Lufthansa (LHA) haben zwar im Vergleich zu den im Tec-DAX und SDAX gelisteten Unternehmen überdurchschnittliche, im Konzert der anderen DAX-Werte aber eher unterdurchschnittliche Werte.

(3) Aktien eines Unternehmens, die nicht in festen Händen (z.B. Bund) und somit über den Markt handelbar sind, werden als *Streubesitz* bezeichnet. Je geringer der Anteil der Aktien im Streubesitz, desto enger ist der Markt – und umgekehrt. Hinsichtlich des Einflusses von Kleinanlegern auf Kurs und Handelsvolumen sind *zwei Szenarien* denkbar. Entweder kann ein Einfluss von Kleinaktionären vor allem bei Unternehmen mit einem hohen Anteil an Aktien im Streubesitz vermutet werden, da hier Kleinanleger zumindest potenziell einen

größeren Teil der Anlegerschaft stellen. Zugleich ist aber auch der gegenteilige Zusammenhang begründbar: Denn wenn wenige Aktien im Streubesitz sind und der Markt somit relativ ‚eng' ist, dann können auch kleinere Kauf- oder Verkaufsaufträge den Kurs beeinflussen oder das Handelsvolumen im Vergleich zum Vortag ansteigen lassen. Das trifft vor allem auf TOI zu, in gewisser Hinsicht aber auch auf DTE. LHA, EVT und insbesondere CE sind dagegen Unternehmen, deren Anteile sich fast vollständig im Streubesitz befinden. Die übrigen Unternehmen liegen beim Streubesitz im Durchschnitt der Unternehmen des jeweiligen Index, aber auch im Mittelfeld unseres Samples. Streubesitz und Anteil der Privatanleger sind wohlgemerkt oft nicht identisch: So ist z.B. LHA komplett im Streubesitz. Nur etwa ein Viertel des gesamten Aktionärsstamms sind aber Privatanleger. Allerdings ist der Anteil der Privatanleger damit im Vergleich zu anderen Unternehmen des Samples recht hoch.[74]

(4) Die *Volatilität* ist ein Maß für die Varianz der Kursnotierung innerhalb eines Zeitabschnittes. Dieses Kriterium wurde weniger aus theoretischen als vielmehr statistischen Überlegungen berücksichtigt. Denn wenn ein Aktienkurs nur sehr wenig Volatilität aufweist, wird man kaum Zusammenhänge zwischen Kurs und Berichterstattung identifizieren können. Salopp gesagt: Wo sich nichts verändert, gibt es auch keine Einflüsse. Daher wurden keine Unternehmen berücksichtigt, deren Kurs zu wenig Varianz zeigte. Relativ stark fallen die Kursschwankungen bei EVT, MOB, SOW, CE und EMTV aus. Geringere Varianz haben die Kurse bei den DAX-Unternehmen unseres Samples und der Kurs von TOI. (5) Die weiteren Werte in der Tabelle waren für die Auswahl nicht ausschlaggebend. Sie helfen aber, um jene Unternehmen zu identifizieren, bei denen ein größerer Teil des Kurses nicht auf Fundamentalwerten, sondern eher auf Erwartungen an die Zukunft beruht. Dazu kann man den *Umsatz* eines Unternehmens mit der Marktkapitalisierung in Verhältnis setzen. Noch aussagekräftiger ist das *Kurs-Gewinn-Verhältnis* (vgl. Kapitel 2.1.2). Es drückt aus, mit welchem Vielfachen des Jahresgewinns eine Aktie gehandelt wird. Bei einem KGV von 15 müsste ein Unternehmen noch weitere 15 Jahre den aktuellen Jahresgewinn erzielen, bis der Kurs fundamental gerechtfertigt wäre. Bei EM.TV dürfte das Verhältnis Anfang 2000 noch deutlich höher gelegen haben – sofern das Unternehmen damals überhaupt Gewinne verbuchte. Aber auch 2005 liegt es noch bei weit über 100. Überhaupt keinen Gewinn erzielt EVT. Dennoch ist der Börsenwert mit über 180 Millionen Euro beachtlich. Besonders bei Unternehmen, deren Börsenwert vor allem durch Erwartungen an zukünftige Gewinne bestimmt wird, ist ein Medieneinfluss wahrscheinlich.

---

74 Vgl. http://www.lufthansa-financials.de/servlet/PB/menu/1014560_ll/index.html (Stand für den 31.12.2007; Abruf: 03.01.2008).

5.2 Primäranalyse – Print-, Online- und Fernsehberichterstattung

Die Primäranalyse umfasste eine Inhaltsanalyse der Wirtschafts-, Finanz-, Börsen- und Unternehmensberichterstattung ausgewählter Printmedien, Fernsehsendungen und Online-Angebote.

5.2.1 Einheiten der Inhaltsanalyse

5.2.1.1 Untersuchungseinheit

Die Inhaltsanalyse sah Untersuchungs-, Codier- und Kontexteinheiten vor. Die *Untersuchungseinheit* wurde festgelegt durch den Untersuchungszeitraum, die Medien, deren Rubriken und Stilformen sowie Beitragskriterien.

Die *Untersuchungszeiträume* zeigt Abbildung 5.1. Zum einen wurde die Print-Berichterstattung in den acht Monaten vom 1. Januar bis 31. August 2000 inhaltsanalysiert. Zum anderen wurde die Print-, die Fernseh- und die Online-Berichterstattung in zwei Monaten von 1. Juli bis 31. August 2005 untersucht. Dahinter standen folgende Überlegungen:

O *Zeiträume*: Die Auswahl der Zeiträume hatte zwei Gründe: (1) In pragmatischer Hinsicht ist Fernseh- und vor allem Online-Material für zurückliegende Zeiträume kaum zu beschaffen (vgl. Rössler, 1997b). Aufgrund unseres Mediensamples, das auch Fernseh- und Online-Angebote umfasste, mussten wir einen aktuellen Zeitraum berücksichtigen, wobei sich die Monate Juli und August 2005 mit dem Beginn der Codierung ergaben. (2) In inhaltlicher Hinsicht war anzunehmen, dass sich je nach Börsenphase unterschiedliche Zusammenhänge zwischen Medienberichterstattung und Aktienkursen zeigen. Ausgehend von der DAX-Entwicklung erreichte die lang anhaltende Hausse im Februar und März 2000 ihren absoluten Höhepunkt und zugleich die Wende.[75] Diesem Jahr des ‚Börsen-Booms' und der ‚Börsen-Wende' lässt sich das Jahr 2005 als Jahr einer ‚Börsen-Normalphase' gegenüberstellen.

O *Kurz- und mittelfristige Perspektive*: Mit den beiden Zeiträumen ließen sich (1) zum einen kurzfristige Zusammenhänge zwischen Berichterstattung und Aktienkursen jeweils für Juli bis August in den Jahren 2000 und 2005 vergleichen. (2) Zum anderen konnten wir für Januar bis August 2000 auch eine mittelfristige Entwicklung beleuchten.

---

75 Im März 2000 erreichten sowohl DAX als auch Nemax historische Höchststände.

○   *Intra- und Inter-Media-Vergleich*: (1) Zum einen ließ sich die Print-Berichterstattung im Juli und August 2000 mit jener in den gleichen Monaten des Jahres 2005 kontrastieren (*Intra*-Media-Vergleich). Auf diese Weise war der erwähnte Vergleich zwischen unterschiedlichen ‚Börsenphasen' möglich, wobei man 2000 als Jahr des ‚Börsen-Booms' und 2005 als ein Jahr des ‚Börsen-Mittel' bezeichnen kann. (2) Zum anderen war im Juli und August 2005 ein *Inter*-Media-Vergleich zwischen der Print-Berichterstattung, der Fernsehberichterstattung und der Online-Berichterstattung möglich.

Abbildung 5.1: Untersuchungszeiträume (Vollerhebung) und Mediengattungen

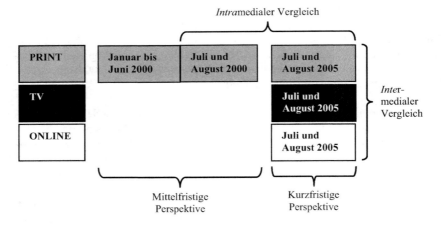

Das *Medien-Sample* umfasste ausgewählte Print-, Fernseh- und Onlineangebote (vgl. Tabelle 5.2). Ausschlaggebend für die Medienauswahl waren drei Kriterien, wobei wir dem ersten Kriterium im Zweifel den Vorrang gaben:

○   Funktion als Informationsquelle laut Umfragen unter Entscheidungsträgern (z.B. Leseranalyse Entscheidungsträger, 1997) sowie Anlegern (z.B. Brettschneider, 2005)
○   Auflagenzahlen und Reichweiten (bei Online-Portalen: Visits und Page-Impressions)
○   Verfügbarkeit des Materials.

Tabelle 5.2: Mediensample

Mediengattung		Ausgewähltes Medium
Print	Qualitätszeitungen (täglich)	Frankfurter Allgemeine Zeitung (FAZ)
		Süddeutsche Zeitung (SZ)
	Anleger-Zeitschriften (wöchentlich)	Börse Online
	Anleger-Zeitschriften (zweiwöchentlich)	Capital
Fernsehen	ARD (täglich)	Börse im Ersten (19:55 bis 19:57 Uhr)
	n-tv (täglich)	Telebörse (19:10 bis 19:30 Uhr)
Online	Finanzportal (täglich)	Onvista
		Finanztreff

Quellen: Brettschneider (2005), Leseranalyse Entscheidungsträger (1997), www.ivw.de

(1) Für den *Printsektor* wählten wir die beiden überregionalen Qualitätszeitungen ‚Frankfurter Allgemeine Zeitung' (FAZ) und ‚Süddeutsche Zeitung' (SZ) und die Anleger-Zeitschriften ‚Börse Online' und ‚Capital' aus. Zum einen repräsentieren FAZ und SZ das politische Spektrum und gelten als Meinungsführermedien, an denen sich andere Journalisten orientieren (vgl. Kepplinger, 1998; Weischenberg et al., 1994; Wilke, 1999). Zum anderen lagen sie in der aktuellen Anleger-Befragung Brettschneiders (2005) auf den ersten beiden Plätzen aller überregionalen Tageszeitungen – noch vor ‚Handelsblatt' und ‚Financial Times Deutschland'.[76] Unter den Wirtschafts-, Börsen- und Aktien-Zeitschriften belegten ‚Capital' und ‚Börse Online' die ersten Plätze. Erst auf dem dritten Platz folgte die ‚Wirtschaftswoche', die im Segment der Wirtschaftspresse die höchste Inlandsauflage hat.[77] Sie wurde aber aufgrund der Platzierung bei Brettschneider (2005) und aus forschungsökonomischen Gründen nicht berücksichtigt. Erwähnenswert ist, dass Anleger die Wirtschaftspresse oft in Verbindung mit Internet-Quellen nutzen (vgl. Brettschneider, 2005).

(2) Für den *Online-Sektor* wurden die beiden Finanz-Portale ‚Onvista' und ‚Finanztreff' ausgewählt. Sie belegten die ersten beiden Plätze sowohl im Anleger- als auch im IVW-Ranking: Bei den von Brettschneider (2005) befragten Anlegern lag Onvista deutlich vor Finanztreff. Im IVW-Ranking ist ‚Onvista' ebenfalls der klare Marktführer unter den Finanzportalen (August 2005: 7.241.978 Visits; 69.547.782 Page Impressions) vor dem zweitplatzierten Anbieter ‚Finanztreff' (August 2005: 3.820.565 Visits; 33.285.908 Page Impressions).[78] (3) Für den *Fernsehsektor* haben wir uns für die ‚Telebörse' und ‚Börse

---

76 Als wichtige deutschsprachige Informationsquellen von Entscheidungsträgern in der Wirtschaft gelten auch ‚Wirtschaftswoche', ‚Handelsblatt' und ‚Financial Times (Deutschland)' (vgl. Leseranalyse Entscheidungsträger 1997; Harmgarth, 1997). Allerdings rangierten sie bei Anlegern hinter FAZ und SZ (vgl. Brettschneider, 2005).
77 Vgl. http://www.ivw.de/auflagen2/web/registriert/index_regged.htm (Abruf: 15.05.2006).
78 Vgl. http://ivwonline.de/ausweisung2/search/ausweisung.php (Abruf: 15.05.2006).

im Ersten' entschieden. Die zwanzigminütige ‚Telebörse' läuft täglich ab 19:10 auf dem Privatsender n-tv, die dreiminütige ‚Börse im Ersten' wird auf ARD täglich ab 19:55 vor den Abendnachrichten ‚tagesschau' ausgestrahlt. Unter den von Brettschneider (2005) befragten Anlegern wurden diese beiden Sendungen am häufigsten erwähnt, wobei dicht darauf die ZDF-Sendung ‚WiSo' folgte.

Für *Rubriken* und *Stilformen* gingen wir bei allen Mediengattungen vergleichbar vor, mussten aber die Charakteristika der jeweiligen Mediengattung berücksichtigen. (1) Für *Online-Berichterstattung* gingen wir von vier ‚Rubriken' der Startseite aus:[79] Nachrichten, Ad-hoc-Meldungen, Analysten-Meldungen und Marktberichte. Aus diesen Rubriken wurden zunächst alle Beiträge berücksichtigt. (2) Bei *Print-Berichterstattung* berücksichtigten wir den gesamten redaktionellen Teil der Wirtschaftszeitschriften und den Wirtschafts- und Aktienteil der Tageszeitungen. Davon wurden zunächst alle Nachrichten, Ad-hoc- und Analysten-Meldungen, Marktberichte sowie zudem alle meinungsbetonten Stilformen ausgewählt. (3) Für *Fernsehcodierung* wurden ebenfalls diese Rubriken bzw. Stilformen berücksichtigt (ohne Laufbänder, Vorspann).

Das *Beitragsample* umfasste Beiträge, die sich auf die zehn Unternehmen und deren Branchen bezogen (z.B. Marktberichte), aber auch Berichte über die generelle Wirtschaftslage und das Geschehen an Börsenplätzen. Für die unterschiedlichen Medien gingen wir vergleichbar vor, berücksichtigten aber Spezifika der jeweiligen der Gattung. (1) Bei der *Online-Codierung* legten wir eine Schlagwortliste fest, die auf die zehn Unternehmen und deren Konkurrenten fokussierte (vgl. Kapitel 5.1). Von den bislang ausgewählten Beiträgen wurden nur jene codiert, die in ihren Überschriften oder im Leadtext einen der Unternehmensnamen und/oder eines der in Tabelle 5.3 gelisteten Schlüsselworte enthielten. Ohne diese Beschränkung hätte die Anzahl zu codierender Beiträge den machbaren Rahmen gesprengt. Zudem wurden damit auch Beiträge ausgeschlossen, die z.B. über die Konjunkturlage berichteten, ohne sie aber mit einem relevanten Unternehmen in Verbindung zu bringen. Solche Themen konnte aber z.B. ein Artikel über ‚DaimlerChrysler' durchaus erwähnen; sie wurden aber nur dann erfasst, wenn der Artikel sie mit dem Unternehmen argumentativ verknüpfte (vgl. Kapitel 5.2.2). (2) Für die *Printcodierung* wurden aufgrund von Voranalysen weitere Schlüsselworte berücksichtigt. Damit erfassten wir auch alle Beiträge über volkswirtschaftliche Zusammenhänge, wirtschaftspolitische Entscheidungen, Börsenplätze, Aktienindizes usw. (vgl. Tabelle 5.3). Diese wurden aber nur codiert, wenn sie diese Themen mit einem der zehn Unternehmen, deren Konkurrenten oder Branchen verknüpften. (3) Bei der *Fernsehco-*

---

79 Diese vier Rubriken sind zugleich auch Stilformen, werden aber im Online-Portal – vergleichbar den Zeitungsrubriken Politik, Wirtschaft oder Kultur – als „Rubriken" behandelt.

dierung gingen wir vergleichbar vor: Die beiden Börsensendungen bringen Marktberichte – oft mit Interviews mit Analysten oder Händlern – sowie ausführlichere und kürzere Berichte über Branchen und Unternehmen. Marktberichte wurden immer codiert, die anderen Beiträge nur dann, wenn sie auf die Unternehmen bzw. Branchen Bezug nahmen.

Tabelle 5.3: Schlagwortliste zur Beitragsauswahl

Unternehmens- und Schlagwortliste für *Print-* und *Online-Codierung*					
Unternehmen (Tochtergesellschaften)			**Schlüsselworte (* = *rechtstrunkiert*)**		
DaimlerChrysler, Daimler, Chrysler			Auto*, Neuzulassungen, Mercedes (Benz), Smart		
(Deutsche) Telekom, T-Com, T-Mobile, T-Systems			Telekommunikation*, Mobilfunk*, T-Aktie		
Infineon			Halbleiter*, Chip*, Speicherchip*		
(Deutsche) Lufthansa, Swiss Air			Fluggesellschaft*, Airlines, Logistik, Tourismus		
Evotec			Biotech*, Wirkstoff*		
Mobilcom					
Solarworld			Solar*, Energie, Erneuerbar*, Stromerzeug*		
T-Online			Internet*		
(CE) Consumer Electronic					
EM.TV			Filmrecht*, Medien*, TV-Recht*		
Zusätzliche Schlagwortliste für *Printcodierung* (links-/rechts/untrunkiert)					
Aktie	Anlage/Anleger	Börse	Euro/US-Dollar	Konjunktur	Konsum
Markt/Märkte	Öl	Rohstoff	Stimmung	Wachstum	Wert

5.2.1.2 Codier- und Kontexteinheit

Die *Codiereinheit* der Print- und Online-Codierung war der einzelne *Beitrag* im Print- oder Online-Medium. Während solche Beiträge als abgeschlossene redaktionelle Einheiten einfach zu definieren und identifizieren sind, verlangte die Fernsehcodierung etwas andere Vorgaben. Hier wurde das *Sendungselement* als Codiereinheit festgelegt – definiert als selbständiger Sendungsteil, der eine eigenständige Sinneinheit darstellt und klar von anderen abgrenzbar ist. Das konnte z.B. eine Meldung im Nachrichtenblock oder ein Moderatoren-Talk sein, aber auch die Kombination aus Anmoderation und Filmbericht, solange ein Sinnzusammenhang bestand. Nach dieser Logik waren auch Interviews innerhalb eines Beitrags beitragsabhängig und wurden diesem zugeordnet. Eigenständige Interviews z.B. an Börsenplätzen zu mehreren Themen wurden dagegen als eigene Sendungselemente codiert (z.B. „Bericht aus Frankfurt" bei der ‚Telebörse'). Als *Kontexteinheit* für Zweifelsfälle gelten alle Beiträge des betreffenden Medienangebots im Untersuchungszeitraum – also z.B. alle Beiträge in der betreffenden Sendung ‚Börse im Ersten'.

5.2.2 Codierlogik und Kategoriensystem

Für die Print-, Fernseh- und Online-Berichterstattung wurden zahlreiche formale sowie inhaltliche Merkmale codiert.

5.2.2.1 Formale Kategorien

Die *formalen Kategorien* zeigt Tabelle 5.4. Medium, Datum und Stilform wurden für alle Mediengattungen codiert. Die übrigen Kategorien waren gattungsspezifisch: Für Online-Beiträge wurde der Zeitpunkt ihrer Veröffentlichung erfasst, um ‚frühe' und ‚späte' Beiträge an einem Handelstag unterscheiden und jeweils die Wechselwirkung mit dem Tageskurs eines Unternehmens bestimmen zu können. Das gleiche galt für die Kategorie ‚Quelle/Verfasser'. Ressort (z.B. „Börse & Finanzen") und Platzierung wurden nur für die Print-Berichterstattung erfasst. Die Dauer des Sendungselements konnte nur für das Fernsehen codiert werden. Dagegen wurde hier keine Unternehmensnennung in Überschrift oder Anmoderation erfasst.

Tabelle 5.4: Formale Kategorien

Kategorie	Print	Fernsehen	Online
Medium	X	X	X
Datum	X	X	X
Zeitpunkt der Veröffentlichung			X
Quelle/Verfasser	X		X
Stilform	X	X	X
Ressort	X		
Platzierung	X		
Dauer		X	
Unternehmen in Überschrift	X		X

5.2.2.2 Inhaltliche Kategorien

Die *inhaltlichen Kategorien* waren für die drei Mediengattungen in der Regel vergleichbar. Zunächst war zu ermitteln, welcher von drei *thematischen Bereichen* im Beitrag vorkam (vgl. auch Kapitel 3.2.3.1):

- Thematischer Bereich A „Wirtschaft(spolitik)"
- Thematischer Bereich B „Börse & Indizes"
- Thematischer Bereich C „Branche & Unternehmen"

Im Extremfall konnten alle drei, es musste aber mindestens einer der Bereiche im Beitrag auftauchen. Für jeden im Beitrag erwähnten Bereich wurden weitere Kategorien codiert. Wurde ein Themenbereich nicht angesprochen, konnte dieser nicht erfasst werden. Einen Überblick darüber, welche Merkmale bei welchem Bereich codiert werden konnten, gibt Tabelle 5.5.

Tabelle 5.5: Inhaltliche Kategorien nach thematischen Bereichen

Kategorie	Bereich A	Bereich B	Bereich C
Branche bzw. Unternehmen			X
Thema	X	X	X
Valenz	X	X	X
Tenor	X	X	X
(Inter-)Nationaler Bezug	X	X	X
Abweichung von Branche			X
Analysten-Einschätzung		X	X
Journalisten-Einschätzung		*nur Print und TV*	

Codierlogik und Kategorien für Bereich A „Wirtschaft(spolitik)"

Thematisierte der Beitrag den *Themenbereich A „Wirtschaft(spolitik)"*, wurden folgende Kategorien codiert: Thema, Valenz, Tenor und (inter-)nationaler Bezug. Relevante *Themen* bei Bereich A waren z.B. die Wirtschafts- bzw. Konjunkturlage, wirtschaftspolitische Entscheidungen oder Wechselkursverhältnisse (vgl. Tabelle 5.6). Pro Beitrag konnten hier bis zu drei Themen erfasst werden; bei mehr als drei wurden jene mit dem meisten Zeilenumfang codiert.

Zu jedem Thema wurde auch die *Valenz der Fakten* erfasst. Als Valenz galten positive oder negative Ausprägungen ‚harter' Fakten, also manifester Kennwerte. Codiert wurden nur explizit angesprochene Kennwerte. Dazu mussten die Begriffe aus dem Schlüsselplan (vgl. Tabelle 5.7) wörtlich oder inhaltlich identisch im Beitrag auftauchen. Zudem musste es um erwiesene Fakten gehen, nicht um Zukunftspläne oder Vorhaben. Kennwerte für den Bereich A waren z.B. Konjunkturindizes, Rohstoff- und Erzeugerpreise oder Zinsentwicklungen. Die Valenz der Kennwerte wurde aus Unternehmensperspektive festgelegt: So sind z.B. sinkende Lohnnebenkosten oder eine Leitzinssenkung aus Unternehmersicht eine positive Entwicklung (vgl. Tabelle 5.7).[80]

---

80 Bei mehreren Kennwerten mit unterschiedlichen Valenzen für das jeweilige Thema wurde die häufigste Valenz erfasst. Wurde die Valenz sprachlich abgeschwächt, wurde das im Zweifelsfall als neutrale Valenz gewertet.

Tabelle 5.6: Thema bei Bereich A

Code	Ausprägung	Beschreibung
100	***Wirtschaft (-spolitik) allgemein***	
110	Allgemeine Wirtschafts-, Konjunkturlage	Wirtschaftswachstum, Wirtschaftskrise, Konjunktur, „die Wirtschaft" usw. allgemein
111	Rohstoffe, Energie	Rohstoffpreise, Energiekosten
112	Konjunktur-, Verbrauchervertrauen-Indices usw.	Ifo-Geschäftsklimaindex, GfK-Konsumklimaindex usw.
113	Realdaten aus der Volkswirtschaft	BSP, BIP, Arbeitslosenquote, Export, Haushaltsdefizit
120	**Wirtschaftspolitische Entscheidungen**	
121	Arbeitsmarktpolitische Entscheidungen	Ausbildungsabgabe, Tarifpolitik, Ich-AG, Arbeitszeitverkürzung, Kündigungsrecht
122	Exportpolitische Entscheidungen	Außenhandelsentscheidungen
123	Investitionsprogramme	
124	Entscheidungen von Kartellbehörden	v.a. Genehmigung bzw. Einspruch gegen Fusion
130	**Finanz-, Währungspolitik**	Steuern, Steuerreform, Haushaltspolitik
131	Wechselkurse	Verhältnis € zu anderen Währungen (v.a. US $)
132	(Leit-)zinssatz	Zinssenkung bzw. -erhöhung durch Zentralbank, Aussagen über Zinsniveau im Allgemeinen
140	**Sozialversicherungen, Sozialsysteme**	Rentenversicherung, Krankenversicherung, Arbeitslosenversicherung
150	**Andere wirtschaftsrelevante Politikbereiche**	Verkehrspolitik, Agrarpolitik, Umweltpolitik, Bildungspolitik

Zudem wurde der *Tenor* jedes Themas erfasst (vgl. Tabelle 5.8). Hier ging es um positive bzw. negative Aspekte des Themas, die durch die Valenz nicht ‚abgedeckt' waren, sowie um explizite Bewertungen. Grundsätzlich konnte der Tenor auf drei Arten erkennbar werden:[81]

- *Fall 1*: Der Beitrag spricht positive oder negative Aspekte (außer Valenz-Kennwerte) des Themas an (z.B. Skandal im Management).
- *Fall 2*: Der Beitrag stellt das Thema explizit wertend dar (z.B. anhand wertender Adjektive, Verben, Adverbien wie „beängstigend").
- *Fall 3*: Im Beitrag kommen themenbezogene Aspekte und Wertungen gleichermaßen vor. Ein positiver (negativer) Tenor wurde codiert, wenn Aspekt und Wertung gleichgerichtet positiv (negativ) waren. Ein ambivalenter Tenor wurde codiert, wenn Aspekt und Wertung gegengerichtet ausfielen (positiv/negativ oder negativ/positiv).

---

81 Entscheidend war immer der ‚Common Sense', also was die meisten Menschen für positiv oder negativ halten.

Tabelle 5.7: Valenz und (inter-)nationaler Bezug bei Bereich A

Valenz der Fakten			
Code	**Ausprägung**	**Beschreibung**	
1	Positiv	Wachstumszahlen, Konjunkturberichte ↑	
		Rohstoff- und Erzeugerpreise ↓	
		Indizes (Ifo-Geschäftsklimaindex usw.) ↑	
		Investitionsbereitschaft ↑	
		BIP, BSP, Export, Konsumrate ↑	
		Arbeitslosigkeit, Haushaltsdefizit, Staatsverschuldung ↓	
		Regelungen für ↓ Unternehmenskosten	
		Einreise-/Aufenthaltsbedingungen für ausländische qualifizierte Arbeitskräfte ↑	
		Lockerung Kündigungsschutz, Vereinfachungen Arbeitsrecht	
		Beschluss Investitionsprogramm	
		Genehmigung einer Fusion	
		Steuern ↓, Steuervereinfachung	
		Euro-Kurs im Vergleich zu anderen Währungen (v.a. zum $) ↓	
		Zinsen ↓	
		Regelungen für ↓ Lohnnebenkosten, Kranken-/Rentenversicherung usw. ↓	
2	Negativ	Wachstumszahlen, Konjunkturberichte ↓	
		Rohstoff- und Erzeugerpreise ↑	
		Indizes (Ifo-Geschäftsklimaindex usw.) ↓	
		Investitionsbereitschaft ↓	
		BIP, BSP, Export, Konsumrate ↓	
		Arbeitslosigkeit, Haushaltsdefizit, Staatsverschuldung ↑	
		Regelungen für ↑ Unternehmenskosten	
		Einreise-/Aufenthaltsbedingungen für ausländische qualifizierte Arbeitskräfte ↓	
		Verschärfung Kündigungsschutz, Komplizierteres Arbeitsrecht	
		Ablehnung Investitionsprogramm	
		Verbot einer Fusion	
		Steuern ↑, Komplizierteres Steuerrecht	
		Euro-Kurs im Vergleich zu anderen Währungen (v.a. zum $) ↑	
		Zinsen ↑	
		Regelungen für ↑ Lohnnebenkosten, Kranken-/Rentenversicherung usw. ↑	
0	Ambivalent, nicht entscheidbar		
9	Nicht angesprochen		
(Inter-)nationaler Bezug			
Code	**Ausprägung**	**Beschreibung**	
1	Deutschland	Deutsche Wirtschaft(spolitik)	
2	Ausland	Ausländische Wirtschaft(spolitik)	z.B. Frankreich, Asien
3	International	Internationale, globale, europäische Wirtschaft(spolitik)	z.B. Europa insgesamt
9	Nicht angesprochen/entscheidbar		

Tabelle 5.8: Tenor des Themas (für alle drei Bereiche A bis C)

Code	Ausprägung	Beschreibung
1	Positiver Tenor	Positive Aspekte des Themas angesprochen z.B. „Innerbetriebliche Einigung *bei* ..."
		Positive Darstellung des Themas z.B. „*Infineon hat seinen Überschuss im Vergleich zur Konkurrenz* immerhin *durch Anteilsverkäufe* halten können"
2	Negativer Tenor	Negative Aspekte des Themas angesprochen z.B. „Skandal *bei* ... "
		Negative Darstellung des Themas z.B. „immer noch keine *Lösung der Führungskrise*" z.B. „*Infineon hat seinen Überschuss* lediglich *durch Anteilsverkäufe gesteigert*"
0	Ambivalent, nicht entscheidbar (z.B. „Führungskrise endlich gelöst")	
9	Nicht angesprochen	

Wenn es im Beitrag z.B. hieß: „In einer Studie des Marktforschungsinstituts Allensbach wurde der neue 5er-BMW von den Befragten vor allem wegen seines sportlichen Designs gelobt", dann wurde ein eindeutig positiver Aspekt erwähnt und daher ein positiver Tenor codiert. Die Codierung des Tenors erfolgte bei den beiden anderen Themenbereichen B und C analog.

Zuletzt wurde der *(inter-)nationale Bezug* pro Thema erfasst (vgl. Tabelle 5.7). Dahinter stand die Überlegung, dass ein international relevantes Thema eine größere Relevanz nahe legt als ein nationaler Themenbezug.

Codierlogik und Kategorien für Bereich B „Börse & Indizes"

Thematisierte der Beitrag den *Themenbereich B „Börse & Indizes"*, dann wurden folgende Kategorien codiert: Thema, Valenz, Tenor, (inter-)nationaler Bezug und Analysten-Einschätzung. Relevante *Themen* bei Bereich B waren deutsche und ausländische Börsen-Indizes bzw. das Geschehen auf dem betreffenden Börsenparkett (vgl. Tabelle 5.9). Pro Beitrag konnten erneut bis zu drei Themen für Bereich B erfasst werden.

Die *Valenz* des Themas bezog sich bei Bereich B auf die Eröffnungs- bzw. Schlussnotierung des jeweiligen Index bzw. der betreffenden Börse. Der *Tenor* wurde analog zu Bereich A codiert. Der *(inter-)nationale Bezug* wurde am Börsenplatz bzw. Index festgemacht (vgl. Tabelle 5.10).

Tabelle 5.9: Thema bei Bereich B

Code	Ausprägung
200	**Börse(n) allgemein**
210	**Deutsche Aktienindizes, (Börsenplätze)**
211	DAX
212	MDAX
213	SDAX
214	TecDAX
220	**Ausländische Aktienindizes, (Börsenplätze)**
221	Dow Jones
222	Euro Stoxx
223	Nasdaq
224	Nikkei
225	Stoxx
226	S&P

Bei Bereich B „Börse & Indizes" konnte zusätzlich pro Thema eine *Analysten-Einschätzung* erfasst werden. Darauf gehen wir bei Bereich C ein.

Tabelle 5.10: Valenz und (inter-)nationaler Bezug bei Bereich B

\multicolumn{3}{l}{**Valenz der Fakten**}		
Code	Ausprägung	Beschreibung
1	Positiv	Börse eröffnet/schließt ↑
		Index (z.B. DAX) ↑
2	Negativ	Börse eröffnet/schließt ↓
		Index (z.B. DAX) ↓
0	**Ambivalent, nicht entscheidbar**	
	z.B. „DAX nahezu unverändert in Handel gestartet. Er gewann um 0,01 Prozent dazu"	
9	**Nicht angesprochen**	
\multicolumn{3}{l}{**(Inter-)nationaler Bezug**}		
Code	Ausprägung	Beschreibung
1	Deutschland	Börsenplätze in Deutschland, deutsche Aktienindizes
2	Ausland	Börsenplätze im Ausland, ausländische Aktienindizes
3	International	Aktienindizes international, global, europäisch
9	Nicht angesprochen/entscheidbar	

Codierlogik und Kategorien für Bereich C „Branche & Unternehmen"

Bei Bereich C „Branche & Unternehmen" wich die Codierlogik von den beiden anderen Bereichen A und B etwas ab:

○ Im ersten Schritt wurden die im Beitrag erwähnten Branchen bzw. Unternehmen erfasst. Pro Beitrag konnten bis zu fünf Branchen bzw. Unternehmen codiert werden. Dabei wurde grundsätzlich den zehn relevanten Unternehmen (DaimlerChrysler, Deutsche Telekom, Infineon, Consumer Electronics usw.) der Vorrang vor den dazugehörigen Branchen und vor den jeweiligen Konkurrenzunternehmen eingeräumt. Zudem war der Zeilenumfang ausschlaggebend.[82]

○ Pro Branche bzw. Unternehmen konnten bis zu fünf Themen – bei Online-Beiträgen bis zu drei Themen – codiert werden. Pro Thema wurden erneut die Valenz, der Tenor und der (inter-)nationale Bezug erfasst. Zusätzlich haben wir erfasst, ob das Unternehmen bei dem betreffenden Thema (z.B. Umsatz, Management oder Unternehmensstrukturen) von der Branche abwich.

○ Zudem konnten pro Unternehmen bzw. Branche die Einschätzung von Analysten, die im Beitrag referiert oder zitiert wurden, sowie die Einschätzung des Beitragsautors selbst codiert werden.

Wie erwähnt, konnten bis zu fünf Branchen bzw. Unternehmen codiert werden. Die Branchen und Unternehmen (vgl. Kapitel 5.1) zeigt Tabelle 5.11. Da es 2005 zur Fusion zwischen Mobilcom mit Freenet kam, war der Schlüsselplan hier etwas spezifischer.

Tabelle 5.11: Branchen und Unternehmen bei Bereich C

Code	Ausprägung
100	**Branche „Automobil" (keine Zulieferer wie Bosch, Continental)**
110	Unternehmen Deutschland insgesamt (z.B. „Deutsche Autohersteller")
111	*DaimlerChrysler, Daimler, Chrysler*
119	*Andere deutsche Unternehmen*
120	Unternehmen Ausland
130	Unternehmen international (z.B. „europäische Autobauer")
200	**Branche „Biotechnologie" (Wirkstoffforschung, -herstellung)**
210	Unternehmen Deutschland insgesamt
211	*Evotec*
Fortsetzung	

---

82 Erwähnte der Beitrag z.B. ‚Infineon' und ‚Evotec', dann wurden zunächst alle Themen zu diesen beiden Unternehmen codiert. Wurden auch Aussagen zur Halbleiterbranche und Biotechnologie gemacht, dann wurden auch diese beiden Branchen erfasst. Danach konnte noch ein Konkurrenzunternehmen erfasst werden.

Tabelle 5.11: Branchen und Unternehmen bei Bereich C (Fortsetzung)

Code	Ausprägung
219	Andere deutsche Unternehmen
220	Unternehmen Ausland
230	Unternehmen international
300	**Branche „Erneuerbare Energie" (keine traditionellen Versorger wie E.ON)**
310	Unternehmen Deutschland insgesamt
311	Solarworld
319	Andere deutsche Unternehmen
320	Unternehmen Ausland
330	Unternehmen international
400	**Branche „Halbleitertechnologie/Chiphersteller"**
410	Unternehmen Deutschland insgesamt
411	Infineon
412	CE Consumer Electronic
419	Andere deutsche Unternehmen
420	Unternehmen Ausland
430	Unternehmen international
500	**Branche „Internet Service Provider"**
510	Unternehmen Deutschland insgesamt
511	T-Online
519	Andere deutsche Unternehmen
520	Unternehmen Ausland
530	Unternehmen international
600	**Branche „Medien" (keine Rundfunkbetreiber wie ProSieben, Sat.1)**
610	Unternehmen Deutschland insgesamt
611	EM.TV
619	Andere deutsche Unternehmen
620	Unternehmen Ausland
630	Unternehmen international
700	**Branche „Telekommunikation" (Festnetz- und Mobilfunkbetreiber)**
710	Unternehmen Deutschland insgesamt
711	Deutsche Telekom, T-Com, T-Mobile, T-Systems
712	Mobilcom
713	Freenet (nur im Zusammenhang mit Mobilcom)
714	Mobilcom/Freenet
719	Andere deutsche Unternehmen
720	Unternehmen Ausland
730	Unternehmen international
800	**Branche „Transport & Logistik"**
810	Unternehmen Deutschland insgesamt
811	(Deutsche) Lufthansa, Swiss Air
819	Andere deutsche Unternehmen
820	Unternehmen Ausland
830	Unternehmen international

Eine Branche bzw. ein Unternehmen musste entweder explizit namentlich genannt sein oder es mussten folgende Begriffe im Beitrag auftauchen:

- *-Branche (z.b. Mobilfunkbranche, Halbleiterbranche)
- *-Sektor (z.b. Autosektor, Biotech-Sektor)
- *-Unternehmen, *-Firmen, *-Konzerne (z.b. Solarunternehmen)
- *-Werte, *-Papiere, *-Kurse, *-Aktien (Mobilfunkwerte, Autowerte, Biotech-Aktien)
- Mobilfunkanbieter, Autobauer, Chip-Hersteller u.ä.

Wurden Unternehmen bzw. Branchen nur im Nebensatz erwähnt, ohne dass zu ihnen etwas ‚Eigenständiges' bzw. ‚Substanzielles' gesagt wurde, dann wurden sie nicht codiert.

Tabelle 5.12: Thema bei Bereich C

Code	Ausprägung	Beschreibung
300	**Branche/Markt/ Unternehmen allgemein**	Übergeordnete, allgemeine Aussagen über Branche
310	**Strukturen**	Expansion, Fusion, Übernahme, Kooperation, Allianz mit anderen Unternehmen, Standortfragen, Verkauf einzelner Unternehmensteile, Sanierung
320	**Personal, Arbeitsplätze**	
330	**Innerbetriebliches**	Gehälter, Arbeitszeiten, Tarifabschlüsse
340	**Führung, Management**	Führungspersonal, Führungspersonalwechsel
350	**Forschung, Entwicklung, Produkte/Angebote**	Auch Produktpalette, Investition, Innovation, „Kundenprogramme"
360	**(Unternehmens-)Zahlen**	
361	Umsatz, Absatz, Kundenzahlen, Passagierzahlen u.ä.	Auch Auftragslage, Marktposition im Zusammenhang von Umsatz/Absatz, zukünftige Aussichten
362	Kennwerte aus Bilanz/zur Finanzlage (des Unternehmens)	Gewinn, Verlust, Verschuldung, Eigenkapital, Fremdkapital, Vermögen, Cashflow, Rentabilität, Liquidität
370	**Börsen-Kennwerte** (für Unternehmen)	Kurs, Kursziel, KGV (Kurs/Gewinn-Verhältnis), Kurs/Cash Flow-Verhältnis, Kurs/Umsatz-Verhältnis, Dividende, Dividendenrendite, Marktkapitalisierung, Volatilität, Gewinn je Aktie
999	**Anderes Thema**	

Die *Themen* bei Bereich C zeigt Tabelle 5.12. Wie erwähnt, konnten pro Unternehmen bis zu fünf (bei Online-Beiträgen: bis zu drei) Themen codiert werden. Bei mehr als fünf (bzw. drei) Themen wurde Branchen-Kennwerten (z.B. Aktienkurs) der Vorrang gegeben, weil sie für unsere Fragestellung zentralen Stellenwert hatten. Der Schlüsselplan deckt alle relevanten Themen der Berichterstattung über Unternehmen und Branchen ab. Die Festlegung der Ausprägungen der Kategorie erfolgte theorie- und empiriegeleitet. Theoriegeleitet war z.b. zu vermuten, dass Informationen mit einer bestimmten Valenz wie z.b. „Abbau von Arbeitsplätzen" für Anleger wichtig werden können. Empiriegeleitet hatte sich z.b. gezeigt, dass viele Beiträge bei Unternehmenszahlen nur Umsatz und Bilanzen unterschieden. Daher wurde hier – wie auch bei anderen Aspekten (z.b. Unternehmensstrukturen) – nicht weiter differenziert.

Als *Valenz* interessierten bei Bereich C nicht allgemeine Wirtschaftsindikatoren oder Börsen-Indizes, sondern branchen- und unternehmensbezogene Kennwerte wie z.b. Kundenzahlen, Branchen- und Aktienkursentwicklung oder Kurs-Gewinn-Verhältnis des Unternehmens (vgl. Tabelle 5.13). Der *Tenor* des Themas wurde analog zu den Bereichen A und B erfasst.

Tabelle 5.13: Valenz und (inter-)nationaler Bezug bei Bereich C

Valenz der Fakten		
Code	Ausprägung	Beschreibung
1	Positiv	Marktlage allgemein, Preise für Produkte/Leistungen in Branche XY ↑
		Branchen-, Marktentwicklung ↑
		Investoren und Partnerschaften (z.B. „Verträge abgeschlossen")
		Expansion (Standort), Kooperation, Partnerschaft, Übernahme, Fusion u.ä.
		Neueinstellung von Arbeitskräften, Ausbildung ↑
		Längere Arbeitszeiten, niedrigere Löhne
		Kundenzahlen, Marktanteil, Auftragseingänge ↑ Marktführer
		Umsatz (aus Bilanz), Gewinn, Geschäftszahlen, Rentabilität, Liquidität, EBITDA, EBIT, Sicherheiten, Überschuss ↑
		Aktienkurs, Kursziel, Dividende, Gewinn je Aktie (EPS) ↑
		KGV ↓
2	Negativ	Marktlage allgemein, Preise für Produkte/Leistungen in Branche XY ↓
		Branchen-, Marktentwicklung ↓
		Investoren und Partnerschaften (z.B. „Verträge gekündigt", „keine Einigung" etc.)
		Schließung Standort, Abstoßen von Geschäftsfeldern
		Entlassungen, weniger Ausbildungsplätze
		Geringere Arbeitszeiten, höhere Löhne
		Kundenzahlen, Marktanteil, Auftragseingänge ↓ „Schlusslicht" Branche
		Umsatz (aus Bilanz), Gewinn, Geschäftszahlen, Rentabilität, Liquidität, EBITDA, EBIT, Sicherheiten, Überschuss ↓
		Aktienkurs, Kursziel, Dividende, Gewinn je Aktie (EPS) ↓
		KGV ↑
0	Ambivalent, nicht entscheidbar (z.B. „bald möglicher Vertragsabschluss")	
9	Nicht angesprochen	
Fortsetzung		

Tabelle 5.13: Valenz und (inter-)nationaler Bezug bei Bereich C (Fortsetzung)

(Inter-)nationaler Bezug			
Code	Ausprägung	Beschreibung	
1	Deutschland	Branche/Unternehmen deutsch – **Deutscher Markt**	z.B. „Mehr deutsche Autos in Deutschland verkauft"
		Branche/Unternehmen ausländisch/international – **Deutscher Markt**	z.B. „Mehr japanische Autos in Deutschland verkauft"
2	Ausland	Branche/Unternehmen deutsch – **Ausländischer Markt**	z.B. „Mehr deutsche Autos in Frankreich verkauft"
		Branche/Unternehmen ausländisch/international – **Ausländischer Markt**	z.B. „Mehr japanische Autos in Frankreich verkauft"
3	International	Branche/Unternehmen deutsch – **Internationaler Markt**	z.B. „Mehr deutsche Autos in Europa/weltweit verkauft"
		Branche/Unternehmen ausländisch/international – **Internationaler Markt**	z.B. „Mehr japanische Autos in Europa/weltweit verkauft"
9	Nicht angesprochen/entscheidbar		z.B. „Mehr Autos weltweit verkauft", „Mehr deutsche Autos verkauft"

Der *(inter-)nationale Bezug* wurde bei Bereich C am angesprochenen Absatzmarkt festgemacht (vgl. Tabelle 5.13). So wurde ein internationaler Bezug z.B. codiert, wenn ein deutsches oder ausländisches Unternehmen auf dem internationalen Markt operierte („Mehr deutsche Autos weltweit verkauft"). Als internationaler Bezug galt auch ein europaweiter Raum (z.B. „auf dem europäischen Markt"), während jedoch ein einzelnes europäisches Land als Auslandsbezug codiert wurde (z.B. „auf dem japanischen Markt"). Codiert wurden nur explizite Aussagen, d.h. der Absatzraum bzw. Kundenmarkt musste eindeutig genannt sein. Das wäre z.B. nicht der Fall bei „Daimler-Chrysler entlässt 20.000 Beschäftigte, darunter auch 8.500 deutsche Arbeitnehmer". Codiert wurde dagegen z.B. „DaimlerChrysler erhofft sich weltweite Zuwächse".

Für jedes Thema pro Unternehmen war auch die *Abweichung von der Branche* zu codieren. Dabei ging es um die Frage, ob das Unternehmen (z.B. DaimlerChrysler) laut Beitrag im Hinblick auf das betreffende Thema (z.B. Aktienkurs) (mit) an der Spitze oder (mit) am Ende der Branche (z.B. Automobilbranche) oder auf dem gleichen Niveau rangiert (vgl. Tabelle 5.14). Auch bei dieser Kategorie wurde manifest codiert, d.h. der Bezug zur Branche musste klar erkennbar sein. Dafür genügte nicht, dass das Unternehmen nur mit einem Konkurrenten verglichen wurde.

Tabelle 5.14: Abweichung von der Branche bei Bereich C

Code	Ausprägung	Beschreibung
1	(Mit) an der Spitze der Branche	Valenz des Unternehmens ist besser als Valenz der meisten/aller anderen Unternehmen der Branche. (z.b. **„T-Mobile ist das am stärksten wachsende** Mobilfunkunternehmen in Deutschland" oder „T-Mobile ist **nach Vodafone das am stärksten wachsende Mobilfunkunternehmen** in Deutschland"
		Valenz des Aktienkurses ist besser als Valenz der meisten/aller anderen Aktienkurse der Branche bzw. des Branchenindex. (z.B. **„Autowerte kaum verändert**, der Kurs von DaimlerChrysler **stieg dagegen um 3%**" oder **„Nach BMW** verbuchte heute die Aktie von DaimlerChrysler den **größten Kursaufschlag unter den Autowerten**"
2	(Mit) am Ende der Branche	Valenz des Unternehmens ist schlechter als Valenz der meisten/aller anderen Unternehmen der Branche. (z.B. „T-Mobile ist das **am langsamsten wachsende** Mobilfunkunternehmen in Deutschland" oder „T-Mobile ist **nach Vodafone das am langsamsten wachsenden Mobilfunkunternehmen** in Deutschland"
		Valenz des Aktienkurses ist schlechter als Valenz der meisten/aller anderen Aktienkurse der Branche bzw. des Branchenindex. (z.B. **„Autowerte kaum verändert**, der Kurs von DaimlerChrysler **fiel dagegen um 3%**" oder **„Nach BMW** verbuchte die Aktie von DaimlerChrysler den **größten Kursabschlag unter den Autowerten**"
0	Genau so wie Branche	Valenz des Unternehmens ist gleich gut/schlecht wie Valenz der Branche.
		Valenz des Aktienkurses ist gleich der Valenz der meisten/aller anderen Aktienkurse der Branche bzw. des Branchenindex.
9	Nicht angesprochen/entscheidbar	

Für Unternehmen bzw. die Branche konnte eine Analysten- sowie eine Journalisten-Einschätzung codiert werden (vgl. Tabelle 5.15). Während Valenz, Tenor, (inter-)nationaler Bezug und Abweichung von der Branche themenbezogen erfasst wurden, bezog sich die Erfassung der Analysten- und der Journalisten-Einschätzung jeweils auf alle Themen zu Unternehmen bzw. zur Branche.

Im Gegensatz zur Valenz ging es bei der *Analysten-Einschätzung* nicht um positive oder negative Kennwerte, sondern um die *Einschätzung* durch Analysten. Allerdings mussten diese explizit im Beitrag genannt sein. Dazu musste ein Analyst oder Analystenhaus namentlich erwähnt sein, oder der Begriff „Analyst" musste fallen (z.B. „nach Analystenmeinung").[83] Codiert wurde zudem nur, wenn sich die Einschätzung auf die Gegenwart oder die Zukunft bezog. Nicht codiert wurde dagegen, wenn der Beitrag eine frühere Analysten-Einschätzung als Referenzgröße für aktuelle Entwicklungen erwähnte. Handelte

---

83 „Experten", „Händler" oder „Insider" galten dabei nicht als Analysten.

es sich um die Stilform ‚Analystenbeitrag', dann orientierte sich die Codierung der Analysten-Einschätzung an der *generellen* Empfehlung des Analysten (z.B. „Kaufen", „Halten", „Verkaufen", „Akkumulieren"). Um die Analysten-Einschätzung zu bestimmen, wurden alle für das Unternehmen bzw. die Branche genannten Schlüsselbegriffe bzw. Einschätzungen (vgl. Tabelle 5.15) gesammelt und die häufigste Richtung (positiv, negativ, ambivalent) als Gesamteinschätzung codiert. Dabei konnten durchaus z.B. alle Unternehmensthemen positiv, die Analysten-Einschätzung dagegen negativ ausfallen.

Die *Journalisten-Einschätzung* wurde für Online-Beiträge nicht codiert, da die Voranalysen gezeigt hatten, dass sich in solchen Beiträgen fast keine Einschätzungen fanden, die eindeutig erkennbar auf den Beitragsautor zurückgingen. Relevant wurde eine solche Codierung allerdings für die Print- und Fernsehcodierung. Dort gibt z.B. Frank Lehmann, den die ARD als „Börsenexperten" bezeichnet, in der „Börse im Ersten" relativ klare Einschätzungen ab.

Tabelle 5.15: Analysten-/Journalisten-Einschätzung bei Bereich C

Code	Ausprägung	Beschreibung (auch Varianten; z.B. Gewinner bei „Gewinn")
1	Positiv „Daumen nach oben"	Anlegerfreundlich
		Behauptet
		Bergauf
		Buy, Kaufen, Overweight, Outperform, Investiert bleiben
		Boom
		Chancen
		Entspannt
		Erfreulich
		Erholung
		Erwartungsvoll, hoffnungsvoll
		Euphorisch
		(Kurs) gut behauptet
		Kursziel heraufgesetzt/erhöht
		Heraufstufung
		Hoffnung
		Optimistisch
		Positive Impulse
		Trendwende
		Unterbewertetes Unternehmen, Papier u.ä. (-> Wert des Unternehmens an Börse)
		Vertrauen
		Empfehlung, Papiere aus dem Index im Depot überzugewichten
		Papiere des Index werden allgemein als unterbewertet angesehen↑
		Prognosen für den Gesamtindex gut oder ↑
		Stimmung am Markt (bezogen auf den Index) gut oder ↑
Fortsetzung		

Tabelle 5.15: Analysten-/Journalisten-Einschätzung bei Bereich C (Fortsetzung)

Code	Ausprägung	Beschreibung (auch Varianten; z.B. Gewinner bei „Gewinn")
2	Negativ, „Daumen nach unten"	Anlegerfeindlich
		Anspannung
		Nicht behauptet
		Bergab
		Befürchtung
		Depressiv
		Unter Druck
		Entmutigend
		Herabstufung
		Misstrauen
		Pessimistisch
		Negative Impulse
		Risiken
		(Kurs) schlecht behauptet
		Kursziel herabgesetzt/gesenkt
		Schlechte Kursperformance
		Stagnation, Stillstand
		Sell, Verkaufen, Underperform, Underweight, Downgrade
		Überbewertetes Unternehmen, Papier u.ä. (-> Wert des Unternehmens an Börse)
		Unerfreulich
		Empfehlung von Analysten, Papiere aus dem Index im Depot unterzugewichten
		Papiere des Index werden allgemein als überbewertet angesehen ↑
		Prognosen für den Gesamtindex schlecht oder ↓
		Stimmung am Markt (bezogen auf den Index) schlecht oder ↓
0	Ambivalent	**Hold, halten, neutral, market perform, in-line, akkumulieren**
9	Nicht angesprochen/entscheidbar	

Die Codierung der Einschätzung des Journalisten bzw. Beitrags-Autors folgt dem Schlüsselplan für die Analysten-Einschätzung (vgl. Tabelle 5.15). Eine Journalisten-Einschätzung wurde codiert, wenn der Beitrag eine Empfehlung enthielt (z.B. „Kaufen", „Halten", „Verkaufen"), aber weder ein Analyst noch ein Analystenhaus als Urheber dieser Einschätzung erwähnt wurde.

5.2.3 Reliabilität

Das Gütekriterium der Reliabilität drückt die Verlässlichkeit des Untersuchungsinstruments aus (vgl. Früh, 1998; Merten, 1995). Meistens wird die Reliabilität nach Holsti (1969) bestimmt. Dafür wird die paarweise Übereinstimmung zwischen den Codierungen von Codierer A und Codierer B berechnet (Inter-Coder-Reliabilität). Die Werte der ‚Holsti-Formel' liegen zwischen 0.00 und

1.00, wobei eine Reliabilität von r=1.00 eine perfekte Übereinstimmung zwischen den Codierungen beider Codierer anzeigt. Da die ‚Holsti-Formel' die Anzahl der Kategorienausprägungen nicht berücksichtigt, sollte pro Kategorie nicht nur der Reliabilitätswert, sondern auch die Anzahl der Kategorienausprägungen ausgewiesen werden.

Tabelle 5.16: Reliabilitätswerte (nach Holsti, 1969)

Form. Kateg.		Ausprägungen	Reliabilität Print	Online	TV
Medium, Stilform usw.		2 bis 6	0.98	0.98	0.95
Inhaltliche Kateg.	Ausprägung	(Einzel-) Ausprägungen	Reliabilität Print	Online	TV
Beitrag	Unternehmen in Überschrift (3x)	8 (53)	0.97	1.00	–
Bereich A	Bereich im Beitrag angesprochen [A]	2	0.94	0.96	0.94
	Thema (3x)	6 (11)	0.83	0.85	0.83
	Valenz (3x)	4	0.83	0.83	0.81
	Tenor (3x)	4	0.74	0.77	0.72
	(Inter-)Nationaler Bezug (3x)	3	0.93	0.94	0.92
Bereich B	Bereich im Beitrag angesprochen [A]	2	0.98	0.98	0.96
	Thema (3x)	3 (13)	0.94	1.00	0.97
	Valenz (3x) [B]	4	0.94	0.98	0.91
	Tenor (3x)	4	–	–	–
	(Inter-)Nationaler Bezug (3x)	4	1.00	1.00	1.00
	Analysten-Einschätzung (3x)	4	–	0.97	–
Bereich C	Bereich im Beitrag angesprochen [A]	2	1.00	1.00	0.98
	Unternehmen/Branchen (5x) [C]	8 (53)	0.92	0.92	0.85
	Thema (3-5x)	11	0.79	0.82	0.78
	Valenz (3-5x) [C]	4	0.85	0.86	0.83
	Tenor (3-5x)	4	0.72	0.75	0.73
	(Inter-)Nationaler Bezug (3-5x)	4	0.88	0.90	0.75
	Abweichung von Branche (3-5x)	4	–	–	–
	Analysten-Einschätzung (1x)	4	0.84	0.95	0.77
	Journalisten-Einschätzung (1x)	4	–	–	–

Lesebeispiel/Hinweise:
[A] Von der übereinstimmenden Entscheidung, ob der betreffende Bereich codiert wird, hängen die weiteren Reliabilitäten ab.
[B] Print/Bereich B: Im Durchschnitt stimmten 94 Prozent der Codierungen der Valenz überein.
[C] Wurden Unternehmen bzw. Branche übereinstimmend codiert (Print: 92 Prozent aller Fälle), dann stimmte in 85 Prozent der Fälle auch die codierte Valenz für das codierte Unternehmensthema überein. Diese Reliabilitätswerte hängen aber von der identischen Codierung des Unternehmens bzw. der Branche ab. Die abhängige Übereinstimmung lässt sich berechnen, wenn man die Reliabilität für Unternehmen bzw. Branche (r=0.92) und jene für Valenz (r=0.85) multipliziert. *Die endgültige Reliabilität liegt dann bei 0.92 * 0.85 = 0.78.*
Basis: 21 Beiträge (mit insgesamt 36 Unternehmen).

Tabelle 5.16 zeigt die *Inter-Coder-Reliabilitätswerte* für alle Kategorien und Medien. Die Reliabilitätswerte sind Mittelwerte aus paarweisen Vergleichen (Holsti-Formel) der Codierungen von 17 studentischen Hilfskräften. Der Test berücksichtigte pro Mediengattung sieben Beiträge, also insgesamt 21 Beiträge. Im Durchschnitt behandelte ein Beitrag ein bis zwei Unternehmen und dabei rund zwei Themen je Unternehmen. Zur Interpretation der Werte sind einige Hinweise notwendig: Sind keine Werte ausgewiesen, dann konnte die Kategorie bei der Stichprobe nicht codiert werden. Haben zwei Kategorien den gleichen Reliabilitätswert, dann ist der Wert jener Kategorie besser, die mehr Ausprägungen hat, also den Codierern mehr Entscheidungsalternativen vorgibt. Die meisten Entscheidungen waren abhängig von vorherigen Codierungen. Dazu ein Beispiel für Bereich C: Die Codierer hatten zunächst zu entscheiden, ob der Beitrag den Bereich behandelte. Davon hing ab, ob Unternehmen bzw. Branchen codiert wurden. Hier mussten die Codierer erst die Unternehmen bzw. Branchen identifizieren. Davon hing ab, welche Themen, Valenzen usw. pro Unternehmen bzw. Branche codiert wurden. Die Berechnung der Reliabilität für die Valenz setzt also voraus, dass die Codierer dieselben Unternehmen codiert haben. Das war bei 92 Prozent der Printcodierungen der Fall. Daher muss die Reliabilität für die Valenzen mit der Reliabilität der zuvor codierten Unternehmen gewichtet, also multipliziert werden (insgesamt: $r=0.78$).

Insgesamt sind die Reliabilitätswerte sehr zufrieden stellend. Bei der Fernsehcodierung sind sie durchweg geringer, was damit erklärt werden kann, dass die schriftliche Form der Print- und Online-Beiträge einige Codierentscheidungen erleichtert hat. Erwartungsgemäß fielen die Codierungen einiger Kategorien weniger übereinstimmend aus als andere, was nicht nur mit der Anzahl der Entscheidungsalternativen zusammenhing. So haben wir für die Codierung der Valenz eine umfangreiche Liste manifester Schlüsselwörter und Formulierungen vorgegeben. Entsprechend reliabel war diese z.B. bei Bereich C (z.B. Online: $r=0.86$). Für die Codierung des Tenors wurden ebenfalls entsprechende Codieranweisungen gegeben. Hier gibt es aber mehr Interpretationsspielräume für die Codierer, die sich in geringeren Reliabilitätswerten ausdrücken.

5.3 Sekundäranalysen und Datenaufbereitung

Neben der Inhaltsanalyse der Online-, Print- und Fernsehberichterstattung haben wir die Aktienkurse sowie das Handelsvolumen der zehn ausgewählten Unternehmen (vgl. Tabelle 5.1 in Kapitel 5.1) berücksichtigt. Wir stellen zunächst die Sekundärdaten vor. Danach erläutern wir die Erstellung und Bereinigung der Zeitreihen aus der Primär- und der Sekundäranalyse.

5.3.1 Sekundäranalyse – Aktienkurse und Handelsvolumina

Die Aktienkurse und Handelsvolumina können über den Online-Dienst ‚Yahoo' für zahlreiche Unternehmen kostenfrei sowie für zurückliegende Zeiträume abgerufen werden.[84] Für unsere Sekundäranalyse haben wir die Aktienkurse und Handelsvolumina der erwähnten zehn deutschen Unternehmen berücksichtigt. Diese Daten haben wir stichprobenartig mit den Veröffentlichungen der Börsenteile der ‚Süddeutschen Zeitung' und der ‚Frankfurter Allgemeinen Zeitung' abgeglichen, um ihre Richtigkeit zu prüfen. Für unsere Untersuchung berücksichtigen wir die Schlussnotierungen der zehn deutschen Unternehmen im XETRA-Handel (vgl. Abbildung 2.1 in Kapitel 2.1.1). Sie werden im XETRA-Handel in einer Schlussauktion ab 17:30 Uhr festgestellt.

Die Handelsvolumina können über die gleiche Internet-Plattform auf Tagesbasis abgerufen werden. Wir berücksichtigen dabei die gehandelten Stückzahlen an den Präsenzbörsen in Frankfurt, München und Stuttgart sowie das Volumen im XETRA-Handel. Es gibt zwar noch fünf weitere Präsenzbörsen.[85] Zu diesen waren aber nicht für alle zehn Unternehmen die jeweiligen Handelsvolumina abrufbar. Das ist allerdings relativ unproblematisch, da es sich bei den nicht berücksichtigten Präsenzbörsen um sehr kleine Börsen handelt, über die nur ein Bruchteil des gesamten Umsatzes z.B. eines Unternehmens wie DaimlerChrylser abgewickelt wird.

Unsere Untersuchung zielt auf die (Kausal-)Zusammenhänge zwischen Aktienberichterstattung sowie Aktienkursen bzw. Handelsvolumina. Damit führen wir eine *Aggregatanalyse* durch. Denn wir korrelieren die Gesamtberichterstattung mit dem im Aktienkurs bzw. Handelsvolumen sichtbaren aggregierten Anlegerverhalten. Dabei korrelieren wir Zeitreihen auf Tagesbasis – beispielsweise die Entwicklung der Anzahl der Online-Berichte über DaimlerChrysler und den Verlauf des Kurses der Aktie von DaimlerChrysler. Die so erstellten und zuvor jeweils bereinigten Zeitreihen wurden sowohl synchron als auch zeitverschoben miteinander korreliert. Anhand der signifikanten Korrelationswerte bei bestimmten zeitlichen Konstellationen (in Tagesschritten) lassen sich dann Aussagen über die zeitliche Dynamik und über wahrscheinliche bzw. unwahrscheinliche Kausalzusammenhänge treffen (vgl. Kapitel 5.4.2).

---

84   Unter http://de.finance.yahoo.com/ kann man das Unternehmen suchen und nach der Auswahl eines Börsenplatzes die Kurshistorie und das Handelsvolumen auf Tagesbasis abrufen.
85   Dabei handelt es sich um die Börsen in Berlin, in Bremen, in Düsseldorf, in Hamburg und in Hannover.

5.3.2 Erstellung und Aufbereitung der Zeitreihen der Primäranalyse

Die Daten der inhaltsanalytischen Primärerhebung wurden in mehreren Schritten aufbereitet und aggregiert. Dazu waren zuerst zwei Schritte notwendig:

- Zuordnung zu Handelstagen
- Erstellung der Zeitreihen

Im ersten Schritt mussten die Medienbeiträge der ‚Logik der Börse' angepasst werden, also Handelstagen zugeordnet werden.[86] Auf diese Weise hatten die Medien-Zeitreihen später genau so viele Messzeitpunkte, wie es Handelstage gab. Die Zuordnung erfolgte teilweise unterschiedlich für die drei Mediengattungen: (1) Die Artikel, welche die Tageszeitungen in ihrer Samstags- bzw. Sonntagsausgabe publizierten, wurden dem nächsten Handelstag zugeordnet, in aller Regel dem nachfolgenden Montag. Analog wurde mit Beiträgen verfahren, die am Wochenende in den Online-Portalen erschienen. (2) Zusätzlich war eine Besonderheit bei Online-Beiträgen zu berücksichtigen. Im Internet werden fortlaufend neue Artikel publiziert. Die Feststellung der Schlusskurse im XETRA-Handel erfolgt aber ab 17:30 Uhr. Da wir für Online-Beiträge die exakte Uhrzeit ihrer Veröffentlichung kannten, ließen sich jene Beiträge, die nach 17:30 Uhr veröffentlicht wurden, dem nächsten Handelstag zuordnen. Ingesamt wurden jedoch nur zwölf Prozent dieser Beiträge am Wochenende oder nach 17:30 Uhr publiziert, so dass die Anpassung nur wenige Artikel betraf. (3) Da die Fernsehsendungen von Montag bis Freitag ausgestrahlt werden, stellte sich das Problem der Zuordnung zu Handelstagen zunächst nicht. Allerdings laufen die Sendungen erst nach 17:30 Uhr. Daher haben wir die aktuelle Sendung jeweils dem nächsten Handelstag zugeordnet. An dieser Stelle sei für die in Kapitel 6.2 präsentierten Befunde allerdings bereits betont, dass wir die *Kreuzkorrelationsergebnisse für alle Mediengattungen später vereinheitlicht* haben.[87] Dadurch ist z.B. eine synchrone Kreuzkorrelation bei allen Mediengattungen vergleichbar zu lesen. Die gattungsspezifische Anpassung und die gattungsübergreifende Angleichung waren aus zwei Gründen notwendig: Zum einen ließen sich nur so die Ergebnisse für die drei Mediengattungen direkt vergleichen. Zum anderen konnten wir nur unter dieser Voraussetzung auch die Rolle intermedialer Konsonanz untersuchen (vgl. Tabelle 6.38 in Kapitel 6.2.3).

---

86 Zu einem ähnlichen Problem vgl. Krause & Gehrau (2007).
87 Dazu wurden z.B. alle Kreuzkorrelationen zwischen Fernsehberichterstattung und Aktienkursen bzw. Handelsvolumina wieder um einen Handelstag ‚zurück verschoben', um die Darstellungslogik jener bei den Kreuzkorrelationen für die Print- und Online-Medien anzupassen (vgl. z.B. Tabelle 6.25 in Kapitel 6.2.2).

Im zweiten Schritt wurden die jeweiligen Merkmale der Berichterstattung auf Basis von Handelstagen aggregiert. So repräsentiert z.b. die Zeitreihe ‚Headline-Präsenz' für DaimlerChrysler (DCX) die tägliche Anzahl der Nennungen des Unternehmens in den Überschriften z.B. der Online-Beiträge. Auf diese Weise ergaben sich separate Zeitreihen für beide Jahre: In den Monaten Juli und August 2005 fand an insgesamt 44 Tagen Börsenhandel statt. In den Monaten Januar bis August 2000 waren es 171 Handelstage. Somit wurden Zeitreihen mit jeweils 44 bzw. 171 Messzeitpunkten gebildet. Die Erstellung der Zeitreihen erfolgte separat für jedes der zehn Unternehmen und für jede Mediengattung. Wir erläutern das ausführlicher *am Beispiel von DaimlerChrysler (DCX)*. Wie die Zeitreihen ARIMA-bereinigt wurden, erläutern wir in Kapitel 5.4. Grundsätzlich wurden drei Typen von Zeitreihen gebildet:

- Zeitreihen zur Quantität der Berichterstattung
- Zeitreihen zur Qualität der Berichterstattung
- Zeitreihen zur intermedialen Konsonanz

(1) Der erste Typ von Zeitreihen bildet die tägliche *Quantität* der Berichterstattung zum Unternehmen oder einzelnen Themen ab. So kann man aus der Zeitreihe ‚Headline-Präsenz' ablesen, wie häufig DCX an den betreffenden Handelstagen jeweils in den Überschriften z.B. der Tageszeitungen vorkam. Die Zeitreihe ‚Gesamtpräsenz' repräsentiert die tägliche Anzahl aller zu DCX genannten Themen z.B. in den Fernsehsendungen. Zu jedem Unternehmen konnten pro Beitrag bis zu fünf Themen erfasst werden (vgl. Tabelle 5.12 in Kapitel 5.2.2). Davon ausgehend wurden auch themenspezifische Zeitreihen gebildet. So repräsentiert z.B. die Zeitreihe ‚Börsen-Kennwerte' die tägliche Anzahl der Nennungen von Börsen-Kennwerten für DCX z.B. in Online-Beiträgen. Weitere Themen betrafen das Unternehmen allgemein, dessen Strukturen, das Personal, das Management, innerbetriebliche Aspekte, die Produkte, den Absatz, die Bilanzen sowie die Unternehmenszahlen von DCX (vgl. Tabelle 5.17).

(2) Der zweite Typ von Zeitreihen bildet die *Qualität* der Berichterstattung ab. So wurden z.B. alle pro Handelstag innerhalb einer Mediengattung publizierten Analysten-Einschätzungen aggregiert und als Zeitreihe abgebildet. Die Werte der Zeitreihe sind umso positiver, je größer der Überhang von Kauf- gegenüber Verkaufsempfehlungen am betreffenden Handelstag ausfällt. Im umgekehrten Fall wurde dem Handelstag ein entsprechender negativer Wert zugewiesen. Auf vergleichbare Weise wurden Zeitreihen zur ‚Gesamtvalenz', zum ‚Gesamttenor' und zu ‚Journalisten-Einschätzungen' erstellt. Die Gesamtvalenz und der Gesamttenor geben – aggregiert für alle Themen – den Überhang positiver

und negativer Kennwerte bzw. positiver und negativer Darstellungen bzw. Themenaspekte pro Handelstag wieder (vgl. auch Kapitel 5.2.2.2).

Tabelle 5.17: Erstellte Medien-Zeitreihen am Beispiel der Print-, TV- und Online-Berichterstattung über DaimlerChrysler (DCX) 2005 (44 Handelstage)

Zeitreihe (pro Mediengattung)	Fallzahlen %	< 15%?	Zeitreihe (pro Mediengattung)	Fallzahlen %	< 15%?
Gesamtvalenz	82		Headline-Präsenz	98	
Gesamttenor	84		Gesamtpräsenz (Themen)	100	
Analysten-Einschätzung	68		Journalisten-Einschätzung	1	zu gering
Anzahl					
Unternehmen allgemein	40		Produkte	69	
Strukturen	67		Absatz	78	
Personal	40		Bilanzen	58	
Innerbetriebliches	19		Unternehmenszahlen	87	
Management	60		Börsen-Kennwerte	91	
Valenz					
Unternehmen allgemein	9	zu gering	*Produkte*	18	zu gering
Strukturen	27		*Absatz*	51	
Personal	9	zu gering	*Bilanzen*	31	
Innerbetriebliches	4	zu gering	*Unternehmenszahlen*	60	
Management	14	zu gering	*Börsen-Kennwerte*	76	
Tenor					
Unternehmen allgemein	18	zu gering	*Produkte*	49	
Strukturen	51		*Absatz*	53	
Personal	18	zu gering	*Bilanzen*	31	
Innerbetriebliches	9	zu gering	*Unternehmenszahlen*	66	
Management	53				
Valenz/Tenor					
Unternehmen allgemein	27		Produkte	53	
Strukturen	56		Absatz	64	
Personal	27		Bilanzen	42	
Innerbetriebliches	9	zu gering	Unternehmenszahlen	73	
Management	26				
Konsonanz (Alle Medien)	%	< 15%?		%	< 15%?
Gesamtvalenz	100		Gesamttenor	100	

Auch jeweils pro Thema wurden entsprechende Zeitreihen gebildet. So drückt z.B. die Zeitreihe ‚Tenor – Management' den täglichen Überhang an positiven gegenüber negativen Aspekten zum Unternehmensmanagement z.B. in den Zeitungsartikeln aus. Analog gingen wir für die übrigen Themen vor. Dabei wurden jeweils Zeitreihen für die Valenz der themenspezifischen Nennungen (z.B. ‚Valenz – Management'), für den Tenor der themenspezifischen Aussagen (z.B. ‚Tenor – Management') sowie für das gleichgerichtete Zusammenspiel aus Valenz und Tenor (z.B. ‚Valenz/Tenor – Management') gebildet. Im letztgenannten Fall wurde ein positiver (negativer) Wert vergeben, wenn Valenz und Tenor bei der Unternehmens-Nennung gleichermaßen positiv (negativ) waren oder wenn eines der Merkmale positiv (negativ) und das andere neutral war bzw. gar nicht codiert worden war. Verzeichnete die Codierung bei einem Thema zugleich eine positive Valenz und einen negativen Tenor oder umgekehrt, dann stuften wir das als widersprüchliches Zusammenspiel aus Tenor und Valenz ein und vergaben dafür am betreffenden Handelstag den Wert Null.

Pro Unternehmen und Mediengattung wurden auf diese Weise bis zu 43 Medien-Zeitreihen auf Tagesbasis erstellt. Bei drei Mediengattungen und zehn Unternehmen entspricht das einer *Zielgröße von knapp 1.300 möglichen Zeitreihen*. Allerdings war es weder bei jedem Unternehmen noch in Bezug auf alle Mediengattungen möglich oder sinnvoll, alle Zeitreihen zu erstellen. Denn in einigen Fällen war der Umfang der Berichterstattung zu gering. So wurde z.B. über manche Nebenwerte nur sporadisch berichtet. Angesichts der stark begrenzten Sendezeit gingen z.B. die Fernsehsendungen kaum auf solche Unternehmen ein. Hätten wir in diesen Fällen entsprechende Zeitreihen erstellt, wäre die *Gefahr des α-Fehlers* viel zu hoch (vgl. ausführlich Kapitel 6.2.1). Daher legten wir fest, dass Zeitreihen nur dann gebildet wurden, wenn das Merkmal (z.B. Thema ‚Management') mindestens bei 15 Prozent der Handelstage codiert war. Ansonsten wurde darauf verzichtet, eine Zeitreihe zu erstellen – etwa wie bei DCX für Journalisten-Einschätzungen (vgl. Tabelle 5.17).

(3) Der dritte Typ von Zeitreihen drückt die tägliche *intermediale Konsonanz* der Berichterstattung über das Unternehmen aus (vgl. Tabelle 5.17 ganz unten). Die Konsonanz aller drei Mediengattungen wurde ausgehend von den bereits erstellten Zeitreihen zur Gesamtvalenz und zum Gesamttenor der Berichterstattung über das Unternehmen in den Online-, Print- und Fernsehbeiträgen gebildet. Die Konsonanz-Zeitreihen enthalten noch die Information über die Qualität der Berichterstattung. Vor allem aber kann man z.B. an der Konsonanz-Zeitreihe ‚Gesamttenor' ablesen, ob die Berichte aller drei Mediengattungen am Handelstag den gleichen Gesamttenor hatten, d.h. ob sie dahingehend konsonant über DCX berichteten. Stellten die Beiträge aller drei Mediengattungen DCX an einem Tag mehrheitlich mit positiver Valenz dar, dann wurde der Konsonanz-Zeitreihe ‚Gesamtvalenz' an diesem Tag der Wert +3 zugewiesen. Berichteten die Online-Angebote und die Tageszeitungen z.B. mehrheitlich mit negativer Valenz über DCX, während aber die Fernsehsendungen gar nicht über DCX berichteten, dann wurde der Wert –2 vergeben. Die anderen Werte wurden analog vergeben. Der Wertebereich lag damit zwischen –3 und + 3.

5.3.3 Erstellung und Aufbereitung der Zeitreihen der Sekundäranalyse

Bei der Erstellung und der Bereinigung der Zeitreihen für die Aktienkurse und Handelsvolumina der zehn Unternehmen waren weniger Schritte erforderlich: (1) Die Zeitreihe des jeweiligen *Handelsvolumens* konnte problemlos als tägliche Summe der Handelsvolumina an der Börsen in Frankfurt, Stuttgart und München sowie der Werte für den XETRA-Handel modelliert werden. Darüber hinaus wurde auf Basis der *Schlusskurse* aus dem XETRA-Handel für jedes Unternehmen die prozentuale Veränderung zum Schlusskurs des Vortags berechnet. Dieser Wert drückt aus, um wie viel Prozent eine Aktie zum Ende des Handelstags im Vergleich zum Schlusskurs am Vorabend gewonnen oder verloren hat. (2) Ein Teil dieser Kursveränderung zum Vortag geht aber z.B. auf makroökonomische Einflussfaktoren, die Stimmung am Markt oder aber die Vorgaben der Wallstreet und aus Tokio zurück. So führt etwa eine Leitzinssenkung durch die europäische oder die US-Zentralbank dazu, dass sich das Kursniveau insgesamt erhöht. Das ist eine Folge umgeleiteter Geldströme. Sinken die Leitzinsen, dann verlieren festverzinsliche Wertpapiere im Vergleich zu Aktien an Attraktivität und es kommt zumindest kurzfristig zu einer Kurserhöhung. Setzte man diesen Teil der Kursveränderung mit der Berichterstattung über ein einzelnes Unternehmen in Verbindung, würde man die Befunde verfälschen.

Tabelle 5.18: Indexgewichte der zehn ausgewählten Unternehmen

Unternehmen	Zugehörigkeit zu Index ...	Gewicht im Index [A)]
DaimlerChrysler	DAX	6.0
Deutsche Telekom	DAX	8.7
Infineon	DAX	0.9
Lufthansa	DAX	1.0
Evotec	TecDAX	0.7
Mobilcom	TecDAX	6.1
Solarworld	TecDAX	4.1
T-Online	TecDAX	9.8
Consumer Electronics	SDAX	0.3
EM.TV	SDAX	3.0

[A)] *Quelle*: Daily Weighting File DAX, SDAX und TecDAX. Deutsche Börse AG. Vgl. http://deutsche-boerse.com/dbag/dispatch/de/kir/gdb_navigation/market_data_analytics/20_indices/20_selection_indices (Abruf: 17.05.2005).

Diese Problematik haben wir dadurch entschärft, dass wir zu jedem Unternehmen für den Vergleichsindex ebenfalls die tägliche prozentuale Veränderung errechnet haben. Um z.B. den Aktienkurs von DCX von jenen Ausschlägen zu bereinigen, die auf ‚externe' makroökonomische Einflussfaktoren zurückgehen, haben wir die prozentuale Veränderung des DAX berechnet und diese Veränderung des DAX von der Veränderung des Kurses von DCX subtrahiert. Die Kurszeitreihe bildet somit die um die Veränderung des Vergleichsindex bereinigte, also *relative Kursveränderung* pro Handelstag ab.[88] Das nennen wir die „DAX-bereinigte Kursveränderung". Sie ist auch gemeint, wenn wir – stark verkürzt – vom Kurs, Kurstrend, Kursverlauf o.ä. sprechen.

Das Vorgehen ist allerdings insofern problematisch, als ein Teil der Veränderung des Index natürlich auch auf das Unternehmen unserer Stichprobe zurückzuführen ist – das ebenfalls im Index gelistet ist. Tabelle 5.18 zeigt die Anteile der ausgewählten Unternehmen am jeweils zugehörigen Index. So lag beispielsweise der Anteil von DCX am DAX im Untersuchungszeitraum 2005 bei sechs Prozent. Das bedeutet, dass die Kursveränderung von DCX zu einem kleinen Teil auch ‚um sich selbst' bereinigt wurde. Teilweise kann das die Genauigkeit der späteren Ergebnisse beeinflussen und dazu führen, dass wir bei den Kreuzkorrelationsberechnungen voraussichtlich etwas schwächere Werte finden und damit teilweise manche Medienwirkung unterschätzen. Wir werden aber noch sehen, dass eine – wie in diesem Fall – etwas zu strenge Vorgabe angeraten ist, weil sie vor dem bereits erwähnten *α-Fehler* schützt (vgl. Kapitel 6.2.1). Umgekehrt wären ohne Index-Bereinigung manche Zusammenhänge zwischen Berichterstattung und Kursentwicklung unter Umständen verdeckt worden, da der Kurs auch durch makroökonomische Faktoren beeinflusst wird, die sich eher seltener in Berichten über einzelne Unternehmen niederschlagen.

5.4 Auswertungsstrategien

Unsere Untersuchung zielt auf die (kausalen) Zusammenhänge zwischen der Aktienberichterstattung der Online-Portale, Printmedien und Fernsehsendungen sowie den sekundäranalytisch aufbereiteten Aktienkursen bzw. Handelsvolumina. Dabei unterscheiden wir drei *grundsätzliche Auswertungsstrategien*:

○ Deskriptive Analysen im Querschnitt
○ Deskriptive Analysen im Längsschnitt
○ Zeitreihenanalytische Kausalanalysen

---

88 Die bereinigte Kursveränderung berechnete sich nach folgender Formel: [(Kurs DCX$_t$–Kurs DCX$_{t-1}$)/ DCX$_{t-1}$ – (DAX$_t$–DAX$_{t-1}$)/DAX$_{t-1}$]*100. Dazu ein Rechenbeispiel: DCX schließt heute bei € 63. Der gestrige Schlusskurs hatte bei € 60 gelegen. Somit ergibt sich ein Kurszuwachs von fünf Prozent. Gleichzeitig hat der DAX von gestern zu heute von 8.000 auf 8.160 Punkte, also um zwei Prozent zugelegt. In der endgültigen Zeitreihe wird damit für den heutigen Tag der Wert 3 vergeben.

5.4.1 Deskriptive Analysen im Quer- und Längsschnitt

Die *deskriptiven Analysen* sollen zunächst einen Überblick über die Stichproben der Primärerhebung und der Sekundäranalyse geben. Wir beschreiben zunächst die Berichterstattung im *Querschnitt* – also z.B. die Anzahl der Artikel über die zehn Unternehmen in den drei Mediengattungen und den beiden Zeiträumen. Danach folgen deskriptive Betrachtungen im *Längsschnitt*. Hier wird pro Unternehmen z.B. der Verlauf der Gesamtberichterstattung in allen drei Mediengattungen mit der Entwicklung des Kurses verglichen. Die deskriptiven Analysen im Quer- und Längsschnitt bereiten die eigentlich relevanten zeitreihenanalytischen Auswertungsschritte vor, mit denen wir die Forschungsfragen (vgl. Kapitel 4) beantworten. Bereits die deskriptiven Analysen erlauben jedoch entsprechende Vergleichsstrategien:

- *Unternehmen und Mediengattungen*: Die Berichterstattung und die Kurse bzw. Handelsvolumina betrachten wir getrennt für jedes Unternehmen, separat für beide Jahre und – vor allem im Querschnitt – auch getrennt nach den Mediengattungen bzw. einzelnen Medienangeboten. Spätere Analyseschritte zielen auf Unterschiede und Gemeinsamkeiten zwischen Unternehmen bzw. Mediengattungen.
- *Intra- und intermediater Vergleich*: Der intramediale Vergleich betrifft nur die Printmedien und ist nur für die Monate Juli und August der beiden Jahre 2000 und 2005 möglich. Der intermediale Vergleich zwischen den Mediengattungen ist nur für den Juli und August im Jahr 2005 möglich (vgl. Abbildung 5.1, Kapitel 5.2.1.1).
- *Kurz- und mittelfristige Perspektive*: Wir legen zum einen eine kurzfristige Perspektive an und beschränken uns dabei auf den Juli und August 2005 sowie auf den Vergleichszeitraum im Jahr 2000. Zum anderen legen wir eine mittelfristige Perspektive an und führen die Analysen für den längeren Zeitraum von Januar bis August 2000 durch.

Die deskriptiven Analysen im *Längsschnitt* orientieren sich an einigen der in Kapitel 3.2.3 vorgestellten Studien. So hat z.B. Täubert (1998: 204ff.) die Entwicklung einzelner Aktienkurse in einmonatigen Zeiträumen betrachtet und die Höhe- und Tiefpunkte im Kursverlauf auf Handelstagesbasis mit Pressemitteilungen und Zeitungsartikeln in Verbindung gebracht. Unsere Analysen dürfen aber nicht mit so genannten Ereignisstudien („event studies") verwechselt werden (vgl. dazu MacKinlay, 1997).[89] Solche Studien berechnen markt- oder risi-

---

89 Campbell & Ammer (1993: 4) halten event studies für eine ‚veraltete' Analysetechnik.

kobereinigte Überrenditen für verschiedene Zeiträume im Umfeld bestimmter Ereignistage, also für bestimmte Ereignisfenster (z.b. +/–30 Tage). Als Ereignis gelten z.b. Unternehmensankündigungen.[90]

5.4.2 Zeitreihenanalytische Verfahren

Ausgangspunkt für den Einsatz von Zeitreihenanalysen ist unsere Fragestellung nach dem *Kausalzusammenhang* zwischen Börsen- bzw. Aktienberichterstattung einerseits und Kursen bzw. Handelsvolumina andererseits. Bleibt man kausalanalytisch auf der Mikro-Ebene des individuellen Anlegers, dann ist die beste Strategie für eine Kausalanalyse die experimentelle Versuchsanordnung. In Kapitel 2.3.2.2 hatten wir jedoch das *multiple Erklärungsdilemma* für unsere Fragestellung entfaltet: (Simulations-) Experimente beleuchten zwar die Mikro-Ebene der Anleger, aber die Makro-Ebene der Kurse und Volumina bleibt eine empirische Black Box. Das betrifft auch Anlegerbefragungen. Näher an die Markt-Ebene rücken Sekundäranalysen mit Daten zum Anlegerverhalten, bei denen aber die Varianz der abhängigen Variablen nicht vollständig modelliert wird (vgl. Kapitel 3.2.4). Sinnvoller in dieser Hinsicht sind *Sekundäranalysen mit Marktdaten* (Kurse, Handelsvolumina). Solche Daten kombinieren wir in unserer Studie mit den primär erhobenen Inhaltsanalysedaten.

Wir sind uns bewusst, dass auch dieses Design nicht optimal ist. Denn im Grunde unterstellen wir sowohl eine *gleichförmige Nutzung* medialer Angebote durch alle Anleger, die für den Kurs eines Wertpapiers relevant sind, als auch eine *gleichförmige Wirkung* dieser medialen Angebote auf die Anleger. Mit den Überlegungen zu Positive-Feedback-Trading und Herding, zum ‚Überschießen' der Kurse und dem Third-Person-Effekt (vgl. Kapitel 2.2.3 und 2.2.4) ist aber eine gewisse Breitenwirkung bei bestimmten Anlegergruppen – vor allem bei unkundigen Kleinanlegern – wahrscheinlich. Die Prozesse *unterhalb der Markt-Ebene* bleiben dennoch empirisch unklar. Wir werden aber auf die Befunde aus

---

90 Um die Signifikanz der Renditenveränderung zu beurteilen, kann man z.B. die BMP-Statistik anwenden: Stark vereinfacht wird dabei die kumulierte Überrendite in Beziehung zur Anzahl der Tage des Ereignisfensters und zur Anzahl der untersuchten Zusammenschlüsse gesetzt (vgl. Böhmer & Löffler, 1999: 308, Fußnote 22). Im Übrigen lassen sich Einflüsse von Ereignissen auf Zeitreihen auch als *Interventionen* modellieren (vgl. Scheufele, 1999: 164ff.). Dabei wird das Ereignis als eine Art Zeitreihe betrachtet, bei der zum Ereigniszeitpunkt der Wert 1 (‚Intervention') eingesetzt wird, während alle übrigen Messwerte auf 0 (‚keine Intervention') gesetzt werden, wenn man von einem kurzfristigen Einfluss auf die Zeitreihe ausgeht (Pulsinput). Vermutet man einen nachhaltigeren Einfluss, so werden alle Werte zum Ereigniszeitpunkt und danach auf 1 gesetzt (Stufeninput). Eine solche Interventions- oder Ereigniszeitreihe lässt sich z.B. mit der Zeitreihe des Aktienkurses kreuzkorrelieren. Allerdings sind solche Interventionsprüfungen nur bei ausreichend vielen Messzeitpunkten möglich.

Anlegerbefragungen sowie auf Erkenntnisse aus Simulationsexperimenten und Sekundäranalysen mit Anlegern argumentativ zurückgreifen.

Ein echter Kausalnachweis ist nur im Experiment möglich. Experimente bleiben jedoch auf der Mikro-Ebene und erreichen damit nicht die eigentliche Zielgröße, nämlich die Makro-Ebene der Kurse bzw. Handelsvolumina. Möglich ist im Experiment aber ein *analytischer Kausalnachweis* (vgl. Schulz, 1970: 76). Danach liegt ein Kausalzusammenhang zwischen zwei Merkmalen X und Y dann vor, wenn erstens zwischen beiden Variablen ein Zusammenhang (Korrelation) besteht, wenn zweitens die unabhängige Variable der abhängigen Variablen zeitlich vorausgeht (Ursache vor Wirkung) und wenn drittens alle denkbaren Drittvariablen ausgeschlossen werden können (kein Scheinzusammenhang). Diese drei Bedingungen lassen sich mit zeitreihenanalytischen Verfahren (vgl. Franses, 1998; McCleary & Hay, 1980; Schmitz, 1989; Scheufele, 1999, 2004; Schlittgen & Streitberg, 2001) überprüfen bzw. kontrollieren.

Im Kontext der Effizienzmarkt- und der Random-Walk-Hypothese haben wir bereits die zentralen Aspekte von Zeitreihen bzw. stochastischen Prozessen kennengelernt (vgl. Kapitel 2.2.1.2): Eine empirische *Zeitreihe* X_t – z.B. Verlauf des Aktienkurses – ist eine Folge von Messungen einer Variablen X – z.B. Marktpreis der Aktie X – zu t Zeitpunkten.[91] Ein wahrscheinlichkeitstheoretischer *stochastischer Prozess* Z_t – etwa der für die Effizienzmarkthypothese relevante White-Noise-Prozess – ist eine Folge von Zufallsvariablen zu t Zeitpunkten. Einerseits stellen Zeitreihen nichts anderes als Realisierungen stochastischer Prozesse dar, d.h. eine Zeitreihe ist gleichsam eine der möglichen empirischen Manifestierungen eines theoretisch angenommenen Prozesses. Andererseits lassen sich bestimmte Merkmale empirischer Zeitreihen – z.B. ein Trend wie in Abbildung 2.5 (vgl. Kapitel 2.2.3.1) – mit den bekannten Charakteristika stochastischer Prozesse vergleichen. Dadurch kann man beschreiben, mit welchen stochastischen Prozessen z.B. der empirische Verlauf eines Aktienkurses vergleichbar ist. Darauf kommen wir gleich zurück.

Kreuzkorrelationen erlauben Aussagen über die *Richtung* des *Zusammenhangs* zwischen zwei Variablen – in diesem Fall: zwischen zwei Zeitreihen (vgl. Abbildung 5.2). Als Beispiel denken wir uns den täglichen Tenor der Berichterstattung über DaimlerChrysler (DCX) als erste Zeitreihe (X_t) und den täglichen Schlusskurs der Aktie von DCX als zweite Zeitreihe (Y_t). Betrachtet werden nun drei Konstellationen bei Kreuzkorrelationen: Zunächst werden die beiden Zeitreihen ohne Zeitverschiebung miteinander korreliert, also synchrone Zusammenhänge betrachtet. Anschließend werden die Zeitreihen in beide Richtungen gegeneinander verschoben und korreliert, also asynchrone Zusammen-

---

[91] Wir verwenden Z_t für stochastische Prozesse und X_t oder Y_t für Zeitreihen.

hänge betrachtet. Dabei werden die Zeitreihen um einen, um zwei, um drei usw. Zeitpunkte – so genannte *lags* – gegeneinander verschoben.[92] Kausalaussagen richten sich dann danach, wo sich signifikante und hohe Korrelationen ergeben. Ergeben sich z.b. signifikante Korrelationen nur beim synchronen Fall (lag = 0), dann ist keine Kausalaussage möglich, weil die Richtung des Zusammenhangs nicht eindeutig festgestellt werden kann. Ergeben sich signifikante Korrelationen nur bei einer Verschiebung von X_t ‚nach links' (k > 0 in Abbildung 5.2), dann kann man sagen: Der Fall, dass die Zeitreihe Y_t (Kurs von DCX) die Zeitreihe X_t (Berichterstattung über DCX) beeinflusst, ist *logisch* auszuschließen. Das spricht im Umkehrschluss mit hoher Wahrscheinlichkeit für die vermutete Wirkungsrichtung (z.b. bei lag = +2: $X_{t-n} \rightarrow Y_t$). Die Anzahl der lags gibt dabei an, mit welcher *zeitlichen Verzögerung* sich der Einfluss von X_t bemerkbar macht – z.B. bei lag = +2 erst nach 2 Handelstagen. Die Korrelationswerte selbst drücken die *Stärke* des Zusammenhangs aus.

Abbildung 5.2: Schematische Darstellung des Kreuzkorrelationsverfahrens (in Anlehnung an Schmitz, 1989: 169)

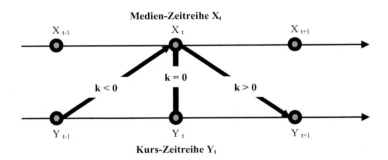

k > 0: Medien-Zeitreihe geht Kurs-Zeitreihe zeitlich voraus
k = 0: Medien-Zeitreihe und Kurs-Zeitreihe gehen synchron
k < 0: Kurs-Zeitreihe geht Medien-Zeitreihe zeitlich voraus

---

92 Die Korrelationen beruhen auf den Wertepaaren zu jedem Messzeitpunkt. Haben zwei Zeitreihen jeweils 100 Messzeitpunkte, wird der Korrelationswert beim synchronen Fall (lag = 0) aus 100 Paaren von Werten bestimmt: X_1 und Y_1, X_2 und Y_2, X_3 und Y_3 usw. Beim asynchronen Fall wird der Korrelationswert wieder aus vielen Paaren von Werten bestimmt. Bei lag = +1 sind es z.B. X_1 und Y_2, X_2 und Y_3 usw. und bei lag = –1 sind es z.B. X_2 und Y_1, X_3 und Y_2 usw. Allerdings fehlt an beiden ‚Enden' der Zeitreihen jeweils ein Wert zur ‚Paarbildung': z.B. bei lag = +1 fehlt Y_1 am ‚linken' Ende.

Drittvariablen bzw. *Scheinzusammenhänge* lassen sich mit den so genannten ARIMA-Modellierungen (vgl. Box & Jenkins, 1976; Box et al., 1994) bewältigen. Als Beispiel können uns wieder die Zeitreihen X_t (Tenor der Berichterstattung über DCX) und Y_t (Aktienkurs von DCX) dienen. Beide Kurvenverläufe können z.B. einen Trend nach oben aufweisen. Wenn sowohl der Tenor der Berichterstattung über DCX besser wird als auch der Kurs der Aktie steigt, dann ist man geneigt, einen Kausalzusammenhang zu unterstellen. Möglich wäre aber auch, dass beide Trends lediglich eine Reaktion auf einen Aufschwung des DAX (D_t) darstellen. Der Kausalzusammenhang zwischen X_t und Y_t wäre dann ein Scheinzusammenhang – verursacht durch die Drittvariable D_t. Daher führt die Berechnung von Kreuzkorrelationen mit den ursprünglichen Zeitreihen oft zu überhöhten und vermeintlich signifikanten Korrelationen (vgl. Thome, 1987). Die Kreuzkorrelationen sollten daher nicht für die Original-Zeitreihen berechnet werden. Stattdessen sollten vorab alle systematischen Bestandteile (z.B. Trends) aus den Zeitreihen entfernt werden. Dazu dienen die *ARIMA-Modellierungen*, die pro Zeitreihe, also univariat durchgeführt werden. Danach bleiben nur noch die ‚ARIMA-bereinigten' Residuenreihen X_{Rt} und Y_{Rt} übrig, die nur noch White Noise (vgl. Kapitel 2.2.1.2) sind – also einem Zufallsprozess folgen. Kreuzkorrelationen werden dann für diese Residuenreihen X_R und Y_R und nicht mehr für die ursprünglichen Zeitreihen berechnet. Daher heißt die Kombination aus vorheriger ARIMA-Modellierung und nachfolgender Kreuzkorrelation der bereinigten Residuenreihen auch *Prewhitening-Verfahren*.

Abbildung 5.3: Systematische Bestandteile von Zeitreihen und ARIMA(p,d,q)-Schreibweise (nach Scheufele, 2004)

Systematische Bestandteile	Parameter	
Autoregressiver Bestandteil	AR(p)	
Integrativer Bestandteil	I(d)	ARIMA(p,d,q)
Moving-Average-Bestandteil	MA(q)	

Die Bereinigung heißt ARIMA-Modellierung, weil die Zeitreihe mit den Merkmalen dreier stochastischer Prozesse verglichen wird (vgl. Abbildung 5.3). Das lässt sich mit der Regression vergleichen. Die Regressionsgerade repräsentiert die Erwartungswerte für den Zusammenhang zwischen X und Y. Ähnlich entspricht ein ARIMA-Modell den Erwartungswerten z.B. der Kursentwicklung. Die Differenz zwischen Erwartungswerten (‚Prozessmodell') und beobachteten Werten (Zeitreihe) ergibt die Residuenreihe. Ein ARIMA(1,0,1)-Modell enthält einen autoregressiven sowie einen Moving-Average-Bestandteil. Wenn sich z.B.

die Zeitreihe ‚Gesamttenor von DCX' auf Tagesbasis als ARIMA(1,0,1)-Modell repräsentieren lässt, dann bedeutet das erstens, dass der tägliche Tenor der Berichterstattung über DCX sich zu einem gewissen Grad – ausgedrückt im Wert des autoregressiven Parameters – aus dem Gesamttenor der Berichterstattung vom Vortag ergibt. Ein AR-Parameter von +0.70 lässt sich analog zum Beta-Gewicht der Regression erklären. Er bedeutet, dass einem positiver Tenor zum Zeitpunkt t ein noch positiverer Tenor bei t+1 nachfolgt, d.h. dass die Medien-Zeitreihe einen Aufwärtstrend zeigt. Zweitens drückt das Modell aus, dass die zufälligen Momente oder Zufallsschocks a_t in der Zeitreihe vom Vortag auch bis zu einem gewissen Grad – ausgedrückt im Wert des MA-Parameters – am nächsten Tag nachwirken. Ein ARIMA(2,0,0)-Modell enthält zwei autoregressive Bestandteile. Hier wirkt sich der aktuelle Tenor nicht nur auf den Tenor der Berichterstattung am nächsten, sondern auch am übernächsten Tag aus (vgl. als Überblick Scheufele, 1999; Scheufele, 2004).

Der Begriff der Integration lässt sich so erklären: Enthält eine Zeitreihe einen Trend, dann kann er durch Differenzbildung entfernt werden. Dabei wird vom Wert eines Messzeitpunkts jeweils der Wert des vorherigen Messzeitpunkts subtrahiert. Während man die auf diese Weise trendbereinigte Reihe durch Differenzbildung aus der ursprünglichen Zeitreihe erhält, kann man letztere umgekehrt „durch Summation oder ‚Integration' aus der Differenzreihe [...] erhalten" (Schmitz, 1989: 64).[93] Neben den drei Bestandteilen (AR, I und MA) können Zeitreihen auch andere Charakteristika aufweisen – etwa saisonale Elemente, wie sie z.B. aus Arbeitslosenstatistiken bekannt sind (vgl. z.B. Cryer, 1986: 196ff.). Zeitreihen können aber auch nicht-lineare Verläufe zeigen (vgl. Schlittgen & Streitberg, 2001: 436ff.). Wir beschränken uns jedoch – soweit nicht anders erforderlich – auf ARIMA-Modellierungen, da sich damit die meisten sozialwissenschaftlichen Zeitreihen gut erfassen lassen.

Die *Bereinigung der Kurs-Zeitreihen* hatten wir bereits erläutert (vgl. Kapitel 5.3.3). Indem wir die Veränderung zum Schlusskurs vom Vortag betrachten, haben wir im Grunde nichts anderes durchgeführt als eine Differenzbildung wie bei der ARIMA-Modellierung (I-Parameter). Zudem wurde diese Schlusskursveränderung um die Veränderung des DAX als Vergleichsindex bereinigt. Da-

---

[93] Das Verhältnis zwischen Autoregression, Integration und Moving-Average beschreiben McCleary & Hay (1980: 61; Herv.i.O.) wie folgt: „[I]ntegrated processes are realized as the sum of all past [random] shocks [...]. Autoregressive processes are realized as an exponentially weighted sum of all past shocks [...]. The unifying factor between integrated and autoregressive processes is the persistence of a random shock. Each shock persists indefinitely, although for autoregressive processes, the impact of a shock diminishes rapidly. Moving average processes, in contrast, are characterized by a *finite* persistence. A random shock enters the system and then persists for no longer than q observations before it vanishes entirely".

durch musste fast keine der Kurs-Zeitreihen zusätzlich noch ARIMA-bereinigt werden. Die *Medien-Zeitreihen* und die Zeitreihen für die Handelsvolumina wurden ausschließlich ARIMA-bereinigt. Einige der Zeitreihen mussten per se nicht bereinigt werden, da sie bereits einem White-Noise-Prozess folgten.

Tabelle 5.19: ARIMA-Modellierungen für ausgewählte Zeitreihen der Print-, TV- und Online-Berichterstattung über DaimlerChrysler (DCX) 2005

Alle Medien insgesamt	ARIMA-Modell	Parameter (Sign.)	RMSE
Strukturen (Tenor)	White Noise		
Gesamtpräsenz (Beiträge)	ARIMA(1,0,0)con	AR(1) = 0.64 ***	11.50
Unternehmenszahlen (Tenor)	ARIMA(2,0,0)con	AR(1) = 0.58 ***	2.54
		AR(2) = –0.38*	
Produkte (Anzahl)	ARIMA(0,1,1)nocon	MA(1) = 0.82 ***	2.37
* p < 0.05 *** p<0.001	RMSE = Root Mean Square Error (Modellgüte)		

Zur Illustration haben wir für einige der Zeitreihen zur Medienberichterstattung über DaimlerChrysler (DCX) aus Tabelle 5.17 (vgl. Kapitel 5.3.2) die jeweilige ARIMA-Modellierung in Tabelle 5.19 zusammengestellt:

○ Als erstes Beispiel dient die Zeitreihe, die den täglichen Tenor der Thematisierung von Unternehmensstrukturen repräsentiert. Sie war bereits White Noise und musste daher nicht bereinigt werden.

○ Das zweite Beispiel ist die Zeitreihe, in der die tägliche Anzahl der Beiträge über DCX (Gesamtpräsenz) abgebildet wird. Die Eigendynamik der Zeitreihe ließ sich mit einem ARIMA(1,0,0)- bzw. AR(1)-Modell fassen. Offensichtlich hatte die Zeitreihe einen Trend, der durch die ARIMA-Modellierung aus der Zeitreihe entfernt wurde. Die Tatsache, dass nur ein autoregressiver Parameter erforderlich war, besagt formal: Die heutige Anzahl der Beiträge über DCX korreliert hoch und positiv mit der morgigen Anzahl der Beiträge über das Unternehmen. Inhaltlich bedeutet dies, dass die aktuelle Gesamtpräsenz des Unternehmens in den Medien (X_t) zu einem erheblichen Teil (0.64 ***) die Gesamtpräsenz des nächsten Tages prägt (X_{t+1}). Einfacher gesagt: Wenn heute viel über DCX berichtet wird, wird auch morgen einiges publiziert.[94]

○ Das dritte Beispiel ist die Zeitreihe, die den täglichen Tenor der Thematisierung von Unternehmenszahlen repräsentiert. Die Eigendynamik dieser

---

94 Es sei nochmals betont, dass Korrelationen immer alle Messzeitpunkte betreffen. Die Zeitreihe X_t wird hier – gleichsam um einen Zeitpunkt (lag) verschoben – mit sich selbst (X_{t+1}) korreliert. Damit werden alle Werte-Paare von X_t und X_{t+1} miteinander korreliert.

Zeitreihe ließ sich mit einem ARIMA(2,0,0)- bzw. AR(2)-Modell fassen. Auch hier lag ein Trend vor, der zwei autoregressive Parameter erforderlich machte: Der heute Tenor der Thematisierung von Unternehmenszahlen (X_t) wirkt sich nicht nur gleichgerichtet und relativ stark (+0.58 ***) auf den Tenor am nächsten Tag (X_{t+1}) aus, sondern auch gegengerichtet, aber bereits weniger stark (–0.38 *) auf den Tenor des übernächsten Tages (X_{t+2}). Wenn also heute positiv über die Unternehmenszahlen von DCX berichtet wird, ist auch der Tenor morgen noch relativ positiv, übermorgen dann aber negativer als heute.

○ Das vierte Beispiel ist die Zeitreihe, in der die tägliche Anzahl der Thematisierung von Produkten des Autoherstellers abgebildet wird. Die Eigendynamik dieser Zeitreihe ließ sich mit einem ARIMA(0,1,1)-Modell greifen. Notwendig waren also einerseits eine einmalige Differenzbildung sowie ein Moving-Average-Parameter. Dieser MA-Parameter bedeutet inhaltlich, dass der heutige Wert der Zeitreihe (X_t) nicht durch den gestrigen Wert der Zeitreihe (X_{t-1}) beeinflusst wird, sondern durch die gestrigen Zufallsschocks, d.h. durch Zufälle am gestrigen Tag (a_{t-1}).

Wir können nicht sämtliche ARIMA-Modellierungen für alle Zeitreihen dokumentieren. Grob lässt sich aber sagen, dass sich vergleichsweise viele Zeitreihen durch AR(1)-Modelle oder MA(1)-Modelle repräsentieren ließen. In den seltensten Fällen war mehr als ein Parameter erforderlich, womit wir dem Postulat sparsamer Modelle mit möglichst wenigen Parametern gerecht wurden (vgl. Scheufele, 1999, 2004). Das Kürzel *RMSE* („Root Mean Squared Error") in der rechten Spalte von Tabelle 5.19 drückt die jeweilige Modellgüte aus. Sie kann aber nur im Modellvergleich pro Zeitreihe beurteilt werden, also nicht über verschiedene Zeitreihen hinweg. Bei der ARIMA-Modellierung für eine singuläre Zeitreihe werden konkurrierende Modelle betrachtet. Es wird dann jenes Modell gewählt, das den besten Wert für das Kriterium der Modellgüte hat. Dabei ist der RMSE nur eines unter vielen Entscheidungskriterien wie z.B. Sparsamkeit. Analog zum Prinzip der Varianzaufklärung bei der konventionellen Regressionsanalyse drückt der RMSE die Residualvarianz aus. Der RMSE ist also am besten für jenes ARIMA-Modell, das die Eigendynamik der betreffenden Zeitreihe am besten abbildet und damit umgekehrt die geringste Residualvarianz aufweist.

6 Ergebnisse

Die Ergebnisse unserer empirischen Untersuchung stellen wir in zwei Schritten vor. In Kapitel 6.1 präsentieren wir zunächst die Befunde der deskriptiven Analysen für die Berichterstattung der drei Mediengattungen sowie die Kurse bzw. Handelsvolumina der zehn Unternehmen in den Untersuchungszeiträumen der beiden Jahre 2000 und 2005. In Kapitel 6.2 folgen dann die Ergebnisse unserer Zeitreihenanalysen. Damit beantworten wir – eingedenk des multiplen Erklärungsdilemmas (vgl. Kapitel 2.3.2) – die Kernfrage nach den Zusammenhängen zwischen Aktienberichterstattung und Aktienkursen bzw. Handelsvolumina sowie der zeitlichen Dynamik dieser Zusammenhänge.

6.1 Deskriptive Analysen

Bei den deskriptiven Analysen legen wir erst eine Querschnittperspektive (Kapitel 6.1.1), dann eine Längsschnittperspektive (Kapitel 6.1.2) an.

6.1.1 Deskriptive Analysen im Querschnitt

Die Auswahl der Beiträge in den drei Mediengattungen erfolgte anhand der in Kapitel 5.2.1 beschriebenen Kriterien. Bei der Online- und der Printcodierung wurden jene Artikel berücksichtigt, die in Überschrift oder Leadtext den Namen des betreffenden Unternehmens oder eines der gelisteten Schlüsselworte enthielten. Bei der Fernsehcodierung mussten Unternehmensname oder Schlüsselwort in der Anmoderation bzw. Einleitung genannt werden.

Von Januar bis August 2000 veröffentlichten die vier Printmedien (je zwei Tageszeitungen und Anlegermagazine) insgesamt 1.444 Beiträge, bei denen die Auswahlkriterien erfüllt waren. Im Jahr 2005 umfasste der Untersuchungszeitraum nur die beiden Monate Juli und August. In diesem Zeitraum publizierten die beiden Tageszeitungen und beiden Anlegermagazine insgesamt 405 Beiträge. Berücksichtigt man die Länge der Untersuchungszeiträume, dann lässt sich ein leicht höheres Berichtsaufkommen über die zehn ausgewählten Unternehmen bzw. die dazugehörigen Branchen im Jahr 2005 konzedieren. Die beiden Börsensendungen im Fernsehen sendeten 2005 vergleichsweise 287 und damit relativ wenig relevante Beiträge. Im Gegensatz dazu veröffentlichten die Online-Finanzportale insgesamt 1.799 Beiträge zu den zehn Unternehmen unseres Samples. Vergleicht man die Häufigkeit, mit der die einzelnen thematischen Bereiche ‚Wirtschaft(spolitik)', ‚Börse & Indices' und ‚Branche & Unternehmen' in den Beiträgen vorkamen, dann liegt der Schwerpunkt eindeutig auf der Darstellung einzelner Unternehmen bzw. Branchen (vgl. Tabelle 6.1). Das ist eine bewusst intendierte Folge unserer Auswahlkriterien (vgl. Kapitel 5.2.1).

Tabelle 6.1: Bereiche und Unternehmen in der Berichterstattung von Print-, TV- und Online-Angeboten 2000 und 2005 im Querschnitt – Anzahl

	2000 Print	2005 Print	2005 TV	2005 Online
Allgemein	n	n	n	n
Beiträge	1.444	405	287	1.799
Bereich A	359	146	141	227
Bereich B	218	71	128	153
Bereich C	1.292	323	154	1.793
Unternehmen C	2.168	582	215	2.323
Unternehmen	n	n	n	n
DaimlerChrysler	288	97	37	477
Deutsche Telekom	438	53	16	387
Infineon	124	64	22	302
Lufthansa	150	39	19	238
Evotec	36	6	1	46
Mobilcom	55	51	3	195
Solarworld	–	8	2	60
T-Online	187	14	1	23
Consumer Electronics	17	–	–	12
EM.TV	66	12	5	40

Bereits anhand der Berichtshäufigkeit für die zehn Unternehmen erkennt man den zentralen Stellenwert der ‚großen' Standardwerte. Das trifft auf alle Mediengattungen zu. Besonders deutlich wird es aber aufgrund der insgesamt geringen Fallzahlen bei den TV-Börsensendungen. Dass in den Online-Portalen auch mehr Artikel über Nebenwerte erschienen, hat mit dem dort generell weit größeren Berichtsaufkommen zu tun. Relativ gesehen berichten aber die Print-Medien am häufigsten über die kleineren Unternehmen. Abweichungen von diesem Muster treten nur bei besonderen Ereignissen auf. Das trifft z.B. den Börsengang von ‚T-Online' (TOI) im Jahr 2000 und die Fusion von ‚Mobilcom' (MOB) mit einem anderen Unternehmen im Jahr 2005. Im Zusammenhang mit der ersten Notierung im freien Handel wurde TOI auch in der Finanz- und Wirtschaftsberichterstattung thematisiert. Fünf Jahre später ist das Medieninteresse fast vollständig verschwunden, während auch 2005 vergleichsweise viele Beiträge über MOB publiziert werden. Wir werden später noch sehen, dass auch die Vergabe der UMTS-Lizenzen im Sommer 2000 eine Rolle spielte. Der Vergleich des Berichtsaufkommens für die ausgewählten Unternehmen zwischen den jeweiligen Angeboten innerhalb einer Mediengattung zeigt nur bei den Printmagazinen und Börsensendungen gewisse Unterschiede (vgl. Tabelle 6.2). Allerdings sind die hauptsächlich auf Differenzen in der Erscheinungsfrequenz bzw. Sendungslänge zurückzuführen: Die Sendung ‚Börse im Ersten' (ARD) dauert durchschnittlich drei bis vier Minuten, während die ‚Telebörse' (ntv) rund 15 Minuten läuft. Die Zeitschrift ‚Capital' erscheint alle zwei Wochen, die Zeitschrift ‚Börse Online' dagegen wöchentlich. Darüber hinaus sind die Artikel der ‚Börse Online' durchschnittlich kürzer als die Artikel von ‚Capital'. Diese Umstände führen allerdings nur zu Unterschieden in den *absoluten* Zahlen. Das Verhältnis der Berichterstattung über die Unternehmen untereinander ist jeweils vergleichbar. Stellt man dieses Verhältnis für die jeweils beiden Angebote einer Mediengattung gegenüber, dann erkennt man eine recht große Übereinstimmung. Das gilt auch für den Vergleich der beiden Untersuchungszeiträume in den Jahren 2000 und 2005. Eine Ausnahme bilden nur die bereits erwähnte Fälle – nämlich TOI im Jahr 2000 und MOB in 2005.

Tabelle 6.2: Bereiche und Unternehmen in der Berichterstattung einzelner Print-, TV- und Online-Angebote 2000 und 2005 im Querschnitt – Anzahl

	Online Onvista	Online Finanztreff	TV ARD	TV ntv
Allgemein 2005	n	n	n	n
Beiträge	996	803	63	224
Bereich A	143	84	32	110
Bereich B	135	18	41	87
Bereich C	995	798	36	118
Unternehmen 2005	n	n	n	n
DaimlerChrysler	256	221	13	24
Deutsche Telekom	199	188	4	12
Infineon	166	136	7	15
Lufthansa	137	101	4	15
Evotec	29	17	–	1
Mobilcom	114	81	1	2
Solarworld	35	25	1	1
T-Online	15	8	–	1
Consumer Electronics	8	4	–	–
EM.TV	23	17	1	4
Fortsetzung				

Tabelle 6.2: Bereiche und Unternehmen in der Berichterstattung einzelner Print-, TV- und Online-Angebote 2000 und 2005 im Querschnitt – Anzahl (Fortsetzung)

	FAZ	SZ	Börse Online	Capital
Allgemein 2000	n	n	n	n
Beiträge	637	584	171	52
Bereich A	105	175	65	14
Bereich B	39	89	76	14
Bereich C	616	506	123	47
Unternehmen 2000	n	n	n	n
DaimlerChrysler	143	128	8	9
Deutsche Telekom	220	178	24	16
Infineon	45	51	24	4
Lufthansa	63	76	8	3
Evotec	15	7	12	2
Mobilcom	29	19	6	1
Solarworld	–	–	–	–
T-Online	96	65	18	8
Consumer Electronics	11	4	2	0
EM.TV	28	26	10	2
Allgemein 2005	n	n	n	n
Beiträge	154	178	50	23
Bereich A	51	59	25	11
Bereich B	19	24	21	7
Bereich C	124	144	41	14
Unternehmen 2005	n	n	n	n
DaimlerChrysler	47	35	12	3
Deutsche Telekom	20	22	9	2
Infineon	19	31	11	3
Lufthansa	16	18	4	1
Evotec	1	1	4	–
Mobilcom	19	26	5	1
Solarworld	4	1	3	–
T-Online	8	2	1	3
Consumer Electronics	–	–	–	–
EM.TV	1	7	3	1

Die Inhalte der Online-Portale und Fernsehsendungen im Jahr 2000 waren bei Projektbeginn im Herbst 2005 nachträglich nicht mehr zu beschaffen. Ein Vergleich der beiden Untersuchungszeiträume ist daher für diese beiden Mediengattungen nicht möglich. Bei den Online-Portalen veröffentlichte ‚Onvista' etwas mehr Beiträge zu den ausgewählten Unternehmen und Branchen als ‚Finanztreff' (vgl. Tabelle 6.2). Für einzelne Unternehmen zeigen sich keine Unterschiede. Aufgrund der erwähnten Divergenz in der Sendedauer lassen sich solche Unterschiede aber zwischen den beiden Börsensendungen erkennen. Die ‚Telebörse' bietet Sendeplatz für fast viermal so viele Beiträge wie die ‚Börse im Ersten', die aufgrund der kurzen Sendungsdauer kaum auf Nebenwerte eingehen kann. Im Untersuchungszeitraums 2005 fanden sich gerade einmal drei Beiträge über die Nebenwerte unseres Unternehmenssamples.

Tabelle 6.3: Themen nach Unternehmen in der Berichterstattung von Print-Angeboten 2000 im Querschnitt – Anteile

	CE (n=36) %	DCX (n=703) %	DTE (n=774) %	EMTV (n=139) %	EVT (n=53) %
Unternehmen allgemein	6	6	2	2	4
Strukturen	22	25	28	32	21
Personal	–	5	1	1	6
Innerbetriebliches	–	2	–	–	–
Management	–	6	1	1	–
Produkte, Dienstleistungen	11	14	13	13	23
Unternehmenszahlen	34	23	14	19	15
Börsen-Kennwerte	17	10	16	18	23
Sonstiges	11	10	24	13	9
Summe [A]	101	101	99	99	101
	IFX (n=181) %	LHA (n=266) %	MOB (n=115) %	SOW (n=0) %	TOI (n=334) %
Unternehmen allgemein	5	5	3	–	4
Strukturen	10	22	26	–	17
Personal	3	3	–	–	1
Innerbetriebliches	2	–	–	–	–
Management	1	3	–	–	3
Produkte, Dienstleistungen	7	9	23	–	11
Unternehmenszahlen	15	28	19	–	18
Börsen-Kennwerte	26	10	12	–	14
Sonstiges	31	21	17	–	31
Summe [A]	100	101	100	–	100

Unternehmenskürzel: CE (Consumer Electronic), DCX (DaimlerChrysler), DTE (Dt. Telekom), EMTV (EM.TV), EVT (Evotec), IFX (Infineon), LHA (Lufthansa), MOB (Mobilcom), SOW (SolarWorld), TOI (T-Online)
[A] Abweichungen von 100 Prozent aufgrund von Rundungen.
[B] Printmedien nur FAZ und SZ

Tabelle 6.3 dokumentiert die Verteilung der Themen der Print-Berichterstattung im Jahr 2000 getrennt nach Unternehmen. Tabelle 6.4 zeigt die Verteilung der Themen der Berichterstattung aller drei Mediengattungen im Jahr 2005 getrennt nach Unternehmen. Die drei zentralen Themen – und zwar unabhängig vom Untersuchungszeitraum und bei allen Unternehmen – waren Unternehmensstrukturen, Unternehmenszahlen und Börsen-Kennwerte. (1) Unternehmensstrukturen wurden codiert, wenn über eine (mögliche) Fusion, Kooperation, Allianz oder Übernahme berichtet wurde. Darunter fielen auch der Verkauf von Unternehmensteilen, die Schließung oder Eröffnung von Standorten sowie die Sanierung des Unternehmens durch Umgestaltung. (2) Unternehmenszahlen wurden als Thema erfasst, wenn Zahlen aus der Bilanz des Unternehmens, aber auch Kunden- oder Absatzzahlen, sowie die Auftragslage thematisiert wurde. (3) Börsen-Kennwerte umfassten alle relevanten Kennwerte wie KGV, Dividendenrendite oder Marktkapitalisierung und natürlich den Aktienkurs.

Tabelle 6.4: Themen nach Unternehmen in der Berichterstattung von Print-[B]*, TV- und Online-Angeboten 2005 im Querschnitt – Anteile*

Thema	CE (n=28) %	DCX (n=1199) %	DTE (n=832) %	EMTV (n=110) %	EVT (n=100) %
Unternehmen allgemein	4	3	5	2	–
Strukturen	4	9	23	8	25
Personal	–	3	1	–	–
Innerbetriebliches	18	1	–	1	–
Management	–	22	–	4	4
Produkte, Dienstleistungen	–	8	8	14	20
Unternehmenszahlen	42	20	30	28	21
Börsen-Kennwerte	25	25	23	25	30
Sonstiges	7	10	9	19	–
Summe [A]	*100*	*101*	*99*	*101*	*100*
	IFX (n=709) %	LHA (n=535) %	MOB (n=441) %	SOW (n=125) %	TOI (n=58) %
Unternehmen allgemein	2	1	3	2	2
Strukturen	12	13	27	3	21
Personal	4	3	1	5	–
Innerbetriebliches	1	2	1	–	–
Management	11	1	11	–	–
Produkte, Dienstleistungen	5	10	4	4	17
Unternehmenszahlen	23	33	19	41	50
Börsen-Kennwerte	28	28	22	40	10
Sonstiges	14	10	12	6	–
Summe [A]	*100*	*101*	*100*	*101*	*100*

Unternehmenskürzel: CE (Consumer Electronic), DCX (DaimlerChrysler), DTE (Dt. Telekom), EMTV (EM.TV), EVT (Evotec), IFX (Infineon), LHA (Lufthansa), MOB (Mobilcom), SOW (SolarWorld), TOI (T-Online)
[A] Abweichungen von 100 Prozent aufgrund von Rundungen.
[B] Printmedien nur FAZ und SZ

In der Print-Berichterstattung über alle Unternehmen nehmen die Standardwerte ‚DaimlerChrylser' (DCX) und ‚Deutsche Telekom' (DTE) mit Abstand den meisten Raum im Jahr 2000 ein (vgl. Tabelle 6.3). In diesem Jahr fand auch der Börsengang von ‚Infineon' (IFX) statt. Das dürfte erklären, warum in Berichten über IFX häufiger als bei anderen DAX-Werten über Börsen-Kennwerte und seltener über Unternehmensstrukturen berichtet wurde. Denn die Journalisten dürften vor allem über die Angemessenheit der Bewertung und die Kursentwicklung in der ersten Zeit nach dem Börsengang von IFX berichtet haben.

Bei Nebenwerten zeigt sich eine klare Zweiteilung: (1) Über ‚Consumer Electronics' (CE), ‚Evotec' (EVT) und ‚Solarworld' (SOW) wird 2000 (fast) nicht berichtet. Sowohl für CE als auch für EVT ist damit kaum eine ausreichende Datenbasis für weitergehende Analysen gegeben. Über SOW, das inzwischen ein etabliertes Unternehmen in der Branche der erneuerbaren Energien ist, wurde 2000 überhaupt nicht berichtet. (2) Im Gegensatz dazu sind die Nebenwerte MOB, EMTV und vor allem TOI durchaus medial präsent. Bei EMTV ist das wenig überraschend. Kaum ein Unternehmensname ist so mit der (übertriebenen) Euphorie an der Börse und den späteren Kurseinbrüchen verbunden. Bei MOB dürfte die Versteigerung der UMTS-Lizenzen im Jahr 2000 eine große Rolle in der Berichterstattung gespielt haben. Wie bei IFX fand auch der Börsengang von TOI im Untersuchungszeitraum statt. Dass 2000 über TOI sogar noch häufiger als über IFX berichtet wurde, dürfte sich aus der Tatsache erklären, dass TOI eine Tochter der DTE ist. Der Börsengang von TOI wurde auch in Beiträgen über DTE relativ häufig thematisiert.

Für *2005* sieht das Bild etwas anders aus (vgl. Tabelle 6.4), was aber auch mit dem breiteren Mediensample zu tun hat. Online-Artikel machen fast drei Viertel aller für das Jahr 2005 codierten Beiträge aus (vgl. Tabelle 6.1), wobei Börsen-Kennwerte nun einen deutlich höheren Stellenwert in Online-Berichten hatten als 2000. Die Abstände zwischen DCX und DTE auf der einen und IFX und LHA auf der anderen Seite sind 2005 aber nicht mehr so stark. Bei DCX resultiert ein Wechsel an der Konzernspitze, auf den wir später noch näher eingehen, in einer hohen Präsenz des Themas ‚Management'. Bemessen an den Themen-Nennungen wird über MOB fast ebenso umfangreich berichtet wie über die Standardwerte. Das dürfte mit daran liegen, dass sich das Unternehmen im Juli 2005 mit ‚Freenet' auf eine Fusion geeinigt hatte. Medial wenig präsent sind TOI und – wie schon im Jahr 2000 – auch CE. Bei SOW ging es 2005 vor allem um Unternehmenszahlen und Börsen-Kennwerte.

In Kapitel 6.1.2 stellen wir den Verlauf der Berichterstattung sowie den Kursverlauf bzw. die Entwicklung des Handelsvolumens im Jahr 2005 in Tagesschritten (Handelstage) exemplarisch für DCX und MOB dar. Für alle zehn Unternehmen hätten solche Abbildungen den Rahmen gesprengt. Zumindest an dieser Stelle wollen wir aber auf Wochenbasis die Entwicklung der wichtigsten Merkmale für alle Unternehmen wiedergeben (vgl. Tabelle 6.5).

Tabelle 6.5: Headline-/Gesamtpräsenz, Gesamtvalenz, Gesamttenor und Analysten-Einschätzungen in der Berichterstattung von Print- [A], TV- und Online-Angeboten 2005 in Wochenschritten [B] – Anzahl bzw. Überhang

		1	2	3	4	5	6	7	8	9	Ges.
DCX	Headlinepräsenz	45	14	14	144	87	28	70	53	19	474
	Gesamtpräsenz	105	40	33	358	245	75	147	147	48	1198
	Gesamtvalenz [C]	9	12	6	84	60	17	0	22	13	223
	Gesamttenor [C]	0	10	–1	49	–4	5	–19	11	6	57
	Analysten-Ein. [C]	6	4	7	36	18	12	9	10	4	106
DTE	Headlinepräsenz	50	17	30	19	73	99	65	28	22	403
	Gesamtpräsenz	98	35	48	36	145	228	137	55	40	822
	Gesamtvalenz [C]	17	6	9	7	17	66	8	8	–3	135
	Gesamttenor [C]	–9	–1	10	8	27	26	–2	–2	–15	42
	Analysten-Ein. [C]	16	–1	6	3	23	24	–3	–1	–2	65
IFX	Headlinepräsenz	8	25	76	110	18	10	18	39	33	337
	Gesamtpräsenz	12	45	166	245	39	18	38	78	67	708
	Gesamtvalenz [C]	3	11	–24	–68	–2	–8	17	–13	15	–69
	Gesamttenor [C]	1	–3	–76	–44	–5	–5	6	–6	5	–127
	Analysten-Ein. [C]	–1	–4	–3	–9	–1	–2	6	1	–8	–21
LHA	Headlinepräsenz	44	48	16	9	6	85	11	36	5	260
	Gesamtpräsenz	84	93	28	16	10	195	22	76	11	535
	Gesamtvalenz [C]	8	26	11	–4	1	104	9	2	–1	156
	Gesamttenor [C]	6	3	5	0	1	43	6	–2	3	65
	Analysten-Ein. [C]	–4	2	2	2	2	28	3	7	0	42
EVT	Headlinepräsenz	4	0	5	12	2	11	0	12	0	46
	Gesamtpräsenz	10	1	10	30	3	27	0	18	1	100
	Gesamtvalenz [C]	0	–1	3	13	0	4	0	4	–1	22
	Gesamttenor [C]	1	0	2	8	0	5	0	3	0	19
	Analysten-Ein. [C]	0	0	0	0	0	4	0	1	0	5
MOBFRE	Headlinepräsenz	18	46	14	17	13	26	12	42	2	190
	Gesamtpräsenz	30	123	34	37	24	65	26	99	3	441
	Gesamtvalenz [C]	12	43	9	15	7	28	7	17	2	140
	Gesamttenor [C]	0	14	6	7	1	16	1	6	0	51
	Analysten-Ein. [C]	4	12	7	5	3	4	2	2	0	39
SOW	Headlinepräsenz	3	5	2	1	27	4	7	3	0	52
	Gesamtpräsenz	9	11	4	3	64	10	14	10	0	125
	Gesamtvalenz [C]	3	–3	–2	–2	45	5	7	6	0	59
	Gesamttenor [C]	3	0	0	0	13	2	1	3	0	22
	Analysten-Ein. [C]	0	2	0	0	8	0	–4	0	0	6

Fortsetzung

Tabelle 6.5: Headline-/Gesamtpräsenz, Gesamtvalenz, Gesamttenor und Analysten-Einschätzungen in der Berichterstattung von Print- [A], TV- und Online-Angeboten 2005 in Wochenschritten [B] – Anzahl bzw. Überhang (Fortsetzung)

		1	2	3	4	5	6	7	8	9	Ges.
TOI	Headlinepräsenz	4	0	0	6	5	13	2	1	0	31
	Gesamtpräsenz	6	0	0	9	7	31	4	1	0	58
	Gesamtvalenz [C]	2	0	0	–3	0	1	2	0	0	2
	Gesamttenor [C]	3	0	0	0	1	1	3	0	0	8
	Analysten-Ein. [C]	0	0	0	0	0	0	0	0	0	0
CE	Headlinepräsenz	2	2	0	0	1	7	0	0	0	12
	Gesamtpräsenz	6	6	0	0	2	14	0	0	0	28
	Gesamtvalenz [C]	3	3	0	0	0	–6	0	0	0	0
	Gesamttenor [C]	2	2	0	0	1	–5	0	0	0	0
	Analysten-Ein. [C]	2	1	0	0	0	2	0	0	0	5
EMTV	Headlinepräsenz	7	2	12	1	2	0	2	9	11	46
	Gesamtpräsenz	28	4	22	1	3	0	4	25	23	110
	Gesamtvalenz [C]	7	1	–4	0	1	0	0	–10	1	–4
	Gesamttenor [C]	7	2	–10	0	0	0	0	2	–5	–4
	Analysten-Ein. [C]	3	2	–2	1	0	0	2	–1	0	5

Unternehmenskürzel: CE (Consumer Electronic), DCX (DaimlerChrysler), DTE (Dt. Telekom), EMTV (EM.TV), EVT (Evotec), IFX (Infineon), LHA (Lufthansa), MOB (Mobilcom), SOW (SolarWorld), TOI (T-Online)
[A] Printmedien nur FAZ und SZ
[B] Jeweils Montag bis Sonntag. Die letzte Woche nur Montag bis Mittwoch.
[C] Überhang positive minus negative Valenzen bzw. Tendenzen.

Im Juli und August 2005 berichteten die untersuchten Medien am häufigsten von allen Unternehmen über DCX und dabei überwiegend mit positiver Valenz bzw. positivem Tenor. Das trifft besonders auf die vierte Woche zu, als DCX sehr positive Geschäftszahlen veröffentlichte, was zu Kaufempfehlungen seitens vieler medial präsenter Analysten führte. In etwa vergleichbar verläuft die Berichterstattung über DTE. Hier erfolgte die Veröffentlichung positiver Unternehmenszahlen in der sechsten Woche. Offenbar hatten die Analysten aber schon mit guten Zahlen gerechnet und empfahlen das Papier in ihren medialen Tipps bereits in der fünften Woche, revidierten ihre Einschätzung in den Folgewochen jedoch teilweise. Bei LHA waren ebenfalls gute Unternehmenszahlen für mehr und positive Beiträge in der sechsten Woche verantwortlich, die durch Kaufempfehlungen der Analysten in den Medien begleitet wurden.

Die Befunde zu IFX spiegeln ebenfalls die damalige Lage des Unternehmens. Ähnlich wie später im Jahr 2007 die ehemalige Konzern-Mutter Siemens sah sich auch IFX seit Juli 2005 mit Anschuldigungen gegen seine Führung konfrontiert. Es war zu Gerüchten über Unregelmäßigkeiten bei Zahlungen im

Bereich des Motorsports gekommen, in deren Folge ein Vorstandsmitglied zurücktrat. Laut wurden die Vorwürfe am Ende der zweiten Woche des Untersuchungszeitraumes 2005. In der dritten Woche nahm die Berichterstattung deutlich zu, allerdings mit negativer Valenz bzw. negativem Tenor. Auch die in den untersuchten Medien zu Wort kommenden Analysten rieten eher zum Verkauf bzw. Nichtkauf. Am Anfang der vierten Woche veröffentliche IFX Unternehmenszahlen, die schwächer als erwartet ausfielen. Das spiegelt sich teilweise in negativeren Berichten wieder. Während sich Korruptionsvorwürfe und Vorstandsrücktritt aber eher in einem negativeren Tenor niederschlagen, führten die Unternehmenszahlen zu negativerer Valenz der Berichte.

Bei Nebenwerten lässt sich der Berichtsverlauf ebenfalls zu einem Teil mit der Bekanntgabe von Unternehmenszahlen erklären. Die Veröffentlichung positiver Geschäftszahlen bei SOW in der fünften Woche und bei EVT und MOB in der sechsten Woche zog einen positiveren Medientenor nach sich. Das Gegenteil betraf TOI, CE und EMTV. Daneben waren drei weitere Ereignisse für die Veränderung der Berichterstattung verantwortlich. EVT konnte in der vierten Woche einen Vertrag mit einem großen Pharmaunternehmen abschließen und bei MOB machte sich die erwähnte Einigung über die Fusion mit Freenet in der zweiten Woche in jeweils positiveren Berichten bemerkbar. Die Berichterstattung über EMTV wurde dagegen in der dritten Woche auch durch einen für das Unternehmen negativen Prozessausgang geprägt.

Abschließend ist nochmals zu betonen, dass die Entwicklung der Berichterstattung über die Unternehmen im Jahr 2005 natürlich nicht nur auf ‚externe' Ereignisse (z.B. Bekanntgabe von Unternehmenszahlen, Vorstandsrücktritt) zurückzuführen ist. Den Medien kommt nicht nur die Rolle eines Chronisten, Informationstransmitter oder Verlautbarungsorgan der Unternehmen zu. Vielmehr können Journalisten ihrerseits in sich werthaltige Sachverhalte hochspielen (vgl. Kepplinger et al. 1989a) oder „opportune Zeugen" (Hagen 1992) bemühen. Das erste Vorgehen macht sich in einem entsprechenden Tenor der Beiträge bzw. Themen-Nennungen bemerkbar, das zweite Vorgehen in einem entsprechenden Tenor der Analysten-Empfehlungen. Natürlich sind aber die erwähnten ‚externen' Ereignisse oder Vorgänge meist der Anlass und oft auch der Gegenstand der Berichterstattung.

Neben Analysten-Einschätzungen erfassten wir auch Empfehlungen von Journalisten (vgl. Kapitel 5.2.2.2). Sie wurden codiert, wenn im Beitrag eine Kauf-, Halte- oder Verkaufsempfehlung für die Aktie eines Unternehmens ausgesprochen wurde, ohne dass ein Analyst(enhaus) als Urheber kenntlich gemacht wurde. Gerade einmal in 20 von über 4.000 Beiträgen kamen Journalisten-Einschätzungen vor, so dass wir hier auf weitere Analysen verzichten.

6.1.2 Deskriptive Analysen im Längsschnitt

Mit den letzten Ausführungen haben wir letztlich bereits eine Längsschnittperspektive angelegt. Die Betrachtung in Wochenschritten ist allerdings ein grobes Raster, da viele Anleger noch am gleichen Tag und oft sehr rasch nach neuen Informationen handeln. Wie angekündigt, werden wir die Entwicklung der Berichterstattung und den Verlauf von Kursen und Handelsvolumina *von Juli bis August 2005 in Handelstagen* für ausgewählte Unternehmen betrachten. Aus Platzgründen beschränken wir uns auf DaimlerChrysler (DCX) als *exemplarischen Standardwert* und Mobilcom (MOB) als *exemplarischen Nebenwert*. Punktuell gehen wir aber auch auf andere Unternehmen ein, wenn sie Besonderheiten im Längsschnitt erkennen ließen. Wir betrachten dabei die Berichterstattung in allen drei Mediengattungen aggregiert, ohne zwischen Fernsehen, Printmedien und Online-Portalen zu unterscheiden

Für die Unternehmen betrachten wir auch den *Vergleichszeitraum*, also den *Juli und August 2000*. Dabei müssen wir uns aus den genannten Gründen auf die Berichterstattung der Zeitungen beschränken. Für den gesamten Untersuchungszeitraum Januar bis August 2000 war eine graphische Darstellung in Handelstagen nicht umsetzbar. Eine Betrachtung in Wochen- oder Monatsschritten hätte umgekehrt nur grobe Einschätzungen zugelassen. Daher verzichten wir auf die Längsschnittbetrachtung für den gesamten Untersuchungszeitraum Januar bis August 2000. Stattdessen stellen wir eine Phaseneinteilung vor, auf die wir in Kapitel 6.2 mehrfach zurückgreifen. Anhand des DAX-Verlaufs haben wir *drei Teilzeiträume* für den Zeitraum Januar bis August 2000 gebildet:

○ *Teilzeitraum 1*: 1. bis 47. Handelstag (1. Januar bis 7. März 2000)
○ *Teilzeitraum 2*: 48. bis 100. Handelstag (8. März bis 24. Mai 2000)
○ *Teilzeitraum 3*: 101. bis 171. Handelstag (25. Mai bis 31. August 2000)

(1) Die schon länger anhaltende Hausse an den Börsen erreichte Ende Februar bzw. Anfang März 2000 ihren absoluten Höhepunkt. Der DAX notierte bei knapp über 8.000 Punkten, der NEMAX sogar bei über 8.500 Punkten. Unser erster Teilzeitraum vom 1. bis 47. Handelstag (1. Januar bis 7. März 2000) bildet damit die Endphase der Hausse ab. (2) Anfang März setzte dann der Abwärtstrend ein. Nun begann die so genannte ‚Internet-Blase' zu platzen. Mit angestoßen wurde diese Entwicklung durch eine Studie der US-amerikanischen Finanzzeitschrift Barron's, die Mitte März 2000 für über 200 Unternehmen des Internet-Sektors feststellte, dass deren Börsenwert oft weit jenseits des fundamental gerechtfertigten Werts der Unternehmen lag. Das wirkte sich auch auf Unternehmen jenseits der Internet-Branche aus. Unser zweiter Teilzeitraum vom

48. bis 100. Handelstag (8. März bis 24. Mai 2000) deckt damit diese Phase kontinuierlicher Kursverluste ab. (3) Im dritten Teilzeitraum vom 101. bis 171. Handelstag (25. Mai bis 31. August 2000) lässt sich die DAX-Entwicklung als stabil auf mehr oder weniger gleichem Niveau beschreiben. In diese Phase fiel z.B. auch die bereits erwähnte Vergabe von UMTS-Lizenzen in Deutschland.

Abbildung 6.1: Headline- und Gesamtpräsenz sowie DAX-bereinigte Schlusskursveränderung für DCX 2005 im Längsschnitt (Handelstage) – Anzahl / Kursveränderung (in %)

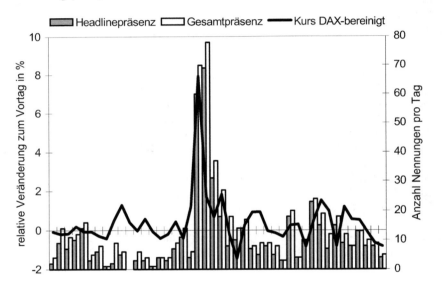

Abbildung 6.1 zeigt den Verlauf der Headline- und Gesamtpräsenz von *DaimlerChryler (DCX)* in allen Medien und den Kursentwicklung im Juli und August 2005. Der Kursverlauf wird anhand der DAX-bereinigten prozentualen Veränderung des Schlusskurses im Vergleich zum Vortag dargestellt (vgl. Kapitel 5.3.3). Werte oberhalb der x-Achse bedeuten, dass DCX den DAX im Vergleich zum Vortag ‚outperformed' hat. Die Kurssteigerung (der Kursrückgang) bei DCX war also höher (niedriger) als der Anstieg (Rückgang) des DAX.

In Abbildung 6.1 sieht man deutlich den synchronen Verlauf von Berichterstattung und Kursentwicklung. An Tagen mit einem hohen DAX-bereinigten Kursanstieg nahm auch die Berichterstattung über DCX zu. Besonders deutlich ist das im zeitlichen Umfeld um die bereits erwähnte Bekanntgabe am 28. Juli 2005, dass der damalige Vorstandsvorsitzenden Schrempp am Jahresende aus dem Unternehmen ausscheiden werde. An der Börse wurde diese Nachricht als Möglichkeit des Neuanfangs nach der – als gescheitert angesehenen – Fusion mit dem US-Autohersteller ‚Chrysler' gewertet und führte sofort zu einem deutlichen Kursanstieg. Synchron dazu nahm das Berichtsaufkommen deutlich zu. Dies ist bereits am Ereignistag festzustellen, da die Online-Portale und auch die abendlichen Börsensendungen in vielen Beiträgen darüber berichteten. Am nächsten Tag steigt der Umfang nochmals leicht an. Denn einerseits berichteten Fernsehen und Online-Portale weiterhin, andererseits erschienen nun auch die entsprechenden Artikel in den Tageszeitungen. In den folgenden Tagen klingt die Berichterstattung langsam ab. Und auch der Kursanstieg im Vergleich zum DAX wird schwächer.

Abbildung 6.2: Gesamtvalenz und Gesamttenor sowie DAX-bereinigte Schlusskursveränderung für DCX 2005 im Längsschnitt (Handelstage) – Überhang / Kursveränderung (in %)

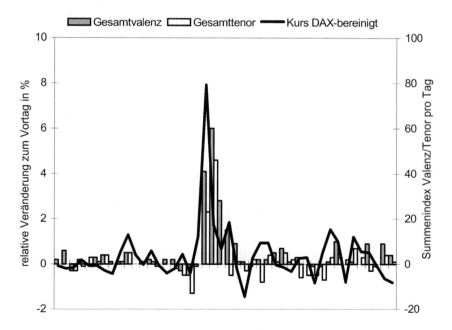

Noch augenscheinlicher korrespondiert der Kurs graphisch mit der Valenz bzw. dem Tenor der Berichterstattung (vgl. Abbildung 6.2). Die betreffenden Medien-Zeitreihen geben pro Handelstag den jeweiligen Überhang von positiver und negativer Valenz bzw. positivem und negativem Tenor wieder. Die bereits erwähnte Rücktrittsankündigung wurde nicht nur an der Börse positiv aufgenommen. Auch Tenor und Valenz der Medienberichterstattung über DCX waren ab dem Tag der Bekanntgabe deutlich positiver. Insgesamt bewegen sich die Kursentwicklung und die Richtung des Tenors bzw. der Valenz der Berichterstattung über DCX erkennbar gleichgerichtet.

Abbildung 6.3: Thematisierung von Management und Produkten sowie DAX-bereinigte Schlusskursveränderung für DCX 2005 im Längsschnitt (Handelstage) – Anzahl bzw. Kursveränderung (in %)

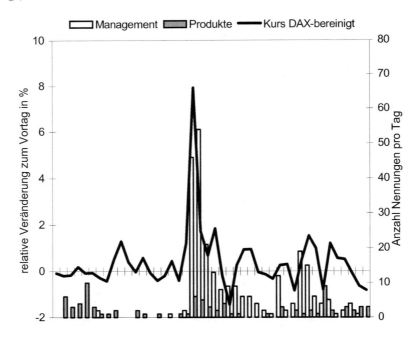

Die Abbildungen 6.3 und 6.4 zeigen die Kursveränderung und den Verlauf der zentralen Themen in der Berichterstattung über DCX im Jahr 2005. Managementfragen spielen in den Medien vor der Unternehmensankündigung des

Rücktritts von Schrempp keine Rolle (vgl. Abbildung 6.3). Für alle jene, die keinen direkten Einblick in die Chefetage von DCX hatten, und damit auch für die Medien kam diese Ankündigung offensichtlich überraschend. Denn vorab wurden noch nicht einmal Spekulationen über eine anstehende Personalentscheidung veröffentlicht. Nach der Bekanntgabe des Rücktritts nimmt das Thema dann eine Woche lang einen breiten Raum in der Berichterstattung ein und gelangt später im Zuge der Diskussionen um die Nachfolge Schrempps erneut auf die Medienagenda. Über aktuelle Fahrzeugmodelle oder Produktinnovationen wird dagegen über den gesamten Zeitraum ohne nennenswerte Höhepunkte und eher in bescheidenem Umfang berichtet.

Abbildung 6.4: Thematisierung von Unternehmenszahlen und Börsen-Kennwerten sowie DAX-bereinigte Schlusskursveränderung für DCX 2005 im Längsschnitt (Handelstage) – Anzahl bzw. Kursveränderung (in %)

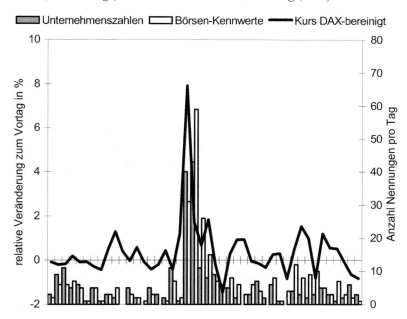

Auf Unternehmenszahlen und Börsen-Kennwerte gehen die Medien wiederum vor allem im Zusammenhang mit der Rücktrittsankündigung Schrempps ein (vgl. Abbildung 6.4). Beide Themen gehörten in den untersuchten Medien durchweg zu den zentralen Themen der Unternehmens- und Aktienberichterstattung. Sie sind gleichsam eine Art von *Standardthemen*, die Wirtschaftsjournalisten offenbar sehr häufig in ihren Beiträgen aufgreifen, auch wenn sich der Artikel um etwas anderes wie z.b. den Rücktritt eines Vorstandes dreht.

Abbildung 6.5: Headline- und Gesamtpräsenz sowie Handelsvolumen für DCX 2005 im Längsschnitt (Handelstage) – Anzahl

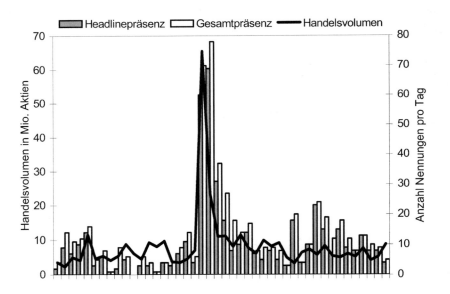

Statt der Kursveränderung stellt Abbildung 6.5 nun den Verlauf des *Handelsvolumens* der Entwicklung der Berichterstattung im Juli und August 2005 gegenüber. Erneut zeigen sich die bekannten Kurvenverläufe. Am Tag der Rücktrittsankündigung steigt neben dem Berichtsaufkommen auch das Handelsvolumen deutlich an. Der Berichterstattungsverlauf erreicht seinen Höhepunkt aber erst am nächsten Tag. Die Darstellung im Längsschnitt verdeutlicht im Übrigen auch eine jener Überlegungen, die zur Auswahl der Unternehmen in unserem Sample geführt hatte (vgl. Kapitel 5.1). Am Tag der Rücktrittsankündigung wurden alleine an den deutschen Präsenzbörsen und über den Computerhandel XETRA mehr als 65 Millionen Stücke von DCX gehandelt. Bei einem damaligen Kurs von knapp 40 Euro ergibt das einen Börsen-Umsatz von über 2,5 Milliarden Euro – und zwar an nur einem Handelstag. Selbst wenn sich institutionelle Investoren Gedanken über das Verhalten von Privatanlegern machen, dürften diese kaum einen Rolle für den Kurs von DCX spielen – und dessen dürften sich auch alle Marktteilnehmer bewusst sein. Natürlich ist eine Rücktrittsankündigung ein Sonderfall. Aber auch wenn wir den Tag dieses Ereignisses ausklammern, ergibt sich im verbleibenden Untersuchungszeitraum pro Handelstag ein Volumen von mehr als 7 Millionen gehandelter Aktien.

Abbildung 6.6: Headline- und Gesamtpräsenz sowie Handelsvolumen für DCX 2000 (Juli und August) im Längsschnitt (Handelstage) – Anzahl

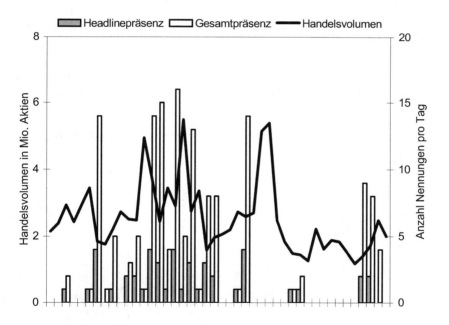

Die bisherigen Längsschnittbetrachtungen für DCX zeigen in der Gesamtschau ein Phänomen, das wir *Muster ‚hydraulischer' Berichterstattung* nennen. Es wird bei der Diskussion der Ergebnisse der Kreuzkorrelationsberechnungen noch eine wichtige Rolle spielen (vgl. Kapitel 6.2.2). Vereinfacht ausgedrückt bezeichnen wir damit die Tatsache, dass sich zentrale Themen in der Berichterstattung wie beim Prinzip kommunizierender Röhren entwickeln: Verschiedene Themen verdrängen sich nicht wechselseitig, sondern der Anstieg in der Thematisierung z.B. von Managementfragen zieht eine verstärkte Behandlung auch von Unternehmenszahlen oder Börsen-Kennwerten nach sich. Abbildung 6.6 zeigt den Verlauf des Handelsvolumens sowie der Headline- und Gesamtpräsenz von DCX im Vergleichszeitraum für 2005, also im *Juli und August 2000*. Hier konnten wir nur die Print-Berichterstattung analysieren. Das erklärt die deutlich geringere mediale Präsenz im Vergleich zu Juli und August 2005. Handelsvolumen und Berichterstattung korrespondieren 2000 auch nicht so ausgeprägt wie 2005. Teilweise scheint ein Anstieg des Handelsvolumens der Berichterstattung zu folgen, teilweise scheint es umgekehrt zu sein. An dieser Stelle sei aber auch betont, dass rein graphische Verläufe keine eindeutigen Kausalaussagen zulassen. Denn wie erwähnt, können gemeinsame Trends auch auf Drittvariablen – etwa Zinsentwicklungen – zurückgehen, was einen korrespondierenden Verlauf zweier Zeitreihen als Scheinzusammenhang entlarven würde (vgl. Kapitel 5.4.2).

Abbildung 6.7: Headline- und Gesamtpräsenz sowie TecDAX-bereinigte Schlusskursveränderung für MOB 2005 im Längsschnitt (Handelstage) – Anzahl bzw. Kursveränderung (in %)

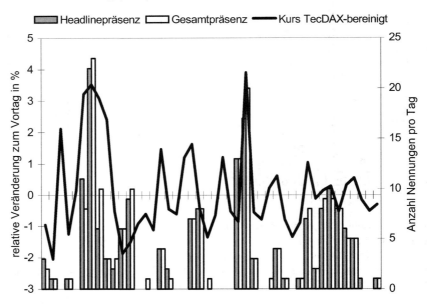

Zudem gab es im Juli und August 2000 deutlich weniger Börsen-Umsatz. Wie erwähnt, wurden im Vergleichszeitraum 2005 durchschnittlich gut 7 Millionen Aktien – ohne den Tag der Rücktrittsankündigung – zu einem Kurs von knapp 39 Euro gehandelt. Im Juli und August 2000 lag der durchschnittliche Schlusskurs mit knapp 59 Euro zwar höher. Pro Tag wurden aber kaum mehr als 2,5 Millionen Stücke gehandelt. Ursache dafür dürfte die relativ unübersichtliche Marktsituation gewesen sein. Nach dem Höchststand im März und der nachfolgenden Kurskorrektur, waren Profis und Laien wohl unsicher darüber, ob die Kurse weiter fallen würden oder ob der Tiefpunkt nun erreicht war und hielten sich daher mit Aufträgen zurück.

Abbildung 6.8: Gesamtvalenz und Gesamttenor sowie TecDAX-bereinigte Schlusskursveränderung für MOB 2005 im Längsschnitt (Handelstage) – Überhang / Kursveränderung (in %)

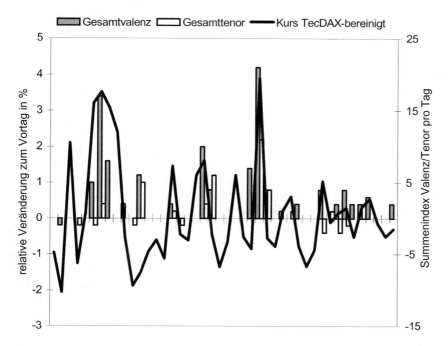

Die Abbildungen 6.7 bis 6.12 dokumentieren den Verlauf der Berichterstattung, des Handelsvolumen und der Kursveränderung für *Mobilcom (MOB)*. Während die Berichterstattung über DCX im Juli und August 2005 vorrangig durch die Ankündigung des Rücktritts von Schrempp geprägt war, spielten bei MOB gleich zwei Ereignisse eine Rolle: Zum einen wurde am 8. Juli 2005 die Einigung mit ‚Freenet' über eine Fusion beider Unternehmen bekannt. Diese Mitteilung ist für die stärkere mediale Unternehmenspräsenz zu Beginn des Untersuchungszeitraumes verantwortlich. Der zweite Berichtshöhepunkt geht auf die Bekanntgabe unerwartet positiver Unternehmenszahlen zurück. In beiden Fällen kam es noch am selben Tag zu deutlichen Kursaufschlägen. Die Kursveränderung von MOB wurde ebenfalls um den Vergleichsindex bereinigt – in diesem Fall um die Veränderung des TecDAX. Abgesehen von den beiden Ereignissen korrespondieren Berichterstattung und Kursentwicklung weniger deutlich als bei DCX. Dieser rein graphische Eindruck rührt teilweise schlicht daher, dass an einigen Tagen kaum über MOB berichtet wurde. Das betrifft auch die Entwicklung der Valenz und des Tenor der Berichterstattung.

An Handelstagen, an denen die Medien über MOB berichteten, zeigt sich aber meist eine parallele Entwicklung bei Kursveränderung und Berichterstattung. Allerdings werden die Themen im Kontext mit MOB hauptsächlich mit positiver Valenz und seltener mit positivem Tenor publizistisch hochgespielt. Die Valenz der Fakten wurde nach den in Kapitel 5.2.2.2 beschriebenen Vorgaben codiert. Für eine positive bzw. negative Valenz mussten bestimmte Kennwerte und Begriffe explizit im Beitrag angesprochen sein. Ein positiver (negativer) Tenor wurde erfasst, wenn im Beitrag Aspekte vorkamen, die nicht über die Valenz der Fakten abgedeckt waren, aber nach Common Sense eindeutig positiv (negativ) zu interpretieren waren (z.B. Korruptionsvorwürfe), oder wenn Journalisten explizite Bewertungen äußerten. Die positive Valenz der Berichterstattung über MOB bedeutet also, dass eher positive Fakten (z.B. Fusionsabschluss, positive Unternehmenszahlen) thematisiert wurden. Mit Bewertungen hielten sich die Beitragsautoren entweder zurück oder kamen zu ambivalenten Einschätzungen, die ebenfalls in einen neutralen Tenor münden.

Neben den auch bei anderen Unternehmen zentralen Hauptthemen der Berichterstattung – Unternehmensstrukturen, Unternehmenszahlen sowie Börsen-Kennwerten – tauchten auch Managementfragen in den Beiträgen über MOB im Juli und August 2005 auf. Die Fusion mit Freenet schlägt sich in der relativ starken Präsenz des Themas ‚Strukturen' nieder. Darüber berichteten die ausgewählten Medien aber nicht nur zum Zeitpunkt der Bekanntgabe der Fusion, sondern das Thema wurde auch im Zusammenhang mit der Veröffentlichung von Unternehmenszahlen wieder aufgegriffen. Über das Management wurde ebenfalls vor allem im zeitlichen Umfeld der Fusions-Bekanntgabe berichtet. Dabei behandelten die Beiträge vorwiegend die Entscheidung über die Besetzung der Führungspositionen in dem neuen Unternehmen. Ein gewisser Zusammenhang zwischen dem Thematisierungsverlauf und der Kursentwicklung von MOB ist zumindest graphisch zu erkennen.

Abbildung 6.9: Thematisierung von Strukturen und Management sowie Tec-DAX-bereinigte Schlusskursveränderung für MOB 2005 im Längsschnitt (Handelstage) – Anzahl bzw. Kursveränderung (in %)

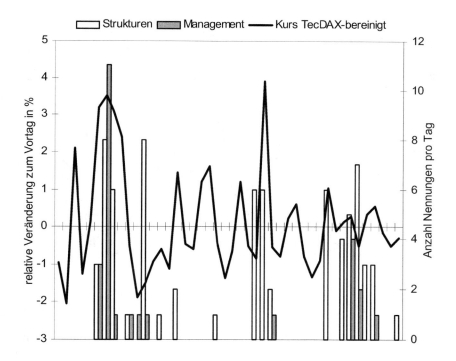

Deutlicher zu erkennen sind die Zusammenhänge zwischen der Kursentwicklung von MOB im Juli und August 2005 und der Entwicklung der medialen Thematisierung von Unternehmenszahlen und Börsen-Kennwerten (vgl. Abbildung 6.10). Zwar ist auch hier eine stark ‚lückenhafte' Berichterstattung zu konzedieren. Dennoch korrespondieren die Ausschläge im Kursverlauf erkennbar mit der Medienpräsenz der beiden Themen: Den ersten Kurshöhepunkt begleitet eine vermehrte Thematisierung von Unternehmenszahlen, der zweite geht mit vermehrten Berichten über Unternehmenszahlen einher.

Abbildung 6.10: Thematisierung von Unternehmenszahlen und Börsen-Kennwerten sowie TecDAX-bereinigte Schlusskursveränderung für MOB 2005 im Längsschnitt (Handelstage) – Anzahl bzw. Kursveränderung (in %)

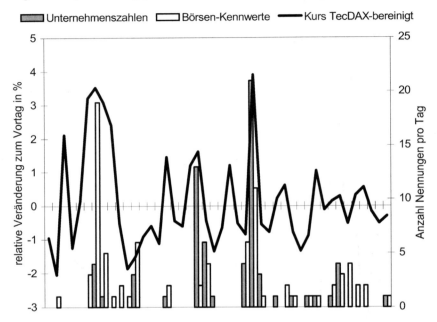

Wie bei DCX ist auch bei MOB – zumindest graphisch gesehen – der Zusammenhang zwischen Berichterstattung und Handelsvolumen noch deutlicher zu erkennen als der Zusammenhang zwischen Berichterstattung und Kursverlauf. Die Anzahl der gehandelten Aktien erreicht dabei bei weitem nicht das Niveau des Handelsvolumens von DCX. Während sich für den Autohersteller nur ein einmaliger, sehr deutlicher Ausschlag im Kursverlauf, Handelsvolumen und Berichtsaufkommen zeigt, sind bei MOB zwei Höhepunkte erkennbar: Zum einen hatte die Ankündigung der Fusion mit Freenet zu Beginn des zweimonatigen Untersuchungszeitraumes zu erkennbar mehr Handelsvolumen, aber auch mehr Medienpräsenz von MOB geführt. Zum anderen schlug sich die Bekanntgabe positiver Unternehmenszahlen im einem erhöhtem Aktienhandel sowie Berichtsaufkommen nieder. Im Übrigen finden wir das schon bei DCX erkennbare *Muster ,hydraulischer' Berichterstattung* auch bei MOB.

Auch die Kontrastierung der Vergleichsmonate in den Jahren 2000 und 2005 liefert ein ähnliches Ergebnis wie für DCX (vgl. Abbildung 6.16 in Kapitel 6.2.4). Im Juli und August 2000 werden pro Tag deutlich weniger MOB-Aktien umgesetzt als in den Vergleichsmonaten des Jahres 2005. Allerdings war der durchschnittliche Aktienkurs im Juli und August 2000 auch sechsmal höher als 2005. Problematisch ist jedoch die insgesamt spärliche Berichterstattung über MOB in den ausgewählten Printmedien, so dass der Versuch einer kausalen Interpretation aufgrund der graphischen Betrachtung kaum möglich ist.

Abbildung 6.11: Headline- und Gesamtpräsenz sowie Handelsvolumen für MOB 2005 im Längsschnitt (Handelstage) – Anzahl

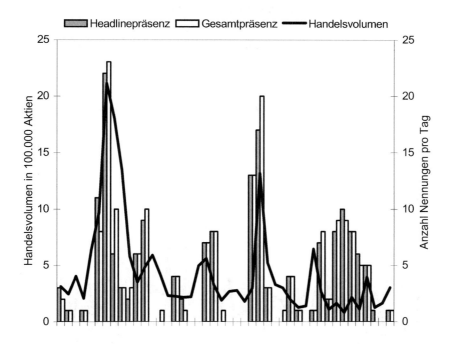

Abbildung 6.12 zeigt die mediale Headline- und Gesamtpräsenz und die Kursveränderung von *Lufthansa (LHA)*. An diesem Unternehmen kann man die Bereinigung der Kursveränderung am Vergleichsindex illustrieren. Am 7. Juli

2005 fanden die Terroranschläge in London statt. Der Kurs von LHA gab an diesem Tag um 2,3 Prozent nach. Das war der größte Abschlag in der Zeit vom 1. Juli bis 31. August 2005. Infolge der Anschläge gaben jedoch die Kurse generell nach. Der DAX sank an diesem Tag um 1,9 Prozent. LHA gab also nicht mehr nach als alle anderen Unternehmen im DAX. Und in der spezifischen Berichterstattung über LHA zeichnen sich die Terroranschläge nicht ab (vgl. Abbildung 6.12). Hätten wir die Medien-Zeitreihe mit der Kursveränderung der LHA-Aktie direkt korreliert, wären verzerrte Zusammenhänge ermittelt bzw. die tatsächlich bestehenden Zusammenhänge zwischen Berichterstattung und Kursverlauf durch die ‚externen' Einflüsse auf den Kurs überlagert worden. Indem wir die Kursveränderung von LHA um die DAX-Veränderung bereinigten, wurden diese Einflüsse, die mit dem Unternehmen LHA erst einmal nichts zu tun hatten und sich auch nicht in der Berichterstattung über LHA niederschlugen, aus der Kursveränderung entfernt (vgl. Abbildung 6.12).

Abbildung 6.12: Headline- und Gesamtpräsenz sowie DAX-bereinigte Schlusskursveränderung für LHA 2005 im Längsschnitt (Handelstage) – Anzahl bzw. Kursveränderung (in %)

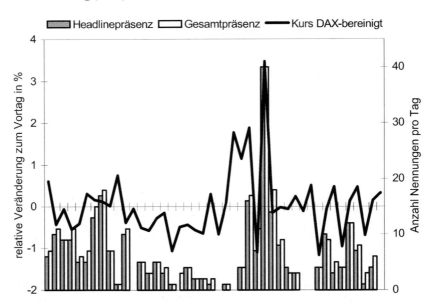

Abbildung 6.13: Headline- und Gesamtpräsenz sowie Handelsvolumen für LHA 2005 im Längsschnitt (Handelstage) – Anzahl

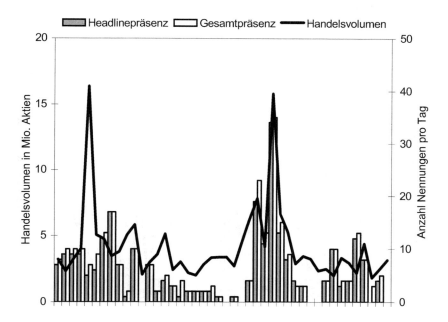

Die Bekanntgabe von Unternehmenszahlen am 10. August 2005 führte sowohl zu einem deutlichen Kursanstieg als auch zu verstärkter Berichterstattung über LHA. Die Zahlen waren besser als erwartet ausgefallen. Zudem erhöhte das Unternehmen die Prognose für das gesamte Geschäftsjahr. Ein Zusammenhang zwischen Berichterstattung und bereinigter Kursentwicklung ist bei LHA durchaus zu erkennen. Inwiefern er sich in den Kreuzkorrelationsberechnungen auch statistisch bestätigen lässt, klären wir im nächsten Kapitel.

Während die Londoner Anschläge zu keinem – über die DAX-Veränderung hinausgehenden – Rückgang des Kurses von LHA führten, kam es am Tag der Veröffentlichung der Halbjahreszahlen zu einem deutlichen Anstieg des Handelsvolumens (vgl. Abbildung 6.13). Man kann annehmen, dass aufgrund der Anschläge die Aktien von Fluggesellschaften generell ins Interesse der Marktteilnehmer rückten. Vor allem risikoaverse Anleger dürften sich aus Sorge vor weiteren Anschlägen von ihren Anlagen getrennt haben. Dagegen dürften andere Anleger ihre Chance auf günstigen Einstieg genutzt haben.

Abbildung 6.14: Headline- und Gesamtpräsenz sowie TecDAX-bereinigte Schlusskursveränderung für SOW 2005 im Längsschnitt (Handelstage) – Anzahl bzw. Kursveränderung (in %)

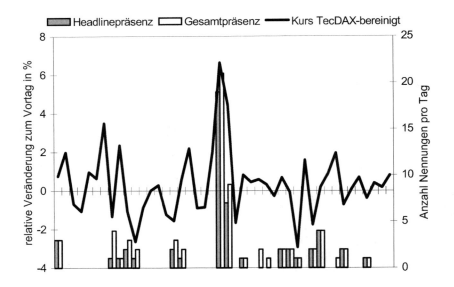

Am Morgen des 1. August 2005 veröffentlichte *Solarworld (SOW)* per Ad-hoc-Mitteilung die Geschäftszahlen für das erste Halbjahr. Gewinn und Umsatz konnten gegenüber dem Vorjahr deutlich gesteigert werden und erreichten Rekordniveau. Allerdings wird über SOW relativ wenig berichtet, so dass sich die Kursveränderung graphisch kaum mit der Berichterstattung in Verbindung lässt. Das ist ein öfter auftretendes Problem unserer Studie. Besonders bei kleineren Unternehmen mit geringem Börsen-Umsatz und hohem Streubesitz vermuteten wir einen Einfluss der Kleinanleger und somit eine höhere Wahrscheinlichkeit für Medienwirkungen. Wir kommen darauf im Zusammenhang der Kreuzkorrelationsberechnungen nochmals zurück (vgl. Kapitel 6.2.1).

Noch stärker betrifft dieses Problem *Consumer Electronics (CE)*. In kaum einem der untersuchten Medien wurde im Juli und August über CE berichtet. Wir haben Abbildung 6.15 aber aus einem anderen Grund gewählt. Denn an diesem Beispiel kann verdeutlicht werden, warum es notwendig war, manche Online-Beiträge dem nächsten Handelstag zuzuschlagen (vgl. Kapitel 5.3.2).

Deskriptive Analysen 197

Abbildung 6.15: Gesamtvalenz und Gesamttenor sowie Handelsvolumen für CE 2005 im Längsschnitt (Handelstage) – Anzahl

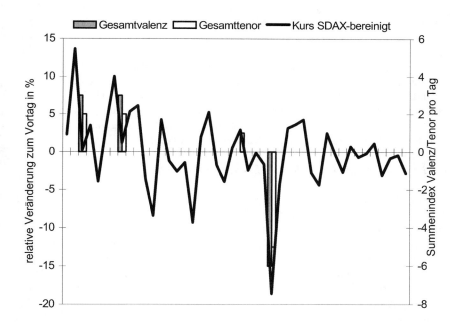

Das Unternehmen hatte am 5. August 2005 eine so genannte Gewinnwarnung veröffentlicht. Mit einer solchen Mitteilung müssen Unternehmen darauf hinweisen, dass sie den angestrebten Überschuss im laufenden Geschäftsjahr nicht realisieren können. Die Bekanntgabe der Gewinnwarnung erfolgte am Freitag nach Handelsschluss. Die Ad-hoc-Meldung und Online-Beiträge, die darauf Bezug nehmen, wurden teilweise ebenfalls noch am Freitag veröffentlicht. Hätten wir diese Beiträge dem Freitag zugeordnet, dann hätten wir Korrelationen zwischen diesen Beiträgen und der Kursveränderung am nächsten Handelstag als Medienwirkungen interpretiert. Dieser Kausalschluss ist nicht zulässig, weil es erst am Montag als nächstem Handelstag zu einer Kursveränderung kommen konnte, die ebenso wie die Medienberichte auf die Gewinnwarnung zurückgeführt werden kann. Indem wir jene – im Übrigen wenigen – Beiträge, die nach Handelsschluss veröffentlicht wurden, dem nächsten Handelstag zuordneten, schlossen wir solche Fehleinschätzungen aus.

6.2 Zeitreihenanalytische Verfahren

Die Medienberichterstattung und die Kurse bzw. Handelsvolumina der ausgewählten zehn Unternehmen wurden bislang nur graphisch miteinander in Verbindung gebracht. Für Aussagen über Kausalzusammenhänge bieten sich zeitreihenanalytische Verfahren an. Kreuzkorrelationsberechnungen erlauben Aussagen über die zeitliche Dynamik, die Stärke und die zeitliche Verzögerung bivariater Zusammenhänge zwischen Aktienberichterstattung und Kursen bzw. Volumina. Hierfür haben wir die jeweiligen Variablen als Zeitreihen in Handelstagen modelliert und diese Zeitreihen zunächst separat ARIMA- bzw. Index-bereinigt. Anschließend wurden die auf diese Weise gewonnenen Residuenreihen synchron und zeitversetzt miteinander korreliert. Ausgehend davon lassen sich die Forschungsfragen aus Kapitel 4 beantworten.

6.2.1 Bivariate Perspektive – Kreuzkorrelationen

Das *Prewhitening-Verfahren* ist ein ‚konservatives' Verfahren (vgl. Scheufele, 1999, 2004). Denn durch ARIMA-Modellierung jeder einzelnen Zeitreihe wird auch ein Teil des Zusammenhangs mit anderen Zeitreihen, der nicht auf Drittvariablen zurückgeht, aus der jeweiligen Zeitreihe eliminiert. Damit werden Korrelationen zwischen bereinigten Zeitreihen, d.h. den Residuenreihen, meist unter- anstatt überschätzt. Positiv gewendet können hohe signifikante Korrelationen beim Prewhitening-Verfahren als besonders bedeutsam eingestuft werden (vgl. Kapitel 5.4.2). In den folgenden Tabellen werden nur *signifikante Korrelationen* ausgewiesen (p<0.05). Zudem berücksichtigen wir das Problem des α-Fehlers: Bei einer insgesamt geringen Berichterstattung kann sich z.B. bereits ein moderates Publikationsaufkommen als Peak in der Zeitreihe bzw. als signifikante Korrelation bei der bivariaten Betrachtung bemerkbar machen. Damit besteht die Gefahr, die Nullhypothese vorschnell zugunsten der Alternativhypothese abzulehnen. Wir reduzieren den *α-Fehler* in dreifacher Hinsicht: Erstens haben wir Zeitreihen nur für jene Merkmale der Berichterstattung gebildet, die an mindestens 15 Prozent der Handelstage codiert werden konnten.[95] Zweitens interpretieren wir nur signifikante Korrelationen, deren Betrag *größer als 0.40* ist. Darüber hinaus interpretieren wir Korrelationen bei geringerem Publikationsaufkommen vorsichtiger als bei einer intensiven Berichterstattung.

---

95 So mussten z.B. bei 44 Handelstagen im Zeitraum Juli und August 2005 für mindestens sieben Tage Werte vorliegen, damit das Thema als Zeitreihe modelliert wurde.

Tabelle 6.6: Übersicht über alle (präsentierten) Kreuzkorrelationen

Kurs	CE	DCX	DTE	EMTV	EVT	IFX	LHA	MOB FREE	SOW	TOI
2005										
Alle Medien		X						X	X	X
WWW	X	X					X	X	X	
Print [A]		X			–	X	X	X	X	
TV		X			–		X	–	–	–
2000										
Print [A] Jan.-Aug.	–				–				–	
Print [A] Juli-Aug.	–	X			–	X			–	
H.-Tage 1-47	–	X			–	k.H.			–	k.H.
H.-Tage 48-100	–				–				–	X
H.-Tage 101-171									–	
Volumen	CE	DCX	DTE	EMTV	EVT	IFX	LHA	MOB FREE	SOW	TOI
2005										
Alle Medien		X		X	X		X	X	X	
WWW	X	X		X	X		X	X	X	
Print [A]		X		X	–		X	X	X	
TV		X			–		X	–	–	–
2000										
Print [A] Jan.-Aug.	–	X			–	X			–	X
Print [A] Juli-Aug.	–	X	X	X	–		X	X	–	X
H.-Tage 1-47	–				–	k.H.			–	k.H.
H.-Tage 48-100	–	X	X		–		X	X	–	X
H.-Tage 101-171	–	X		X			X	X	–	

Hinweise:
1. Präsentiert werden alle Kreuzkorrelationsberechnungen mit „X"
2. In den mit „–" versehenen Fällen war das Berichtsaufkommen so gering, dass die Bildung von Zeitreihen und die Berechnung von Kreuzkorrelationen nicht sinnvoll waren.
3. Die Angabe „k.H." bedeutet „kein Handel"
Unternehmenskürzel: CE (Consumer Electronic), DCX (DaimlerChrysler), DTE (Dt. Telekom), EMTV (EM.TV), EVT (Evotec), IFX (Infineon), LHA (Lufthansa), MOB (Mobilcom), MOB*FREE* (fusioniertes Unternehmen Mobilcom/Freenet), SOW (SolarWorld), TOI (T-Online)
[A] Printmedien nur FAZ und SZ

Korrelationen werden für die in Tabelle 6.6 ausgewiesenen Konstellationen von Medien, Unternehmen und Zeiträumen präsentieren. Die nachfolgenden Tabellen zeigen synchrone und zeitverschobene Zusammenhänge zwischen den Medienzeitreihen und den Kursen bzw. Handelsvolumina.

Grundsätzlich sind die Korrelationen je nach zeitlicher Verschiebung (in Handelstagen) zu interpretieren: (1) Eine signifikante Korrelation bei *positiven lags* (z.B. lag = +1) bedeutet: Man kann logisch ausschließen, dass z.B. der Aktienkurs von DaimlerChrysler die Berichterstattung über das Unternehmen beeinflusst. Das macht wahrscheinlicher, dass die Berichterstattung offenbar einen Einfluss auf (Privat-)Anleger und damit auch auf den Kursverlauf haben kann. Ein Beweis für Medienwirkungen ist damit aber keineswegs erbracht, da es sich beim Prewhitening-Verfahren um einen negativen Kausalschluss handelt (vgl. Scheufele, 1999, 2004). (2) Signifikante Korrelationen bei *negativen lags* (z.B. lag = –2) bedeuten, dass eine Veränderung in der Medienberichterstattung wahrscheinlich eine Veränderung im Aktienkurs bzw. Handelsvolumen nur reflektiert. (3) Signifikante Korrelationen beim *synchronen Fall* (lag = 0) erlauben keine Kausalaussage, weil die Richtung des Zusammenhangs nicht eindeutig festgestellt werden kann. Die Anzahl der lags gibt beim ersten und zweiten Fall an, mit welcher *zeitlichen Verzögerung* sich eine Veränderung bei der einen Zeitreihe in einer Veränderung bei der anderen bemerkbar macht. Die Korrelationen selbst drücken die *Stärke* des Zusammenhangs aus.

Die folgenden Tabellen enthalten für die zehn Unternehmen nicht durchweg identische Angaben. Denn bei einigen Unternehmen ergaben sich nur wenige signifikante Korrelationen mit einem Betrag größer als 0.40. Grundsätzlich wurden bei allen Unternehmen die gleichen Analyseschritte durchgeführt (vgl. Tabelle 6.6). Die Abfolge der Präsentation der Befunde ist daher durchweg vergleichbar: (1) Grundsätzlich werden die Zusammenhänge zwischen Berichterstattung und Aktienkursen sowie zwischen Berichterstattung und Handelsvolumina getrennt vorgestellt. (2) Dabei geht es jeweils zunächst um die Zusammenhänge im Jahr 2005 (Juli und August) – und zwar erstens für alle drei Medien im Aggregat und zweitens für die drei Mediengattungen (Online, Print, TV) im Einzelnen. (3) Danach stellen wir die Zusammenhänge im Jahr 2000 für Printmedien für den gesamten Zeitraum (Januar bis August 2000) und für die Vergleichsphase mit 2005 (Juli und August 2000) vor. Die empirischen Befunde der bivariaten Kreuzkorrelationsberechnungen interpretieren wir nicht bis in jedes Detail. Vielmehr versuchen wir, vor dem Hintergrund unserer Forschungsfragen (vgl. Kapitel 4) entsprechende *Muster* zu identifizieren. Die Ergebnisdarstellung erfolgt damit auch meist aus einer *Meta-Perspektive*.

6.2.1.1 Interpretationsvarianten von Kreuzkorrelationen

Unsere Kreuzkorrelationsberechnungen lassen medien- und unternehmensspezifische, aber auch durchgehende, also generelle Muster erkennen:

- ‚Hydraulische' Zusammenhänge
- Synchrone Zusammenhänge
- Gleichgerichtete Zusammenhänge

Das erste Muster bezeichnen wir als *Muster ‚hydraulischer' Zusammenhänge*. Die graphische Betrachtung der Berichterstattung in Kapitel 6.1.2 zeigte, dass sich eine Veränderung der Berichterstattung meist in mehrfacher Hinsicht manifestiert, was wir als Muster ‚hydraulischer' Berichterstattung bezeichnet haben. So wurde Ende Juli 2005 z.B. verstärkt über DaimlerChrysler (DCX) berichtet (vgl. Abbildung 6.1 in Kapitel 6.1.2). Der mit der Rücktrittsankündigung von Schrempp am 28. Juli 2005 zusammenhängende Höhepunkt zeigte sich z.B. in der Headline- und Gesamt-Präsenz von DCX in den Medienbeiträgen, aber auch in einer deutlich positiveren Valenz und einem positiveren Tenor. Die Aufschlüsselung nach Themen ließ erkennen, dass die Medienprominenz auf drei Themen zurückging, die gleichermaßen in den Vordergrund rückten – „Führung, Management", „Bilanzen" und „Börsen-Kennwerte".

Die Gegenüberstellung solcher Berichterstattungsmuster mit dem Verlauf des Kurses bzw. des Handelsvolumens ließ bereits entsprechende Zusammenhänge vermuten (vgl. Kapitel 6.1.2). Wenn Merkmale der Berichterstattung untereinander korrelieren, dürften sie – vorausgesetzt es gibt solche Zusammenhänge – auch vergleichbar stark mit Kurs bzw. Handelsvolumen korrelieren. Dieses Muster ‚hydraulischer' Korrelationen zeigt sich bei den Kreuzkorrelationen für alle Unternehmen, Zeiträume und Mediengattungen.[96] Ein weiteres Muster besteht darin, dass mehrheitlich synchrone und dabei oft gleichgerichtete, also positive Zusammenhänge auszumachen sind.

Wie solche Zusammenhänge zu interpretieren sind, lässt sich anhand idealtypischer Beispiele erklären (vgl. Tabelle 6.7 unten). Dabei ist wieder das *multiple Erklärungsdilemma* zu vergegenwärtigen (vgl. Kapitel 2.3.2): Wir operieren empirisch ausschließlich auf der Makro- bzw. Aggregat-Ebene und können

---

[96] Beispielsweise korreliert mit dem Handelsvolumen der Aktie der Deutschen Telekom (DTE) die Headline-Präsenz der DTE in den untersuchten Zeitungen, die Zeitungsberichterstattung über Strukturen, über Forschung und Produkte, über Absatz und Kunden sowie über Unternehmens- und Branchenzahlen. Dabei spielt kaum eine Rolle, ob man die Anzahl der Nennungen dieser Themen oder die themenbezogene Valenz bzw. den themenbezogenen Tenor in den Zeitungsberichten berücksichtigt – die Korrelationen sind vergleichbar hoch.

daher nur Vermutungen darüber anstellen, welche Entscheidungen der Anleger (Mikro-Ebene) und welches Zusammenspiel des Verhalten mehrerer Anleger (Meso-Ebene) sich wie stark im Kurs bzw. Handelsvolumen (Makro-Ebene) niederschlägt und damit die jeweiligen Kreuzkorrelationen bedingt. Die Frage der Anteile erklärter Varianz im Kurs oder Handelsvolumen kann nur theoretisch beantwortet werden. Um *allgemeinen Einwänden* vorzubeugen, weisen wir für die Szenarien in Kapitel 6.2.1.2 zunächst auf dreierlei hin:

- Vereinfachte Argumentation
- Reduktion von Interpretationsvarianten
- Konservative Interpretation

Sicher sind unsere Ausführungen für die fiktiven Szenarien oft etwas vereinfachend. Wir versuchen aber, die *Argumentation nicht zu überfrachten* und auf die einfacheren Fälle zu fokussieren. Bereits dabei sind mehrere Interpretationsvarianten möglich. Auch aufgrund des multiplen Erklärungsdilemmas können wir nicht immer eindeutig sagen, welche Erklärungsvariante am wahrscheinlichsten ist. In solchen Fällen gehen wir konservativ vor, d.h. wir unterstellen nur mit Vorbehalt einen möglichen Kausalzusammenhang.

Unsere Argumentation für typische Fälle von Kreuzkorrelationen wollen wir auch gegen folgende *konkrete Einwände* absichern:

- Handlungsalternativen der Anleger
- Anpassungsgeschwindigkeit und Reaktionsgeschwindigkeit
- Börsenrealität vs. Medienrealität

(1) Wir sind uns im Klaren, dass vor allem professionelle Investoren oft über mehr *Handlungsalternativen* verfügen als Kleinanleger. Welche Alternative jeweils wirksam wird, lässt sich zwar theoretisch erörtern, aber mit dem Design unserer Studie nicht empirisch klären. Wir haben das ausführlich als multiples Erklärungsdilemma diskutiert. Das Problem lässt sich am Beispiel des mehrfach erwähnten Third-Person-Effekts illustrieren: Wenn ‚Börsen-Profis' aufgrund kumulativer positiver Medienberichte über ein Unternehmen erwarten, dass viele Kleinanleger wegen dieser Berichte das Papier kaufen und damit ein ‚Überschießen des Kurses' auslösen, haben sie z.B. folgende Reaktionsmöglichkeiten: Wenn die Kleinanleger sofort kaufen, können professionelle Anleger, die bereits Aktien besitzen, verkaufen. Sie würden damit der Börsenregel „sell on good news" folgen. Die durch die Veröffentlichungen gestiegene Nachfrage hat den Marktpreis nach oben getrieben, was Gewinne ermöglicht. Da allerdings dann meist eine leichte Kurskorrektur erwartet wird und es schwierig ist, den genauen

Wendepunkt für den Verkauf zu treffen, rät die Regel zum Verkauf nach der Veröffentlichung positiver Nachrichten. Die ‚Profis' können auch Leerverkäufe tätigen oder Verkaufsoptionsscheine erwerben (vgl. Kapitel 2.1.1). Die letztgenannte Variante ist für den Kurs allerdings nicht relevant. Die anderen Handlungsalternativen dagegen können den Kursanstieg, der durch das medial ausgelöste Verhalten der Privatanleger hervorgerufen wurde, abschwächen oder sogar ins Gegenteil verkehren. Deutlich verstärkt wird der medial ausgelöste Trend dann, wenn neben den Privatanlegern auch die professionellen Investoren strategisch den Trend bedienen und z.b. erst am nächsten Handelstag oder später wieder abspringen. Bei allen Varianten spielt natürlich eine Rolle, wie viel der Varianz im Kurs (Makro-Ebene) jeweils durch das Handeln der privaten Anleger und die Transaktionen der professionellen Anleger beeinflusst wird (vgl. Abbildung 2.8 in Kapitel 2.3.2.1). Während Privatanleger wenige Handlungsoptionen haben dürften, sind sie bei den professionellen Investoren vielfältiger. Das erschwert die Erklärung von Korrelationsmustern zwischen Berichterstattung und Kurs und sollte auch bei den vereinfachten fiktiven Beispielen für Kreuzkorrelationen in Tabelle 6.7 in Rechnung gestellt werden.

(2) Das Problem der *Anpassungsgeschwindigkeit* des Kurses und der *Reaktionsgeschwindigkeit* der Anleger kann ebenfalls anhand des eben vorgestellten Beispiels illustriert werden: Wenn professionelle Anleger den Trend unter den ‚Börsen-Laien' zunächst einmal strategisch ausnutzen und durch Zukäufe mit verstärken, werden sie vor dem Mean Reversal rechtzeitig abspringen. Ob das noch vor Börsenschluss an jenem Tag erfolgt, an dem morgens der trendauslösende Medienbericht erfolgt, oder erst am (über)nächsten Tag, lässt sich kaum prognostizieren. Zumindest ist wahrscheinlich, dass auch ‚Profis' nach solchen Medienberichten erst einmal den Kurs beobachten, um zu prüfen, ob sich ihre Prognose des medial angestoßenen Herdentriebs unter anderen Anlegern bewahrheitet. Wir greifen das Problem später erneut auf.

(3) Das Problem von *Börsenrealität vs. Medienrealität* lässt sich an einem anderen Beispiel illustrieren: Kommen Gerüchte über bevorstehende Entlassungen auf, dann dürfte diese Information rasch im Kurs eingepreist sein und einen Kursanstieg auslösen.[97] Ein Zeitungsartikel darüber erscheint erst am nächsten Tag. Er wird neben dem Entlassungsgerücht auch die derzeitige Lage des Unternehmens problematisieren und z.B. einen stagnierenden Umsatz als Grund für die Entlassungen thematisieren. Vor allem für professionelle Anleger sind die *aktuell ‚negativen'* Entlassungen dagegen ein Zeichen für eine *künftig positive*

---

97 Die dahinterstehende Logik ist folgende: Personalabbau wird meist als Zeichen für Verschlankung und Umstrukturierung in einem Unternehmen gewertet. Es wird davon ausgegangen, dass mit der verkleinerten Belegschaft und somit niedrigeren Personalkosten ein gleichbleibender oder sogar höherer Umsatz erwirtschaftet wird.

Entwicklung des Unternehmens. Sie werden sich in ihrer Anlageentscheidung also weniger an dem aktuellen kritischen Medienbild orientieren. Dieses Beispiel kann helfen, z.b. eine negative Korrelation zwischen einem Kursanstieg gestern und einer heute schlechteren Berichterstattung über den Umsatz des Unternehmens zu erklären. Je nach Unternehmen und Branche reflektieren sowohl Aktienkurs als auch Berichterstattung neben aktuellen Informationen bzw. Vorgängen zu einem nicht unerheblichen Teil auch künftige Prozesse, d.h. Erwartungen. Eine Information wie z.b. über eine Entlassungswelle bei einem Unternehmen reflektiert damit zwar eine aktuell suboptimale Unternehmenslage, lässt aber unter Umständen zugleich für die Zukunft eine positive Entwicklung erwarten – was sich bereits aktuell in einem Kursanstieg und gegebenenfalls auch in einer optimistischen Berichterstattung niederschlagen kann, aber nicht muss.

6.2.1.2 Idealtypische Muster von Kreuzkorrelationen

Tabelle 6.7 zeigt die fiktiven Ergebnisse von Kreuzkorrelationen zwischen der Berichterstattung in drei Mediengattungen und dem Aktienkurs. Ausgewiesen sind die eindeutigsten Fälle. Wir diskutieren an entsprechender Stelle aber auch Fälle mit zusätzlichen Korrelationen bei anderen lags.

Fall 1:   Negative Korrelation zwischen Zeitungsberichten über Börsen-Kennwerte und Kurs bei lag = 0 („keine Medienwirkung")

Bei Fall 1 besteht eine synchrone, negative Korrelation zwischen der Thematisierung von Börsen-Kennwerten in Zeitungen und dem Aktienkurs (lag = 0). Zeitungsberichte über einen negativen (positiven) Kursverlauf korrespondieren also mit einem positiven (negativen) Kursverlauf. Für diesen Fall sind noch vergleichsweise einfache Interpretationen möglich: Ein Zeitungsbericht, der am Morgen erscheint, thematisiert nicht die Kennwerte (z.B. den Kurs) von heute, sondern von gestern. Eine negative Korrelation mit dem Aktienkurs kann also beispielsweise daher rühren, dass sich der Kurs am Publikationstag des Zeitungsartikels bereits verbessert. Der Artikel ist zu diesem Zeitpunkt damit ‚veraltet'. Möglicherweise hat sich der Kurs auch aufgrund von Zeitungsberichten ‚verschlechtert', weil (professionelle) Anleger der in Kapitel 6.2.1.1 erwähnten Börsenregel „sell on good news" folgen. Denn die ‚Profis' erwarten aufgrund der Berichte einen durch Kleinanleger hervorgerufenen Kursanstieg, vermuten aber, dass dieser bald korrigiert wird – und verkaufen daher. Diese Lesart umfasst jedoch zu viele Prämissen, um argumentativ stark zu sein. Bei Zeitungen schließen synchrone negative Zusammenhänge zwischen Kursverlauf und Medienberichten zu Börsen-Kennwerten also Medienwirkungen eher aus.

Fall 2: Positive Korrelation zwischen Zeitungsberichten über Börsen-Kennwerte und Kurs bei lag = 0 („Medienwirkung denkbar")

(1) Bei einer synchronen, positiven Korrelation zwischen dem Kurs und der Zeitungsberichterstattung über Börsen-Kennwerte (lag = 0) ist eine andere Interpretation wahrscheinlich – vor allem dann, wenn Kleinanleger die relevante Anlegerschaft stellen. So wird ein Kleinanleger, der morgens in der Zeitung über den aktuellen Höchststand einer Aktie liest, noch am gleichen Tag eine Kauforder platzieren. Berichten verschiedene Zeitungen über den stark verbesserten Kurs, dann dürften sich viele Privatanleger so verhalten. Aufgrund solcher Artikel dürften auch einige ‚Börsen-Profis' noch am Publikationstag ein Herding unter ‚Börsen-Laien' antizipieren und dieses strategisch auszunutzen versuchen. Wie oben dargelegt wurde, kann es durchaus sein, dass sie die Kursentwicklung abwarten, um ihre Vermutung empirisch abzusichern und dann erst am nächsten Tag z.B. ordern. In diesem Fall sollte aber auch bei lag = +1 eine positive Korrelation zwischen Berichterstattung und Kurs bestehen. Je nachdem, wie stark der Kurs durch das Verhalten der Privatanleger oder das Verhalten der professionellen Investoren bestimmt wird, sollte die Korrelation in diesem Fall bei lag 0 oder bei lag = +1 höher ausfallen. Natürlich haben professionelle Investoren – wie oben ebenfalls erörtert wurde – auch andere Handlungsoptionen: Wenn sie noch am Publikationstag verkaufen oder Leerverkäufe tätigen, kann sich das schwächend auf den Kurs auswirken. Das würde sich dann aber in einer entsprechend schwachen oder sogar negativen Korrelation mit einer positiven Berichterstattung manifestieren.

Tabelle 6.7: Fiktives Beispiel für die Interpretationen synchroner und zeitversetzter Kreuzkorrelationen zwischen Berichterstattung und Kurs

Aktienkurs kreuzkorreliert mit	–2	–1	0	+1	+2
Fall 1: Zeitung – Börsen-Kennwerte			–		
Fall 2: Zeitung – Börsen-Kennwerte			+		
Fall 3: Zeitung – Andere Themen			+		
Fall 4: Zeitung				+/–	
Fall 5: Zeitung		+/–			
Fall 6: TV				+/–	
Fall 7: TV					+/–
Fall 8: TV			+/–		
Fall 9: Online				+/–	
Fall 10: Online				+/–	
Fall 11: Online			+/–		

(2) Neben diesen Überlegungen ist auch eine andere Interpretation möglich: Bei einem *anhaltenden Trend* stellen sowohl der Kurs als auch die Zeitungsberichterstattung jeweils eine Zeitreihe mit stark autokorrelativer bzw. autoregressiver Eigendynamik dar (vgl. dazu Kapitel 5.4.2). Ein Bericht in der Zeitung, der morgens erscheint, thematisiert den verbesserten Kurs vom *Vortag*. Da sich der Kurs vom Vortag zum aktuellen Tag weiter verbessert (Autoregression), muss sich auch eine positive Korrelation zwischen dem aktuellen Kurs und dem Zeitungsartikel über den gestrigen Kurs ergeben. Bei Zeitungen erlauben synchrone positive Zusammenhänge zwischen Kursverlauf und medialer Thematisierung des Kursverlaufs somit keine eindeutige Interpretation. Medienwirkungen sind aber – mit gewissem Vorbehalt – zumindest denkbar.

Fall 3:   Positive Korrelation zwischen Zeitungsberichten über andere Themen und Kurs bei lag = 0 („Medienwirkung denkbar")

Bei einer synchronen, positiven Korrelation zwischen dem Kurs und der Zeitungsberichterstattung *über andere Themen* (lag = 0) sind mindestens drei Interpretationen möglich: (1) Die erste folgt dem Szenario im vorherigen Abschnitt: Anleger, die sich auf Zeitungen verlassen, erfahren z.B. am Morgen von einer zwischen zwei Unternehmen geschlossenen Allianz und entschließen sich aufgrund der positiven Dastellung zum Kauf der Aktie. Wenn sich Kurs und Berichterstattung über andere Themen gleichzeitig verändern, kann das darauf hinweisen, dass unkundige Anleger noch am Publikationstag handeln und vielleicht auch professionelle Investoren strategisch mitziehen. Sicherlich sind auch hier andere Handlungsoptionen und Reaktionszeiten denkbar. Diese sollten sich dann aber – wie für Fall 2 ausführlich erörtert wurde – in Korrelationen auch bei anderen lags manifestieren. Medienwirkungen bei positiven Korrelationen bei lag = 0 sind allerdings nur wahrscheinlich, wenn zusätzlich *keine* positiven Korrelationen bei negativen lags auftreten. Dieser Fall würde eher folgende Lesart nahelegen: (2) Bereits am Vortag gibt es Gerüchte über die bevorstehende Allianz. Davon erfahren zunächst nur die ‚Profis' (vgl. das Modell der Informationsflüsse am Aktienmarkt in Kapitel 3.2.3.1). Dieses Wissen führt noch am Tag des ersten Gerüchts zu Anlageentscheidungen, die sich im Kurs niederschlagen und zwar unabhängig davon, ob das Unternehmen die Allianz noch vor oder nach Börsenschluss an diesem Tag bekanntgibt. Erst am nächsten Tag berichten Zeitungen über die Kooperation. Der Kurs an diesem Tag hängt zu einem gewissen Grad von der Vortagesnotierung ab (vgl. Kapitel 2.2.1.2). Der Einfluss der zunächst nur in Börsenkreisen kursierenden Information über den Umsatz wirkt also auf den Kurs am nächsten Tag nach. Damit aber muss sich an diesem Tag noch ein gewisser Zusammenhang zwischen Kurs und Zeitungsberichten über den Umsatz zeigen. Problematisch an dieser Interpretationsvariante ist allerdings, dass die ARIMA-Modellierung der Zeitreihen den gemeinsamen Einfluss solcher Drittvariablen – in diesem Fall der Erstinformation über den Umsatzrekord – auf die korrelierten Zeitreihen eigentlich eliminiert.

(3) Eine dritte Interpretation geht ebenfalls davon aus, dass sich die Kursveränderung in einer gleichgerichteten Berichterstattung über andere unternehmensbezogene Themen niederschlägt. Das kann man – einfacher als bei der zweiten Lesart – damit erklären, dass Journalisten sehr wahrscheinlich nicht nur über die aktuelle Notierung berichten, sondern auch Hintergrundinformationen liefern. Der aktuell verbesserte Kurs wird in einem Zeitungsbeitrag beispielsweise über positive Bilanzen erklärt. Insgesamt sind damit also wie bei Fall 2 beide Kausalrichtungen möglich. Zusätzliche Korrelationen bei anderen lags würden zumindest eindeutigere Aussagen erlauben.

Fall 4: *Positive oder negative Korrelation zwischen Zeitungsberichten und Kurs bei positiven lags („Medienwirkung wahrscheinlich")*

Fall 5: *Positive oder negative Korrelation zwischen Zeitungsberichten und Kurs bei negativen lags („keine Medienwirkung")*

(1) Positive Korrelationen zwischen Kurs und Zeitungsberichten bei positiven lags deuten eher auf Medienwirkungen hin: Privatanleger werden sich durch einen Zeitungsartikel vielleicht noch am gleichen Tag zum Kauf des Papiers bewegen lassen. Da sie sich nicht derart rasch und sicher wie ‚Börsen-Profis' entscheiden, ordern sie möglicherweise erst am nächsten Handelstag – vermutlich auch deswegen, weil sich dann die Kursverbesserung bestätigt und damit die Anlageentscheidung bestärkt. (2) Für positive Korrelationen zwischen Kurs und Zeitungsberichten bei negativen lags sind Medienwirkungen unwahrscheinlich. Hier reflektiert die heutige Zeitungsberichterstattung, für die gestern Redaktionsschluss war, den gestrigen Kurs oder sie spricht Themen an, um den bei Redaktionsschluss aktuellen Kurs zu erklären.

Die Wirkungsrichtung negativer Korrelationen zwischen Kurs und Zeitungsberichten ist analog zu den eben diskutierten positiven Korrelationen. Den Unterschied macht das Vorzeichen. Unsere Ergebnisse zeigen nur selten negative Korrelationen (vgl. Kapitel 6.2.1.2). Sie sollen dennoch kurz diskutiert werden. (3) Eine negative Korrelation z.B. zwischen einem am Morgen erscheinenden Zeitungsbericht mit positivem Tenor und einem Kursrückgang am nächsten Tag (positiver lag) lässt sich unter anderem so erklären: Wenn z.B. ein salienter Artikel oder Anlegertipp veröffentlicht wird, dürften Kleinanleger dieser Information bzw. diesem Tipp folgen und am gleichen Tag kaufen. ‚Börsen-Profis' werden auf den Trend möglicherweise ebenfalls aufspringen – aber am nächsten

Handelstag bewusst dagegen setzen und verkaufen. Das sollte sich dann im Kurs des nächsten Handelstages niederschlagen – vorausgesetzt das Verhalten der professionellen Anleger erklärt viel Varianz im Kursverlauf. Natürlich sind andere Handlungsoptionen und die offene Frage der Reaktionszeit der Investoren zu berücksichtigen. Zumindest kann man sagen: Wenn die ‚Profis' sofort gegen den aufgrund der Berichterstattung vermuteten Trend unter den ‚Börsen-Laien' setzen, müsste eine negative Korrelation zwischen Berichterstattung und Kurs nicht (nur) bei lag = +1, sondern schon bei lag = 0 auftreten.

(4) Negative Korrelationen zwischen Kurs und Zeitungsberichten bei negativen lags machen Medienwirkungen unwahrscheinlich. Allerdings erklärt sich ein gegengerichteter Einfluss des Kurses auf Zeitungsberichte ebenfalls nicht sofort. Denkbar ist zumindest die Lesart, dass sich die Medienrealität von der Kursrealität entfernt. Obwohl sich also der Kurs gestern verbessert (verschlechtert) hat, berichtet die Zeitung am nächsten Morgen kritisch (affirmativ) über den Kurs oder das Unternehmen. Bei der Beurteilung negativer Kreuzkorrelationen sind auch die Themen der Berichterstattung zu berücksichtigen: Zeitungsberichte über *Börsen-Kennwerte* behandeln nicht nur den Kurs, sondern z.B. auch das KGV. Ein kritischer Artikel kann z.B. deswegen negativ mit einem am Vortag verbesserten Kurs korrelieren, weil der Beitragsautor trotz des gestrigen Kursstands aufgrund eines schlechten Kurs-Gewinn-Verhältnisses eine baldige Kurskorrektur erwartet und daher kritisch berichtet. Vergleichbar ist zu argumentieren, wenn der gestern angestiegene Kurs mit einem heute erscheinenden kritischen Zeitungsartikel *über andere Themen* als Börsen-Kennwerte korreliert. Hier können wir das Beispiel der Standortschließung aufgreifen. Wenn das Gerücht von Entlassungen an der Börse kursiert, dann wird es als positives Zeichen sofort in Form eines Kursanstiegs ‚eingepreist'. Die Zeitung berichtet im Zusammenhang mit den drohenden Entlassungen aber z.B. auch über die schlechte Umsatzlage. Damit muss sich dann eine negative Korrelation bei lag = –1 ergeben.

Aus diesen Überlegungen lässt sich als *Analysestrategie* ableiten, einzelne Kreuzkorrelationen nicht separat zu betrachten, sondern themenübergreifend die oben erwähnten Muster hydraulischer Kreuzkorrelationen zu diskutieren. Auf diese Weise lassen sich auch die bislang diskutierten Interpretationsschwierigkeiten etwas besser in den Griff bekommen.

Fall 6:   Positive oder negative Korrelation zwischen Fernsehberichten und Kurs bei lag = 0 („keine Medienwirkung")

Bei Börsensendungen im *Fernsehen* muss etwas anders argumentiert werden als bei Zeitungen. Die Sendung ‚Börse im Ersten' beispielsweise läuft kurz vor der

ARD-Tagesschau um 20 Uhr. Zu diesem Zeitpunkt kann kein Anleger das aus der Sendung gewonnene Wissen in Transaktionen umsetzen. Möglich ist das erst am nächsten Tag. (1) Eine synchrone, positive Korrelation (lag = 0) zwischen einem heutigen Beitrag über den Schlusskurs der Aktie oder über ein anderes Thema einerseits sowie dem Kurs am gleichen Tag andererseits spricht daher dafür, dass der Fernsehbericht den aktuellen Kurs nur reflektiert bzw. den Kurs durch entsprechende Informationen z.B. über den Umsatz des Unternehmens erklärt. (2) Negative Korrelationen bei lag = 0 sprechen ebenfalls klar gegen Fernsehwirkungen. Das negative Vorzeichen kann z.B. daher rühren, dass der Fernsehmoderator in der Abendsendung selbst bei einem verbesserten aktuellen Kurs auf schlechte Unternehmenszahlen hinweist, die den aktuellen Kurs nicht rechtfertigen. Analog zur Erklärung bei Fall 5 wäre damit jedoch eine bloße Reflektion des Kurses in den Fernsehberichten unwahrscheinlich. Denn die Berichte sind zwar nicht völlig losgelöst vom Kurs, vermitteln aber eine eigene ‚Realität'. Ein Gerücht über bevorstehende Entlassungen wird an der Börse häufig als positives Zeichen gewertet und sofort ‚eingepreist'. In der Fernsehsendung werden aber auch die drohenden Entlassungen oder z.B. die aktuell schlechte Umsatzlage als deren Ursache thematisiert. Damit muss sich eine negative Korrelation zwischen Fernsehbericht und Kurs ergeben.

Fall 7: *Positive oder negative Korrelation zwischen Fernsehberichten und Kurs bei positiven lags („Medienwirkung wahrscheinlich")*
Fall 8: *Positive oder negative Korrelation zwischen Fernsehberichten und Kurs bei negativen lags („keine Medienwirkung")*

(1) Eine positive Korrelation z.B. zwischen dem Tenor der Fernsehberichterstattung über ein Unternehmen und dem Kurs bei positiven lags macht Fernsehwirkungen wahrscheinlich. Denn der Fernseh-Tenor wird positiver, *bevor* sich der Kurs verbessert. Der umgekehrte Fall kann zumindest logisch ausgeschlossen werden. (2) Eine positive Korrelation bei negativen lags spricht dafür, dass ein aktueller Fernsehbericht den gestrigen Kurs z.B. in Form eines Anlagetipps aktualisiert. Empirisch bekräftigt wird diese Lesart, wenn zudem eine positive Korrelation bei lag = 0 besteht. Hier dürfte der gestrige Kurs dem Fernsehmoderator z.B. als Argumentationshilfe für die Einordnung des heutigen Kurses gedient haben. Jedenfalls sind Medienwirkungen wenig wahrscheinlich.

(3) Eine negative Korrelation bei positiven lags lässt sich vermutlich wieder über das Verhalten von ‚Börsen-Profis' erklären, die erst am nächsten Handelstag gegen den Trend setzen. Dabei sei nochmals betont, dass gerade professionelle Investoren viele andere Handlungsoptionen haben. Diese würden sich jedoch – vorausgesetzt der Kurs wird vorrangig durch das Handeln der ‚Profis'

beeinflusst – in anderen Korrelationsmustern manifestieren. Zumindest kann die Interpretation, dass Fernsehberichte den Kursverlauf reflektieren, logisch ausgeschlossen werden. (4) Eine negative Korrelation bei negativen lags bedeutet zunächst nur, dass z.b. der heutige Fernsehbericht kritisch ausfällt, obwohl die gestrige Kursveränderung positiv war. Wie mehrfach erörtert, scheint die Fernsehdarstellung damit eine eigene Realität zu vermitteln. Dabei ist wieder zwischen der Berichterstattung über Börsen-Kennwerte und andere Themen zu unterscheiden. Im ersten Fall würde man erwarten, dass die Börsensendung eher den aktuellen statt dem gestrigen Kurs thematisiert. Möglicherweise aktualisiert der Moderator aber den Kurs vom Vortag, um die aktuell verbesserten Notierung zu betonen. Dann aber sollte auch bei lag = 0 eine positive Korrelation zwischen Fernsehberichterstattung und Kurs bestehen. Für die Berichterstattung über andere Themen kann wieder das Beispiel der Werksschließung dienen. Effekte der Fernsehbeiträge auf den Kurs sind jedenfalls auszuschließen.

Fall 9:   Positive oder negative Korrelation zwischen Online-Berichten und Kurs bei lag = 0 („Medienwirkung denkbar")

So wie neue Informationen umgehend im Kurs ‚eingepreist' werden, können sie vergleichsweise schnell in *Online-Finanzportalen* publiziert werden. Allerdings können Beiträge, die nach der Schließung der Börse bzw. nach Annahmeschluss veröffentlicht werden, ebenso wie die abendliche Börsensendung erst am nächsten Handelstag in einem entsprechenden Anlegerverhalten münden. Bei Online-Portalen haben wir den Veröffentlichungszeitpunkt daher mit berücksichtigt: Wurde ein Beitrag vor (nach) Börsenschluss veröffentlicht, wurde er in der Zeitreihe dem aktuellen (nächsten) Handelstag zugeschlagen. Das ist bei der Interpretation der betreffenden Kreuzkorrelationen zu beachten.

(1) Bei einer synchronen, positiven Korrelation (lag = 0) zwischen Kurs und Online-Beiträgen z.B. über ein unternehmensbezogenes Thema sind zwei Interpretationen möglich: Einerseits ist denkbar, dass Anleger, die sich auf Finanzportale verlassen und auch ihre Transaktionen online tätigen, umgehend auf dortige Informationen reagieren. Andererseits ist denkbar, dass ein Finanzportal-Bericht noch am selben Tag über eine Kursveränderung berichtet. Um zu klären, welche Interpretation empirisch gestützt wird, müsste man sowohl Kurs als auch Online-Berichte in kleineren Intervallen als Handelstagen erfassen. Da dies unmöglich war, können wir nur festhalten, dass selbst bei synchronen, positiven Korrelationen Medienwirkungen durchaus denkbar sind. (2) Da synchrone, negative Korrelationen zwischen Online-Berichten bei unseren Kreuzkorrelationen nie auftraten, gehen wir darauf nicht näher ein. Prinzipiell ist hier eine Medienwirkung denkbar, die wie bei den oben diskutierten Fällen damit erklärt

werden kann, dass professionelle Anleger wegen eines optimistischen Online-Berichts ein ‚Überschießen' der Kurse durch unkundige Privatanleger erwarten. Sie gehen dann kurzfristig mit, springen aber noch am gleichen Tag vor Börsenschluss wieder ab. Besitzen sie bereits Aktien des Unternehmens, können sie auch zeitnah verkaufen oder Leerverkäufe tätigen. Unter der Bedingung, dass ihr Verhalten viel Varianz erklärt, sollten sich diese Handlungsoptionen im Kurs und damit dem hier diskutierten Korrelationsmuster manifestieren.

Fall 10: Positive oder negative Korrelation zwischen Online-Berichten und Kurs bei positiven lags („Medienwirkung wahrscheinlich")
Fall 11: Positive oder negative Korrelation zwischen Online-Berichten und Kurs bei negativen lags („keine Medienwirkung")

(1) Eine positive Korrelation z.b. zwischen dem Tenor von Online-Berichten über ein Unternehmen und dem Aktienkurs bei positiven lags spricht dafür, dass die Online-Berichte Anleger teilweise beeinflussen. Diese Interpretation wird besonders dann empirisch gestützt, wenn auch bei lag = 0 positive Korrelationen bestehen und wenn die Korrelationen z.b. bei lag = +1 größer ist als bei lag = 0. Hier würde man so interpretieren: Investoren dürften bereits am Publikationstag eines salienten Online-Artikels oder Anlegertipps Transaktionen tätigen. Möglicherweise werden sie aber auch noch am nächsten Handelstag ordern, wenn sich der Trend empirisch als Kursanstieg bestätigt. (2) Eine positive Korrelation bei negativen lags spricht dafür, dass ein Online-Beitrag, der am aktuellen Tag morgens veröffentlicht wird, den Kurs vom Vortag z.B. in Form eines Anlagetipps aufgreift. Hier sind Medienwirkungen auszuschließen – es sei denn auch bei lag = 0 oder lag = +1 gibt es positive Korrelationen. Dann kann ein Verstärkereffekt der Online-Berichterstattung unterstellt werden.

(3) Eine negative Korrelation bei positiven lags dürfte am ehesten – wie oben ausführlich erörtert wurde – über das Verhalten der ‚Börsen-Profis' erklärbar sein, die zwar am aktuellen Handelstag mit dem Trend gehen, am nächsten Tag aber abspringen. Diese Sichtweise würde durch eine zusätzliche synchrone, positive Korrelation bekräftigt werden. (4) Eine negative Korrelation bei negativen lags schließt Effekte der Online-Berichterstattung aus. Allerdings bedeutet das umgekehrt nicht, dass Online-Artikel den Kurs reflektieren. Denn auf einen z.B. höheren Kurs gestern folgt am nächsten Tag ein kritischer Online-Artikel. Wie mehrfach diskutiert, scheint hier das Medium eine eigene ‚Realität' zu vermitteln. Denkbar wäre auch umgekehrt, dass ein gestern sich verschlechterter Kurs heute publizistisch aktualisiert wird, um den aktuellen verbesserten Kurs herauszustreichen. Dann aber wäre zusätzlich bei lag = 0 eine positive Korrelation zwischen Online-Berichten und Kurs zu erwarten.

6.2.2 Kreuzkorrelationen nach Unternehmensgruppen

Die Kreuzkorrelationen zwischen Print-, Fernseh- und Online-Berichterstattung sowie Aktienkurs – genauer: der *Veränderung des Kurses zum Vortagesschlusskurs im Vergleich zur DAX-Veränderung* (vgl. Kapitel 5.3) – und Handelsvolumen präsentieren wir zunächst für drei Gruppen von Unternehmen. Damit beziehen wir uns auf die Forschungsfragen F1a bis F1e (vgl. Kapitel 4).

6.2.2.1 Kreuzkorrelationen für ‚kleinere' Unternehmen

Zunächst betrachten wir die ‚kleinen' Unternehmen Consumer Electronics (CE), EM.TV (EMTV), Evotec (EVT) und Solarworld (SOW). Im Unternehmensüberblick (vgl. Tabelle 5.1 in Kapitel 5.1) hat die CE-Aktie eine vergleichsweise hohe Volatilität und viel Streubesitz. Das Unternehmen hat aber eine geringe Marktkapitalisierung und einen geringen Börsen-Umsatz im Vergleich zu anderen Unternehmen im jeweiligen Referenz-Index. Das gleiche betrifft EVT. Hinsichtlich Volatilität und Streubesitz ist EMTV wiederum als durchschnittlich einzustufen. Die Marktkapitalisierung ist eher gering, der Umsatz an der Börse und das KGV sind dagegen überdurchschnittlich. Die SOW-Aktie zeigt hohe Volatilität und viel Umsatz an der Börse. Allerdings ist der Streubesitz durchschnittlich und die Marktkapitalisierung gering.

Tabelle 6.8: Signifikante Kreuzkorrelationen (je eine Handelswoche) zwischen Online-Berichterstattung sowie SDAX-bereinigter Kursveränderung bzw. Handelsvolumen für Consumer Electronics (CE) in 2005

Online CE-Kurs kreuzkorreliert mit	–5	–4	–3	–2	–1	0	+1	+2	+3	+4	+5
Gesamtvalenz					+.56						
Gesamttenor					+.49						
Headline-Präsenz					–.49						
Gesamtpräsenz					–.45						
CE-Volumen **kreuzkorreliert mit**	–5	–4	–3	–2	–1	0	+1	+2	+3	+4	+5
Gesamtvalenz					–.41						
Gesamttenor					–.64						
Analysteneinsch.					+.45						
Headline-Präsenz					+.72						
Gesamtpräsenz					+.67						

Tabelle 6.8 zeigt die signifikanten Kreuzkorrelationen zwischen der Online-Berichterstattung sowie der SDAX-bereinigten Kursveränderung und dem Handelsvolumen für *Consumer Electronics (CE)* im Jahr 2005. Für das Jahr 2000 und für die beiden anderen Mediengattungen fanden wir keine signifikanten Korrelationen. Für 2005 ergaben sie sich nur als synchrones Zusammenspiel von *Online*-Berichten und Kurs bzw. Handelsvolumen: Prinzipiell sind Medienwirkungen denkbar (vgl. Fall 9 in Kapitel 6.2.1.2). Allerdings ist die umgekehrte Kausalrichtung durch die Korrelation bei lag = –1 doch wahrscheinlicher. So korrespondiert ein Kursrückgang einen Tag später mit einer negativeren Darstellung in den Online-Portalen. Zudem scheint der Berichterstattungstenor den Kurs am gleichen Tag zu reflektieren. Parallel zum schlechteren Kurs und negativeren Tenor ist das Unternehmen in den Online-Medien aber präsenter. Hier sei nochmals betont, dass die Kurs-Zeitreihe pro Messzeitpunkt nicht den aktuellen Kursstand, sondern die *Veränderung zum Vortagesschlusskurs im Vergleich zur SDAX-Veränderung* abbildet (vgl. Kapitel 5.3).

Ein erhöhtes Handelsvolumen führt einen Tag später zu einer positiveren Analysten-Einschätzung in den Online-Medien. Steigt am gleichen Tag das Handelsvolumen, dann wird mehr und zugleich negativer berichtet. Unabhängig davon, ob nun Ereignislage oder Online-Beiträge für Kursrückgang und gestiegenes Handelsvolumen verantwortlich waren, dürften also im Juli und August 2005 negative Informationen publik geworden sein. Kurs und Handelsvolumen korrelieren im Übrigen schwach negativ miteinander. Insgesamt lassen sich die Befunde konsistent interpretieren. Allerdings sind sie aufgrund der geringen Fallzahlen (vgl. Tabellen 6.1 bis 6.5 in Kapitel 6.1.1) mit *äußerster Vorsicht* zu bewerten. Trotz strenger diesbezüglicher Vorgaben (vgl. Kapitel 6.2.1.1) besteht hier die Gefahr eines α-Fehlers.

Tabelle 6.9: Signifikante Kreuzkorrelationen (je eine Handelswoche) zwischen Online-Berichterstattung sowie Handelsvolumen für Evotec in 2005

Online EVT-Volumen kreuzkorreliert mit	–5	–4	–3	–2	–1	0	+1	+2	+3	+4	+5
Gesamtvalenz						+.49					
Headline-Präsenz						+.50					
Strukturen (Anzahl)						+.58					
Börsen-Kennwerte (Anzahl)						+.53					
Börsen-Kennwerte (Valenz)						+.58	+.44				

Tabelle 6.9 zeigt die Korrelationen zwischen Online-Berichterstattung und Handelsvolumen für *Evotec* (EVT) im Jahr 2005. Die Befunde für alle Medien sind vergleichbar (vgl. Tabelle A.1 im Anhang). Erneut finden wir synchrone, positive Korrelationen, die in beide Richtungen interpretierbar sind (vgl. Fall 9 in Kapitel 6.2.1.2). Zwei Argumente sprechen aber für Hinweise auf Medienwirkungen: (1) Erstens ist nicht nur die Volatilität des Papiers hoch, sondern auch der Streubesitz überdurchschnittlich im Vergleich mit den Referenz-Unternehmen (vgl. Tabelle 5.1 in Kapitel 5.1). Damit ist die Wahrscheinlichkeit gegeben, dass viele Privatanleger, die für direkte Medieneinflüsse empfänglicher sind als professionelle Investoren, die Anlegerschaft bevölkern. (2) Zweitens bestehen positive Korrelationen zwischen der Valenz der Online-Berichterstattung über Börsen-Kennwerte und dem Handelsaufkommen bei lag = +1 und bei lag = 0. Wenn Finanzportale positive Börsen-Kennwerte thematisieren, so erhöht sich am gleichen Tag und einen Tag später das Handelsvolumen. Dass die Korrelation bei lag = 0 höher ist (r = +0.58) als bei lag = +1 (+0.46), lässt sich in zweierlei Hinsicht erklären: Einerseits können Berichte über Börsen-Kennwerte das Handelsvolumen am aktuellen Tag *reflektieren*, was sich am nächsten Tag im Sinne eines *Verstärkereffekts* auf das Handelsvolumen auswirkt. Andererseits könnten Online-Berichte über Börsen-Kennwerte das Handelsvolumen am aktuellen Tag stark und auch noch am nächsten Tag, aber dann schwächer *beeinflussen*. Ungeachtet dessen, welche Lesart man favorisiert, sprechen die Befunde eher für als gegen Medienwirkungen. Zudem lassen die Fallzahlen den Einwand eines α-Fehlers nicht zu (vgl. Tabellen 6.1 bis 6.5 in Kapitel 6.1.1). Es sei nochmals betont, dass Handelsvolumen und Berichterstattung zweifellos jeweils auch die an der Börse kursierenden Informationen reflektieren. Die auf solche Drittvariablen zurückgehende Kovarianz beider Zeitreihen wurde aber durch die vorherige ARIMA-Modellierung eliminiert, so dass die Korrelationswerte die tatsächliche Kovarianz ausdrücken.

Tabelle 6.10 zeigt die signifikanten Kreuzkorrelationen zwischen der Online-Berichterstattung sowie der TecDAX-bereinigten Kursveränderung bzw. dem Handelsvolumen für *Solarworld (SOW)* im Jahr 2005. Mit dem in Forschungsfrage F3c formulierten Konsonanz-Gedanken haben wir alle Mediengattungen auch aggregiert mit dem Kurs korreliert. Die Befunde dieser Kreuzkorrelationsberechnungen sind aber vergleichbar mit jenen in Tabelle 6.10. Das liegt vor allem daran, dass die Online-Berichterstattung aufgrund des Berichtsumfangs am stärksten durchschlägt (vgl. Tabellen 6.1 bis 6.5 in Kapitel 6.1.1). Tabelle 6.11 zeigt die Zusammenhänge zwischen Kurs und Handelsvolumen für die untersuchten Tageszeitungen im Jahr 2005. Zweierlei fällt auf: Erstens sind die Muster zeitlicher Dynamik bei Kurs und Handelsvolumen vergleichbar. Zweitens unterscheiden sie sich für Online- und Printmedien: Während sich zwischen Kurs bzw. Volumen sowie Online-Berichten meist synchrone Korrelationen ergaben, bestanden sie für die Zeitungen meist bei lag = –1. Das verwundert wenig, da die Online-Portale schneller reagieren können.

Tabelle 6.10: Signifikante Kreuzkorrelationen (je eine Handelswoche) zwischen Online-Berichterstattung sowie TecDAX-bereinigter Kursveränderung bzw. Handelsvolumen für Solarworld (SOW) in 2005

Online											
SOW-Kurs kreuzkorreliert mit	–5	–4	–3	–2	–1	0	+1	+2	+3	+4	+5
Gesamtvalenz						+.62					
Gesamttenor						+.53					
Analysteneinsch.					+.45	+.44					
Headline-Präsenz						+.52					
Gesamtpräsenz						+.53					
Bilanzen (Anzahl)						+.56					
Unternehmenszahlen (Anzahl)						+.60					
Bilanzen (Valenz)						+.57					
Unternehmenszahlen (Valenz)						+.58					
Börsen-Kennwerte (Valenz)						+.62					
Bilanzen (Valenz/Tenor)						+.59					
Unternehmenszahlen (Valenz/Tenor)						+.60					
SOW-Volumen kreuzkorreliert mit	–5	–4	–3	–2	–1	0	+1	+2	+3	+4	+5
Analysteneinsch.					+.42						
Headline-Präsenz						+.46					
Gesamtpräsenz						+.46					
Bilanzen (Anzahl)						+.42					
Unternehmenszahlen (Anzahl)						+.44					
Börsen-Kennwerte (Anzahl)						+.47					
Bilanzen (Valenz)						+.43					
Unternehmenszahlen (Valenz)						+.44					
Bilanzen (Valenz/Tenor)						+.44					
Unternehmenszahlen (Valenz/Tenor)						+.45					

Tabelle 6.11: Signifikante Kreuzkorrelationen (je eine Handelswoche) zwischen Print-Berichterstattung [A] *sowie TecDAX-bereinigter Kursveränderung bzw. Handelsvolumen für Solarworld (SOW) in 2005*

Print SOW-Kurs kreuzkorreliert mit	−5	−4	−3	−2	−1	0	+1	+2	+3	+4	+5
Gesamtvalenz					+.54						
Gesamttenor					+.58						
Gesamtpräsenz					+.59						
Börsen-Kennwerte (Anzahl)					+.61						
Börsen-Kennwerte (Valenz)					+.53						
SOW-Volumen kreuzkorreliert mit	−5	−4	−3	−2	−1	0	+1	+2	+3	+4	+5
Gesamtvalenz					+.45						
Gesamttenor					+.56						
Gesamtpräsenz					+.51						
Börsen-Kennwerte (Anzahl)					+.50						
Börsen-Kennwerte (Valenz)					+.40						

[A] Printmedien nur FAZ und SZ

Die *Muster ‚hydraulischer' Kreuzkorrelationen* zeigen sich bei SOW besonders für *Online-Medien*. Bereits die Querschnittbetrachtung (vgl. Tabelle 6.5 in Kapitel 6.1.1) hatte gezeigt, dass 2005 neben Börsen-Kennwerten auch Unternehmenszahlen zu den wichtigsten Online-Themen gehören. Dabei macht es kaum einen Unterschied, ob man die Anzahl der Nennungen der Themen oder den Tenor bzw. die Valenz berücksichtigt – die Korrelationswerte sind konsistent. Das lässt sich damit erklären, dass das Unternehmen 2005 nicht nur etwas prominenter, sondern zugleich positiver in den Online-Medien auftaucht.

(1) Die *Kausalrichtung* für Online-Medien kann bei synchronen, positiven Zusammenhängen nicht eindeutig geklärt werden (vgl. Fall 9 in Kapitel 6.2.1.2). Ein Einfluss der Online-Berichte auf die Anleger ist zwar denkbar, aber doch unwahrscheinlich. Der Streubesitz von SOW ist nur durchschnittlich. Die Wahrscheinlichkeit, dass viele Privatanleger die Anlegerschaft bevölkern, ist damit eher als gering zu veranschlagen. Eine positive Korrelationen bei lag = −1 unter den ansonsten synchronen Zusammenhängen verweist ebenfalls in diese Richtung: Hat sich der Kurs verbessert, werden die Analysten-Einschätzungen in den Finanzportalen am nächsten Tag besser. (2) Darüber hinaus zeigen sich auch für

die Zeitungen nur signifikante positive Korrelationen bei lag = –1. Das spricht eindeutig dafür, dass die Veränderung im Kurs bzw. Handelsvolumen einen Handelstag später eine gleichgerichtete Berichterstattung in den untersuchten Zeitungen nach sich zieht (vgl. Fall 5 in Kapitel 6.2.1.2). Das positive Vorzeichen unterstreicht, dass die Zeitungen lediglich eine Veränderung im Kurs bzw. Handelsvolumen reflektieren. Insgesamt lassen sich damit also kaum Hinweise auf Medienwirkungen bei SOW erkennen. Vielmehr scheint es so zu sein: Wenn sich der Kurs von SOW verbessert und auch das Handelsvolumen sich erhöht, berichteten die Online-Portale noch am gleichen Handelstag mehr und positiver über Börsen-Kennwerte, über Unternehmenszahlen oder über Bilanzen von SOW. Und auch die Tageszeitungen thematisieren SOW am nächsten Tag umfangreicher und positiver.

Tabelle 6.12 zeigt die Kreuzkorrelationen zwischen Online- und Print-Berichterstattung sowie Handelsvolumen von *EM.TV (EMTV)* im Jahr 2005. Für den Kurs konnten wir keine signifikanten Kreuzkorrelationen mit einem Betrag größer als 0.40 ermitteln. Die Befunde der Kreuzkorrelationsberechnungen für alle Mediengattungen im Jahr 2005 sind vergleichbar mit den Ergebnissen in Tabelle 6.12 (vgl. Tabelle A.2 im Anhang). Tabelle 6.13 zeigt die signifikanten Kreuzkorrelationen zwischen Zeitungsberichterstattung und Handelsvolumen für zwei *Teilzeiträume* des Jahres *2000*.

Tabelle 6.12: Signifikante Kreuzkorrelationen (je eine Handelswoche) zwischen Online- und Print-Berichterstattung sowie Handelsvolumen für EM.TV in 2005 (WWW)

Online										
EMTV-Volumen kreuzkorreliert mit	–5	–4	–3	–2	–1	0	+1	+2	+3	+4	+5
Headline-Präsenz						+.44	+.50				
Gesamtpräsenz							+.45				
Börsen-Kennwerte (Anzahl)							+.41				
Print											
EMTV-Volumen kreuzkorreliert mit	–5	–4	–3	–2	–1	0	+1	+2	+3	+4	+5
Gesamttenor					–.51						
Headline-Präsenz					+.63						
Gesamtpräsenz					+.55						

[A)] Printmedien nur FAZ und SZ

Für *Printmedien* zeigt sich *2005* eine vergleichbare zeitliche Dynamik mit dem Handelsvolumen wie schon bei SOW für die Korrelation mit dem Kurs: Nimmt das Handelsvolumen bei EMTV zu, dann wird einen Tag später in den Zeitungen umfangreicher, aber auch negativer berichtet. Für *Online-Medien* bestehen nun eindeutigere zeitliche Verhältnisse mit dem Volumen: Berichten die Portale umfangreicher (weniger umfangreich) über EMTV bzw. über dessen Börsen-Kennwerte (z.B. Kurs, KGV), so steigt (sinkt) das Handelsvolumen einen Tag später. Das sind Hinweise auf Medienwirkungen. Der durchschnittliche Streubesitzes und die mittlere Volatilität von EMTV sind allerdings wiederum eher ein Argument dagegen. Jedenfalls ist ein α-Fehler angesichts der Fallzahlen zumindest unwahrscheinlich (vgl. Tabellen 6.1 bis 6.5 in Kapitel 6.1.1).

Tabelle 6.13: Signifikante Kreuzkorrelationen (je eine Handelswoche) zwischen Print-Berichterstattung [A] sowie Handelsvolumen für EM.TV in 2000 (Juli-Aug. bzw. Handelstage 101-171)

Print (Juli-Aug. 2000) EMTV-Volumen kreuzkorreliert mit	–5	–4	–3	–2	–1	0	+1	+2	+3	+4	+5
Gesamtvalenz				+.48							
Analysteneinsch.				+.66							
Strukturen (Anzahl)				+.41							
Börsen-Kennwerte (Anzahl)					+.53						
Strukturen (Valenz)				+.42							
Strukturen (Valenz/Tenor)				+.50							
Print (Handelstage 101-171) EMTV-Volumen kreuzkorreliert mit	–5	–4	–3	–2	–1	0	+1	+2	+3	+4	+5
Gesamtvalenz				+.50							
Gesamtpräsenz				+.50							
Strukturen (Anzahl)				+.44							
Börsen-Kennwerte (Anzahl)				+.51							
Strukturen (Valenz)				+.41							
Strukturen (Valenz/Tenor)				+.50							

[A] Printmedien nur FAZ und SZ

Im Jahr *2000* wurde nur die Berichterstattung der Zeitungen untersucht. Hier ergeben sich signifikante Kreuzkorrelationen erneut nur bei negativen lags, was

Medienwirkungen logisch ausschließt. Berücksichtigt man den direkten Vergleichszeitraum mit dem Jahr 2005, dann dauerte es sogar zwei Handelstage, bis sich ein verändertes Handelsvolumen der EMTV-Aktie in einem gleichgerichteten Umfang bzw. Tenor der Zeitungsberichterstattung vor allem über Strukturen und Börsen-Kennwerte des Unternehmens niederschlug. Aber auch die in den Zeitungen publizierten Analysten-Einschätzungen kamen für jene Anleger, die sich auf die Zeitungsberichterstattung verlassen hatten, zu spät. Berücksichtigt man den Zeitraum vom 101. bis 171. Handelstag, so verkürzt sich die Zeitverzögerung um einen Handelstag, aber das Muster ist vergleichbar.

6.2.2.2 Kreuzkorrelationen für ‚mittlere' Unternehmen

Die zweite Gruppe von Unternehmen, für die wir Kreuzkorrelationen betrachten, sind die vier ‚mittelstarken' Firmen Mobilcom (MOB), das sich im Untersuchungszeitraum 2005 mit Freenet über eine Fusion einigte, T-Online (TOI), Infineon (IFX) sowie Lufthansa (LHA). Nach der Unternehmensübersicht (vgl. Tabelle 5.1 in Kapitel 5.1) ist MOB hinsichtlich Marktkapitalisierung und KGV, Volatilität und Streubesitz als durchschnittlich im Vergleich zu Referenz-Unternehmen einzuordnen. Dagegen ist der Umsatz an der Börse vergleichsweise hoch. TOI hingegen schneidet bei Volatilität und Streubesitz unterdurchschnittlich ab, während das KGV überdurchschnittlich zu bewerten ist. Marktkapitalisierung bzw. Umsatz an der Börse liegen ebenfalls auf durchschnittlichem Niveau. Auch die Marktkapitalisierung von IFX und LHA sind durchschnittlich hoch. Allerdings sind die Börsen-Umsätze jeweils unterdurchschnittlich. Das KGV ist bei LHA durchschnittlich, bei IFX überdurchschnittlich zu bewerten. Die Volatilität beider Papiere ist hoch. Auch der Streubesitz ist bei LHA hoch, bei IFX dagegen als durchschnittlich einzuordnen.

Tabelle 6.14 und Tabelle 6.15 zeigen die Kreuzkorrelationen zwischen Online-Berichten bzw. Zeitungsberichterstattung sowie dem Kurs von *Mobilcom (MOB)* im Jahr 2005. Die Befunde der Kreuzkorrelationsberechnungen für alle Mediengattungen fallen vergleichbar aus (vgl. Tabelle A.3 im Anhang). Tabelle 6.16 und Tabelle 6.17 zeigen die Kreuzkorrelationen zwischen Online-Berichten bzw. Zeitungsberichterstattung sowie Handelsvolumen von MOB im Jahr 2005. Die Befunde der Kreuzkorrelationsberechnungen für alle Medien sind wieder vergleichbar mit diesen Ergebnissen (vgl. Tabelle A.4 im Anhang). Tabelle 6.18 zeigt die Korrelationen zwischen Online-Berichten und Handelsvolumen für zwei Teilzeiträume im Jahr 2000. Die Befunde für den Vergleichszeitraum mit 2005 – also Juli und August 2000 – und den Zeitraum vom 101. bis 171. Handelstag sind vergleichbar. Daher dokumentieren wir nur die Kreuzkorrelationen für den ersten Teilzeitraum.

Tabelle 6.14: Signifikante Kreuzkorrelationen (je eine Handelswoche) zwischen Online-Berichterstattung sowie TecDAX-bereinigter Kursveränderung für Mobilcom (MOB) in 2005

Online MOB-Kurs kreuzkorreliert mit	−5	−4	−3	−2	−1	0	+1	+2	+3	+4	+5
Gesamtvalenz						+.64					
Headline-Präsenz						+.43					
Gesamtpräsenz						+.48					
Bilanzen (Anzahl)						+.54					
Börsen-Kennwerte (Anzahl)						+.56					
Bilanzen (Valenz)						+.45					
Unternehmenszahlen (Valenz)						+.45					
Börsen-Kennwerte (Valenz)						+.66					
Unternehmenszahlen (Tenor)						+.46					
Strukturen (Valenz/Tenor)						+.41					
Unternehmenszahlen (Valenz/Tenor)						+.49					

Auffallend sind auch bei den Kreuzkorrelationen für MOB die ausgeprägten Muster ‚hydraulischer' Korrelationen. Bereits die Querschnittbetrachtung (vgl. Tabelle 6.5 in Kapitel 6.1.1) hatte gezeigt, dass im Jahr 2005 neben Strukturen auch Börsen-Kennwerte und Unternehmenszahlen zu den wichtigsten Themen der Berichterstattung über MOB gehören. Zudem macht es meist keinen Unterschied, ob man die Anzahl der Themen oder den Tenor bzw. die Valenz berücksichtigt, wenn man Korrelationswerte diskutiert. Der Vergleich der Zusammenhänge der Online-Berichterstattung mit dem Kurs (vgl. Tabelle 6.14) und mit dem Handelsvolumen (vgl. Tabelle 6.16) im Jahr 2005 zeigt zweierlei: (1) Erstens sind die Muster fast deckungsgleich. Eine umfangreichere und positivere Berichterstattung über die Aktie oder die genannten Themen korrespondiert zeitgleich mit einem höheren Kurs sowie einem vermehrten Handelsvolumen (vgl. Abbildungen 6.7 bis 6.11 in Kapitel 6.1.2). Die Berichterstattung korreliert mit dem Handelsvolumen dabei nur etwas stärker als mit der Kursveränderung. In drei Fällen konnten wir für die betreffende Zeitreihe kein überzeugendes ARIMA-Modell identifizieren und haben daher auf die entsprechende Kreuzkorrelationsberechnung komplett verzichtet.

Tabelle 6.15: Signifikante Kreuzkorrelationen (je eine Handelswoche) zwischen Print-Berichterstattung [A] sowie TecDAX-bereinigter Kursveränderung für Mobilcom (MOB) in 2005

Print MOB-Kurs kreuzkorreliert mit	–5	–4	–3	–2	–1	0	+1	+2	+3	+4	+5
Gesamtvalenz					+.62						
Gesamttenor					+.51						
Headline-Präsenz					+.52						
Gesamtpräsenz					+.49	+.43					
Strukturen (Anzahl)						+.41					
Unternehmenszahlen (Anzahl)					+.52						
Börsen-Kennwerte (Anzahl)					+.42						
Strukturen (Valenz)					+.55						
Unternehmenszahlen (Valenz)					+.58						
Börsen-Kennwerte (Valenz)					+.64						
Strukturen (Tenor)					+.41						
Strukturen (Valenz/Tenor)					+.50						
Unternehmenszahlen (Valenz/Tenor)					+.57						

[A] Printmedien nur FAZ und SZ

(2) Zweitens lässt der Vergleich eine gewisse Aussage über die Kausalrichtung zu. Eine synchrone Korrelation kann zwar bei Online-Medien in beide Richtungen interpretiert werden (vgl. Fall 9 in Kapitel 6.2.1.2). Allerdings zeigen sich gerade beim Handelsvolumen nicht nur signifikante Korrelationen bei lag = 0, sondern auch bei lag = +1. Das unterstützt die These gewisser Medienwirkungen, wobei – wie schon bei EVT – *zwei Lesarten* denkbar sind: Einerseits ist denkbar, dass Online-Berichte über MOB zunächst das Handelsvolumen am aktuellen Tag reflektieren, was sich am nächsten Tag als Verstärkereffekt auf das Handelsvolumen auswirkt. Andererseits ist denkbar, dass Online-Berichte über MOB das Handelsvolumen stark am aktuellen Tag und schwächer am nächsten Tag beeinflussen. Ungeachtet dessen, welche Lesart man favorisiert, ist die Interpretation, dass die Finanzportale das Börsengeschehen lediglich reflektieren, empirisch kaum gestützt. Andererseits ist wiederum der durchschnittliche Streubesitz von MOB zu beachten. Die Befunde sind insgesamt also nur mit Vorbehalt ein empirischer Hinweis auf ein mediales Wirkungspotenzial.

Tabelle 6.16: Signifikante Kreuzkorrelationen (je eine Handelswoche) zwischen Online-Berichterstattung sowie Handelsvolumen für Mobilcom (MOB) in 2005

Online MOB-Volumen kreuzkorreliert mit	−5	−4	−3	−2	−1	0	+1	+2	+3	+4	+5
Gesamtvalenz						+.76					
Headline-Präsenz						+.50					
Gesamtpräsenz						+.65					
Strukturen (Anzahl)						+.48	+.44				
Management (Anzahl)						+.54					
Absatz (Anzahl)						+.47					
Bilanzen (Anzahl)						+.57					
Börsen-Kennwerte (Anzahl)						+.79					
Strukturen (Valenz)							+.60				
Unternehmenszahlen (Valenz)						+.50					
Börsen-Kennwerte (Valenz)						+.79					
Unternehmenszahlen (Tenor)						+.54					
Strukturen (Valenz/Tenor)						+.43	+.49				
Unternehmenszahlen (Valenz/Tenor)						+.56					

In der *Print-Berichterstattung* über MOB im Jahr 2005 spielten vergleichbare Themen wie in den Online-Portalen eine Rolle. Die Zusammenhänge mit dem Kurs (vgl. Tabelle 6.15) und dem Handelsvolumen (vgl. Tabelle 6.17) sind auch bei den Printmedien vergleichbar und zeigen ebenfalls die mehrfach behandelten Muster ‚hydraulischer' Korrelationen. Die zeitliche Dynamik stellt sich allerdings anders dar als bei den Online-Medien. Fast durchweg bestehen signifikante, gleichgerichtete Korrelation bei lag = −1. Das schließt Medienwirkungen aus. Vielmehr spiegeln die Zeitungen über MOB die Veränderung des Kurses bzw. des Handelsvolumens einen Tag später in ihrer Berichterstattung (vgl. Fall 5 in Kapitel 6.2.1.2). Die stärksten Korrelationen bestehen dabei mit Berichten über Unternehmenszahlen und -strukturen. Für die Online-Medien waren die Korrelationen dagegen am höchsten bei Berichten über Börsen-Kennwerte. Für beide Mediengattungen lässt sich aber festhalten, dass die Zusammenhänge mit dem Handelsvolumen etwas stärker ausfallen als mit dem Kurs.

Tabelle 6.17: Signifikante Kreuzkorrelationen (je eine Handelswoche) zwischen Print-Berichterstattung[A] *sowie Handelsvolumen für Mobilcom (MOB) in 2005*

Print MOB-Volumen kreuzkorreliert mit	−5	−4	−3	−2	−1	0	+1	+2	+3	+4	+5
Gesamtvalenz					+.73						
Gesamttenor					+.72						
Headline-Präsenz					+.64						
Gesamtpräsenz					+.70						
Strukturen (Anzahl)					+.65						
Unternehmenszahlen (Anzahl)					+.75						
Börsen-Kennwerte (Anzahl)					+.50						
Strukturen (Valenz)					+.61						
Unternehmenszahlen (Valenz)					+.79						
Börsen-Kennwerte (Valenz)					+.68						
Strukturen (Tenor)					+.60						
Strukturen (Valenz/Tenor)					+.69						
Unternehmenszahlen (Valenz/Tenor)					+.79						

[A] Printmedien nur FAZ und SZ

Für *2000* sind die Kreuzkorrelationen mit der Zeitungsberichterstattung teilweise nicht leicht zu interpretieren (vgl. Tabelle 6.18). (1) Im Zeitraum vom 48. bis 100. Handelstag in 2000 ergaben sich sowohl bei lag = +1 als auch bei lag = −1 signifikante Kreuzkorrelationen: Einerseits führt ein Anstieg des Handelsvolumens am nächsten Tag zu vermehrter und dabei positiverer Thematisierung der Unternehmensstrukturen von MOB, die von den Journalisten auch als Begründung für das Börsengeschehen angeführt werden dürften. Andererseits scheint die Zeitungsberichterstattung die Handelsaktivitäten nach dem Publikationstag ihrerseits zu befördern, was man als *Verstärkereffekt* sehen kann.

(2) Im direkten Vergleichszeitraum mit 2005, also in den Monaten Juli und August 2000, gibt es ebenfalls Hinweise für beide Kausalrichtungen. Allerdings sind die *Zeitverzögerungen* länger. Ein erhöhtes Handelsvolumen reflektieren die Zeitungen erst am übernächsten Handelstag (lag = −2) in mehr und dabei positiveren Artikeln über Produkte und Angebote. Umgekehrt scheint sich eine vermehrte, positive Thematisierung von Produkten vier Tage später in mehr Handelsaktivität bemerkbar zu machen. Die Anleger scheinen nur zögerlich

vermutlich auf die Zeitungsberichte über die Vergabe der *UMTS-Lizenzen* reagiert zu haben. Sie haben offenbar diesbezüglich erst einmal die Reaktion des Marktes, also anderer Anleger abgewartet.[98] Verglichen mit 2005 sind die Korrelationswerte im Jahr 2000 durchweg geringer. Aber ein α-Fehler ist angesichts der Fallzahlen (vgl. Tabellen 6.1 bis 6.5 in Kapitel 6.1.1) unwahrscheinlich.

Tabelle 6.18: Signifikante Kreuzkorrelationen (je eine Handelswoche) zwischen Print-Berichterstattung [A] sowie Handelsvolumen für Mobilcom (MOB) in 2000 (Juli-Aug. bzw. Handelstage 48-100)

Print (Juli-Aug.) MOB-Volumen kreuzkorreliert mit	−5	−4	−3	−2	−1	0	+1	+2	+3	+4	+5
Gesamtvalenz										+.49	
Gesamttenor										+.47	
Gesamtpräsenz										+.49	
Produkte (Anzahl)				+.47							
Produkte (Tenor)										+.51	
Produkte (Valenz/Tenor)				+.52							
Print (Handelstage 48-100) MOB-Volumen kreuzkorreliert mit	−5	−4	−3	−2	−1	0	+1	+2	+3	+4	+5
Gesamtvalenz							−.43				
Gesamtpräsenz							−.43				
Strukturen (Anzahl)					+.44						
Strukturen (Valenz)					+.41						
Strukturen (Valenz/Tenor)							−.41				

[A] Printmedien nur FAZ und SZ

Für *T-Online (TOI)* fanden sich signifikante Kreuzkorrelationen für Zeitungsberichterstattung und Handelsvolumen im Jahr 2000. Tabelle 6.19a zeigt die Befunde für den gesamten Untersuchungszeitraum des Jahres 2000, Tabelle 6.19b dokumentiert die Befunde in zwei Teilzeiträumen.

---

98 Vgl. dazu auch http://www.bundesnetzagentur.de/media/archive/206.pdf (S. 50ff.) (Abruf: 18.12.2007).

Tabelle 6.19a: Signifikante Kreuzkorrelationen (je eine Handelswoche) zwischen Print-Berichterstattung [A] *sowie Handelsvolumen für T-Online (TOI) in 2000 (Jan.-Aug.)*

Print (Jan.-Aug.)											
TOI-Volumen kreuzkorreliert mit	−5	−4	−3	−2	−1	0	+1	+2	+3	+4	+5
Gesamtvalenz					+.54						
Gesamttenor					+.54	−.45					
Analysteneinsch.						+.45					
Gesamtpräsenz					+.43						
Börsen-Kennwerte (Anzahl)					+.61						
Strukturen (Valenz)					+.59						
Börsen-Kennwerte (Valenz)					+.64						
Strukturen (Valenz/Tenor)					+.42						

[A] Printmedien nur FAZ und SZ

Betrachtet man den gesamten Untersuchungszeitraum 2000, dann sprechen die Kreuzkorrelationsbefunde gegen einen Einfluss der Zeitungsberichterstattung bei TOI (vgl. Fall 5 in Kapitel 6.2.1.2): Ein erhöhtes Handelsvolumen macht sich vielmehr am nächsten Handelstag (lag = −1) in einer vermehrten und positiveren Thematisierung der Unternehmensstrukturen und Börsen-Kennwerte in den Zeitungen bemerkbar. In zwei Fällen sind synchrone Korrelationen festzustellen, wobei nur in einem Fall überhaupt Medienwirkungen denkbar sind (vgl. Fälle 1 bis 3 in Kapitel 6.2.1.2): Am gleichen Tag, an dem die Zeitungen positivere Analysten-Einschätzungen publizieren, gibt es auch mehr Aktienhandel. Gerade für Kleinanleger kann man annehmen, dass sie den Urteilen von Analysten im Sinne der Ankerheuristik gefolgt sein dürften. Allerdings setzt das voraus, dass viele Kleinanleger die relevante Anlegerschaft stellen. Der unterdurchschnittliche Streubesitz von TOI macht genau das aber unwahrscheinlich, so dass wir – wie in Kapitel 6.2.1.1 betont – eher zu konservativ als zu affirmativ argumentieren wollen.

Diese Überlegung wird auch durch die Korrelationen in Teilzeiträumen des Jahres 2000 unterstützt. Im direkten Vergleichszeitraum mit 2005, also in den Monaten Juli und August 2000, machen sich Veränderungen im Handelsvolumen am nächsten und übernächsten Handelstag (lag = −1 und −2) in entsprechenden Zeitungsberichten bemerkbar. Interessanter ist die Phase vom 48. bis 100. Handelstag. Verändert sich hier das Handelsvolumen, dann verändert sich am nächsten Tag auch die Zeitungsberichterstattung über TOI, über Strukturen,

Absatz und Börsen-Kennwerte in die gleiche Richtung. Das spricht dafür, dass die Zeitungen die Börsenrealität nur *reflektieren*.

Tabelle 6.19b: Signifikante Kreuzkorrelationen (je eine Handelswoche) zwischen Print-Berichterstattung [A] *sowie Handelsvolumen für T-Online (TOI) in 2000 (Jul.-Aug. bzw. Handelstage 48-100)*

Print (Juli-Aug.) TOI-Volumen kreuzkorreliert mit	−5	−4	−3	−2	−1	0	+1	+2	+3	+4	+5
Gesamtvalenz				−.50							
Gesamttenor					+.41						
Analysteneinsch.				+.44	−.41						
Gesamtpräsenz				+.42							
Strukturen (Anzahl)					+.41						
Börsen-Kennwerte (Anzahl)					+.45						
Print (Handelstage 48-100)											
TOI-Volumen kreuzkorreliert mit	−5	−4	−3	−2	−1	0	+1	+2	+3	+4	+5
Gesamtvalenz					+.68						
Gesamttenor					+.73	−.60					
Analysteneinsch.						+.77	−.59				
Headline-Präsenz					+.46		−.49				
Gesamtpräsenz					+.67						
Strukturen (Anzahl)					+.53						
Absatz (Anzahl)					+.49						
Börsen-Kennwerte (Anzahl)					+.76	−.47					
Strukturen (Valenz)					+.73						
Absatz (Valenz)					+.49						
Börsen-Kennwerte (Valenz)					+.75	−.40					
Strukturen (Tenor)					+.49						
Strukturen (Valenz/Tenor)					+.61						
Absatz (Valenz/Tenor)					+.49						

[A] Printmedien nur FAZ und SZ

Allerdings bestehen auch einige negative Korrelationen sowohl bei lag = 0 als auch bei lag = +1, die diskussionswürdig sind (vgl. Fälle 1 und 4 in Kapitel 6.2.1.2): Mit mehr Handelsvolumen korrelieren synchron ein negativerer Gesamttenor sowie auch mehr bzw. negativere Berichte über Börsen-Kennwerte. Mit Fall 1 in Kapitel 6.2.1.2 spricht das gegen Medienwirkungen. Offenkundig reflektieren die Zeitungen am Morgen nur das gestrige Handelsvolumen, das sich am Publikationstag aber bereits wieder verändert hat.

Dafür spricht auch die Tatsache, dass in jenen Fällen, in denen synchrone negative Korrelationen auftreten, zugleich höhere positive Korrelationen bei lag = –1 bestehen. (1) Erhöht sich das Handelsvolumen, so ist z.B. der Gesamttenor der Zeitungsberichte am nächsten Tag positiver (lag = –1; r = +.73). Da sich das Handelsvolumen mittlerweile verändert hat, korreliert der *aktuelle* Gesamttenor der Zeitungsberichte schwächer und negativ mit dem *aktuellen* Handelsvolumen (lag = 0; r = –.60). Vergleichbares betrifft die Berichte über Börsen-Kennwerte. (2) Schwerer zu interpretieren sind die Korrelationen zwischen medial transportierten Analysten-Einschätzungen und Handelsvolumen: Die negative Korrelation bei lag = +1 (r = –.59) indiziert, dass sich positive Analystenempfehlungen in den Zeitungen in einem geringeren Handelsvolumen am nächsten Tag ausdrücken. Mit Fall 4 in Kapitel 6.2.1.2 kann man z.B. vermuten, dass (professionelle) Anleger sofort am Publikationstag handeln, was sich aber dann am nächsten Tag in einem unterdurchschnittlichen Handelsaufkommen manifestiert. Für die unmittelbare Transaktionshäufigkeit spricht auch die positive und vor allem höhere Korrelation am aktuellen Tag (lag = 0; r = +.77).

Tabelle 6.20 zeigt die Kreuzkorrelationen zwischen Print-Berichterstattung und Kurs für *Infineon (IFX)* in den Monaten Juli und August im Jahr 2005 sowie in den Vergleichsmonaten des Jahres 2000. Signifikante Zusammenhänge zwischen Zeitungsberichterstattung und Handelsvolumen fanden wir 2005 nicht. Tabelle 6.21 zeigt die Kreuzkorrelationen zwischen Print-Berichterstattung und Handelsvolumen in zwei Teilzeiträumen des Jahres 2000.

Die vereinzelten Korrelationen im Jahr *2005* zeigen eine widersprüchliche zeitliche Dynamik, die kaum sinnvoll interpretiert werden kann. Auch die zeitlichen Verzögerungen von bis zu drei Handelstagen lassen sich nur schwer erklären. Da wir konservative Maßstäbe anlegen, verzichten wir auf einen Erklärungsversuch. Eindeutiger sind die zeitlichen Verhältnisse in den Vergleichsmonaten des Jahres *2000*. Hier finden sich synchrone, *negative* Korrelationen zwischen Kurs und Zeitungsberichterstattung. Das spricht eindeutig gegen Einflüsse der Zeitungsberichterstattung auf das Anlegerverhalten und damit auf den Kursverlauf (vgl. Fall 1 in Kapitel 6.2.1.2).

Tabelle 6.20: Signifikante Kreuzkorrelationen (je eine Handelswoche) zwischen Print-Berichterstattung [A] sowie DAX-bereinigter Kursveränderung für Infineon (IFX) in 2005 (Juli-Aug.) und in 2000 (Juli-Aug.)

Print Juli-Aug. 2005 IFX-Kurs kreuzkorreliert mit	−5	−4	−3	−2	−1	0	+1	+2	+3	+4	+5
Gesamttenor									+.44		
Management (Anzahl)			+.41								
Unternehmenszahlen (Anzahl)								−.44			
Börsen-Kennwerte (Valenz)						+.44					

Print Juli-Aug. 2000 IFX-Kurs kreuzkorreliert mit	−5	−4	−3	−2	−1	0	+1	+2	+3	+4	+5
Gesamtvalenz						−.45					
Gesamttenor						−.47					
Analysteneinsch.						−.46					
Gesamtpräsenz						−.47					
Börsen-Kennwerte (Anzahl)						−.42					

[A] Printmedien nur FAZ und SZ

Die Zusammenhänge zwischen der Zeitungsberichterstattung über IFX und dem *Handelsvolumen* in zwei Teilzeiträumen des Jahres *2000* sind ebenfalls eindeutiger. Hier ergaben sich durchweg synchrone, *positive* Korrelationen. Sie können in beide Richtungen kausal interpretiert werden (vgl. Fälle 2 und 3 in Kapitel 6.2.1.2): So ist denkbar, dass Anleger nach Zeitungsberichten über IFX noch am gleichen Tag handeln und damit ein im Aggregat messbares Handelsaufkommen hervorrufen. Da der Streubesitz, der uns als Indikator für den Anteil der Kleinanleger an allen Investoren dient, bei IFX nur durchschnittlich ausfällt, ist diese Erklärung jedoch mit einigen Vorbehalten belegt. Damit favorisieren wir in diesem Fall eher die gegenteilige Kausalrichtung. Das positive Vorzeichen der Korrelation zwischen der Kursveränderung gestern und der Zeitungsberichterstattung heute dürfte sich damit erklären, dass der Zeitungsbericht zwar den gestrigen Kurs thematisiert, der heutige Kurs aber noch besser geworden ist und daher auch aktuell, also bei lag = 0 eine positive Korrelation besteht. In diesem Fall müsste sich dann aber eigentlich auch bei lag = −1 eine positive Korrelation ergeben. Das ist nicht der Fall. Insgesamt betrachtet muss die Wirkungsrichtung also bei diesen Ergebnissen offen bleiben.

Tabelle 6.21: Signifikante Kreuzkorrelationen (je eine Handelswoche) zwischen Print-Berichterstattung [A] sowie Handelsvolumen für Infineon (IFX) in 2000 (Juli-Aug. bzw. Handelstag 48-100)

Print (Juli-Aug.)											
IFX-Volumen kreuzkorreliert mit	−5	−4	−3	−2	−1	0	+1	+2	+3	+4	+5
Headline-Präsenz						+.46					
Gesamtpräsenz						+.47					
Börsen-Kennwerte (Anzahl)						+.47					
Print (Handelstage 48-100)											
IFX-Volumen kreuzkorreliert mit	−5	−4	−3	−2	−1	0	+1	+2	+3	+4	+5
Headline-Präsenz						+.61					
Gesamtpräsenz						+.64					
Unternehmenszahlen (Anzahl)						+.49					
Börsen-Kennwerte (Anzahl)						+.59					
[A] Printmedien nur FAZ und SZ											

Tabelle 6.22 zeigt die Kreuzkorrelationen zwischen Online-Berichterstattung und DAX-bereinigter Kursveränderung für *Lufthansa (LHA)* im Jahr 2005. Tabelle 6.23 dokumentiert die Zusammenhänge der Online-Berichterstattung mit dem Handelsvolumen im gleichen Jahr. Die Befunde für alle Medien sind jeweils vergleichbar (vgl. Tabellen A.5 und A.6 im Anhang).

Bei den Befunden für LHA fallen zunächst die ausgeprägten *Muster ‚hydraulischer' Korrelationen* auf. Die Berichterstattung in den Finanzportalen korreliert meist synchron und positiv mit Kurs oder Handelsvolumen. Die Kausalrichtung ist damit nicht zweifelsfrei zu klären: So ist einerseits denkbar, dass Anleger, die sich auf Finanzportale verlassen und ihre Transaktionen auch online tätigen, umgehend auf die Medienberichte reagieren. Andererseits könnten die Online-Beiträge auch nur die aktuelle Kursveränderung wiederspiegeln (vgl. Fall 9 in Kapitel 6.2.1.2). Medienwirkungen sind aber insofern denkbar als der *Streubesitz* von LHA relativ hoch ausfällt (vgl. Tabelle 5.1 in Kapitel 5.1) und damit auch die Wahrscheinlichkeit hoch ist, dass viele Privatanleger, die durch Medien leichter beeinflussbar sind, die Anlegerschaft bevölkern.

Der Kurs korreliert in einigen Fällen mit der Online-Berichterstattung nicht nur synchron, sondern auch bei negativen lags (vgl. Tabelle 6.22). Damit *reflektieren* die Online-Berichte nur den Kurs von vorgestern. Auch wenn wir konservativ argumentieren und Medienwirkungen bestreiten, weil keine Korrelationen bei positiven lags bestehen, haben wir eine Erklärung für diese Zeitverzögerung nicht sofort bei der Hand. Zunächst scheint sich ein Kursanstieg am gleichen Handelstag in einer vermehrten und positiveren Thematisierung in den Finanzportalen bemerkbar zu machen. Vergleichbare Berichte erscheinen jedoch auch zwei Handelstage später. Warum diese dann mit dem Kurs von vorgestern korrelieren, kann man sich möglicherweise in Anlehnung an Fall 2 aus Kapitel 6.2.1.2 über einen anhaltenden Trend erklären.

Tabelle 6.22: Signifikante Kreuzkorrelationen (je eine Handelswoche) zwischen Online-Berichterstattung sowie DAX-bereinigter Kursveränderung für Lufthansa (LHA) in 2005

Online LHA-Kurs kreuzkorreliert mit	−5	−4	−3	−2	−1	0	+1	+2	+3	+4	+5
Gesamtvalenz						+.55					
Gesamttenor						+.48					
Analysteneinsch.				+.47		+.41					
Headline-Präsenz				+.42		+.46					
Gesamtpräsenz				+.44		+.46					
Absatz (Anzahl)						+.47					
Bilanzen (Anzahl)					+.41	+.47					
Unternehmenszahlen (Anzahl)				+.44		+.51					
Börsen-Kennwerte (Anzahl)						+.46					
Absatz (Valenz)						+.43					
Unternehmenszahlen (Valenz)						+.56					
Börsen-Kennwerte (Valenz)						+.57					
Unternehmenszahlen (Tenor)				+.43		+.44					
Absatz (Valenz/Tenor)					+.41	+.44					
Unternehmenszahlen (Valenz/Tenor)				+.41	+.42	+.52					

Das wird durch eine Längsschnittbetrachtung gestützt: Ein *Aufwärtstrend*, der etliche Handelstage anhält, ist beim Kurs und auch der Berichterstattung sichtbar – und zwar in einer Zeit, als LHA gute Unternehmenszahlen vorweisen kann und einen Monat zuvor von den Kartellbehörden die Genehmigung zur Übernahme der ‚Swiss Air' erhielt. Wenn ein Bericht in einer solchen Aufwärtsphase erscheint, muss er fast ‚automatisch' nicht nur mit dem aktuellen, sondern auch dem Kurs der Vortage korrelieren. Allerdings ist unklar, weshalb dann bei lag = –1 keine signifikanten Korrelationen auftreten.

Tabelle 6.23: Signifikante Kreuzkorrelationen (je eine Handelswoche) zwischen Online-Berichterstattung sowie Handelsvolumen für Lufthansa (LHA) in 2005

Online LHA-Volumen kreuzkorreliert mit	–5	–4	–3	–2	–1	0	+1	+2	+3	+4	+5
Gesamtvalenz						+.52					
Gesamttenor						+.49					
Analysteneinsch.						+.50					
Headline-Präsenz						+.58					
Gesamtpräsenz						+.58					
Absatz (Anzahl)						+.48					
Bilanzen (Anzahl)						+.57					
Unternehmenszahlen (Anzahl)				+.42		+.62					
Börsen-Kennwerte (Anzahl)						+.55					
Absatz (Valenz)						+.45		+.42			
Unternehmenszahlen (Valenz)						+.58					
Börsen-Kennwerte (Valenz)						+.45					
Produkte (Tenor)								+.52			
Unternehmenszahlen (Tenor)						+.53					
Strukturen (Valenz/Tenor)								+.43			
Produkte (Valenz/Tenor)								+.48			
Absatz (Valenz/Tenor)						+.48					
Unternehmenszahlen (Valenz/Tenor)						+.62					

Die Erklärung könnte auch *statistischer Natur* sein. Dazu müssen wir den spezifischen Umgang mit den Kurs-Zeitreihen vergegenwärtigen (vgl. dazu Kapitel 5.3): Im ersten Schritt haben für jedes Unternehmen nicht die aktuellen Notierungen pro Messzeitpunkt abgetragen, sondern die Veränderung des heutigen vom gestrigen Schlusskurs. Damit drücken die Messwerte gleichsam die relative Notierung aus. Das Verfahren entspricht einer Trendbereinigung bzw. einem ARIMA(1,0,0)-Modell. Auf diese Weise wurden Trends aus den Kursverläufen eliminiert. Im zweiten Schritt wurden die relativen Kurse bzw. Schlusskursveränderungen mit dem Vergleichsindex – bei LHA war das der DAX – abgeglichen. Damit repräsentieren die Messwerte den relativen Kurs bzw. die Kursveränderung im Vergleich zur entsprechenden DAX-Veränderung. Der Kursverlauf von LHA war die einzige Zeitreihe, deren Eigendynamik nicht auf diese Weise eliminiert werden konnte. Vielmehr wies sie nach der DAX-Bereinigung Charakteristika auf, die mit einem MA(2)-Modell eliminiert werden mussten. Neben dem auch im Zeitverlauf sichtbaren Trend, der durch die DAX-Bereinigung modelliert wurde, beeinflussten also zusätzlich die aktuellen Zufallsschocks der vergangenen Tage die DAX-bereinigte Kursveränderung. Genau das könnte sich in den Kreuzkorrelationen mit den Online-Berichten wiederspiegeln. Wenn dem aber so wäre, dann müssten sich ähnliche Muster in der Kreuzkorrelationen mit den anderen Mediengattungen zeigen. Das ist jedoch nur bedingt zu erkennen (vgl. dazu Tabelle 6.24 unten). Damit überzeugt die statische Erklärung zumindest nicht mehr als die inhaltliche Lesart.[99]

Mit dem *Handelsvolumen* korrelieren 2005 zeitgleich Online-Berichte über Unternehmenszahlen, Absatz und Börsen-Kennwerte – wobei es kaum eine Rolle spielt, ob man Thematisierung, Tenor oder Valenz heranzieht (vgl. Tabelle 6.23). Hier sind zwei Lesarten denkbar. Einerseits kann man sagen: Wenn sich das Handelsvolumen erhöht, berichten die Finanzportale am gleichen Tag häufiger und positiver über Unternehmenszahlen, Absatz und Börsen-Kennwerte. Andererseits ist denkbar, dass Online-Berichte über diese Themen noch am gleichen Tag entsprechende Handelsaktivitäten unter den Anlegern auslösen.[100] Zudem scheinen Online-Berichte über Strukturen und Produkte auch gewisse Auswirkungen auf das Handelsvolumen zwei Tage später zu haben (lag = +2). Die Zeitverzögerung lässt sich damit erklären, dass Anleger bei ‚harten' The-

---

99   Zudem trat eine signifikante Korrelation der Online-Berichterstattung bei lag = –2 auch mit dem Handelsvolumen auf (vgl. Tabelle 6.23).
100 Um etwaigen Einwänden zu begegnen, sei auch hier nochmals betont: Zweifellos beruhen Handelsvolumen und Berichterstattung jeweils unter anderem auch auf den an der Börse kursierenden Gerüchten z.B. über Unternehmenszahlen. Die auf solche Drittvariablen zurückgehende Kovarianz beider Zeitreihen wurde jedoch durch die vorherige ARIMA-Modellierung eliminiert, so dass die Korrelationswerte die tatsächliche Kovarianz ausdrücken.

men wie Umsatz, Absatz, Bilanzen oder KGV umgehend entscheiden, aber bei ‚weichen' Informationen über Produkte oder Strukturen erst einmal den Kursverlauf abwarten – und damit nicht am Publikationstag handeln.

Tabelle 6.24: Signifikante Kreuzkorrelationen (je eine Handelswoche) zwischen TV- und Print-Berichterstattung [A] sowie DAX-bereinigter Kursveränderung für Lufthansa (LHA) in 2005

TV											
LHA-Kurs kreuzkorreliert mit	−5	−4	−3	−2	−1	0	+1	+2	+3	+4	+5
Gesamtvalenz						+.44					
Gesamttenor				+.49							
Unternehmenszahlen (Anzahl)				+.41					+.41		
Unternehmenszahlen (Valenz)							+.47				
Print											
LHA-Kurs kreuzkorreliert mit	−5	−4	−3	−2	−1	0	+1	+2	+3	+4	+5
Gesamtvalenz			+.49								
Headline-Präsenz			+.41								
Absatz (Anzahl)				+.57							
Unternehmenszahlen (Anzahl)			+.43			+.42					
Unternehmenszahlen (Valenz/Tenor)					+.44						

[A] Printmedien nur FAZ und SZ

Tabelle 6.24 und Tabelle 6.25 dokumentieren die Zusammenhänge der Fernseh- und der Print-Berichterstattung mit dem Kurs bzw. mit dem Handelsvolumen von LHA im Jahr *2005*. Während die Print-Berichterstattung den *Kursverlauf* ein bis drei Handelstage später spiegelt, sind die zeitlichen Zusammenhänge zwischen den Beiträgen der Börsensendungen im Fernsehen und dem Kurs zu widersprüchlich für eindeutige Kausalaussagen. Weitaus klarer und zudem auch empirisch ‚breiter' sind die Zusammenhänge zwischen den Fernsehsendungen bzw. den Zeitungen und dem *Handelsvolumen* im Jahr 2005. In beiden Fällen gibt es – auch vor dem Hintergrund des vergleichsweise hohen *Streubesitzes* der LHA-Aktie – klare Hinweise auf Einflüsse der Fernsehsendungen und selbst der Zeitungsberichterstattung: Berichten die *Fernsehsendungen* am Abend vermehrt und positiver über das Unternehmen oder über Unternehmenszahlen, dann erhöht sich das Handelsvolumen nicht am nächsten, aber am übernächsten Handelstag (lag = +2). Die Zeitverzögerung lässt sich mit einer abwartenden Haltung der Anleger erklären. Und wenn die Zeitungen das Unternehmen, dessen Strukturen oder dessen Unternehmenszahlen häufiger und positiver thematisieren, dann gibt es am nächsten Tag mehr Handelsaktivität (lag = +1). Allerdings finden wir auch Korrelationen bei lag = −1, die auf die umgekehrte Kausalrichtung schließen lassen. Am realistischen ist davon auszugehen, dass sich das Handelsvolumen am nächsten Tag in entsprechenden Zeitungsberichten niederschlägt, die dann ihrerseits einen Tag später die Handelsaktivitäten – im Sinne eines Verstärkereffekts – weiter antreiben.

Tabelle 6.25: Signifikante Kreuzkorrelationen (je eine Handelswoche) zwischen TV- und Print-Berichterstattung [A] sowie Handelsvolumen für Lufthansa (LHA) in 2005

TV

LHA-Volumen kreuzkorreliert mit	−5	−4	−3	−2	−1	0	+1	+2	+3	+4	+5
Gesamtvalenz							+.56				
Gesamttenor							+.77				
Gesamtpräsenz							+.49				
Unternehmenszahlen (Anzahl)							+.51				
Unternehmenszahlen (Valenz)							+.42	+.48			
Unternehmenszahlen (Valenz/Tenor)							+.49				

Print

LHA-Volumen kreuzkorreliert mit	−5	−4	−3	−2	−1	0	+1	+2	+3	+4	+5
Gesamtvalenz							+.48				
Gesamttenor		−.45									
Headline-Präsenz							+.42				
Strukturen (Anzahl)							+.44				
Absatz (Anzahl)					−1 +.43						
Strukturen (Valenz)							+.46				
Unternehmenszahlen (Valenz)						+.44					
Strukturen (Valenz/Tenor)								+.45			
Unternehmenszahlen (Valenz/Tenor)						+.49					

[A] Printmedien nur FAZ und SZ

Tabelle 6.26 zeigt die Kreuzkorrelationen zwischen Print-Berichterstattung und Handelsvolumen in zwei Teilzeiträumen des Jahres 2000. Im direkten Vergleichszeitraum mit 2005, also den Monaten *Juli und August 2000*, bestehen nur vereinzelte Korrelationen zwischen Handelsvolumen und der Zeitungsberichterstattung bei lag = –1. Das spricht gegen Medienwirkungen.

Tabelle 6.26: Signifikante Kreuzkorrelationen (je eine Handelswoche) zwischen Print-Berichterstattung [A] sowie Handelsvolumen für Lufthansa (LHA) in 2000 (Juli-Aug. bzw. Handelstage 48-100)

Print (Juli-Aug.) LHA-Volumen kreuzkorreliert mit	–5	–4	–3	–2	–1	0	+1	+2	+3	+4	+5
Gesamttenor					+.42						
Headline-Präsenz					+.42						
Gesamtpräsenz					+.42						
Print (Handelstage 48-100)											
LHA-Volumen kreuzkorreliert mit	–5	–4	–3	–2	–1	0	+1	+2	+3	+4	+5
Gesamtvalenz						+.44					
Gesamttenor										+.46	
Gesamtpräsenz										+.48	
Produkte (Anzahl)										+.56	
Absatz (Anzahl)										+.67	
Bilanzen (Anzahl)										+.45	
Unternehmenszahlen (Anzahl)										+.52	
Strukturen (Valenz)										+.43	
Unternehmenszahlen (Valenz)					+.47						
Strukturen (Tenor)										+.42	
Unternehmenszahlen (Tenor)										+.48	
Produkte (Valenz/Tenor)										+.64	
Absatz (Valenz/Tenor)										+.52	
Bilanzen (Valenz/Tenor)						+.59					

[A] Printmedien nur FAZ und SZ

Etwas anders stellen sich die Befunde für den Teilzeitraum vom 48. bis 100. Handelstag im Jahr 2000 dar. Von einzelnen synchronen Korrelationen abgesehen, zeigen sich vor allem bei lag = +4 signifikante Zusammenhänge zwischen der Print-Berichterstattung über Produkte, Absatz, Bilanzen und Unternehmenszahlen sowie dem Handelsvolumen. Diese zeitliche Dynamik kann als Hinweis auf Medienwirkungen gewertet werden. Allerdings ist die Zeitverzögerung von vier Handelstagen nicht sofort erklärbar. Man könnte hier ein Wochenmuster vermuten, was aber deswegen auszuschließen ist, weil es öfter auftreten müsste. Eher lässt sich mit einer zögerlichen Haltung von Anlegern auf die Informationen aus den Zeitungen argumentieren. Zudem dürfte in diesem Zeitraum auch die Ereignislage manches erklären: Am 4. Mai 2000 war die Bilanzpresse- und Analystenkonferenz mit der Veröffentlichung des Geschäftsberichts 1999 und den vorläufigen Zahlen für das 1. Quartal 2000; der Jahresabschluss 1999 war ab diesem Zeitpunkt auch online abrufbar.[101] LHA konnte sich laut Eigendarstellung, aber auch nach der Faktenlage gut behaupten. Zudem kamen neue Mitglieder zum ‚Star Alliance'-Verbund dazu. Am 17. Mai erschien der Bericht zum ersten Quartal. All das spiegelt sich auch in den Themen der Zeitungsberichte bzw. in den betreffenden Kreuzkorrelationen in Tabelle 6.26.

Wie kann man sich damit aber die Zeitverzögerung erklären? Denkbar ist, dass Analysten und Journalisten bereits vor der Konferenz und dem Quartalsbericht Einschätzungen darüber abgaben, wie dieser ausfallen dürfte bzw. über das Unternehmen berichteten. Die Aktionäre reagierten vermutlich nicht sofort auf die medial verbreiteten Informationen, sondern warteten die Bilanzpresse- und Analystenkonferenz und den Quartalsbericht ab, bevor sie handelten. An dieser Stelle lässt sich auch nochmals der *denkbare Einwand* diskutieren, dass Informationen an der Börse vor einer Medienpublikation bekannt werden und sofort ‚eingepreist' sind. Das ist unbestritten. Aber wir haben diese Vorgänge durch die Index- bzw. ARIMA-Modellierung aus den Zeitreihen ‚herausgerechnet'. Man kann also gegen die Kreuzkorrelationsbefunde nicht vorbringen, dass sie nur jene Kovarianz der Zeitreihen repräsentieren, die durch den Einfluss von Drittvariablen wie z.B. Gerüchten am Markt hervorgerufen wird.

6.2.2.3 Kreuzkorrelationen für ‚große' Unternehmen

Die dritte Gruppe von Unternehmen, für die wir Kreuzkorrelationen betrachten, sind die beiden ‚großen' Firmen Deutsche Telekom (DTE) und DaimlerChrysler (DCX). Nach der Unternehmensübersicht (vgl. Tabelle 5.1 in Kapitel 5.1) ist die Volatilität beider Aktien im Vergleich zu Unternehmen des jeweiligen Referenz-Index eher unterdurchschnittlich. Das betrifft auch den Streubesitz von

---

101 Vgl. http://www.lufthansa-financials.de/servlet/PB/show/1016291/a_lhir_ai2000_1d.pdf (Abruf: 18.12.2007).

DTE, der bei DCX immerhin durchschnittlich ausfällt. Marktkapitalisierung und Umsatz an der Börse sind jeweils im Vergleich zu den anderen Unternehmen unseres Samples als überdurchschnittlich einzustufen. Das KGV fällt bei DCX unterdurchschnittlich aus, bei DTE wenigstens mittelmäßig.

Tabelle 6.27: Signifikante Kreuzkorrelationen (je eine Handelswoche) zwischen Print-Berichterstattung [A] sowie Handelsvolumen für Deutsche Telekom (DTE) in 2000 (Juli-Aug. bzw. Handelstage 48-100)

Print (Juli-Aug.) DTE-Volumen kreuzkorreliert mit	−5	−4	−3	−2	−1	0	+1	+2	+3	+4	+5
Headline-Präsenz						+.47					
Strukturen (Anzahl)						+.49					
Produkte (Anzahl)					+.42	+.50					
Absatz (Anzahl)						+.65	+.51				
Unternehmenszahlen (Anzahl)						+.53					
Strukturen (Valenz)					+.43						
Absatz (Valenz)						+.55					
Börsen-Kennwerte (Valenz)						−.45					
Produkte (Tenor)						+.62					
Unternehmenszahlen (Tenor)							+.46				
Strukturen (Valenz/Tenor)						+.48					
Produkte (Valenz/Tenor)						+.45	+.60				
Absatz (Valenz/Tenor)						+.76	+.55				
Print (Handelstage 48-100)											
DTE-Volumen kreuzkorreliert mit	−5	−4	−3	−2	−1	0	+1	+2	+3	+4	+5
Gesamtvalenz					+.52						
Headline-Präsenz										+.53	
Strukturen (Anzahl)										+.47	
Bilanzen (Valenz)					+.42						
Produkte (Tenor)										+.52	
Unternehmenszahlen (Valenz/Tenor)					+.44						

[A] Printmedien nur FAZ und SZ

Für die *Deutsche Telekom (DTE)*, deren Wertpapier zum Emissionszeitpunkt als ‚Volks-Aktie' galt, fanden wir signifikante Korrelationen zwischen Zeitungsberichterstattung und Handelsvolumen nur im Jahr 2000. Tabelle 6.27 zeigt die Befunde für zwei Teilzeiträume. Im direkten Vergleichszeitraum mit dem Jahr 2005, also im *Juli und August 2000* erkennt man wieder ein mittelstark ausgeprägtes Muster ‚hydraulischer' Korrelationen: Steigt das Handelsvolumen, dann gibt es am gleichen Tag mehr und positivere Zeitungsberichte vor allem über Strukturen und Unternehmenszahlen, aber auch über Börsen-Kennwerte und Produkte von DTE. Die Kausalrichtung muss zunächst offen bleiben.

Allerdings gibt es neben synchronen Zusammenhängen in einigen Fällen auch Korrelationen bei positiven bzw. negativen lags. Sie erleichtern eine kausale Einschätzung. Die zeitversetzten Korrelationen betreffen jeweils andere Themen der Zeitungsberichterstattung: (1) Berichten die Zeitungen vermehrt und positiver über Absatzzahlen, dann scheint es am nächsten Tag mehr Handel zu geben. Die zugleich sichtbaren synchronen Korrelationen sprechen daher eher für als gegen Medienwirkungen (vgl. Fall 4 in Kapitel 6.2.1.2). Allerdings wird diese Einschätzung wieder dadurch relativiert, dass der *Streubesitz* bei DTE eher unterdurchschnittlich ausfällt. Damit ist die Wahrscheinlichkeit recht gering, dass viele Privatanleger, die anfälliger für Medienwirkungen sind, in der relevanten Anlegerschaft zu finden sind und sich ihr Verhalten messbar im Kurs niederschlägt. (2) Daneben gibt es Kreuzkorrelationen, die klar gegen Medienwirkungen sprechen. Da aber zugleich synchrone Zusammenhänge bestehen, sind die Befunde insgesamt wie folgt zu erklären: Nimmt das Handelsvolumen zu, dann berichten die Zeitungen am nächsten Tag mehr und positiver über Produkte (z.B. Telefontarife). Die Anleger reagieren aber auch am gleichen Tag auf die Berichte, die damit die bereits erhöhte Handelsaktivität verstärken. Für diese Lesart spricht auch die Tatsache, dass die Korrelationen bei lag = 0 höher sind als bei lag = –1. Unbestritten können Unternehmensinformationen oder Gerüchte an der Börse sowohl die Handelsaktivität als auch Zeitungsberichte anstoßen. Wie erwähnt, sollte der Einfluss solcher Drittvariablen auf die Zeitreihen aber eigentlich durch die vorherige Modellierung der Zeitreihen entfernt worden sein. Die Kreuzkorrelationen dürften dann nur die ‚reine' Kovarianz ausdrücken. Wir können jedoch nicht komplett ausschließen, dass dafür noch andere nur als die ARIMA-Modellierungen notwendig gewesen wären.

Im Teilzeitraum vom *48. bis 100. Handelstag 2000* finden wir kaum signifikante Kreuzkorrelationen. Hier folgt einerseits auf eine Erhöhung des Handelsvolumens am nächsten Tag eine positive Thematisierung von Bilanzen und Unternehmenszahlen in den Zeitungen. Eine vermehrte Thematisierung des Unternehmens in den Überschriften sowie mehr und positivere Berichte über Produkte und Strukturen führen andererseits aber vier Handelstage später auch zu mehr Handelsaktivität. Bei MOB und LHA wurden vergleichbare Muster damit erklärt, dass die Anleger auf Medieninformationen zögerlich reagieren und erst die direkte Verlautbarung einer Primärquelle (z.b. Geschäftsbericht) oder die Reaktion des Marktes abwarten, bevor sie handeln. Bei DTE kommt im besagten Zeitraum (2. März-Woche bis zum Ende 3. Mai-Woche) für eine ähnliche Interpretation die Entwicklung der Aktie selbst in Betracht. Im ersten Quartal 2000 konnte DTE z.B. eine erhöhte Umsatzrendite und ein deutlich besseres Ergebnis vor Steuern im Vergleich zum Vorjahresquartal vorweisen. Zudem wurde am 27. März die Vereinbarung für ein Joint Venture mit DCX bekannt.[102] Nach dem optimistischen 1. Quartalsbericht musste DTE aber einen deutlichen Einbruch der Aktie einräumen: „Das erste Halbjahr 2000 war für Aktien des gesamten Telekommunikationssektors in Europa von einem starken Anstieg im ersten Quartal (Höchstkurs T-Aktie: 103,5 €) und einer massiven Korrektur im zweiten Quartal (T-Aktie am 30. Juni 2000: 59,8 €) geprägt".[103] Damit dürfte es im Teilzeitraum vom 48. bis 100. Handelstag erhebliche Unsicherheit unter den Anlegern aufgrund des Kursverlaufs gegeben haben. Das könnte die zögerlichen Reaktionen auf positivere Zeitungsberichte erklären. Eine andere Interpretation für die Verzögerung um vier Handelstage haben wir nicht zur Hand.

Tabelle 6.28 und Tabelle 6.29 zeigen die Kreuzkorrelationen zwischen *Online*-Berichten sowie Kurs bzw. Handelsvolumen von *DaimlerChrysler (DCX) im Jahr 2005*. Die Befunde für alle Mediengattungen sind vergleichbar (vgl. Tabellen A.7 und A.8 im Anhang). Bei den Kreuzkorrelationsbefunden fallen jeweils die ausgeprägten Muster ‚hydraulischer' Korrelationen auf: Ein Kursanstieg bzw. ein erhöhtes Handelsvolumen korrelieren mit mehr und positiveren Berichten über Management, Absatz, Bilanzen, Unternehmenszahlen und Börsen-Kennwerte in der Online-Berichterstattung. Zudem zeigen sich hohe Korrelationen zwischen Kurs bzw. Handelsvolumen und den in den Finanzportalen veröffentlichten Analysten-Einschätzungen. Erneut spielt kaum eine Rolle, ob man Anzahl, Tenor oder Valenz der Thematisierungen heranzieht. Die Stärke der Korrelationen ist im Übrigen deutlich höher als bei den meisten der bislang diskutierten Unternehmen. Das hat sicher auch mit der publizistischen Prominenz von DCX zu tun (vgl. Tabellen 6.1 bis 6.5 in Kapitel 6.1.1).

Signifikante Korrelationen finden wir bei lag = 0 und lag = –1. In vielen Fällen reagierten die Online-Portale also erst einen Handelstag später auf die Kursentwicklung. Selbst die synchronen Korrelationen, bei denen prinzipiell beide Kausalrichtungen denkbar sind, dürften eher darauf hindeuten, dass die

---

102 Vgl. http://www.telekom.com/dtag/cms/contentblob/dt/de/46058/blobBinary/2000_q1.pdf (S. 3ff.) (Abruf: 19.12.2007).
103 Vgl. http://www.telekom.com/dtag/cms/contentblob/dt/de/46106/blobBinary/2000_h1.pdf (S. 3) (Abruf: 19.12.2007).

Berichterstattung dem Kursverlauf nachfolgt – und nicht umgekehrt. Während starke Korrelationen zwischen Online-Berichten und Kurs mehr oder minder gleich häufig bei lag = 0 und lag = –1 auftreten, bestehen die stärksten Zusammenhänge zwischen Online-Berichten und Handelsvolumen sogar bei lag = –1.

Tabelle 6.28: Signifikante Kreuzkorrelationen (je eine Handelswoche) zwischen Online-Berichterstattung sowie DAX-bereinigter Kursveränderung für DaimlerChrysler (DCX) in 2005

Online DCX-Kurs kreuzkorreliert mit	–5	–4	–3	–2	–1	0	+1	+2	+3	+4	+5
Gesamtvalenz					+.52	+.69					
Gesamttenor						+.67					
Analysteneinsch.					+.70						
Headline-Präsenz						+.67					
Gesamtpräsenz					+.44	+.67					
Unternehmen (Anzahl)						+.72					
Personal (Anzahl)									+.60		
Management (Anzahl)					+.42	+.66					
Bilanzen (Anzahl)						+.71					
Unternehmenszahlen (Anzahl)						+.69					
Börsen-Kennwerte (Anzahl)					+.65	+.55					
Absatz (Valenz)		+.43				+.50					
Unternehmenszahlen (Valenz)						+.68					
Börsen-Kennwerte (Valenz)					+.56	+.67					
Strukturen (Tenor)				–.45							
Management (Tenor)					+.45	+.69					
Absatz (Tenor)					+.63						
Bilanzen (Tenor)					+.72						
Unternehmenszahlen (Tenor)						+.78					
Absatz (Valenz/Tenor)					+.50	+.49					
Bilanzen (Valenz/Tenor)					+.49	+.56					
Unternehmenszahlen (Valenz/Tenor)					+.44	+.68					

[A] Printmedien nur FAZ und SZ

Tabelle 6.29: Signifikante Kreuzkorrelationen (je eine Handelswoche) zwischen Online-Berichterstattung sowie Handelsvolumen für DaimlerChrysler (DCX) in 2005

Online DCX-Volumen kreuzkorreliert mit	−5	−4	−3	−2	−1	0	+1	+2	+3	+4	+5
Gesamtvalenz					+.46	+.75					
Gesamttenor						+.69					
Analysteneinsch.					+.71	+.45					
Headline-Präsenz						+.80					
Gesamtpräsenz						+.80					
Unternehmen (Anzahl)						+.74					
Personal (Anzahl)									+.71		
Management (Anzahl)						+.77					
Absatz (Anzahl)						+.61					
Bilanzen (Anzahl)						+.82					
Unternehmenszahlen (Anzahl)						+.83					
Börsen-Kennwerte (Anzahl)					+.64	+.63					
Absatz (Valenz)		+.42				+.62					
Unternehmenszahlen (Valenz)						+.78					
Börsen-Kennwerte (Valenz)					+.51	+.69					
Strukturen (Tenor)				−.41							
Management (Tenor)					+.42	+.78					
Absatz (Tenor)					+.71	+.48					
Bilanzen (Tenor)					+.73	+.42					
Unternehmenszahlen (Tenor)					+.75	+.44					
Absatz (Valenz/Tenor)					+.43	+.67					
Bilanzen (Valenz/Tenor)					+.41	+.66					
Unternehmenszahlen (Valenz/Tenor)						+.75					

Berücksichtigt man die Stärke der Korrelationswerte, so kann man sagen: Die Veröffentlichung von kurskompatiblen Analysten-Tipps, von medialen Bewertungen der Unternehmenszahlen und Berichten über die Führungsriege wurden erst einen Handelstag nach der Kursbewegung bzw. der Veränderung des Handelsaufkommens publiziert – und damit zu spät für die meisten (Klein-)Anleger. Angesichts des durchschnittlichen Streubesitzes und der hohen Marktkapitalisierung von DCX (vgl. Tabelle 5.1 in Kapitel 5.1) ist die Wahrscheinlichkeit, dass sich deren Verhalten an der Börse bemerkbar macht, ohnehin recht gering. Die mangelnde Kursrelevanz medial vermittelter Analysten-Empfehlungen ist aber kein Indiz dafür, dass Insider Informationen früher erfahren und ausnutzen. Vielmehr müssen Analysten neue Informationen erst auswerten, bevor sie deren Ergebnisse den Kunden zur Verfügung stellen. Oder sie arbeiten in Finanzunternehmen, die auch Fonds managen und zunächst selbst Transaktionen tätigen. Erst danach gelangen diese Analysten-Einschätzungen an Journalisten (vgl. Kapitel 3.2.3.1). Aktienhandel aufgrund solcher publizistisch vermittelten Tipps bot jedenfalls bei DCX 2005 keine *kurzfristigen* Gewinnchancen. Und auch in Bezug auf Managementfragen überraschen die Befunde wenig. Am 28. Juli 2005 wurde der Rücktritt von Schrempp angekündigt. Allein an diesem Tag wurden nur an den deutschen Präsenzbörsen und über den Computerhandel mehr als 65 Millionen Stücke des Unternehmens gehandelt, was etwa einem Volumen von über 2,5 Milliarden Euro entspricht. Selbst wenn sich institutionelle Investoren Gedanken über das Verhalten von Privatanlegern machen, ist deren Einfluss zu gering – und dessen dürften sich alle bewusst sein.

Tabelle 6.30 dokumentiert die signifikanten Kreuzkorrelationen zwischen *Fernseh*-Berichterstattung sowie Kurs bzw. Handelsvolumen von DCX im Jahr 2005. Mehrheitlich zeigen sich synchrone Korrelationen, die klar gegen Medienwirkungen sprechen (vgl. Fall 6 in Kapitel 6.2.1.2). Vielmehr scheint es so zu sein: Verbessert sich der Kurs bzw. erhöht sich das Handelsvolumen, dann berichten Börsensendungen am Abend häufiger und positiver über Unternehmen, Absatz oder Börsen-Kennwerte. In seltenen Fällen fanden wir auch Korrelationen bei lag = –3: Dem verbesserten Kurs bzw. erhöhten Handelsvolumen folgen drei Tage später positivere Berichte über Absatzzahlen. Zugleich gibt es hier aber auch Zusammenhänge bei lag = 0. Die dreitägige Verzögerung lässt sich nicht eindeutig erklären, da sie nicht bei allen Themen der Fernseh-Berichterstattung auftritt. Möglicherweise kann man sich den Befund damit erklären, dass absatzbezogene Informationen bzw. Gerüchte rasch am Markt diffundieren und sich umgehend im Kurs bzw. Handelsvolumen manifestieren, aber erst Tage später einer breiten Öffentlichkeit bekannt werden und dann auch in Börsensendungen auftauchen. Zudem ergab sich zwar eine positive Korrelation des Gesamttenors mit Kurs bzw. Handelsvolumen bei lag = +2. Das ist ein Hinweis darauf, dass ein insgesamt besseres Fernsehimage zwei Tage später mit mehr Handelsvolumen bzw. einem besseren Kurs korrespondiert. Zumindest ist die umgekehrte Kausalrichtung auszuschließen. Dieser singuläre Befund sollte angesichts des durchschnittlichen Streubesitzes und der hohen Marktkapitalisierung von DCX nicht weiter interpretiert werden.

Tabelle 6.30: Signifikante Kreuzkorrelationen (je eine Handelswoche) zwischen TV-Berichterstattung sowie DAX-bereinigter Kursveränderung bzw. Handelsvolumen für DaimlerChrysler (DCX) in 2005

TV DCX-Kurs kreuzkorreliert mit	−5	−4	−3	−2	−1	0	+1	+2	+3	+4	+5
Gesamtvalenz						+.65					
Gesamttenor								−.45			
Gesamtpräsenz						+.48					
Management (Anzahl)						+.54					
Börsen-Kennwerte (Anzahl)					+.44	+.57					
Absatz (Valenz)				+.50		+.56					
Börsen-Kennwerte (Valenz)						+.64					
Absatz (Valenz/Tenor)				+.44							
TV DCX-Volumen kreuzkorreliert mit	−5	−4	−3	−2	−1	0	+1	+2	+3	+4	+5
Gesamtvalenz						+.55					
Gesamttenor								−.45			
Gesamtpräsenz						+.60					
Management (Anzahl)						+.70					
Börsen-Kennwerte (Anzahl)						+.66					
Absatz (Valenz)				+.50		+.53					
Börsen-Kennwerte (Valenz)						+.57					
Absatz (Valenz/Tenor)				+.47							

Tabelle 6.31 und Tabelle 6.32 zeigen die signifikanten Kreuzkorrelationen zwischen *Print*-Berichterstattung sowie Kurs bzw. Handelsvolumen von DCX im Jahr 2005. Im Vergleich der beiden anderen Mediengattungen wird die geringere Aktualität der Zeitungen auch in den Kreuzkorrelationen deutlich: Während sich bei Finanzportalen und vor allem Fernsehen oft synchrone Zusammenhänge

ergaben, finden wir für die beiden untersuchten Tageszeitungen vor allem Korrelationen bei lag = –1 und lag = –2. Das sind klare Hinweise *gegen* Medienwirkungen (vgl. Fall 5 in Kapitel 6.2.1.2). Verbessert sich der Kurs oder erhöht sich das Handelsvolumen, dann berichten die Zeitungen am nächsten oder übernächsten Tag vermehrt und meist auch positiver über Management, Bilanzen, Unternehmenszahlen oder Börsen-Kennwerte von DCX. Diese Themen dürften die Zeitungsjournalisten in ihren Artikeln heranziehen, um die Kursbewegung bzw. die veränderte Handelsaktivität zu erklären.

Tabelle 6.31: Signifikante Kreuzkorrelationen (je eine Handelswoche) zwischen Print-Berichterstattung [A] sowie DAX-bereinigter Kursveränderung für DaimlerChrysler (DCX) in 2005

Print DCX-Kurs kreuzkorreliert mit	–5	–4	–3	–2	–1	0	+1	+2	+3	+4	+5
Gesamtvalenz				+.42	+.48						
Headline-Präsenz				+.41	+.43						
Management (Anzahl)					+.48						
Bilanzen (Anzahl)					+.75						
Unternehmenszahlen (Anzahl)					+.57						
Börsen-Kennwerte (Anzahl)					+.65						
Absatz (Valenz)				–.51				+.44			
Unternehmenszahlen (Valenz)				+.52							
Börsen-Kennwerte (Valenz)					+.66						
Unternehmenszahlen (Valenz/Tenor)					+.43						

[A] Printmedien nur FAZ und SZ

Auf mehr Handelsaktivität folgt zwei Tage später (lag= –2) eine negativere Zeitungsberichterstattung über das Management von DCX, wobei der Zusammenhang eher moderat ausfällt. Das negative Vorzeichen lässt sich mit dem in Kapitel 6.2.1.1 erörterten *Unterschied zwischen Börsen- und Medienrealität* erklären: In Artikeln zum Thema ‚Management' haben die Zeitungen nochmals die Entscheidungen über das Ausscheiden von Schrempp aus dem Unternehmen kritisch Revue passieren lassen. Aus Anlegersicht hingegen war dessen Rücktrittsankündigung ein positives Signal und schlug sich in einem Kursanstieg und mehr Handelsvolumen nieder. Das erklärt die negative Korrelation zwischen kritischer Berichterstattung und optimistischer Börsenreaktion auf die Rücktrittsankündigung. Die Börsenrealität findet aber auch ihren direkten Niederschlag in der Zeitung am nächsten Morgen: Einen Tag nach einer positiven Kursveränderung bzw. nach einem erhöhten Handelsvolumen berichten die Zeitungen deutlich mehr und positiver über Börsen-Kennwerte von DCX, also z.B. den aktuellen Kurs. Aber auch Unternehmenszahlen erscheinen publizistisch nun in positiverem Licht.

Tabelle 6.32: Signifikante Kreuzkorrelationen (je eine Handelswoche) zwischen Print-Berichterstattung [A] sowie Handelsvolumen für DaimlerChrysler (DCX) in 2005

Print DCX-Volumen kreuzkorreliert mit	−5	−4	−3	−2	−1	0	+1	+2	+3	+4	+5
Gesamtvalenz					+.57						
Gesamttenor				−.45							
Headline-Präsenz				+.45	+.59						
Management (Anzahl)					+.64						
Absatz (Anzahl)				+.44							
Bilanzen (Anzahl)					+.82						
Unternehmenszahlen (Anzahl)					+.68						
Börsen-Kennwerte (Anzahl)					+.79						
Absatz (Valenz)				−.47							
Börsen-Kennwerte (Valenz)					+.76						
Management (Tenor)					−.47						
Unternehmenszahlen (Tenor)					+.54						
Absatz (Valenz/Tenor)				−.49							
Unternehmenszahlen (Valenz/Tenor)					+.51						

[A] Printmedien nur FAZ und SZ

Tabelle 6.33: Signifikante Kreuzkorrelationen (je eine Handelswoche) zwischen Print-Berichterstattung [A] sowie DAX-bereinigter Kursveränderung für DaimlerChrysler (DCX) in 2000 (Juli-Aug. und Handelstage 1-47)

Print (Juli-Aug.) DCX-Kurs kreuzkorreliert mit	−5	−4	−3	−2	−1	0	+1	+2	+3	+4	+5
Produkte (Tenor)				−.41							
Unternehmen (Valenz/Tenor)					−.41						
Absatz (Valenz/Tenor)	−.42										
Print (Handelstage 1-47) DCX-Kurs kreuzkorreliert mit	−5	−4	−3	−2	−1	0	+1	+2	+3	+4	+5
Gesamttenor					+.41						
Headline-Präsenz									−.53		
Gesamtpräsenz									−.45		
Unternehmen (Anzahl)							+.42				
Strukturen (Anzahl)									−.44		
Börsen-Kennwerte (Anzahl)						+.43	+.41				

[A] Printmedien nur FAZ und SZ

Die Befunde für *2000* sind weniger einheitlich. Tabelle 6.33 und Tabelle 6.34 zeigen die Kreuzkorrelationen zwischen *Print*-Berichterstattung sowie Kurs bzw. Handelsvolumen von DCX in ausgewählten Teilzeiträumen. Im direkten Vergleichszeitraum mit 2005, also im Juli und August 2000, sind kaum signifikante Kreuzkorrelationen mit dem *Kurs* auszumachen. Die Zusammenhänge sind bei negativen lags und haben ein negatives Vorzeichen: Eine positive Kursveränderung geht also einer negativeren Berichterstattung über das Unternehmen um mindestens ein bis zwei Handelstage voraus. Die Korrelationen der Zeitungsberichterstattung mit dem *Handelsvolumen* in den Vergleichsmonaten mit 2005 sind konsistenter: Findet am aktuellen Tag mehr Handel mit Aktien von DCX statt, dann berichten die Zeitungen am nächsten Morgen häufiger und meist positiver über DCX und dessen Unternehmenszahlen. Angesichts von Korrelationen bei lag = +2 bzw. +3 scheinen Zeitungsberichte auch abschwächend zu wirken: Zwei bis drei Handelstage nach mehr bzw. positiveren Artikeln über Strukturen, Unternehmenszahlen und Bilanzen geht das Handelsvolumen zurück. Dieser Befund sollte aber erneut nicht überinterpretiert werden.

Denn Streubesitz und Marktkapitalisierung bei DCX lassen die Möglichkeit von Medienwirkungen eher als gering erscheinen.

Tabelle 6.34: Signifikante Kreuzkorrelationen (je eine Handelswoche) zwischen Print-Berichterstattung [A] sowie Handelsvolumen für DaimlerChrysler (DCX) in 2000 (Juli-Aug. und Handelstage 48-100)

Print (Juli-Aug.) DCX-Volumen kreuzkorreliert mit	−5	−4	−3	−2	−1	0	+1	+2	+3	+4	+5
Unternehmen (Anzahl)					+.50						
Strukturen (Anzahl)									+.41		
Bilanzen (Anzahl)					+.52						
Unternehmenszahlen (Anzahl)					+.48						
Bilanzen (Valenz)							−.48				
Unternehmenszahlen (Valenz)								−.46			
Unternehmenszahlen (Tenor)					+.44						
Unternehmen (Valenz/Tenor)					−.48						
Print (Handelstage 48-100) DCX-Volumen kreuzkorreliert mit	−5	−4	−3	−2	−1	0	+1	+2	+3	+4	+5
Headline-Präsenz			+.44								
Management (Anzahl)			+.61								
Börsen-Kennwerte (Anzahl)			+.57								
Produkte (Valenz)			+.68								
Börsen-Kennwerte (Valenz)			−.46								
Absatz (Tenor)			+.51								
Unternehmen (Valenz/Tenor)									−.41		
Produkte (Valenz/Tenor)			+.41								
Absatz (Valenz/Tenor)			+.43								

[A] Printmedien nur FAZ und SZ

Ein ähnliches Muster zeigt sich für den Teilzeitraum vom *1. bis 47. Handelstag 2000*, der noch in das Börsen-Hoch im ersten Quartal 2000 fällt. Einen *Kurs*trend nach oben reflektieren die Zeitungen am nächsten Tag mit mehr und positiveren Berichten über DCX und Börsen-Kennwerte. Die mediale Präsenz des Unternehmens sowie Artikel über Strukturen korrelieren aber auch negativ mit dem Kurs drei Tage später. Das könnte man vorsichtig als Hinweis auf negative Verstärkereffekte oder auf eine zögerliche und antizyklische Reaktion unter Anlegern auf die Zeitungsberichte werten. Aber dieser Befund darf vor dem Hintergrund des durchschnittliches Streubesitzes und der hohen Marktkapitalisierung erneut nicht überinterpretiert werden. Dafür spricht auch der Vergleich mit den übrigen Kreuzkorrelationen (vgl. Tabelle 6.28 bis Tabelle 6.32). Denn im Gesamtvergleich sind die Korrelationswerte in der Zeit vom 1. bis 47. Handelstag erstens nur mittelhoch. Zweitens spricht die zeitliche Dynamik der Korrelationsmuster fast immer gegen Medienwirkungen.

In diese Richtung verweisen auch die Kreuzkorrelationen zwischen *Print*-Berichterstattung sowie *Handelsvolumen* im Zeitraum vom *48. bis 100. Handelstag 2000* (vgl. Tabelle 6.34): In der Regel dauert es drei Handelstage bis sich ein erhöhtes Handelsvolumen in mehr und positiveren Berichten über Management, Führung, Produkte, Unternehmenszahlen oder Börsen-Kennwerte von DCX niederschlägt. Berücksichtigt man noch den Redaktionsschluss am Vorabend, so dauert es offenbar zwei Tage, bis Journalisten auf das veränderte Handelsvolumen reagieren. Das Muster ist durchgehend und damit bedeutsam. Die zweitägige Verzögerung lässt sich jedoch nicht genauer klären. Man könnte argumentieren, dass die Zeitungsartikel am Montag hierin den Börsenschluss vom letzten Freitag aktualisieren. Dann müsste dieses ‚Wochenmuster' aber erstens auch bei anderen Zeiträumen für die jeweiligen Zeitreihen auftreten. Zum anderen müsste es bei allen anderen Kreuzkorrelationsberechnungen für die übrigen Unternehmen sichtbar werden. Weder das eine noch das andere ist der Fall. Medienwirkungen sind jedenfalls klar auszuschließen.

6.2.2.4 Zusammenfassung

Zusammenfassend ist der Zusammenhang zwischen dem Kurs bzw. Handelsvolumen sowie der Berichterstattung über verschiedene Themen nochmals *inhaltlich zu reflektieren*. Ungeachtet der zeitlichen Dynamik lassen sich diese Zusammenhänge in dreierlei Hinsicht erklären:

- als primäre Korrelationen
- als sekundäre Korrelationen
- als tertiäre Korrelationen

(1) Eine *primäre Korrelation* liegt vor, wenn eine Veränderung im Kurs bzw. Handelsvolumen direkt mit entsprechenden Berichten über Börsen-Kennwerte korrespondiert. Je nach zeitlicher Dynamik findet die Medienrealität einen direkten Niederschlag in der Börsenrealität – oder umgekehrt: Beispielsweise reagieren Kleinanleger, die Finanzportale besuchen und deren Informationen bei ihren Transaktionen berücksichtigen, auf Online-Berichte über einen Kursanstieg mit Positive-Feedback-Trading. Oder die Zeitung am Morgen berichtet über das gestern veränderte Handelsvolumen (2) Eine *sekundäre Korrelation* liegt vor, wenn eine Veränderung im Kurs bzw. Handelsvolumen mit Berichten über andere Themen – etwa Management oder Unternehmensbilanzen – zusammenhängt. Je nach zeitlicher Dynamik reagiert die Börse z.b. auf Berichte über sinkende Umsätze oder die Medien diskutieren in Beiträgen z.b. Managementfehler als Gründe für den sinkenden Kurs oder eine geringere Handelsaktivität. Das wurde z.b. für Fall 3 in Kapitel 6.2.1.2 sowie im Zusammenhang der Kreuzkorrelationen für MOB (vgl. Kapitel 6.2.2.1) diskutiert. (3) Eine *tertiäre Korrelation* liegt schließlich vor, wenn sowohl eine Veränderung im Kurs bzw. Handelsvolumen als auch eine Veränderung in der Berichterstattung gleichermaßen auf Gerüchte oder Informationen zurückgeht, die am Markt bzw. an der Börse kursieren. Wie in Kapitel 6.2.2.1 bei den Kreuzkorrelationen für LHA ausführlich erörtert wurde, ist unbestritten, dass Kurs bzw. Handelsvolumen und Berichterstattung jeweils auch auf den Gerüchten an der Börse beruhen. Die auf solche Drittvariablen zurückgehende Kovarianz der Zeitreihen wurde jedoch durch die DAX- bzw. ARIMA-Modellierung jeweils eliminiert, so dass die Korrelationswerte nur die tatsächliche Kovarianz ausdrücken.

Ausgehend davon und mit Blick auf die Forschungsfragen F1a bis F1e (vgl. Kapitel 4), die sich auf Standard- und Nebenwerte, auf Volatilität, auf Streubesitz sowie auf Marktkapitalisierung der untersuchten Unternehmen beziehen, lassen sich die bisherigen Kreuzkorrelationsbefunde in mehreren Feststellungen zusammenfassen. Für einen Gesamtüberblick haben wir die Ergebnisse in Tabelle 6.35 und Tabelle 6.36 zusammengefasst. Diese *tabellarische Übersicht* ist auch die Grundlage für alle weiteren Einschätzungen zu den restlichen Forschungsfragen und fasst die Befunde in drei Angaben zusammen:

○ Zeitliche Dynamik
○ Elemente der Berichterstattung
○ Richtung der Kreuzkorrelation

Als *Lesebeispiel* können die Ergebnisse der Kreuzkorrelationen zwischen der Online-Berichterstattung über Consumer Electronics (CE) und dem Kursverlauf im Jahr 2005 dienen. (1) Die erste Angabe in der Gesamtübersicht betrifft die zeitliche Dynamik. Dokumentiert und fett markiert sind die *lags*, bei denen signifikante Kreuzkorrelationen mit einem Betrag größer als 0.40 vorkamen. So fanden wir bei CE zwischen Online-Berichterstattung und Kursverlauf im Jahr 2005 signifikante Korrelationen sowohl bei lag = 0 als auch bei lag = −1 (vgl. dazu Tabelle 6.35).

Tabelle 6.35: Kreuzkorrelationsmuster zwischen Berichterstattung und Indexbereinigter Kursveränderung – nach Unternehmen und Medien

Kreuzkorr. mit Kurs	CE	DCX	DTE	EMTV	EVT
2005					
WWW	**Lag = 0** G (***HL***/***P***/T) **Lag = −1** G (V)	**Lag = 0** G (HL/P/V/T) U (A) PS (A) AB (V/VT) B (A/VT) M (T) UZ (A/V/VT) BK (A/V) **Lag = −1** G (P/V/AE) M (A/T) BK (A/V) AB (T/VT) B (T/VT) UZ (T/VT) **Lag = −2** S (***T***) **Lag = −4** AB (V) **Lag = +3** PR (A)			
Print [A)]		**Lag = −1** G (HL/ V) M (A) B (A) UZ (A/VT) BK (A/V) **Lag = −2** G (HL/V) AB (***V***) UZ (V) **Lag = +2** AB (V)			
Fortsetzung					

Tabelle 6.35: Kreuzkorrelationsmuster zwischen Berichterstattung und Indexbereinigter Kursveränderung – nach Unternehmen und Medien (Fortsetzung)

Kreuzkorr. mit Kurs	CE	DCX	DTE	EMTV	EVT
2005					
TV		Lag = 0 G (P/V) M (A) AB (V) BK (A/V) Lag = –1 BK (A) Lag = –3 AB (V/VT) Lag = +2 G (*T*)			
2000					
Print [A)] Juli-Aug.		Lag = –1 U (**VT**) Lag = –2 P (*T*) Lag = –4 AB (**VT**)			
H.-Tage 1-47		Lag = 0 BK (A) Lag = –1 G (T) U (A) BK (A) Lag = +3 G (***HL/P***) S (***A***)			
Fortsetzung					

(2) Die zweite Angabe betrifft die Frage, mit welchen Elementen bzw. Themen der Berichterstattung der Kurs bzw. das Handelsvolumen korreliert. In unserem Beispiel korreliert der Kurs z.B. bei lag = 0 mit der Präsenz („P") und dem Tenor („T") der Gesamtberichterstattung („G") über das Unternehmen in den Online-Portalen. Zu unterscheiden sind zwei Buchstaben-Kürzel: Die ersten Kurzbuchstaben stehen für die *Themen* der Berichterstattung (G = Gesamtberichterstattung / U = Unternehmen / S = Strukturen / M = Management / B = Bilanzen / AB = Absatz / PR = Produkte / PS = Personal / UZ = Unternehmenszahlen / BK = Börsen-Kennwerte). Die zweiten Kurzbuchstaben stehen für die *Art der* Thematisierung (HL = Headline-Präsenz / P = Präsenz / A = Anzahl / T = Tenor / V = Valenz / VT = Valenz und Tenor / AE = Analysten-Einschätzung).

Tabelle 6.35: Kreuzkorrelationsmuster zwischen Berichterstattung und Indexbereinigter Kursveränderung – nach Unternehmen und Medien (Fortsetzung)

Kreuzkorr. mit Kurs	IFX	LHA	MOB FREE	SOW	TOI
2005					
WWW		**Lag = 0** G (HL/P/V/T/AE) AB (A/V/VT) B (A) UZ (A/V/T/VT) BK (A/V) **Lag = –2** G (HL/P/AE) B (A) UZ (A/T/VT) **Lag = –4** UZ (VT)	**Lag = 0** G (HL/P/V) B (A/V) UZ (V/T/VT) S (VT)	**Lag = 0** G (HL/P/T/V/AE) B (A/V/VT) UZ (A/V/VT) BK (V) **Lag = –1** G (AE)	
Print ^A)	**Lag = 0** UZ (*A*) **Lag = –1** BK (V) **Lag = –3** M (A) **Lag = +3** G (T)	**Lag = 0** UZ (A) **Lag = –1** AB (A) UZ (VT) **Lag = –3** G (HL/V) UZ (A)	**Lag = 0** G (P) S (A) **Lag = –1** G (HL/P/T/V) S (V/T/VT) UZ (A/V/VT) BK (A/V)	**Lag = –1** G (P/T/V) BK (A/V)	
TV		**Lag = 0** G (V) UZ (V) **Lag = –2** G (T) UZ (A) **Lag = +2** UZ (A)			
2000					
Print ^A) Juli-Aug.	**Lag = 0** G (*P/V/T/AE*) BK (*A*)				

^A) Printmedien nur FAZ und SZ
Lag: Negative lags (z.B. Lag = –1) geben an, um wie viele Handelstage (z.B. einen Handelstag) die Veränderung im Kurs bzw. Handelsvolumen der Veränderung der Berichterstattung voraus geht. Bei positiven lags ist die Richtung umgekehrt.
Buchstaben: (1) G = Gesamtberichterstattung / U = Unternehmen / S = Strukturen / M = Management / B = Bilanzen / AB = Absatz / PR = Produkte / PS = Personal / UZ = Unternehmenszahlen / BK= Börsen-Kennwerte (2) HL = Headline-Präsenz / P = Präsenz / A = Anzahl / T = Tenor / V = Valenz / VT = Valenz und Tenor / AE = Analysten-Einschätzung
Hinweis: Kursiv und fett gesetzte Buchstaben stehen für negative Kreuzkorrelationen.

(3) Die dritte Angabe in der Gesamtübersicht betrifft die *Richtung der Korrelation*. Bei negativen bzw. gegengerichteten Korrelationen sind die jeweiligen Buchstaben fett und kursiv gesetzt. Im Beispiel korreliert der Kurs bei lag = 0 *negativ* mit dem Tenor („T") der Gesamtberichterstattung („G") über CE.

Tabelle 6.36: Kreuzkorrelationsmuster zwischen Berichterstattung und Handelsvolumen – nach Unternehmen und Medien

Kreuzkorr. mit Vol.	CE	DCX	DTE	EMTV	EVT
2005					
WWW	Lag = 0 G (HL/P/*T*/*V*) Lag = –1 G (AE)	Lag = 0 G (HL/P/V/T/AE) U (A) M (A/T) AB (A/V/T/VT) B (A/T/VT) UZ (A/V/T/VT) BK (A/V) Lag = –1 G (V/AE) M (T) AB (T(VT) B (T/VT) UZ (T) BK (A/V) Lag = –2 S (*T*) Lag = –4 AB (V) Lag = +3 PS (A)		Lag = 0 G (HL) Lag = +1 G (HL/P) BK (A)	Lag = 0 G (HL/V) S (A) BK (A/V) Lag = +1 BK (V)
Print [A)]		Lag = –1 G (HL/V) M (A) B (A) UZ (A/T/VT) BK (A/V) Lag = –2 G (HL/*T*) AB (A) M (*T*) Lag = –3 AB (*V*/*VT*)		Lag = –1 G (HL/P/*T*)	
Fortsetzung					

Tabelle 6.36: Kreuzkorrelationsmuster zwischen Berichterstattung und Handelsvolumen – nach Unternehmen und Medien (Fortsetzung)

Kreuzkorr. mit Vol.	CE	DCX	DTE	EMTV	EVT
2005					
TV		Lag = 0 G (P/V) M (A) AB (V) BK (A/V) Lag = –3 AB (V/VT) Lag = +2 G (*T*)			
2000					
Print [A)] Juli-Aug.		Lag = –1 U (A/*T*) B (A) UZ (A/T) Lag = +2 B (*V*) UZ (*V*) Lag = +3 S (A)	Lag = 0 G (HL) S (A/VT) PR (A/T/VT) AB (A/V/VT) UZ (A) BK (V) Lag = –1 PR (A/VT) S (V) Lag = +1 PR (A) UZ (T) AB (VT)	Lag = –1 BK (A) Lag = –2 G (V/AE) S (A/V/VT)	
H.-Tage 48-100		Lag = –3 G (HL) U (VT) M (A) PR (V/VT) AB (T/VT) BK (A/V) Lag = +3 U (*VT*)	Lag = –1 G (V) B (V) UZ (VT) Lag = +4 G (HL) S (A) PR (T)		
H.-Tage 101-171				Lag = –1 G (V/P) S (A/V/VT), BK (A)	
Fortsetzung					

Forschungsfrage F1a zielt auf Unterschiede zwischen *Standard- und Nebenwerten* bei den Kreuzkorrelationen zwischen Berichterstattung und Kurs bzw. Handelsvolumen. F1b fokussiert auf Differenzen in den Kreuzkorrelationen je nach *Volatilität* der Aktien. F1c bzw. F1d zielen auf Unterschiede je nach *Streubesitz* bzw. je nach *Marktkapitalisierung* der Unternehmen (vgl. Kapitel 4).

Unkundigere Privatanleger dürften häufiger als professionelle Investoren die Medien als direkte Informationsquelle nutzen und in Nebenwerte investieren. Nebenwerte weisen nicht zwingend eine niedrige Marktkapitalisierung auf. Standardwerte haben durchweg eine hohe Marktkapitalisierung. Bei hoch volatilen Papieren sind Medienwirkungen auf das Anlegerverhalten zumindest deswegen wahrscheinlicher, weil diese Anlagen risikoreich sind und eine konsonante Mediendarstellung jene Ambiguität reduzieren kann, die gerade für unkundige Anleger zunächst aus dem Kursverlauf spricht. Eine notwendige Bedingung ist jedoch ein hoher Streubesitz: Wertpapiere von Unternehmen, die nur eine geringe Stückzahl an Aktien in den freien Börsenhandel geben, dürften kaum anfällig für Einflüsse von Analysten-Empfehlungen oder Medienberichterstattung auf das Verhalten der relevanten Anlegerschaft sein.

Tabelle 6.36: Kreuzkorrelationsmuster zwischen Berichterstattung und Handelsvolumen – nach Unternehmen und Medien (Fortsetzung)

Kreuzkorr. mit Vol.	IFX	LHA	MOB FREE	SOW	TOI
2005					
WWW		Lag = 0 G (HL/P/V/T/AE) AB (A/V/VT) B (A) UZ (A/V/T/VT) BK (A/V) Lag = –2 UZ (A) Lag = +2 AB (V) S (V) PR (T/VT)	Lag = 0 G (HL/P/V) S (A) M (A) B (A) AB (A) UZ (V/T/VT) BK (A/V) Lag = +1 S (A/V/VT)	Lag = 0 G (HL/P) B (A/V/VT) UZ (A/V/VT) BK (A) Lag = –1 G (AE)	
Print [A)]		Lag = –1 AB (A) UZ (V/VT) Lag = –4 G (*T*) Lag = +1 G (HL/V) S (A/V/VT)	Lag = –1 G (HL/P/V/T) S (A/V/T/VT) UZ (A/V/VT) BK (A/V)	Lag = –1 G (P/T/V) BK (A/V)	
Fortsetzung					

Tabelle 6.36: Kreuzkorrelationsmuster zwischen Berichterstattung und Handelsvolumen – nach Unternehmen und Medien (Fortsetzung)

Kreuzkorr. mit Vol.	IFX	LHA	MOB FREE	SOW	TOI
2005					
TV		Lag = 0 UZ (V) Lag = +2 G (P/T/V) UZ (A/V/VT)			
2000					
Print [A)] Jan.-Aug.					Lag = 0 G (*T*/AE) Lag = –1 G (P/V/T) BK (A/V) S (V/VT)
Print [A)] Juli-Aug.	Lag = 0 G (HL/P) BK (A)	Lag = –1 G (HL/P/T)	Lag = –2 PR (A/VT) Lag = +4 G (P/V/T) PR (T)		Lag = –1 G (*T*/*AE*) Lag = –2 G (P/*V*/AE) S (A) BK (A)
H.-Tage 48-100	Lag = 0 G (HL/P) BK (A) UZ (A)	Lag = 0 G (V) UZ (V) B (VT) Lag = +4 G (P/T) PR (A/VT) AB (A/VT) B (A) UZ (A/V/T)	Lag = –1 S (A/V) Lag = +1 G (*P*/*V*) S (*VT*)		Lag = 0 G (*T*/AE) BK (*A*/*V*) Lag = –1 G (HL/P/V/T) S (A/V/T/VT) AB (A/V/V) BK (A/V) Lag = +1 G (*HL*/*P*/*AE*)

[A)] Printmedien nur FAZ und SZ

Lag: Negative lags (z.B. Lag = –1) geben an, um wie viele Handelstage (z.B. einen Handelstag) die Veränderung im Kurs bzw. Handelsvolumen der Veränderung der Berichterstattung voraus geht. Bei positiven lags ist die Richtung umgekehrt.
Buchstaben: (1) G = Gesamtberichterstattung / U = Unternehmen / S = Strukturen / M = Management / B = Bilanzen / AB = Absatz / PR = Produkte / PS = Personal / UZ = Unternehmenszahlen / BK= Börsen-Kennwerte (2) HL = Headline-Präsenz / P = Präsenz / A = Anzahl / T = Tenor / V = Valenz / VT = Valenz und Tenor / AE = Analysten-Einschätzung
Hinweis: Kursiv und fett gesetzte Buchstaben stehen für negative Kreuzkorrelationen.

Je höher also der Streubesitz eines ‚kleinen' Unternehmens ist, desto höher ist erstens die Wahrscheinlichkeit, dass viele Kleinanleger die relevante Anlegerschaft stellen. Damit steigt zweitens die Wahrscheinlichkeit, dass die vermuteten Medieneinflüsse auf das Verhalten dieser Kleinanleger bis zur Makro-Ebene durchschlagen und sich in einer entsprechenden Kursbewegung bzw. im Handelsaufkommen manifestieren. Damit sollten zwischen Berichterstattung und Kursverlauf bzw. Handelsvolumen die Korrelationen bei positiven lags für *hoch volatile Nebenwerte mit viel Streubesitz* stärker ausgeprägt sein als bei den übrigen Anlagewerten. Ausgehend von der Unternehmensübersicht (vgl. Tabelle 5.1 in Kapitel 5.1) lassen sich die Forschungsfragen F1a bis F1d aus einer Meta-Perspektive beantworten. Mit ihrer Marktkapitalisierung, dem Börsen-Umsatz und KGV bilden CE, EMTV, EVT und SOW die ‚kleinen' Firmen im Unternehmenssample. Als ‚mittlere' Unternehmen wurden MOB, TOI, IFX und LHA und als ‚große' Unternehmen DTE und DCX eingestuft.

Wir betrachten zunächst Firmen mit *hohem Streubesitz*: (1) Bei *CE* scheint die Online-Berichterstattung den Kurs bzw. das Handelsvolumen im Jahr 2005 eher zu reflektieren als zu prägen (lag = 0; lag = –1). Klare Kausalaussagen erlauben die Fallzahlen nicht. (2) Bei *EVT* dominieren 2005 ebenfalls die synchronen Korrelationen zwischen Online-Berichterstattung und Handelsvolumen (lag = 0). Eine Korrelation bei lag = +1 deutet zwar auf einen singulären Verstärkereffekt hin. Für beide Unternehmen sind die Korrelationen aber spärlich gesät und meist mittelstark. Insofern kann man die Befunde *nicht* als Hinweis werten, dass bei Papieren mit hoher Volatilität viele Privatanleger aktiv sind und damit Medienwirkungen wahrscheinlicher wären. (3) Für *LHA* zeigen sich ausgeprägte Muster ‚hydraulischer' Korrelationen: Zwischen Online-Berichten und Kursverlauf gibt es 2005 meist synchrone Zusammenhänge, die nicht eindeutig interpretierbar sind. Vereinzelte Korrelationen bei lag = –2 sprechen gegen Medienwirkungen. Damit sind auch die synchronen Zusammenhänge eher in diese Richtung zu interpretieren oder höchstens als Verstärkereffekte denkbar. Zumindest gibt es Hinweise, dass die Online-Berichte über ‚weichere' Themen das Anlegerverhalten und damit das Handelsvolumen mit beeinflusst haben können (lag = +2). Die Zusammenhänge zwischen Kurs und Fernsehen sind widersprüchlich. Die Zeitungen reflektieren den Kurs. Fernsehsendungen (lag = +2) und Zeitungen (lag = +1) scheinen aber gewisse Auswirkungen auf das Handelsvolumen zu haben. Weitere Korrelationen bei lag = –1 sprechen jedoch bei Zeitungen wieder nur für *Verstärkereffekte*. Angesichts von fast 25 Prozent Privatanlegern an allen Aktionären (Stand: Ende 2007) sind die Hinweise auf Medienwirkungen für LHA durchaus als bedeutsam einzustufen.[104]

---

104 Vgl. http://www.lufthansa-financials.de/servlet/PB/menu/1014560_11/index.html (Stand für den 31.12.2007; Abruf: 03.01.2008). Für 2000 und 2005 lagen uns keine exakten Angaben zum Anteil der Privatanleger vor. Die Unternehmensauswahl stützte sich hier auf Angaben zum Streubesitz der Deutschen Börse, die als Proxy für den Anteil der Privatanleger an allen Aktionären dienten (vgl. Kapitel 5.1).

Mit diesen Befunden sind die Ergebnisse bei Unternehmen mit *geringem Streubesitz* zu kontrastieren: (1) Bei *TOI* fanden wir signifikante Korrelationen nur zwischen Zeitungsberichterstattung und Handelsvolumen im Jahr 2000. Hier bestätigt sich die vermutete Kausalrichtung: Im gesamten Zeitraum von Januar bis August 2000 (lag = −1) sowie im direkten Vergleichszeitraum mit 2005, also im Juli und August 2000 (lag = −1 und −2), dominierte eine zeitliche Dynamik, die klar gegen Medienwirkungen spricht. Das gleiche Bild bietet der Zeitraum vom 48. bis 100. Handelstag. Vereinzelte Korrelationen bei positiven lags dürfen hier nicht überbewertet werden. (2) Auch für *DTE* stellten wir nur Korrelationen zwischen Zeitungsberichterstattung und Handelsvolumen im Jahr 2000 fest. Die Muster ‚hydraulischer' Korrelationen treten meist als synchrone Zusammenhänge auf (lag = 0). Zudem gibt es aber Hinweise auf beide Kausalrichtungen (lag = +1 und lag = −1). Vergleichbares zeigt sich für den Teilzeitraum vom 1. bis 48. Handelstag 2000. Angesichts von nur 12 Prozent Privatanlegern an allen Aktionären sind selbst gewisse Indizien auf mögliche Medienwirkungen sehr vorsichtig zu beurteilen. Medienwirkungen auf diese wenigen Privatanleger kann es durchaus gegeben haben. Allerdings betrafen sie dann eben nur ein Zehntel aller Aktionäre, so dass sie sich auf der Aggregat-Ebene des Kurses nicht messbar manifestieren (vgl. dazu Kapitel 6.2.2.5).[105]

Zuletzt sind jene Unternehmen bzw. Aktien zu diskutieren, deren Streubesitz eher durchschnittlich ausfällt (vgl. Tabelle 5.1 in Kapitel 5.1). (1) Dazu gehört *EMTV*, dessen Papier eine mittlere Volatilität aufweist und das ein ‚kleines' Unternehmen darstellt. Die wenigen Korrelationen im Jahr 2005 sprechen eher für als gegen Medienwirkungen, sind aber zu spärlich, um als klarer Beleg für ein mediales Wirkungspotenzial zu dienen. Im Jahr 2000 hatte das Papier ein höheres *psychologisches Potenzial*: Im Februar wurde der Kurshöchststand von 120 Euro erreicht. Der Niedergang begann nach der Korrektur des Halbjahresberichts im Oktober und mit dem Ausstieg eines der Haffa-Brüder aus dem Unternehmen. Im Dezember war die Aktie an der Börse nur noch wenige Euro wert.[106] Im Jahr 2000 sind also Überreaktionen – auch aufgrund von Medienberichten – nicht nur bei Kleinanlegern zu erwarten. Diese müssten sich dann auf der Aggregat-Ebene in Korrelationen zwischen Berichterstattung und Handelsvolumen bei positiven lags zeigen. Das war jedoch nicht der Fall. Vielmehr sprechen die Befunde dafür, dass die Zeitungsberichterstattung das Börsengeschehen reflektierte. (Privat-)Anleger konnten keine kurzfristigen Gewinne aufgrund der Medieninformationen erzielen. Angesichts des durchschnittlichen

---

105 Vgl. http://www.telekom3.de/dtag/cms/content/dt/de/22518 (Stand für den 30.09.2007; Abruf: 03.01.2008). Für den Anteil der Privatanleger gilt das gleiche wie für DCX.
106 Vgl. die Chronik in http://www.medienmaerkte.de/artikel/unternehmen/000612_em_tv.html (Abruf: 30.12.2007).

Streubesitzes verwundert das wenig. Allerdings haben wir die Online- und Fernseh-Berichterstattung für 2000 nicht untersuchen können. Aufgrund der Befunde für 2005 wäre denkbar, dass sich hier andere Zusammenhänge zeigen. Einen im Vergleich zu Unternehmen des Referenz-Index nur mittleren Streubesitz haben auch SOW und MOB (vgl. Tabelle 5.1 in Kapitel 5.1). (2) Bei dem ‚kleineren' Unternehmen *SOW*, dessen Papier hoch volatil ist, dominieren erwartungsgemäß die synchronen Korrelationen. Bei Online-Medien sind diese zwar in beide Richtungen interpretierbar, aber zusätzliche Korrelationen bei negativen lags legen eher nahe, dass die Medienberichterstattung die Börsenrealität spiegelt. Auch die Printmedien folgen dem Börsengeschehen. (3) Ausgeprägtere Korrelationsmuster treten bei dem ‚mittleren' Unternehmen *MOB* zutage: Kursverlauf bzw. Handelsvolumen sowie Online- bzw. Zeitungsberichterstattung korrelieren 2005 meist synchron oder bei negativen lags. Vereinzelte Korrelationen für Online-Berichte über Strukturen (lag = +1) scheinen Hinweise auf singuläre Wirkungspotenziale zu geben. Deutlicher sind diese dann 2000: Hier gibt es neben Korrelationen bei negativen lags auch signifikante Zusammenhänge bei positiven lags. Im Juli und August 2000 dauert es ein paar Tage (lag = +4), bis auf vermehrte und positivere Zeitungsberichte ein größeres Handelsvolumen folgt. Angesichts der damaligen UMTS-Lizenzvergabe reagierten die Anleger vermutlich eher zögerlich auf Zeitungsberichte und warteten erst die Reaktionen am Markt ab, bevor sie selbst handelten. In der Zeit vom 1. bis 48. Handelstag beträgt die Verzögerung nur einen Tag (lag = +1). Im Vergleich dazu zeigen sich bei den oben behandelten Unternehmen mit *viel Streubesitz* keineswegs ausgeprägtere Korrelationen bei positiven lags. (4) Das ‚mittelgroße' Unternehmen *IFX* hat durchschnittlichen Streubesitz bei hoher Volatilität des Wertpapiers. Im Jahr 2005 sind die Zusammenhänge zwischen Online-Berichten und Kursverlauf widersprüchlich. Im Juli und August 2000 sprechen die Befunde gegen mögliche Einflüsse der Zeitungsberichterstattung. Das gilt auch für die Zusammenhänge mit dem Handelsvolumen im Jahr 2000.

(5) Durchschnittlichen Streubesitz hat schließlich *DCX*, das zu den ‚großen' Unternehmen im Sample gehört. Die Volatilität der Aktie ist unterdurchschnittlich. Für DCX zeigen sich die ausgeprägtesten Muster ‚hydraulischer' Korrelationen, was an der insgesamt umfangreichen Berichterstattung liegt (vgl. Tabellen 6.1 bis 6.5 in Kapitel 6.1.1). Im Jahr 2005 folgt die Berichterstattung aller Mediengattungen erwartungsgemäß dem Kursverlauf bzw. Handelsvolumen (negative lags) oder entwickelt sich parallel (lag = 0). Auch im Jahr 2000 spiegelt die Zeitungsberichterstattung eher den Kursverlauf. Im direkten Vergleichszeitraum mit 2005 – im Juli und August 2000 – finden wir aber im Zusammenhang mit dem Handelsaufkommen einige Indizien für Verstärkereffekte der Zeitungsberichterstattung (lag = +2 und +3). Allerdings sind insgesamt nicht mehr

Hinweise auf potenzielle Medieneinflüsse auszumachen als bei den bislang diskutierten Unternehmen.

Für die Forschungsfragen F1a und F1c bleibt festhalten: Es gibt *höchstens vereinzelte Hinweise* darauf, dass die Aktienberichterstattung bei Nebenwerten mit hohem Streubesitz ein größeres Wirkungspotenzial haben kann als bei Standardwerten bzw. Unternehmen mit geringem Streubesitz. Für die Forschungsfragen F1b und F1d, die sich auf Unterschiede nach Volatilität der Aktie und Marktkapitalisierung des Unternehmens beziehen, ist die Antwort analog. Betrachtet man hoch volatile Papiere (CE, EVT, LHA, SOW und IFX), so sind kaum Hinweise auf mediale Wirkungspotenziale sichtbar. Zumindest gibt es 2005 für LHA gewisse Indizien in diese Richtung bei den Zusammenhängen zwischen Börsensendungen bzw. Zeitungen sowie dem Handelsvolumen. Zu kontrastieren sind damit die weniger volatilen Aktien (TOI, DCX und DTE): Hier zeigen sich bei DCX und DTE ebenfalls vereinzelte Hinweise auf mögliche Medieneinflüsse. Damit unterscheiden sich die Ergebnisse der Kreuzkorrelationen für stark und schwach volatile Anlagen nicht. Analoges gilt für die Einteilung der Unternehmen anhand der Marktkapitalisierung.

6.2.2.5 Methodisches Zwischenfazit

An diese Stelle ist zur Einschätzung der bisherigen Befunde nochmals auf drei Aspekte zu verweisen:

- Multiples Erklärungsdilemma
- Kontrastierungsstrategie
- Konservative Interpretation

(1) Vor dem Hintergrund des *multiplen Erklärungsdilemmas* (vgl. Kapitel 2.3.2) waren keine überdeutlichen Korrelationsmuster zu erwarten. Selbst wenn viele unkundige Investoren die relevante Anlegerschaft bevölkern und sich in ihren Transaktionen stark an Medieninformationen orientieren, dürfte deren Verhalten auf der Aggregat-Ebene des Kurses oder Handelsvolumens nicht an allen Handelstagen vergleichbar durchschlagen und oft durch das Verhalten professioneller Anleger oder durch andere Marktmechanismen kompensiert werden (vgl. Abbildung 2.8 in Kapitel 2.3.2.1). (2) Welche Faktoren auf das Anlegerverhalten wirken (Mikro-Ebene), wie das Verhalten verschiedener Investoren zusammenspielt (Meso-Ebene) und wie sich dies alles auf der Marktebene manifestiert (Makro-Ebene), können wir bei unserem Design theoretisch erörtern. Alle Prozesse auf der Mikro-Ebene bleiben aber eine empirische Black Box. Vergleichbares müssen auch Barberis et al. (1998: 310) einräumen, die zur Erklärung von

Über- und Unterreaktionen auf der Markt-Ebene auf die individualpsychologische Verfügbarkeitsheuristik rekurrieren. Auch Röckemann (1995: 59) verweist auf die Schwierigkeit, dass sich psychologische und fundamentale Einflüsse auf die Kursentwicklung empirisch kaum separieren lassen. In Anlehnung an Guo (2002) sind unsere empirischen Kontrastierungsstrategien damit nur *„Proxys" für mögliche Medieneinflüsse*. (3) Die Kreuzkorrelationswerte sind aber in dreifacher Hinsicht ein vergleichsweise strenger Maßstab zur Beantwortung unserer Forschungsfragen (vgl. Kapitel 6.2.1). Denn erstens werden Korrelationen beim Prewhitening-Verfahren eher unter- als überschätzt. Zweitens haben wir Zeitreihen nur für jene Merkmale der Berichterstattung gebildet, die zu mindestens 15 Prozent aller Handelstage erfasst werden konnten. Drittens interpretierten wir nur Korrelationen mit einem Betrag größer als 0.40. All das ist bei der Interpretation der Ergebnisse zu berücksichtigen.

Mit den finanzwissenschaftlichen Ansätzen aus Kapitel 2 lassen sich die Ergebnisse der ersten Kontrastierungsstrategie (vgl. Kapitel 4) auch in die Auseinandersetzung zwischen *Noise-Trading-Ansatz* und *Behavioral Finance* einordnen (vgl. Kapitel 2.2.3): Während der Noise-Trading-Ansatz sich als Erweiterung der Kapitalmarkttheorie versteht, will die Behavioral Finance einen Paradigmenwechsel. Laut Noise-Trading-Ansatz sind Markt-Anomalien nur temporäre Abweichungen vom fundamental gerechtfertigten Kursverlauf, die wieder in ein Gleichgewicht münden. Laut Behavioral Finance gebe es zu viele Anomalien, um weiterhin an der Kapitalmarkttheorie festzuhalten. Vor diesem Hintergrund ist zu konzedieren, dass unsere bisherigen Befunde *nur vereinzelte Indizien für mögliche Medieneinflüsse* auf das Anlegerverhalten geben. Die Ergebnisse sprechen insgesamt eher für als gegen die *Effizienzmarkthypothese*. Nach deren mittelstarken Form reflektiert der aktuelle Kurs auch alle öffentlichen Informationen. Aus dieser Sicht ermöglicht die Auswertung medial verbreiteter Informationen keine Prognose über den künftigen Kursverlauf. Auf der Aggregat-Ebene zeigen unsere Befunde meist in diese Richtung.

Unternehmensmerkmale sind nur ein „Proxy" oder Schätzer dafür, ob im Unternehmensvergleich mit vielen Privatanlegern zu rechnen sein könnte, die wiederum für Medieneinflüsse anfällig sein dürften. Damit erhöht z.B. ein hoher Streubesitz nur die *Wahrscheinlichkeit*, dass im Unternehmensvergleich mehr Privatanleger die relevante Anlegerschaft bevölkern *könnten*. Ob das empirisch so ist, muss offen bleiben. Auch andere Untersuchungsanlagen klären das nicht. Sicher kann man Anleger befragen und sie anhand entsprechender Kriterien als unkundige Privatanleger oder professionelle Investoren klassifizieren. Man kann dabei auch die individuelle Mediennutzung erfassen. Allerdings bleibt das tatsächliche Anlageverhalten damit ungeklärt. Das lässt sich zwar in Sekundäranalysen von Daten zum Anlegerverhalten ermitteln.[107] Aber man würde hier nur einen Teil der relevanten Anlegerschaft des Wertpapiers erfassen – nämlich jene Investoren, deren Trading Records überhaupt verfügbar sind. Begreift man den Kurs als das aggregierte Verhalten aller für die Aktie relevanten Anleger, dann betrachten Sekundäranalysen von Daten zum Anlegerverhalten nur einen Teil der eigentlichen Zielvariablen (vgl. Kapitel 2.3.2.2).

Sekundäranalysen von Marktdaten beleuchten die Gesamtvarianz der Zielvariablen. Denn Kurs oder Handelsvolumen umfassen den Einfluss des Verhaltens aller für das Wertpapier relevanten Investoren. Der Nachteil einer solchen Untersuchungsanlage besteht jedoch im fehlenden Nachweis, „dass [z.B.] die festgestellten Über- sowie Unterreaktionen tatsächlich auf behaviorale Ursachen zurückzuführen sind" (Guo, 2002: 144). In diesem Zusammenhang ist auch der denkbare Einwand des *ökologischen Fehlschlusses* zu diskutieren (vgl. dazu z.B. Robinson, 1950). Jene Fälle, in denen eine Veränderung der Berichterstattung einer Veränderung im Kurs oder Handelsvolumen zeitlich vorausgeht, sind weder ein Nachweis noch ein Beleg für Medienwirkungen auf das individuelle Anlegerverhalten. Eine solche Ableitung von der Makro- auf die Mikro-Ebene wäre in der Tat ein ökologischer Fehlschluss. Wie in Kapitel 2.3.2 bereits erörtert wurde, vermeiden wir mit unseren Kontrastierungsstrategien solche unzulässigen Inferenzen. Dazu nochmals drei Hinweise:

○ Grundlogik der Untersuchung
○ Breitenwirkung der Medienberichterstattung
○ Empirische Indizien

(1) Die *Grundlogik* unserer Studie umfasst vier Schritte (vgl. Kapitel 4): Im ersten theoretischen Schritt wurden Überlegungen darüber angestellt, welche Faktoren die individuelle Anlegerentscheidung beeinflussen können (Mikro-Ebene), wie das Verhalten einzelner Investoren z.B. zu einem Herdentrieb zusammenspielt (Meso-Ebene) und wie sich diese Prozesse im Kurs bzw. Handelsvolumen (Makro-Ebene) manifestieren können. Im zweiten theoretischen Schritt wurde diskutiert, unter welchen kommunikationswissenschaftlich relevanten Bedingungen die Medienberichterstattung die Anlegerentscheidungen mit beeinflussen können. Im dritten theoretischen Schritt wurden empirisch unterscheidbare Konstellationen identifiziert, bei denen die Wahrscheinlichkeit für Medieneinflüsse auf das Anlegerverhalten hoch bzw. niedrig ist. Im vierten Schritt kontrastieren wir die Befunde der Kreuzkorrelationsberechnungen für die zuvor theoretisch unterschiedenen Konstellationen.

---

107 Die Mediennutzung erfassen solche Sekundäranalysen natürlich nicht.

(2) In empirischer Hinsicht werden einzelne Anleger damit jedoch nicht ‚isoliert': Wir wissen nichts über deren individuelle Mediennutzung, Transaktionen, Risikobereitschaft, finanzielle Ausstattung, Erfahrungsstand oder Anfälligkeit für psychologische Mechanismen (z.B. Ankerheuristik). Und wir wissen nicht, zu welchen Zeitpunkten sie wie im Hinblick auf die betreffende Aktie börslich agieren. Alle Prozesse unterhalb der Makro-Ebene bleiben damit eine empirische Black Box. Allerdings geht es uns weniger um individuelle Medieneffekte, sondern vielmehr um *Medieneinflüsse mit hinreichender Breitenwirkung*. Was unter Breitenwirkung zu verstehen ist, lässt sich an zwei exemplarischen Szenarien verdeutlichen (vgl. auch Kapitel 2.3.2.1):

○ *Szenario 1 – ‚Totaleffekt'*: Wir stellen uns zunächst den extremen Fall vor, bei dem nur unkundige Privatanleger die Anlegerschaft für ein Wertpapier bevölkern. Sie orientieren sich ausschließlich an der Medienberichterstattung und handeln daher konsistent. Wenn also die Medien z.B. positive Berichte über das Unternehmen oder dessen Wertpapier veröffentlichen, reagieren alle Anleger gleichförmig mit ‚Kaufen'. Auf der Makro-Ebene reflektiert der aktuelle Kurs zu jedem Zeitpunkt nur das Verhalten dieser Kleinanleger, das dabei komplett durch Medieninformationen determiniert ist. Somit sollte sich im Aggregat eine *perfekte Korrelation* zwischen Kursverlauf und Entwicklung der Medienberichterstattung bei positiven lags zeigen – oder bei lag = 0, wenn die Privatanleger umgehend reagieren.

○ *Szenario 2 – Hinreichende Breitenwirkung*: Natürlich ist das erste Szenario unrealistisch. Empirisch vorstellbar ist aber ein gewisser Anteil an unkundigen Privatanlegern unter der relevanten Anlegerschaft. Einige dieser Anleger dürften sich an der Medienberichterstattung orientieren und damit konsistent verhalten. Auf der Makro-Ebene reflektiert der aktuelle Kurs nur teilweise das Verhalten dieser unkundigen Kleinanleger, das aber durch Medieninformationen weitgehend determiniert ist. Daneben spiegelt sich im Kurs das Verhalten vieler anderer, auch professioneller Investoren. In diesem Fall ist im Aggregat also nur eine *mäßige Korrelation* zwischen Kursverlauf und Entwicklung der Berichterstattung bei positiven lags zu erwarten.

Mit diesen Szenarien kann man von *hinreichender Breitenwirkung* sprechen, wenn die Medienberichterstattung so viele Anleger beeinflusst, dass sich das auf der Aggregat-Ebene in einer messbaren Korrelation zwischen Berichterstattung und Kurs bei positiven Zeitverschiebungen bemerkbar macht. Zu welchen Zeitpunkten und in welcher Hinsicht das Verhalten der von Medienberichten beeinflussten Kleinanleger mit dem Verhalten anderer (professioneller) Anleger zusammenspielt, die ihre Entscheidungen jenseits der Medienrealität treffen, bleibt eine empirische Black Box. Und wo der *Schwellenwert* für eine hinreichende Breitenwirkung liegt, ist ebenfalls eine empirische Frage. Wenn wir z.B. die Befunde für LHA, DCX und DTE vor dem Hintergrund des jeweiligen Anteils der Privatanleger an der gesamten Aktionärsstruktur kontrastieren (vgl. Tabelle 5.1 in Kapitel 5.1 sowie Kapitel 6.2.2.4), dann erhalten wir zumindest gewisse Hinweise: Der Streubesitz von LHA beträgt nach aktuellem Stand ein Viertel aller Aktionäre.[108] Bei DCX liegt der Anteil bei etwa einem Fünftel und bei DTE bei einem Zehntel. Für LHA ließen sich in den Kreuzkorrelationen noch am ehesten Hinweise auf mögliche Medienwirkungen erkennen. Das mag als Beleg dafür dienen, dass zwar besonders Privatanleger anfällig für Medienwirkungen sind, dass solche Einflüsse allerdings auf der Aggregat-Ebene erst bei einem hinreichenden Anteil an Privatanlegern im Kurs oder Handelsvolumen messbar werden. Möglicherweise hat auch der Umfang der Berichterstattung über LHA eine Rolle gespielt. Allerdings berichteten alle Mediengattungen weit häufiger über DCX und DTE (vgl. Tabellen 6.1 bis 6.5 in Kapitel 6.1.1).

(3) Die Kreuzkorrelationsberechnungen können *weder einen Nachweis noch einen Beleg* für Medienwirkungen auf das Anlegerverhalten erbringen. Signifikante Korrelationen zwischen Berichterstattung und Kursverlauf bzw. Handelsvolumen bei positiven Zeitverschiebungen dürfen *höchstens als Hinweis* oder *Indiz* dafür gewertet werden, dass die *Wahrscheinlichkeit* für Medieneinflüsse auf das Verhalten bestimmter Anleger besteht. Fehlen solchen Kreuzkorrelationen, dann schließt das Medienwirkungen keineswegs aus. Sie betreffen in diesem Fall nur zu wenige Anleger, um auf die Aggregat-Ebene des Kurses oder Handelsvolumens durchzuschlagen. Sie liegen dann lediglich unterhalb des erwähnten Schwellenwerts einer im Hinblick auf die Makro-Ebene hinreichenden Breitenwirkung (vgl. auch Kapitel 2.3.2.1).

6.2.3 Kreuzkorrelationen nach Qualitäten der Medienberichterstattung

Die zweite Kontrastierungsstrategie zielt auf Unterschiede in den Mustern der Kreuzkorrelationen für verschiedene Qualitäten der Berichterstattung (vgl. Kapitel 4). Zur Beantwortung dieser Forschungsfragen greifen wir wieder auf den Gesamtüberblick zurück (vgl. Tabellen 6.35 und 6.36; Kapitel 6.2.2.4). Wir haben die Befunde zusätzlich noch anders zusammengestellt.

---

108 Vgl. hierzu http://www.daimler.com/dccom/0-5-7196-49-70868-1-0-0-0-0-0-7751-0-0-0-0-0-0-0-0.html (Stand für den 30.12.2006; Abruf: 03.01.2008). Für LHA und DTE vgl. die Angaben in Kapitel 6.2.2.4.

Tabelle 6.37: Zeitliche und thematische Muster in den Kreuzkorrelationen zwischen Berichterstattung und Index-bereinigter Kursveränderung

Kreuzkorr. mit Kurs	WWW – 2005 Anzahl der signifikanten positiven *(negativen)* Korrelationen			TV – 2005 Anzahl der signifikanten positiven (negativen) Korrelationen		
Gesamtber.	Neg. Lags	Lag = 0	Pos. Lags	Neg. Lags	Lag = 0	Pos. Lags
Headline-Präs.	1	4 *(1)*	–	–	–	–
Präsenz	2	4 *(1)*	–	–	1	–
Analysten-E.	3	2	–	–	–	–
Tenor	–	4	–	1	–	*(1)*
Valenz	2	4	–	–	2	–
Themen	Neg. Lags	Lag = 0	Pos. Lags	Neg. Lags	Lag = 0	Pos. Lags
Anzahl	*4*	*12*	*1*	*2*	*2*	*1*
Untern. allg.	–	1	–	–	–	–
Strukturen	–	–	–	–	–	–
Management	1	–	–	–	1	–
Bilanzen	1	4	–	–	–	–
Absatz	–	1	–	–	–	–
Unt.-Zahlen	1	3	–	1	–	1
Produkte	–	–	1	–	–	–
Personal	–	1	–	–	–	–
Börs.-Kennw.	1	2	–	1	1	–
Tenor	*6*	*3*	*–*	*–*	*–*	*–*
Untern. allg.	–	–	–	–	–	–
Strukturen	*(1)*	–	–	–	–	–
Management	1	1	–	–	–	–
Bilanzen	1	–	–	–	–	–
Absatz	1	–	–	–	–	–
Unt.-Zahlen	2	2	–	–	–	–
Produkte	–	–	–	–	–	–
Personal	–	–	–	–	–	–
Valenz	*2*	*11*	*–*	*1*	*3*	*–*
Untern. allg.	–	–	–	–	–	–
Strukturen	–	–	–	–	–	–
Management	–	–	–	–	–	–
Bilanzen	–	2	–	–	–	–
Absatz	1	2	–	1	1	–
Unt.-Zahlen	–	4	–	–	1	–
Produkte	–	–	–	–	–	–
Personal	–	–	–	–	–	–
Börs.-Kennw.	1	3	–	–	1	–
Valenz/Tenor	*5*	*9*	*–*	*1*	*0*	*0*
Untern. allg.	–	–	–	–	–	–
Strukturen	–	1	–	–	–	–
Management	–	–	–	–	–	–
Bilanzen	1	2	–	–	–	–
Absatz	1	2	–	1	–	–
Unt.-Zahlen	3	4	–	–	–	–
Produkte	–	–	–	–	–	–
Personal	–	–	–	–	–	–
Börs.-Kennw.	–	–	–	–	–	–

Tabelle 6.37: Zeitliche und thematische Muster in den Kreuzkorrelationen zwischen Berichterstattung und Index-bereinigter Kursveränderung (Fortsetzung)

Kreuzkorr. mit Kurs	Print [A] – 2005 Anzahl der signifikanten positiven *(negativen)* Korrelationen			Print [A] – 2000 Anzahl der signifikanten positiven *(negativen)* Korrelationen		
Gesamtber.	Neg. Lags	Lag = 0	Pos. Lags	Neg. Lags	Lag = 0	Pos. Lags
Headline-Präs.	4	–	–	–	–	–
Präsenz	2	1	–	–	*(1)*	–
Analysten-E.	–	–	–	–	*(1)*	–
Tenor	2	–	1	–	*(1)*	–
Valenz	5	–	–	–	*(1)*	–
Themen	Neg. Lags	Lag = 0	Pos. Lags	Neg. Lags	Lag = 0	Pos. Lags
Anzahl	*10*	*3*	*–*	*–*	*1*	*–*
Untern. allg.	–	–	–	–	–	–
Strukturen	–	1	–	–	–	–
Management	2	–	–	–	–	–
Bilanzen	1	–	–	–	–	–
Absatz	1	–	–	–	–	–
Unt.-Zahlen	3	1 *(1)*	–	–	–	–
Produkte	–	–	–	–	–	–
Personal	–	–	–	–	–	–
Börs.-Kennw.	3	–	–	–	*(1)*	–
Tenor	*1*	*–*	*–*	*1*	*–*	*–*
Untern. allg.	–	–	–	–	–	–
Strukturen	1	–	–	–	–	–
Management	–	–	–	–	–	–
Bilanzen	–	–	–	–	–	–
Absatz	–	–	–	–	–	–
Unt.-Zahlen	–	–	–	–	–	–
Produkte	–	–	–	*(1)*	–	–
Personal	–	–	–	–	–	–
Valenz	*8*	*–*	*1*	*–*	*–*	*–*
Untern. allg.	–	–	–	–	–	–
Strukturen	1	–	–	–	–	–
Management	–	–	–	–	–	–
Bilanzen	–	–	–	–	–	–
Absatz	*(1)*	–	1	–	–	–
Unt.-Zahlen	2	–	–	–	–	–
Produkte	–	–	–	–	–	–
Personal	–	–	–	–	–	–
Börs.-Kennw.	4	–	–	–	–	–
Valenz/Tenor	*4*	*–*	*–*	*2*	*–*	*–*
Untern. allg.	–	–	–	*(1)*	–	–
Strukturen	1	–	–	–	–	–
Management	–	–	–	–	–	–
Bilanzen	–	–	–	–	–	–
Absatz	–	–	–	*(1)*	–	–
Unt.-Zahlen	3	–	–	–	–	–
Produkte	–	–	–	–	–	–
Personal	–	–	–	–	–	–
Börs.-Kennw.	–	–	–	–	–	–

[A] Printmedien nur FAZ und SZ (2000: nur signifikante Korrelationen Juli – August 2000)

Über alle Unternehmen hinweg zeigt Tabelle 6.37 die zeitlichen und thematischen Muster in den Kreuzkorrelationen zwischen Online-, Fernseh- und Print-Berichterstattung und Aktienkursen. Tabelle 6.38 dokumentiert die Muster in den Kreuzkorrelationen zwischen der Berichterstattung dieser drei Mediengattungen und dem Handelsvolumen. Die Zellen der Tabellen weisen die Anzahl signifikanter Korrelationen aus, deren Wert im Betrag größer als 0.40 ist.

Die Forschungsfragen F2a bis F2c beziehen sich auf *Kumulation* (Gesamtpräsenz und Headlinepräsenz) sowie *Konsonanz*. Je häufiger und konsonanter über ein Unternehmen berichtet wird, desto höher dürfte die Wahrscheinlichkeit für Medieneinflüsse sein – eingedenk natürlich der Ausführungen in Kapitel 6.2.2. Dann müssten jene Kreuzkorrelationen überwiegen, bei denen Medieneinflüsse wahrscheinlich sind – also Korrelationen bei positiven lags – oder bei denen sie zumindest denkbar sind – also z.B. synchrone Korrelationen zwischen Kurs bzw. Handelsvolumen sowie Online-Berichten (vgl. auch die Fälle in Kapitel 6.2.1.2). (1) Die Frage der *Kumulation* lässt sich anhand der Kreuzkorrelationen für die publizistische *Gesamt-* und *Headline-Präsenz* der Unternehmen aus den Tabellen 6.37 und 6.38 ablesen. Die Ergebnisse sind nahezu deckungsgleich, da beide Merkmale der Berichterstattung hochkorreliert sind. Ein erhöhter Berichtsumfang in den Online-Portalen korreliert mit dem Kursverlauf bzw. Handelsvolumen meist synchron und nur vereinzelt auch bei negativen und positiven lags. Vergleichbares lässt sich für die spärlichen Befunde zu den Börsensendungen des Fernsehens festhalten. Bei den Zeitungen sprechen die Befunde eindeutiger gegen Medienwirkungen: Wenn sich der Kurs positiv entwickelt oder mehr Aktien gehandelt werden, so berichteten Zeitungen vor allem 2005 erst an den nachfolgenden Tagen umfangreicher.

Die meisten Korrelationen sind gleichgerichtet. Das bedeutet, dass mit einem höheren (niedrigeren) Handelsvolumen bzw. Kurs auch das Berichtsaufkommen steigt (sinkt). Im Gegensatz zur Mediendarstellung politischer oder gesellschaftlicher Zusammenhänge (vgl. Kapitel 3.2.1.1) haben also am Aktienmarkt eher *positive* Veränderungen einen Nachrichtenwert für Journalisten. Dieses Ergebnis war im Hinblick auf das Handelsvolumen zu erwarten. Denn hier rücken am heutigen Tag oder an den Tagen danach jene Unternehmen in den Mittelpunkt der Berichterstattung, bei denen das Handelsvolumen ansteigt. Analoges gilt allerdings auch für die Kursveränderung. Die Medien berichten vermehrt über die ‚Gewinner', deren Kurs sich im Vergleich zum Vortag und zum Referenz-Index positiv entwickelt hat – während eine negative Kursentwicklung Journalisten offenbar wenig berichtenswert erscheint.

Tabelle 6.38: Zeitliche und thematische Muster in den Kreuzkorrelationen zwischen Berichterstattung und Handelsvolumen

Kreuzkorr. mit Volumen	WWW – 2005 Anzahl der signifikanten positiven *(negativen)* Korrelationen			TV – 2005 Anzahl der signifikanten positiven *(negativen)* Korrelationen		
Gesamtber.	Neg. Lags	Lag = 0	Pos. Lags	Neg. Lags	Lag = 0	Pos. Lags
Headline-Präs.	–	7	1	–	–	–
Präsenz	–	5	1	–	1	1
Analysten-E.	3	2	–	–	–	–
Tenor	–	2 *(1)*	–	–	–	1 *(1)*
Valenz	1	4 *(1)*	–	–	1	1
Themen	Neg. Lags	Lag = 0	Pos. Lags	Neg. Lags	Lag = 0	Pos. Lags
Anzahl	**2**	**18**	**5**	**–**	**2**	**1**
Untern. allg.	–	1	–	–	–	–
Strukturen	–	1	2	–	–	–
Management	–	2	–	–	1	–
Bilanzen	–	4	–	–	–	–
Absatz	–	3	–	–	–	–
Unt.-Zahlen	1	3	–	–	–	1
Produkte	–	–	–	–	–	–
Personal	–	–	1	–	–	–
Börs.-Kennw.	1	4	2	–	1	–
Tenor	**5**	**6**	**1**	**–**	**–**	**–**
Untern. allg.	–	–	–	–	–	–
Strukturen	*(1)*	–	–	–	–	–
Management	1	1	–	–	–	–
Bilanzen	1	1	–	–	–	–
Absatz	1	1	–	–	–	–
Unt.-Zahlen	1	3	–	–	–	–
Produkte	–	–	1	–	–	–
Personal	–	–	–	–	–	–
Valenz	**2**	**11**	**4**	**1**	**3**	**1**
Untern. allg.	–	–	–	–	–	–
Strukturen	–	–	2	–	–	–
Management	–	–	–	–	–	–
Bilanzen	–	1	–	–	–	–
Absatz	1	2	1	1	1	–
Unt.-Zahlen	–	4	–	–	1	1
Produkte	–	–	–	–	–	–
Personal	–	–	–	–	–	–
Börs.-Kennw.	1	4	1	–	1	–
Valenz/Tenor	**2**	**8**	**2**	**1**	**–**	**1**
Untern. allg.	–	–	–	–	–	–
Strukturen	–	–	1	–	–	–
Management	–	–	–	–	–	–
Bilanzen	1	2	–	–	–	–
Absatz	1	2	–	1	–	–
Unt.-Zahlen	–	4	–	–	–	1
Produkte	–	–	1	–	–	–
Personal	–	–	–	–	–	–
Börs.-Kennw.	–	–	–	–	–	–

Tabelle 6.38: Zeitliche und thematische Muster in den Kreuzkorrelationen zwischen Berichterstattung und Handelsvolumen (Fortsetzung)

Kreuzkorr. mit Volumen	Print ^(A) – 2005 Anzahl der signifikanten positiven (negativen) Korrelationen			Print ^(A) – 2000 Anzahl der signifikanten positiven (negativen) Korrelationen		
Gesamtber.	Neg. Lags	Lag = 0	Pos. Lags	Neg. Lags	Lag = 0	Pos. Lags
Headline-Präs.	4	–	1	1	2	–
Präsenz	3	–	–	2	1	1
Analysten-E.	–	–	–	2 *(1)*	–	–
Tenor	2 *(3)*	–	–	2	–	1
Valenz	3	1	–	1 *(1)*	–	1
Themen	Neg. Lags	Lag = 0	Pos. Lags	Neg. Lags	Lag = 0	Pos. Lags
Anzahl	*10*	–	*1*	*9*	*5*	*2*
Untern. allg.	–	–	–	1	–	–
Strukturen	1	–	1	2	1	1
Management	1	–	–	–	–	–
Bilanzen	1	–	–	1	–	–
Absatz	2	–	–	–	1	–
Unt.-Zahlen	2	–	–	1	1	–
Produkte	–	–	–	2	1	1
Personal	–	–	–	–	–	–
Börs.-Kennw.	3	–	–	2	1	–
Tenor	*3*	–	–	*2*	*1*	*2*
Untern. allg.	–	–	–	*(1)*	–	–
Strukturen	1	–	–	–	–	–
Management	*(1)*	–	–	–	–	–
Bilanzen	–	–	–	–	–	–
Absatz	–	–	–	–	–	–
Unt.-Zahlen	1	–	–	1	–	1
Produkte	–	–	–	–	1	1
Personal	–	–	–	–	–	–
Valenz	*9*	–	*1*	*2*	*2*	*2*
Untern. allg.	–	–	–	–	–	–
Strukturen	2	–	1	2	–	–
Management	–	–	–	–	–	–
Bilanzen	–	–	–	–	–	*(1)*
Absatz	*(1)*	–	–	–	1	–
Unt.-Zahlen	3	–	–	–	–	*(1)*
Produkte	–	–	–	–	–	–
Personal	–	–	–	–	–	–
Börs.-Kennw.	3	–	–	–	1	–
Valenz/Tenor	*5*	–	*2*	*3*	*3*	*1*
Untern. allg.	–	–	–	–	–	–
Strukturen	1	–	2	1	1	–
Management	–	–	–	–	–	–
Bilanzen	–	–	–	–	–	–
Absatz	*(1)*	–	–	–	1	1
Unt.-Zahlen	3	–	–	–	–	–
Produkte	–	–	–	2	1	–
Personal	–	–	–	–	–	–
Börs.-Kennw.	–	–	–	–	–	–

^(A) Printmedien nur FAZ und SZ

Die Gegenüberstellung der Kreuzkorrelationsbefunde für Unternehmen, über die häufig berichtet wird, und für Unternehmen, die medial kaum präsent sind, liefert folgendes Ergebnis: Gleichgerichtete Korrelationen zwischen Gesamt- bzw. Headline-Präsenz sowie Kurs (vgl. Tabelle 6.35) zeigen sich mit einer Ausnahme nur bei Unternehmen, über die auch (sehr) viel berichtet wird – nämlich DCX, LHA und MOB. Die Ausnahme ist SOW: Hier zeigen sich trotz mäßigen Berichtsaufkommens durchaus Zusammenhänge zwischen der Quantität der Berichterstattung und der Kursentwicklung. Eine hohe Präsenz in der Berichterstattung ist wohlgemerkt keine hinreichende Bedingung für gleichgerichtete Zusammenhänge, wie die Befunde für DTE oder IFX zeigen.

Im Hinblick auf die Handelsvolumina fällt das Ergebnis weniger deutlich aus (vgl. Tabelle 6.36). Erneut verändert sich der Umfang der Berichterstattung der Online-Portale zeitlich parallel zum Handelsvolumen. Die Printberichterstattung gibt die Veränderung im Handelsvolumen zeitverzögert wieder und für die Berichterstattung der Fernsehsendungen ließen sich kaum signifikante Zusammenhänge identifizieren. Zwischen Berichterstattung und Handelsvolumen zeigen sich für mehr Unternehmen signifikante Korrelationen als zwischen Berichterstattung und Kursveränderung. Dabei spielt der Umfang der Berichterstattung aber eine weniger wichtige Rolle. Positive Korrelationen mit einem Betrag größer als 0.40 zeigen sich auch für CE, EVT oder EMTV, obwohl diese Unternehmen in den untersuchten Medien kaum präsent waren.

(2) Um die Frage der Konsonanz zu klären, haben wir für 2005 die jeweilige Gesamtberichterstattung über die zehn Unternehmen bei allen drei Mediengattungen betrachtet (vgl. Abbildung 5.1 in Kapitel 5.2.1.1). Eine *intermediale Konsonanz* liegt dann vor, wenn verschiedene Mediengattungen vergleichbar über ein Unternehmen berichten – also wenn z.B. Finanzportale, Zeitungen und Börsensendungen jeweils DCX mit positivem Medien-Image thematisieren. Eine solche Konsonanz kann man als Zeitreihe abbilden, die einerseits die Stärke der Konsonanz, andererseits deren Richtung ausdrückt (Werte von −3 bis +3): Wenn z.B. an einem Handelstag alle drei Mediengattungen mit positivem Tenor über DCX berichten, dann wurde an diesem Tag für die Konsonanz-Zeitreihe des Tenors der Wert +3 vergeben. Berichteten z.B. die Finanzportale und Börsensendungen negativ, die Zeitungen aber positiv, dann ergab sich der Wert −1. Berichteten die Finanzportale und Börsensendungen negativ, die Zeitungen aber ambivalent, dann wurde der Wert −2 vergeben. Pro Unternehmen wurden auf diese Weise *zwei Konsonanz-Zeitreihen für Tenor und Valenz* gebildet. Die Ergebnisse der Kreuzkorrelationen mit Kurs und Handelsvolumen dokumentiert Tabelle 6.39. Ausgewiesen sind nur signifikante Kreuzkorrelationen mit einem Wert, dessen Betrag größer als 0.40 ist. DTE und TOI sind in der Tabelle nicht enthalten, weil es keine solchen Kreuzkorrelationen gab.

Tabelle 6.39: Kreuzkorrelationen zwischen intermedialer Konsonanz sowie Index-bereinigter Kursveränderung und Handelsvolumen 2005

CE											
Kurs kreuzkorreliert mit	−5	−4	−3	−2	−1	0	+1	+2	+3	+4	+5
Gesamtvalenz					+.44						
Gesamttenor											
Volumen kreuzkorreliert mit	−5	−4	−3	−2	−1	0	+1	+2	+3	+4	+5
Gesamtvalenz											
Gesamttenor											+.51
DCX											
Kurs kreuzkorreliert mit	−5	−4	−3	−2	−1	0	+1	+2	+3	+4	+5
Gesamtvalenz											
Gesamttenor											
Volumen kreuzkorreliert mit	−5	−4	−3	−2	−1	0	+1	+2	+3	+4	+5
Gesamtvalenz				+.40	+.41						
Gesamttenor											
EM.TV											
Kurs kreuzkorreliert mit	−5	−4	−3	−2	−1	0	+1	+2	+3	+4	+5
Gesamtvalenz						+.44					
Gesamttenor					−1	+.42					
Volumen kreuzkorreliert mit	−5	−4	−3	−2	−1	0	+1	+2	+3	+4	+5
Gesamtvalenz											
Gesamttenor											
EVT											
Kurs kreuzkorreliert mit	−5	−4	−3	−2	−1	0	+1	+2	+3	+4	+5
Gesamtvalenz											
Gesamttenor						+.42					
Volumen kreuzkorreliert mit	−5	−4	−3	−2	−1	0	+1	+2	+3	+4	+5
Gesamtvalenz						+.58					
Gesamttenor						+.56					
IFX											
Kurs kreuzkorreliert mit	−5	−4	−3	−2	−1	0	+1	+2	+3	+4	+5
Gesamtvalenz						+.52					
Gesamttenor											
Volumen kreuzkorreliert mit	−5	−4	−3	−2	−1	0	+1	+2	+3	+4	+5
Gesamtvalenz											
Gesamttenor											

Fortsetzung

Tabelle 6.39: Kreuzkorrelationen zwischen intermedialer Konsonanz sowie Index-bereinigter Kursveränderung und Handelsvolumen 2005 (Fortsetzung)

LHA											
Kurs kreuzkorreliert mit	–5	–4	–3	–2	–1	0	+1	+2	+3	+4	+5
Gesamtvalenz											
Gesamttenor											
Volumen kreuzkorreliert mit	–5	–4	–3	–2	–1	0	+1	+2	+3	+4	+5
Gesamtvalenz								+.48			
Gesamttenor						+.43		+.47			
MOB											
Kurs kreuzkorreliert mit	–5	–4	–3	–2	–1	0	+1	+2	+3	+4	+5
Gesamtvalenz						+.40					
Gesamttenor											
Volumen kreuzkorreliert mit	–5	–4	–3	–2	–1	0	+1	+2	+3	+4	+5
Gesamtvalenz											
Gesamttenor											
SOW											
Kurs kreuzkorreliert mit	–5	–4	–3	–2	–1	0	+1	+2	+3	+4	+5
Gesamtvalenz						+.50					
Gesamttenor					–1 +.56						
Volumen kreuzkorreliert mit	–5	–4	–3	–2	–1	0	+1	+2	+3	+4	+5
Gesamtvalenz											
Gesamttenor											

Insgesamt sind die Korrelationswerte zwar niedriger als für die Mediengattungen im Einzelnen. Dennoch zeigen sich teilweise ähnliche Muster. Neben den Ergebnissen für CE, die nun etwas deutlicher sind, verweisen nur die Befunde für *LHA* in die für das Unternehmen bereits bekannte Richtung: Hier zeigen sich wieder Hinweise auf mögliche Medieneinflüsse im Hinblick auf das Handelsvolumen. Zudem gibt es eine synchrone Korrelation, bei der prinzipiell beide Wirkungsrichtungen denkbar sind. Aus konservativer Sicht scheinen die Befunde eher auf Verstärkereffekte zu verweisen: Vermehrter Handel mit der LHA-Aktie spiegelt sich offenbar am gleichen Handelstag in einem konsonant positiven Medienimage (lag = 0). Der einheitlich positive Tenor und die gleichermaßen positive Valenz der Berichterstattung aller drei Mediengattungen scheinen sich zwei Handelstage später ihrerseits in einem erhöhten Handelsvolumen niederzuschlagen. Da der Anteil der Privatanleger, die anfälliger für Medienwirkungen sind, bei LHA besonders hoch ist, kann diese Interpretation als sehr plausibel gewertet werden. Die höchsten Korrelationswerte fanden sich bei EVT für den synchronen Zusammenhang zwischen der Konsonanz der Valenz bzw. des Tenors der Berichterstattung und dem Handelsvolumen.

Aus der *Gesamtperspektive* aller Unternehmen macht Konsonanz aber kaum einen Unterschied zu bisherigen Befunden. Das betrifft auch Kumulation. Beide rütteln nicht an jenem Gesamtergebnis, dass wir recht wenige Hinweise auf mögliche Medienwirkungen finden.

Tabelle 6.40: Anzahl der Kreuzkorrelationen zwischen den medialen Themen-Nennungen sowie Index-bereinigtem Kursverlauf und Handelsvolumen 2005

Alle Medien 2005	Anzahl der signifikanten positiven *(negativen)* Korrelationen mit dem Kurs			Anzahl der signifikanten positiven *(negativen)* Korrelationen mit dem Volumen		
Themen Anz.	Neg. Lags	Lag = 0	Pos. Lags	Neg. Lags	Lag = 0	Pos. Lags
Untern. allg.	–	1	–	–	1	–
Strukturen	–	1	–	1	1	3
Management	3	1	–	1	3	–
Bilanzen	2	4	–	1	4	–
Absatz	1	1	–	2	3	–
Unt.-Zahlen	5	5 *(1)*	1	3	4	1
Produkte	–	–	1	–	–	–
Personal	–	1	–	–	–	1
Börs.-Kennw.	5	3	–	4	5	2

Forschungsfrage F2d bezieht sich auf die mediale *Rahmung* der Unternehmen. So kann ein Unternehmen in der Berichterstattung z.B. wiederholt in den Kontext von Managementfehlern gestellt werden und damit dessen Aktie weniger attraktiv erscheinen. Grundlage zur Beantwortung dieser Forschungsfrage ist die Anzahl der Korrelationen für die Themen-Nennungen in den Tabellen 6.37 und 6.38. Wenn die mediale Rahmung eine Rolle spielt, dann müsste die Anzahl der Korrelationen bei positiven lags für bestimmte Themen höher sein als bei anderen – und zwar unabhängig von Unternehmen und Mediengattung. Zur leichteren Übersicht haben wir für 2005 die Anzahl der Kreuzkorrelationen pro Thema für alle Mediengattungen, aber getrennt nach Kursverlauf und Handelsvolumen zusammengestellt (vgl. Tabelle 6.40).

Betrachtet man alle Mediengattungen aggregiert, so ist bei positiven lags die Anzahl signifikanter Korrelationen für kein Thema besonders ausgeprägt. Nur das Thema ‚Unternehmensstrukturen' ragt leicht heraus (vgl. Tabelle 6.40). Betrachtet man nur Korrelationen zwischen *Online*-Berichten sowie Kurs bzw. Handelsvolumen, dann sind Medienwirkungen im synchronen Fall zumindest denkbar (vgl. Tabellen 6.37 und 6.38). Bei lag = 0 finden wir die meisten Korrelationen für Absatz, Umsatz, Unternehmenszahlen und Börsen-Kennwerte. Das ist aber kein Beleg dafür, dass diese thematischen Rahmungen das mediale Wirkungspotenzial erhöhten. Denn zum einen ist die umgekehrte Wirkungsrichtung ebenso wahrscheinlich. Zum anderen traten für diese Themen auch einige Korrelationen bei negativen lags, die klar gegen Medieneinflüsse sprachen. Wenn man nicht die Anzahl der Themen-Nennungen betrachtet, sondern deren Tenor bzw. Valenz, dann zeigen sich ebenfalls keine klaren Muster.

Die publizistische Rahmung eines Unternehmens bzw. seiner Aktie mag zwar den individuellen Anleger in seiner Entscheidung beeinflussen. Wie bereits in Kapitel 6.2.2.5 diskutiert wurde, ist aber die Anzahl jener Anleger, die sich auf diese Weise in ihren Transaktionen beeinflussen lassen, offenkundig zu gering, um den Schwellenwert für die Aggregat-Ebene zu überschreiten. Der Effekt schlägt in der ‚Masse' nicht auf Kurs oder Handelsvolumen durch. Er lässt sich daher nicht in Korrelationen zwischen medialer Rahmung und Kursverlauf oder Handelsvolumen erkennen. Auch hier ist also wieder klar zwischen *individuellen Medieneffekten auf der Mikro-Ebene* und deren *‚Durchschlagskraft in der Summe' auf der Makro-Ebene* zu differenzieren.

Die Forschungsfragen F3a bis F3d fokussieren darauf, ob Tenor, Valenz sowie Journalisten- bzw. Analysten-Einschätzungen gleich- oder gegengerichtet mit dem Kursverlauf und Handelsvolumen korrelieren. Da Einschätzungen von Journalisten in den Medienbeiträgen zu selten vorkamen (vgl. Kapitel 6.1.1), kann F3c nicht beantwortet werden. Grundlage zur Beantwortung der anderen Forschungsfragen im Hinblick auf den *Kursverlauf* ist die Anzahl der entsprechenden Korrelationen in Tabelle 6.37. Wie sich bereits in Kapitel 6.2.2 gezeigt hatte, dominieren fast immer die positiven, also gleichgerichteten Korrelationen. Nur bei den Zeitungen gibt es vereinzelte negative, also gegengerichtete Zusammenhänge bei lag = 0 (vgl. „Valenz/Tenor" in Tabelle 6.37). Mit dem idealtypischen Fall 1 aus Kapitel 6.2.1.2 lässt sich das am Beispiel wie folgt erklären: Ein Zeitungsbericht, der morgens erscheint, thematisiert nicht den aktuellen, sondern gestrigen Kurs. Ein Zeitungsbericht, der am Morgen erscheint, thematisiert nicht die Kennwerte (z.B. den Kurs) von heute, sondern von gestern. Eine negative Korrelation mit dem Aktienkurs kann also z.B. daher rühren, dass sich der Kurs am Publikationstag des Zeitungsartikels bereits verbessert.

Grundlage zur Beantwortung der Forschungsfragen F3a bis F3d im Hinblick auf das *Handelsvolumen* ist die Anzahl der entsprechenden Korrelationen in Tabelle 6.38. Erneut dominieren die gleichgerichteten Zusammenhänge: Unabhängig von der zeitlichen Verschiebung geht ein erhöhtes Handelsvolumen mit einem positiveren Tenor der Berichterstattung, einer positiveren Valenz der berichteten Fakten oder mit einer positiveren Analysten-Empfehlung einher. Nur für die Zeitungsberichterstattung sind auch einige negative, also gegengerichtete

Zusammenhänge zu erkennen. Inhaltlich lässt sich das am Beispiel von *TOI* gut erklären (vgl. Kapitel 6.2.2.2): Wird mehr mit der TOI-Aktie gehandelt, dann ist z.B. der Gesamttenor der Zeitungsberichterstattung über das Unternehmen am nächsten Handelstag positiver (lag = −1). Da sich das Handelsvolumen mittlerweile verändert hat, korreliert der Tenor aber schwächer und *negativ* mit dem aktuellen Handelsvolumen (lag = 0).

6.2.4 Kreuzkorrelationen nach Mediengattungen und Zeiträumen

Unsere dritte Kontrastierungsstrategie fokussiert auf Unterschiede in den Mustern der Kreuzkorrelationen je nach Mediengattung sowie die den beiden Untersuchungsjahren 2000 und 2005 bzw. in deren Teilzeiträumen.

Forschungsfrage 4a zielt auf Unterschiede zwischen den drei *Mediengattungen*. Dafür sprechen vor allem zwei Argumente: (1) Erstens richten sich Finanzportale, Tageszeitungen und Börsensendungen nicht durchweg an die gleiche Zielgruppe. Erfahrene Kleinanleger unterscheiden sich in ihrem Informationsverhalten von solchen, die seltener handeln. Die ‚Einsteiger' orientieren sich eher an Anlageberatern und nutzen vor allem das Fernsehen als Informationsquelle. Die erfahreneren Privatanleger beziehen ihre Informationen dagegen eher aus dem Internet und aus den Printmedien (vgl. Kapitel 3.1). So dürfte z.B. ein institutioneller Investor neben seinen Primärquellen auch die Finanzseiten der Qualitätspresse verfolgen. Unerfahrene Privatanleger werden sich – auch im Sinne der Ankerheuristik – eher an Börsensendungen im Fernsehen orientieren, während das bei etwas erfahreneren Kleinanlegern eher auf Anlagetipps in Finanzportalen zutreffen dürfte. (2) Zweitens sind die drei Mediengattungen unterschiedlich aktuell. Angesichts der hohen Anpassungsgeschwindigkeit der Kurse haben Online-Angebote einen klaren Aktualitätsvorsprung vor Börsensendungen und Tageszeitungen. Eine Information, die am Morgen am Aktienmarkt diffundiert, ist als eine Meldung, die kurz darauf in einem Finanzportal veröffentlichte wird, noch nicht so ‚alt' wie ihre Veröffentlichung in der abendlichen Börsensendung oder in der Zeitung am nächsten Morgen.

Ein Vergleich der Mediengattungen war nur für Juli und August 2005 möglich (vgl. Abbildung 5.1 in Kapitel 5.2.1.1). Insgesamt lassen sich zwei Unterschiede konzedieren (vgl. Tabellen 6.8 bis 6.37 in Kapitel 6.2.2 und 6.2.3): (1) Der erste betrifft die *Anzahl signifikanter Kreuzkorrelationen* bei den drei Mediengattungen: Signifikante Kreuzkorrelationen zeigen sich bei allen Zeitverschiebungen häufiger für die Finanzportale als für die Zeitungen und das Fernsehen. Das hat teilweise damit zu tun, dass für die Online-Portale insgesamt mehr Beiträge codiert worden waren (vgl. Tabellen 6.1 bis 6.5 in Kapitel 6.2.1). Die Anzahl der Beiträge in den Mediengattungen ist aber nicht direkt vergleichbar. Denn in einem Finanzportal können an einem Tag mehr Beiträge veröffentlicht werden als z.b. in der kurzen Sendung ‚Börse im Ersten'. Allerdings machen sich die Fallzahlen dann bei den Kreuzkorrelationen bemerkbar: Zum einen wurde eine Medien-Zeitreihe nur gebildet, wenn das Berichterstattungsmerkmal mindestens bei 15 Prozent der Zeitpunkte keine Null hatte. Wenn z.B. die Fernsehsendungen weniger Beiträge über ein Unternehmen ausstrahlen als in den Finanzportalen veröffentlicht werden, dann gibt es beim Fernsehen von vornherein weniger Zeitreihen, die mit Kurs oder Handelsvolumen korreliert werden können. Zum anderen verschärft sich das Problem für die ‚kleinen' Unternehmen (vgl. Kapitel 6.2.2.1). So finden wir z.b. bei CE nur für die Finanzportale vereinzelte Kreuzkorrelationen. Sie sind auch hier aufgrund der Fallzahlen nur mit Vorbehalt interpretierbar. Durchbrochen wird der Gesamtbefund allerdings für *IFX* (vgl. Tabelle 6.20 in Kapitel 6.2.2.2): Hier finden wir signifikante Kreuzkorrelationen im Jahr 2005 nur zwischen der Kursveränderung und der Berichterstattung der *Zeitungen* – nicht aber der Online-Berichterstattung.

(2) Der zweite Befund betrifft die *zeitliche Dynamik* der Zusammenhänge zwischen Berichterstattung und Kurs bzw. Handelsvolumen. Hier sind zwei unterschiedliche Muster erkennbar. Einerseits scheint die Online-Berichterstattung ein etwas höheres Wirkungspotenzial zu haben als die anderen Mediengattungen. Denn für die Finanzportale gibt es bei positiven lags häufiger signifikante Korrelationen vor allem mit dem Handelsvolumen. Berücksichtigt man zusätzlich synchrone Korrelationen, bei denen Medienwirkungen für Online-Medien zumindest teilweise denkbar sind, dann verstärkt sich dieser Eindruck. Augenfällig ist der Unterschied bei den Kreuzkorrelationen zwischen Berichterstattung und Handelsvolumen für die Unternehmen EVT, EMTV und MOB (vgl. Tabelle 6.36 in Kapitel 6.2.2.4). Während z.B. die Zeitungsberichterstattung über EMTV und MOB eindeutig nur das Handelsvolumen reflektiert (lag = –1; vgl. Tabelle 6.12 und 6.17 in Kapitel 6.2.2.2), scheinen Online-Medien zumindest ein gewisses Wirkungspotenzial zu haben (lag = 0 und lag = +1; vgl. Tabelle 6.12 und 6.16 in Kapitel 6.2.2.2).

Andererseits zeigen sich parallele Muster in den Kreuzkorrelationen für die drei Mediengattungen: Die Online-, Print- und TV-Berichterstattung korrelieren im Hinblick auf Häufigkeit und zeitliche Dynamik der Korrelationen gleichförmig mit dem Kurs von *DCX*. Ein ähnliches Muster ergibt sich für die Korrelationen der Online- und TV-Berichterstattung mit Handelsvolumen (vgl. Tabelle 6.37 und Tabelle 6.38 in Kapitel 6.2.2.4). Am deutlichsten sind die Parallelen bei *LHA*, wofür wir auch die stärksten Hinweise auf wahrscheinliche Medienwirkungen fanden. Alle Mediengattungen reflektieren zwar auch das Handelsvolumen von LHA. Wenn die Online-Portale, Tageszeitungen und Börsensendungen verstärkt bzw. positiver über LHA berichten, dann erhöht sich aber darüber hinaus ein bis zwei Tage später das Handelsvolumen (vgl. Tabelle 6.23 und Tabelle 6.25 in Kapitel 6.2.2.2). Angesichts des Streubesitzes und dabei auch des Anteils der Privatanleger sind das recht starke Hinweise auf Medienwirkungen, die gleichermaßen von allen untersuchten Medien auszugehen scheinen. Die Ergebnisse für intermediale Konsonanz bestätigen nochmals klar diesen Befund (vgl. Tabelle 6.39 in Kapitel 6.2.3).

Forschungsfrage 4b fokussiert auf Unterschiede zwischen den Untersuchungszeiträumen, was aber nur für die Zeitungen möglich ist (vgl. Abbildung 5.1 in Kapitel 5.2.1.1): Zum einen haben wir hier die Möglichkeit, die Vergleichsmonate Juli und August in den Jahren 2000 und 2005 zu kontrastieren. Zum anderen lässt sich das Jahr 2000 in Phasen einteilen. Anhand des DAX-Verlaufs wurden drei Teilzeiträume gebildet (vgl. Kapitel 6.1.2): (1) Die schon lange anhaltende Hausse an den Börsen erreichte Ende Februar bzw. Anfang März 2000 ihren absoluten Höhepunkt. Der DAX notierte bei knapp über 8000 Punkten, der NEMAX sogar bei über 8.500 Punkten. Unser erster Teilzeitraum vom 1. bis 47. Handelstag (1. Januar bis 7. März 2000) bildet die Endphase dieser Hausse ab. (2) Anfang März setzte der Abwärtstrend ein. Denn nun begann die so genannte ‚Internet-Blase' zu platzen.[109] Der zweite Teilzeitraum vom 48. bis 100. Handelstag (8. März bis 24. Mai 2000) deckt diese Einbruchsphase ab. (3) Im dritten Teilzeitraum vom 101. bis 171. Handelstag (25. Mai bis 31. August 2000) lässt sich die DAX-Entwicklung als stabil auf mehr oder weniger gleichbleibendem Niveau beschreiben. In diese Phase fiel z.B. auch die bereits erwähnte Vergabe von UMTS-Lizenzen in Deutschland. Die Grundlage zur Beantwortung von Forschungsfrage F4b sind vor allem die Kreuzkorrelationen in den Tabellen 6.35 und 6.36 in Kapitel 6.2.2.4.

Zunächst kontrastieren wir die Kreuzkorrelationen in den *Vergleichsmonaten Juli und August* der beiden Jahre *2000* und *2005*. Eine direkte Gegenüberstellung ist nur dann nicht möglich, wenn in beiden Jahren überhaupt keine Korrelationen vorhanden sind (z.B. CE, EVT). (1) Die Zeitungsberichterstattung über *DCX* spiegelt im Juli und August beider Jahre den Kursverlauf. Auch die Veränderung im Handelsvolumen scheinen die Zeitungen 2005 nur zu reflektieren. Dagegen gibt es im Jahr 2000 Indizien dafür, dass Zeitungsberichte mit positiverer bzw. negativerer Valenz den Handel mit DCX-Aktien dämpften bzw. förderten. Der Anteil der Privatanleger fällt bei dem hohen Börsen-Umsatz des

---

[109] Mit angestoßen wurde das durch eine Studie der US-amerikanischen Finanzzeitschrift Barron's, die Mitte März 2000 für über 200 Unternehmen des Internet-Sektors feststellte, dass deren Börsenwert oft weit jenseits des fundamental gerechtfertigten Werts der Unternehmen lag. Vgl. http://zeitenwende.ch/finanzgeschichte/internethausse-und-megabaisse-1996-2002---teil-1/ sowie http://zeitenwende.ch/finanzgeschichte/internethausse-und-megabaisse-1996-2002---teil-1/-1-1/ (Abruf jeweils: 06.01.2008).

Unternehmens aber kaum ins Gewicht (vgl. Tabelle 5.1 in Kapitel 5.1). Zudem wäre für unkundigere Kleinanleger eher eine gleichgerichtete Reaktion auf Medienberichte zu erwarten gewesen. Die gegengerichteten Korrelationen bei positiven lags lassen sich daher höchstens damit erklären, dass sich jene Investoren, die viele DCX-Aktien halten, antizyklisch zu dem an der Börse und in den Medien vorherrschenden Klima verhalten. Da sich der erste Abwärtstrend an den Börsen im Juli und August 2000 bereits vollzogen hatte, konnten Anleger durchaus für jene Unternehmen eine Erholung erwarten, deren Börsenwert durch entsprechende betriebswirtschaftliche Kriterien gerechtfertigt war. So stellte DCX – salopp gesagt – ein ‚fundamentales Schwergewicht' im Vergleich zu ‚Leichtgewichten' wie z.B. EMTV dar. Für diese Firma war ein weiterer Kursrückgang zu befürchten, was sich auch bewahrheitete. Bei DCX konnten Investoren dagegen auf Stabilität bzw. Aufschwung hoffen.

(2) Im Jahr 2005 gibt es keine Kreuzkorrelationen zwischen Zeitungsberichten und Kurs bzw. Handelsvolumen von *DTE*. In den Vergleichsmonaten im Jahr 2000 finden wir neben Korrelationen vor allem bei lag = 0 und teilweise lag = −1 auch positive Zusammenhänge bei lag = +1: Berichten die Zeitungen vermehrt und positiver über Absatzzahlen, dann scheint es am nächsten Tag mehr Handel mit DTE-Aktien zu geben. Allerdings ist die Einschätzung mit Vorbehalt zu betrachten, weil der Streubesitz von DTE im Index- wie im Samplevergleich unterdurchschnittlich ist und auch der Anteil der Privatanleger angesichts des Börsen-Umsatzes kaum bedeutsam sein dürfte. (3) Die Berichterstattung der Zeitungen über *IFX* spiegelt 2005 weitgehend den Kursverlauf. Im Vergleichszeitraum 2000 gibt es gar keine signifikanten Zusammenhänge. Umgekehrt korreliert die Zeitungsberichterstattung mit dem Handelsvolumen nur 2000 in wenigen Fällen synchron. Auch bei *TOI* ergaben sich 2005 keine Zusammenhänge zwischen Berichterstattung Kursverlauf oder Handelsvolumen. Im Juli und August 2000 folgten die Printmedien dann dem Handelsvolumen relativ eindeutig nach.

Interessanter sind die Befunde für *LHA* und *MOB*: Die Berichterstattung der Zeitungen über die beiden Unternehmen reflektiert 2005 den jeweiligen Kursverlauf. Im Jahr 2000 gibt es keinerlei Zusammenhänge in dieser Hinsicht. Für das Handelsvolumen lassen sich Korrelationen in den Vergleichsmonaten beider Jahre kontrastieren: (4) Im Juli und August 2005 führen mehr und positivere Berichte über *LHA* und dessen Unternehmensstrukturen zu mehr Handel mit der Aktie am nächsten Tag. Dabei dürfte es sich eher um Verstärkereffekte handeln, da es auch einige Korrelationen bei lag = −1 gibt. In den Vergleichsmonaten des Jahres 2000 zeigen sich kaum und nur synchrone Korrelationen. Neben einem hohen Streubesitz, relativ vielen Privatanlegern sowie einem konsonanten Medienimage scheint damit auch eine entsprechende Markt- bzw. Börsensituation notwendig zu sein, damit überhaupt kursrelevante Medieneinflüsse auf das Anlegerverhalten zustande kommen können. (5) Für *MOB* sieht der Befund etwas anders aus: Im Jahr 2005 reflektieren die Zeitungen die Veränderung des Kurses und Handelsvolumens in ihren Artikeln am nächsten Morgen. In den Vergleichsmonaten des Jahres 2000 folgt dagegen auf eine vermehrte und positivere Berichterstattung vier Tage später ein erhöhtes Handelsaufkommen. Die Anleger scheinen hier nur zögerlich auf Zeitungsberichte reagiert und erst einmal die Reaktion am Markt abgewartet zu haben. Denn das generelle Börsenklima nach dem Abwärtstrend seit dem März 2000 war im Juli und August sicher noch von einer vorsichtigen Haltung unter den Investoren und von weiteren Befürchtungen auch aufgrund so genannter „Todeslisten" geprägt.[110]

Das Börsenklima kann aber nicht allein für Medieneinflüsse verantwortlich sein. Denn sonst hätten sich für andere Unternehmen ähnliche Befunde einstellen müssen. LHA ist komplett im Streubesitz und der Anteil der Privatanleger ist relativ hoch. Der Streubesitz von MOB ist moderat und der Börsen-Umsatz so hoch, dass das Verhalten von Privatanlegern hier nur bedingt kursrelevant sein kann. Warum gibt es dennoch Hinweise auf – zumindest verzögerte – Medieneinflüsse? Offenkundig können aktuelle Ereignisse eine wichtige Rolle selbst für Investoren mit breitem Aktienbesitz spielen. Für MOB war das bereits erwähnte Versteigerungsverfahren von UMTS-Lizenzen vom 31. Juli bis 18. August 2000 ein solches Ereignis.[111] So kann man einen drastischen Anstieg des Handelsvolumens mit MOB-Aktien exakt einen Tag vorher, also am 17. August, und auch am 18. August erkennen, dem ab dem 21. August aber ein ebenso deutlicher Einbruch folgt (vgl. Abbildung 6.16). Er ist wohl der Tatsache geschuldet, dass sich von den sechs verbliebenen Bietern keiner durchsetzen konnte. Denn jeder Bieter erhielt nur jeweils eine Lizenz bzw. zwei Frequenzblöcke für über 16 Milliarden Euro. Das bedeutete gerade für kleinere Bieter wie MOB aber erhebliche Folgeprobleme.

Wenn man die Gesamtpräsenz von MOB heranzieht, gab es vermehrtes Berichtsaufkommen bereits etliche Tage vor dem Versteigerungstermin. Den Höhepunkt erreiche die Berichterstattung kurz zuvor, was die Zeitverzögerung von vier Handelstagen teilweise erklärt. Auch wenn die Zeitungen aggregiert doch seltener über MOB als z.B. über DTE berichteten, sind die Zusammenhänge doch graphisch erkennbar.

---

110 Vgl. dazu http://zeitenwende.ch/finanzgeschichte/internethausse-und-megabaisse-1996-2002--teil-1/-1-1/ (Abruf: 06.01.2008).
111 Vgl. http://www.bundesnetzagentur.de/media/archive/206.pdf (S. 50ff.) (Abruf: 18.12.2007).

Abbildung 6.16: Headline- und Gesamtpräsenz sowie Handelsvolumen für MOB 2000 (Juli und August) im Längsschnitt (Handelstage) – Anzahl

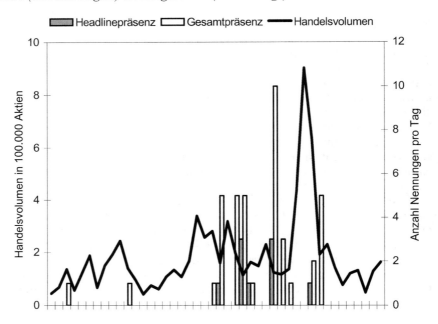

Allerdings muss ein statistisches Argument beachtet werden: Die Korrelationen zwischen Berichterstattung und Handelsvolumen bei lag = +4 sind aufgrund der vorherigen ARIMA-Bereinigung der Zeitreihen, die gemeinsame Drittvariableneinflüsse ausschließt, *kein Scheinzusammenhang im klassischen Sinn*. Dennoch ist der Berichterstattungshöhepunkt – gemessen an der Anzahl der Artikel – im Vergleich zum Ausschlag im Handelsvolumen deutlich schwächer. Das hohe Handelsaufkommen um den Versteigerungstermin herum dürfte daher nur zu einem geringen Teil auf Medienberichte zurückgehen. Denn jene Anleger, deren Verhalten sich messbar im Handelsvolumen niederschlägt, wissen ohne Medien von der Lizenzvergabe. Zumindest aber belegen finanzwissenschaftliche Studien, dass die mediale Wiederveröffentlichung von Informationen vor allem bei kleineren Werten durchaus eine bedeutsame Rolle spielen kann (vgl. Stice, 1991). Dennoch sind für MOB angesichts der Unternehmensmerkmale höchstens mediale Verstärkereffekte denkbar.

Im letzten Schritt kontrastieren wir *drei Teilzeiträume des Jahres 2000* (vgl. Tabellen 6.35 und 6.36 in Kapitel 6.2.2.4). (1) In der Endphase der langfristigen Börsen-Hausse (1. bis 47. Handelstag 2000) finden wir kaum signifikante Kreuzkorrelationen. Nur zwischen der Zeitungsberichterstattung über DCX und dem Aktienkurs gab es wenige, zeitlich jedoch widersprüchliche Zusammenhänge. (2) Auch in der dritten Phase vom 101. bis 171. Handelstag, in der sich der DAX nach dem Abwärtstrend mehr oder minder stabil entwickelte, zeigt sich kaum ein Zusammenhang zwischen Berichterstattung und Börsengeschehen. Nur die Zeitungsberichte über EMTV reflektierten hier noch das Handelsvolumen vom Vortag. Der Niedergang des Unternehmens begann erst nach dieser Phase mit der Korrektur des Halbjahresberichts im Oktober 2000. Im Dezember war die Aktie an der Börse dann bereits nur noch wenige Euro wert.[112] An dieser Stelle muss nochmals betont werden, dass der Vergleichszeitraum zu 2005 – also die Monate Juli und August 2000 – nicht deckungsgleich mit der dritten Phase ist, die vom 25. Mai bis August 2000 reicht. Das erklärt, weshalb sich z.B. für Juli und August 2000 die erwähnten Befunde für MOB einstellen, nicht aber für den Zeitraum vom 101. bis 171. Handelstag.

(3) In der zweiten Phase, die den Abwärtstrend nach dem Höhepunkt von DAX und NEMAX markiert (48. bis 100. Handelstag bzw. 8. März bis 24. Mai 2000), gibt es einige Hinweise auf wahrscheinliche Medienwirkungen – und zwar für mehrere Unternehmen. Das bestätigt relativ klar die schon im Kontext der Befunde für LHA geäußerte Vermutung, dass neben Streubesitz, Privatanlegeranteil und konsonantem Medienimage auch eine entsprechende *Markt- bzw. Börsensituation* notwendig sein kann, damit kursrelevante Medieneinflüsse auf das Anlegerverhalten zustande kommen. Natürlich ist dabei zwischen Marktlagen zu unterscheiden, die alle Unternehmen gleichermaßen betreffen, und Marktlagen, die nur für bestimmte Firmen relevant sind.

Im besagten *Zeitraum vom 48. bis 100. Handelstag* (8. März bis 24. Mai 2000) folgt die Berichterstattung der Printmedien über *DCX* gleichgerichtet der Entwicklung des Handels mit der Aktie des Autoherstellers bei einer Verzögerung von wenigen Tagen (lag = –3). Eine singuläre Korrelation bei lag = +3 fällt nicht ins Gewicht. Für *DTE* ergaben sich dagegen sowohl bei lag = –1 als auch bei lag = +4 signifikante Zusammenhänge zwischen Zeitungsartikeln und Handelsvolumen: Ein erhöhtes Handelsvolumen schlägt sich in positiveren Artikeln über DTE und dessen Unternehmenszahlen am nächsten Tag nieder. Die vermehrte mediale Präsenz von DTE, die Thematisierung der Unternehmensstruk-

---

112 Vgl. die Chronik in http://www.medienmaerkte.de/artikel/unternehmen/000612_em_tv.html (Abruf: 30.12.2007).

turen sowie positivere Artikel über Produkte bzw. Angebote ziehen vier Tage später ein erhöhtes Handelsvolumen nach sich.

Abbildung 6.17: Headline- und Gesamtpräsenz sowie Handelsvolumen für DTE 2000 (Juli und August) im Längsschnitt (Handelstage) – Anzahl

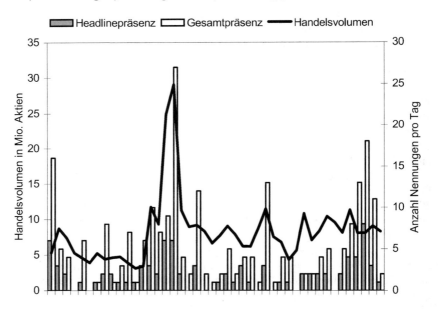

Aufgrund des geringen Streubesitzes und hohen Börsen-Umsatzes dürfte der Beitrag von Kleinanlegern zur Kursbewegung und zum Handelsvolumen eher gering sein. Die dennoch erkennbaren Hinweise auf Medienwirkungen sind also vermutlich vorwiegend mit professionellen Investoren, die viel Aktienbesitz halten, zu erklären. Deren zögerliche Reaktion (auf Zeitungsberichte) hat mit leicht zu benennenden Ereignissen zu tun (vgl. Kapitel 6.2.2.4): Nach einem optimistischen Quartalsbericht musste DTE am 30. Juni einen massiven Einbruch der Aktie von einem Höchstkurs von 103,50 Euro auf knapp 60 Euro einräumen. Die T-Aktie schien also die generelle Lage an den Börsen abzubilden, was zu vorsichtigem Verhalten selbst bei ‚Börsen-Profis' geführt haben dürfte. Die Entwicklung des Handelsvolumens zeigt einen deutlichen Ausschlag nach oben am 24. und 25. Juli 2000 (vgl. Abbildung 6.17). Dieser Peak reflektiert wohl die Ankündigung des Unternehmensvorstandes am 24. Juli zum Erwerb des US-amerikanischen Mobilfunkbetreibers ‚VoiceStream'.[113] Die Berichterstattung über DTE nimmt bereits Tage vor dieser Ankündigung und dem Höhepunkt im Handelsvolumen zu. Daraus erklärt sich die Zeitverzögerung von vier Handelstagen. Im Übrigen ergeben sich signifikante Kreuzkorrelationen nur für jene Themen, die im Zusammenhang einer Firmenübernahme inhaltlich Sinn machen (z.B. Unternehmensstrukturen). Einen Tag nach dem Höhepunkt im Handelsvolumen schnellt die Berichterstattung ihrerseits nach oben. Das wiederum drückt sich in den Korrelationen bei lag = –1 aus.

Im besagten Zeitraum reflektiert die Berichterstattung über *TOI* nur das Handelsvolumen (lag = 0 und lag = –1). Vereinzelte Korrelationen bei lag = +1 fallen dagegen kaum ins Gewicht. Interessanter sind die Befunde für *LHA*: Neben Korrelationen bei lag = 0 finden sich vor allem bei lag = +4 etliche Zusammenhänge zwischen Berichterstattung und Handelsvolumen. Hier haben wir ebenfalls eine zögerliche Reaktion unter den Anlegern als Erklärung herangezogen. Im Gegensatz zu MOB und DTE ist der Anteil der Privatanleger am Aktienbesitz von LHA aber vergleichsweise hoch. Daher sind die Befunde – wie bereits mehrfach diskutiert wurde – ein deutliches Indiz für Medieneinflüsse auf das Anlegerverhalten, die bis auf die Makro-Ebene durchschlagen.

Aus einer *Meta-Perspektive* fällt zweierlei auf: Neben anderen zeitlichen Zusammenhängen geht die Zeitungsberichterstattung dem Handelsvolumen gerade in der *Phase eines Abwärtstrends* nach langanhaltender Hausse um mehrere Handelstage voraus. Zudem betrifft das nicht nur ein Unternehmen, sondern zeigt sich für LHA und DTE, teilweise auch für DCX (vgl. Tabelle 6.36 in Kapitel 6.2.2.4). Damit scheint es Börsensituationen zu geben, die nicht alle, aber mehrere Unternehmen betreffen. Ein mediales Wirkungspotenzial besteht in *rezessiven* Börsenphasen offenbar für Unternehmen, deren Börsenwert *durch ein betriebswirtschaftliches Fundament getragen* wird. Das kann man sich einerseits damit erklären, dass Investoren bei fallendem Markt empfänglicher für (medial transportierte) Anlagetipps sind (vgl. Röckemann, 1995: 41) und diese den Anlegern in solchen Zeiten fundamental gestützte Papiere nahe legen und von risikoreichen, hoch volatilen Anlagen abraten. Andererseits sind positive Information bei allgemeinen Abwärtstrends eher ungewöhnlich und werden damit stärker beachtet (vgl. Ernst et al., 2005: 24). Auch nach unseren Befunden sind es nicht die in der Hausse hoch gehandelten Papiere wie EMTV, sondern die fundamental vertrauenswürdigen Papiere, die dann im Abwärtstrend nach der Hausse am ehesten positive Medienresonanz erfahren.

---

113 Vgl. http://www.heise.de/pda/newsticker/m80915.html (Abruf: 06.01.2008).

7 Zusammenfassung und Schlussfolgerungen

Abschließend sind die theoretischen und methodischen Grundlagen sowie die zentralen Ergebnisse unserer Untersuchung zu rekapitulieren.

7.1 Theoretische und methodische Grundlagen

Die Grundlagen unserer Arbeit stammen sowohl aus der Finanz- als auch aus der Kommunikationswissenschaft. In *finanzwissenschaftlicher* Hinsicht wurden Kapitalmarkttheorie, Effizienzmarkthypothese, Noise-Trading-Ansatz und Behavioral Finance zusammengeführt (vgl. Kapitel 2). Die Überlegungen, Befunde und Ableitungen daraus lassen sich wie folgt zusammenfassen:

- *Effizienzmarkthypothese*: Mit dem Leitbild des ‚homo oeconomicus' und der Annahme einer homogenen Anlegerstruktur gilt ein Markt, an dem die Aktienkurse alle frei verfügbaren Informationen umgehend reflektieren, als (informations)effizient. Neue Informationen gelangen zwar an den Markt, sind aber umgehend im aktuellen Kurs ‚eingepreist'. Nach dieser Hypothese können nur überraschende Informationen zu Kursveränderungen führen. Anleger können diese Informationen jedoch nicht gewinnbringend ausnutzen. Bei schwacher Informationseffizienz verspricht eine technische Analyse historischer Kursverläufe keinen Erfolg. Bei mittlerer Effizienz verspricht darüber hinaus eine Fundamentalanalyse, die öffentliche Informationen – z.B. Medieninformationen – auswertet, keinen Erfolg. Bei starker Effizienz reflektiert der aktuelle Kurs zudem auch noch alle nicht-öffentlichen Informationen – etwa Insider-Informationen. Als mathematische Form der Effizienzmarkthypothese gilt die Hypothese des Random Walk (ohne Zurückgehen).
- *Weiterführung und Abkehr von der Effizienzmarkthypothese*: Die mit den Gleichgewichtsmodellen der klassischen Kapitalmarkttheorie und der Effizienzmarkthypothese verbundenen Probleme verschwinden weitgehend, wenn man wie der Noise-Trading-Ansatz und die Behavioral Finance einen ‚homo psychologicus' und eine heterogene Anlegerstruktur zulässt. Beide Forschungslinien haben aber ein jeweils anderes Verhält-

nis zur klassischen Finanzmarktforschung: Der Noise-Trading-Ansatz versteht sich als Erweiterung, die Behavioral Finance sucht den Paradigmenwechsel. Eine klare Zuordnung empirischer Studien ist nicht immer eindeutig, da beide Ansätze oft die gleichen Untersuchungen als Argumentationshilfe bemühen. Zudem teilen beide Ansätze die Überzeugung, dass Abweichungen von der Effizienzmarkthypothese stärker als in klassischen Ansätzen zu modellieren sind. Die Behavioral Finance vertritt diese Position entschiedener, während der Noise-Trading-Ansatz Abweichungen vom Gleichgewicht als „Noise" einstuft.

○ *Anomalien auf Mikro-, Meso und Makro-Ebene*: Die Kapitalmarkttheorie und Effizienzmarkthypothese fokussieren auf den Aktienmarkt (Makro-Ebene). Noise-Trading-Ansatz und Behavioral Finance verweisen auf individualpsychologische Phänomene (Mikro-Ebene) und die soziale Dynamik unter Anlegern (Meso-Ebene): (1) Als Anomalien der Informationswahrnehmung bzw. -verarbeitung werden z.B. Verfügbarkeits-, Anker- oder Repräsentativitätsheuristiken erörtert. Daneben geht es um Entscheidungs- und Verhaltens-Anomalien, die oft aus der Prospect Theory abgeleitet werden (z.B. Dispositionseffekt, Ambiguitäts-Aversion, Kontroll-Illusion). (2) Diese individuellen Anomalien werden mit Markt-Anomalien mittels Aggregationsregeln verknüpft (z.B. Meinungsführerkonzept, Positive-Feedback-Trading): Wenn z.B. viele Anleger gleichförmig auf Informationen oder einen Kurstrend reagieren, kann es zu einem ‚Überschießen' des Kurses kommen.

○ *Multiples Erklärungsdilemma*: Um sich dem Börsengeschehen zu nähern, gibt es vier methodische Strategien, die jeweils Vor- und Nachteile haben: (1) Anlegerbefragungen und (Simulations-)Experimente fokussieren auf die Mikro-Ebene des individuellen Anlegers. Die Markt- bzw. Kurs-Ebene bleibt eine empirische Black Box. (2) Sekundäranalysen von Verhaltensdaten betrachten die Trading-Records ausgewählter Anleger. Empirisch offen ist dabei jener Teil der Varianz im Kurs, der auf Anleger zurückgeht, deren Transaktionen nicht erfasst wurden. (3) Sekundäranalysen mit Kursdaten kontrastieren die Kursverläufe oder Renditen für verschiedene Gruppen von Aktien. Die Kurse repräsentieren zwar das Verhalten aller mit der Aktie handelnden Anleger. Sämtliche Prozesse unterhalb der Makro-Ebene bleiben eine empirische Black Box. Das Dilemma, dass keine methodische Alternative zugleich die Mikro-, Meso- und Makro-Ebene modellieren kann, wird im Längsschnitt verstärkt, weil sich z.B. die Anlegerschaft verändern kann. Wir haben dies deswegen als multiples Erklärungsdilemma bezeichnet, weil es keinen überzeugenden methodischen Ausweg gibt (vgl. auch Scheufele 2008).

In *kommunikationswissenschaftlicher* Hinsicht wurden börsenrelevante Medienangebote und deren Nutzung vorgestellt, Rahmenbedingungen und generelle Ansätze für Medienwirkungen erörtert sowie Befunde zum Wirkungspotenzial von Medieninformationen am Aktienmarkt aus (finanz-)wissenschaftlichen Studien zusammengetragen (vgl. Kapitel 3). Die Überlegungen, Befunde und Ableitungen daraus lassen sich wie folgt zusammenfassen:

O *Angebote und Nutzung börsenrelevanter Medien*: Im Zuge der lang anhaltenden Börsen-Hausse erlebte auch die Wirtschafts- und Finanzberichterstattung einen Boom. Nach dem Wendepunkt im März 2000 sanken aber die Auflagen und manche Angebote wurden wieder ganz eingestellt. Trotzdem hat sich Umfang der Berichterstattung seit Beginn der 1990er Jahre vervielfacht. Mittlerweile ist die Berichterstattung zielgruppenorientierter. Besonders Online-Angebote scheinen eine wichtige Rolle zu spielen. Rund ein Drittel der Deutschen ist an wirtschaftlichen Fragen interessiert. Nach den spärlichen empirischen Befunden sind Medien die wichtigste Quelle für die Anlageentscheidungen der Privatanleger. Dabei gibt es aber Unterschiede in den genutzten Mediengattungen je nach dem Erfahrungsgrad der Privatanleger.

O *Informationsquellen am Aktienmarkt*: Mit dem Modell der Informationsflüsse am Aktienmarkt (von Rosen & Gehrke 2001) sowie kommunikationswissenschaftlichen Überlegungen sind Massenmedien nur eine unter mehreren Informationsquellen am Aktienmarkt: (1) Unternehmen sind die Primärquelle von Informationen, die an Analysten, Journalisten und Anleger gehen. (2) Analysten geben selbst Berichte und Einschätzungen ab, die sich an Journalisten und Anleger richten. (3) Medienbeiträge dienen Kleinanlegern als primäre Informationsquelle, während professionelle Investoren Informationen z.B. über Wertpapiere oder Firmen oft aus anderer Hand haben. Aber für sie kann die Berichterstattung im Sinne eines Third-Person-Effekts als Seismograph für ein potenzielles Herdenverhaltens unter (Klein-)Anlegern fungieren.

O *Empirische Befunde zu Medien und Aktien*: (1) Die meisten empirischen Studien fokussieren auf (medial) publizierte Anlageempfehlungen und Unternehmensmeldungen. Kursveränderungen gibt es meist schon einen Tag vor der Bekanntgabe solcher Informationen und am dem Tag selbst. Volkswirtschaftliche Informationen werden noch rascher ‚eingepreist' und auch Informationen über politische Ereignisse können auf die Kurse durchschlagen. Teilweise scheint der Markt stärker bzw. nachhaltiger auf negative Informationen zu reagieren, teilweise auf positive Informationen. (2) Sowohl Empfehlungen in Printmedien als auch im Fernsehen erlauben teilweise zwar kurzfristige Überrenditen, die aber bald in einen noch deutlicheren Abwärtstrend umschlagen und durch Transaktionskosten oft kompensiert werden. Und auch Kommentare in Message Boards von Finanzwebsites können zwar das Handelsvolumen erhöhen, versprechen aber kaum Gewinne. (3) Die beschriebenen Effekte betreffen eher Neben- als Standardwerte. Das kann mit der Anwesenheit vieler Kleinanleger erklärt werden, die in kleine Werte investieren und stärker zu Überreaktionen auf (medien)öffentliche Informationen neigen.

○ *Kommunikationswissenschaftliche Defizite*: (1) Die Finanzwissenschaft ist geprägt von der Auffassung, dass Medien nur Transmitter sind. Teilweise wird immerhin anerkannt, dass Medien auch auf das Börsengeschehen einwirken, indem sie z.B. einen Herdentrieb verstärken. (2) Kumulation, Konsonanz und Negativismus als zentrale mediale Wirkungsfaktoren kommen dabei zu kurz. Erst eine wiederholte Berichterstattung macht aber Sachverhalte im Bewusstsein der Rezipienten salient und ist damit die zentrale Voraussetzung z.B. für die Verfügbarkeits- und Auffälligkeitsheuristik. Konsonanz kann z.B. die Ambiguität einer Entscheidungssituation für Anleger reduzieren. Negative Medienberichte haben ein besonderes Wirkungspotenzial, weil sie die Schranke der selektiven Wahrnehmung und Verarbeitung von Rezipienten überwinden. (3) Zudem legt die Finanzwissenschaft eine mehr oder minder starke Profit-Perspektive an. Neben Überrendite und erhöhtem Handelsaufkommen sind aber auch Verluste und verringertes Handelsvolumen eine Form der Medienwirkung. (4) Die Kommunikationswissenschaft fokussiert ihrerseits auf Agenda-Setting-Effekte oder volkswirtschaftlich relevante Effekte der Wirtschaftsberichterstattung. Zusammenhänge zwischen Berichterstattung und Aktienmarkt werden höchstens theoretisch diskutiert (z.B. Schuster 2004). (5) Finanz- und Kommunikationswissenschaft unterscheiden kaum zwischen Typen von Medieninformationen: Medien drucken aber nicht nur Ad-hoc-Meldungen ab oder geben Börsenkurse wieder. Sie sind das Forum für Analysten-Meinungen, stellen Unternehmen und Aktien in thematische Bezugsrahmen und geben ihren Berichten einen Tenor, der den Tenor von Unternehmensmeldungen oder Analysten-Empfehlungen keineswegs spiegeln muss. Solche Charakteristika hat die bisherige Forschung selten berücksichtigt.

○ *Börsenrelevante Ansätze zu Medienwirkungen*: Im Hinblick auf das Börsengeschehen und ausgehend von den in Kapitel 2 diskutierten Anomalien auf der Mikro-, Meso- und Makro-Ebene haben wir verschiedene Medienwirkungsansätze berücksichtigt: (1) Indem die Medienberichterstattung ein Unternehmen wiederholt in bestimmte thematische Bezugsrahmen (z.B. Managementfehler) stellt, legt sie Anlegern entsprechende Urteile auch über die Aktie des Unternehmens nahe und kann damit die Transaktionen der Anleger beeinflussen (Agenda-Setting-, Framing- und Priming-Effekte). (2) Mit finanzwissenschaftlichen Überlegungen zum Herdentrieb unter Anlegern lässt sich wiederum die Kultivierungshypothese verknüpfen („Mainstreaming" der Meinungen). (3) In diesem Kontext wurden auch Third-Person-Effekte erörtert: Wenn professionelle Investoren aufgrund der Medienberichterstattung glauben, dass viele unkundigere Anleger zum Herdentrieb verleitet werden, dann dürften sie selbst strategisch auf den antizipierten Trend aufspringen und ihn verstärken. (4) Das Meinungsführerkonzept wurde mit der Ankerheuristik und der Rolle von Analysten (in den Medien) verknüpft. Aus diesen Ansätzen wurden Überlegungen zum Zusammenhang zwischen Berichterstattung und Aktienkursen bzw. Handelsvolumina abgeleitet.

○ *Medien und multiples Erklärungsdilemma*: Wer die Rolle der Massenmedien am Aktienmarkt untersucht, steht vor dem, was wir als multiples Erklärungsdilemma bezeichnet haben: (1) Anlegerbefragungen und (Simulations-)Experimente können den Einfluss anlagerelevanter Medieninformationen auf das Verhalten individueller Anleger erfassen. Wie sich diese Medieneinflüsse im Zusammenspiel der Anleger und in der realen Börsensituation darstellen und inwiefern sie sich im Kurs bzw. Handelsvolumen bemerkbar machen, bleibt aber empirisch offen. Zudem werden nur Absichten ermittelt bzw. Entscheidungen simuliert. (2) Sekundäranalysen von Trading-Records, die dem Marktgeschehen näher kommen, erfassen keine Mediennutzungsdaten. Zudem beschränkt sich die Aussagekraft auf Anleger, deren Trading-Records gespeichert sind. Damit wird die für eine Aktie relevante Anlegerschaft nicht komplett berücksichtigt. (3) Sekundäranalysen mit Marktdaten modellieren das Geschehen auf der Makro-Ebene vollständig. Allerdings bleiben Prozesse auf der Mikro- und Meso-Ebene eine empirische Black Box. Selbst wenn viele unkundige Anleger die relevante Anlegerschaft bevölkern und sich in ihren Transaktionen stark an den Medien orientieren, dürfte ihr Verhalten auf den Kurs oder das Handelsvolumen nicht an allen Handelstagen vergleichbar durchschlagen oder teilweise durch das Verhalten professioneller Anleger kompensiert werden. Welche Faktoren auf das Anlegerverhalten wirken (Mikro-Ebene), wie verschiedene Anleger zusammenspielen (Meso-Ebene) und wie sich das alles auf der Marktebene manifestiert (Makro-Ebene), lässt sich bei diesem Design nur theoretisch erörtern. Allerdings lassen sich daraus entsprechende Überlegungen für die Ebene der Kurse bzw. Handelsvolumina ableiten (vgl. Kapitel 4).

7.2 Forschungsfragen und Untersuchungsanlage

Vor dem Hintergrund des multiplen Erklärungsdilemmas haben wir uns für ein Untersuchungsdesign entschieden, das eine *Primäranalyse* der Medienberichterstattung mit einer *Sekundäranalyse* von Marktdaten (Kurse und Handelsvolumina) kombiniert. Beide Erhebungen wurden in zeitreihenanalytischen Kreuzkorrelationsberechnungen zusammengeführt. Zwar bewegen sich die empirischen Analysen damit nur auf der Aggregat-Ebene. Aber wir haben zuvor aus finanz- und kommunikationswissenschaftlichen Erkenntnissen und bisherigen empirischen Befunden von Anlegerbefragungen, (Simulations-)Experimenten und Sekundäranalysen mit Anlegerdaten entsprechende theoretische Überlegungen für die Makro-Ebene abgeleitet. Konkret haben wir zunächst theoretisch Konstellationen identifiziert, bei denen die Wahrscheinlichkeit für Medieneinflüsse auf das Anlegerverhalten als hoch bzw. niedrig einzustufen war. Für diese Konstellationen wurden dann die Befunde der Kreuzkorrelationen zwischen Berichterstattung und Aktienkursen bzw. Handelsvolumina verglichen. So ist das mediale Wirkungspotenzial z.B. für Konstellationen mit vielen unkundigen Privatanlegern unter der Anlegerschaft größer als für Konstellationen mit wenigen Privatanlegern. Auch wenn wir mit unserem Vorgehen ähnliche Kontrastierungsstrategien in der Finanzwissenschaft aufgreifen, sind damit einige Beschränkungen verbunden, auf die noch einzugehen sein wird. Insgesamt unterschieden wir drei Kontrastierungsstrategien (vgl. Kapitel 4):

○ Die *erste Kontrastierungsstrategie* zielte auf Unternehmensmerkmale, für die sich Vermutungen zu Anlegern und deren Verhalten anstellen ließen. Die Kreuzkorrelationen zwischen Berichterstattung und Aktienkursen bzw. Handelsvolumina wurden jeweils (1) für Standard- und Nebenwerte, (2) für Aktien mit hoher und niedriger Volatilität, (3) für Papiere mit viel und wenig Streubesitz und (4) für Aktien von Unternehmen mit hoher und niedriger Marktkapitalisierung kontrastiert.[114]

○ Die *zweite Kontrastierungsstrategie* berücksichtigte generelle Wirkungsbedingungen sowie die Qualitäten der Medienberichterstattung. Wir haben die Kreuzkorrelationen zwischen Berichterstattung und Aktienkursen bzw. Handelsvolumina dahingehend betrachtet, ob es Unterschiede (1) für hohes und niedriges Berichtsaufkommen, (2) konsonante und nichtkonsonante Berichterstattung sowie (3) verschiedene thematische Rahmungen in der Medienberichterstattung gibt. (4) Darüber hinaus wurde

---

114 Diese Unterscheidung ist freilich eher analytischer Natur, da die Unternehmens- bzw. Aktienmerkmale teilweise durchaus korrelieren.

nach der Rolle des Tenors, der Valenz und der Einschätzungen von Analysten in der Berichterstattung gefragt.

O Die *dritte Kontrastierungsstrategie* zielte auf verschiedene Mediengattungen sowie Untersuchungszeiträume. Wir haben die Kreuzkorrelationen zwischen Berichterstattung und Aktienkursen bzw. Handelsvolumina (1) für drei Mediengattungen (Print, TV, Online) und (2) für verschiedene Phasen an der Börse kontrastiert.

Unsere Untersuchung (vgl. Kapitel 5) kombinierte eine Primäranalyse der Medienberichterstattung und eine Sekundäranalyse der Aktienkurse und Handelsvolumina. Wir haben dafür zehn deutsche börsennotierte Unternehmen ausgewählt: DaimlerChrysler, Deutsche Telekom, Infineon, Lufthansa, Evotec, Mobilcom, Solarworld, T-Online, Consumer Electronics, EM.TV. Diese Unternehmen repräsentieren verschiedene Branchen und haben hinreichende Varianz in relevanten Kennwerten: Börsen-Umsatz, Marktkapitalisierung, Streubesitz, Kurs-Volatilität und Kurs-Gewinn-Verhältnis. Die *inhaltsanalytische Primärerhebung* lässt sich durch folgende Angaben charakterisieren:

O *Untersuchungszeiträume, Medien- und Beitragssample*: Zum einen wurde die Print-Berichterstattung in den acht Monaten vom 1. Januar bis 31. August 2000 untersucht. Zum anderen wurde die Print-, die Fernseh- und die Online-Berichterstattung vom 1. Juli bis 31. August 2005 untersucht. Die beiden Jahre repräsentieren unterschiedliche Börsenphasen. Daneben war auf diese Weise ein – auf Printmedien beschränkter – intramedialer Vergleich sowie ein – auf Juli und August 2005 beschränkter – intermedialer Vergleich möglich. Als Printmedien wurden die überregionalen Qualitätszeitungen FAZ und SZ sowie die Anleger-Zeitschriften ‚Börse Online' und ‚Capital' ausgewählt. Für den Online-Bereich fiel die Wahl auf die laut IVW reichweitenstärksten Finanz-Portale ‚Onvista' und ‚Finanztreff'. Für das Fernsehen haben wir uns aus vergleichbaren Gründen für ‚Börse im Ersten' (ARD) und ‚Telebörse' (n-tv) entschieden. Das Beitragssample umfasste Beiträge, die sich auf die zehn Unternehmen und deren Branchen bezogen.

O *Untersuchungsinstrumente*: Bis auf wenige gattungsspezifische Aspekte stimmten die Codebücher für die quantitative Codierung der Print-, TV- und Online-Berichterstattung überein. Die Codiereinheit war der einzelne Print- bzw. Online-Beitrag oder das einzelne Sendungselement in der TV-Börsensendung. Neben formalen Kategorien wurden vor allem diverse inhaltliche Kategorien für drei Bereiche erfasst. Für Bereich A „Wirtschaft(spolitik)" und Bereich B „Börse & Indizes" konnten pro Beitrag bis zu drei Themen codiert werden. Für den zentralen Bereich C „Branche & Unternehmen" konnten pro Beitrag bis zu fünf Unternehmen bzw. Branchen codiert werden. Pro Unternehmen und Branche ließen sich bis zu drei bzw. fünf Themen (Online bzw. Print und TV) erfassen. Für jedes Thema wurden zusätzlich unter anderem Tenor und Valenzen erfasst. Daneben haben wir auch die Einschätzungen von Analysten und Journalisten codiert (vgl. Tabelle 5.5 in Kapitel 5.2.2.2).

Die *Sekundärerhebung* berücksichtigte für alle zehn Unternehmen jeweils den Verlauf des betreffenden Aktienkurses – genauer: die Schlussnotierungen im XETRA-Handel – sowie die Entwicklung des Handelsvolumens, also die an den Präsenzbörsen in Frankfurt, München und Stuttgart gehandelten Stückzahlen und das Volumen im XETRA-Handel (vgl. Kapitel 5.3.1).

Die *Auswertung* erfolgt in zwei Schritten. Im ersten Schritt wurden deskriptive Analysen im Quer- und Längsschnitt durchgeführt. Im zweiten Schritt wurden zeitreihenanalytische Verfahren angewandt, um unsere Forschungsfragen zum (kausalen) Zusammenhang zwischen Berichterstattung und Kursen bzw. Handelsvolumina zu beantworten. Dieser Analyseschritt bildet den Kern unserer Untersuchung und lässt sich in folgenden Feststellungen bündeln:

○ *Bildung von Zeitreihen in Handelstagen*: Die inhaltsanalytischen Daten und die Sekundärdaten zu Aktienkursen und Handelsvolumen wurden zunächst jeweils in zahlreiche Zeitreihen überführt. Die Zeitreihen hatten 44 Messzeitpunkte (Juli und August 2005) bzw. 171 Messzeitpunkte (Januar bis August 2000). Die Differenzierung nach Mediengattungen, Unternehmen, Zeiträumen und dabei jeweils nach Thema, Valenz, Tenor usw. ergab eine Zielgröße von knapp 1.300 Zeitreihen. Es war dabei weder für jedes Unternehmen noch für jede Mediengattung möglich bzw. sinnvoll, sämtliche Zeitreihen zu erstellen.

○ *ARIMA- bzw. Index-Bereinigung*: Um Scheinzusammenhänge zwischen den Medien-Zeitreihen und den Zeitreihen für Kurse bzw. Handelsvolumina auszuschließen, wurden alle Zeitreihen vorab univariat bereinigt: Die Kurs-Zeitreihen repräsentierten daher pro Zeitpunkt nicht die aktuelle Notierung der Aktie, sondern die Veränderung zum Vortagesschlusskurs im Vergleich zur Veränderung des jeweiligen Vergleichsindizes (z.B. DAX). Damit wurden die Kurse gleichsam ‚Index-bereinigt'. Die Zeitreihen für den Verlauf der Berichterstattung und die Zeitreihen für die Entwicklung der Handelsvolumina wurden jeweils univariat mit Hilfe von ARIMA-Modellen bereinigt.

○ *Bivariate Kreuzkorrelationen*: Die auf diese Weise bereinigten Zeitreihen wurden anschließend bivariat, also paarweise sowohl synchron als auch zeitverschoben in beide Richtungen korreliert (Prewhitening-Verfahren). Während die Korrelationswerte die Stärke und Richtung des Zusammenhangs ausdrücken, geben die Verschiebungen (lags) Aufschluss über die zeitliche Dynamik: Korrelationen bei positiven (negativen) lags zeigen an, dass eine Veränderung der Medienberichterstattung einer Veränderung im Kurs bzw. Handelsvolumen zeitlich vorausgeht (nachfolgt). Die jeweils gegenteilige Kausalität ist damit logisch auszuschließen. Die projektierte multivariate Strategie musste aufgrund ausgeprägter Muster ‚hydraulischer' Korrelationen und insgesamt vergleichsweise seltener Hinweise auf Medieneinflüsse fallengelassen werden.

○ *Konservatives Vorgehen*: Aufgrund des multiplen Erklärungsdilemmas gingen wir generell konservativ vor: (1) Zum einen ist das Prewhitening-Verfahren ein strenges Verfahren, weil es bedeutsame Korrelationen zwischen den bereinigten Zeitreihen eher unter- als überschätzt. (2) Zum anderen haben wir mehrere Maßnahmen ergriffen, um den α-Fehler minimal zu halten: Erstens wurden Medien-Zeitreihen nur gebildet, wenn das jeweilige Berichtsmerkmal bei mindestens 15 Prozent der Messzeitpunkte keine Null enthielt. Zweitens interpretierten wir nur signifikante Korrelationen, deren Betrag größer als 0.40 war. Und wenn drittens unklar war, welche Erklärungsvariante wahrscheinlicher ist, wurde eine Kausalität nur mit Vorbehalt unterstellt.

Dieses methodische Vorgehen impliziert mehrere *Erklärungsprobleme*. Sie treten teilweise auch bei anderen methodischen Optionen auf oder werden dort zwar vermieden, aber um den Preis anderer Probleme, die unser Design wiederum nicht hervorruft (vgl. Kapitel 2.3.2 und Kapitel 6.2.2.5):

○ *Ökologischer Fehlschluss und hinreichende Makro-Wirkung*: Sekundäranalysen von Marktdaten beleuchten die gesamte Varianz im Kurs oder Handelsvolumen, müssen sich aber dem Einwand des ökologischen Fehlschlusses (vgl. Robinson, 1950) stellen. Denn wir wissen z.B. nichts über die Mediennutzung, Risikobereitschaft oder finanzielle Ausstattung einzelner Anleger. Wir sind allerdings den umgekehrten Weg gegangen und fragen auch nicht nach individuellen Medieneffekten, sondern nach Medieneinflüssen mit hinreichender Breitenwirkung auf die Makro-Ebene. Das ist dann der Fall, wenn Medienberichte derart viele Anleger gleichförmig beeinflussen, dass sich das im Aggregat in einer messbaren Korrelation zwischen Berichterstattung und Kurs bzw. Handelsvolumen manifestiert. Ein Beispiel dafür ist ein medial angestoßener bzw. verstärkter Herdentrieb unter Anlegern, der zu einem ‚Überschießen' des Kurses führt. Der Schwellenwert dafür lässt sich nur empirisch klären.

- *Hinweise auf wahrscheinliche Medienwirkungen:* Unser methodisches Vorgehen erbringt weder einen Nachweis noch einen Beleg für Medienwirkungen auf den individuellen Anleger. Diese Behauptung wäre in der Tat ein ökologischer Fehlschluss. Korrelationen zwischen Berichterstattung und Kurs oder Handelsvolumen bei positiven lags dürfen vielmehr nur als Hinweis oder Indiz dafür gewertet werden, dass die Berichterstattung offenbar bei hinreichend vielen Anlegern ähnliche Reaktionen hervorruft. Das Ausbleiben solcher Korrelationen schließt umgekehrt Medienwirkungen nicht aus. Sie betreffen dann nur zu wenige Anleger, um auf den Kurs oder das Handelsvolumen durchzuschlagen.

- *Handlungsoptionen*: Wir sind uns bewusst, dass professionelle bzw. institutionelle Investoren über weit mehr und auch qualitativ andere Handlungsalternativen verfügen als Privatanleger. Von welcher Option wer zu welchem Zeitpunkt und aus welchem Grund Gebrauch macht, lässt sich theoretisch erörtern, aber nicht empirisch separieren. Das gilt auch für methodische Optionen, die auf den individuellen Anleger zielen wie z.B. Anlegerbefragungen oder (Simulations-)Experimente. Die empirische Black Box auf der Mikro-Ebene bei unserem Design erschwert natürlich teilweise die Erklärung für die auf der Makro-Ebene empirisch vorgefundenen Korrelationen zwischen Berichterstattung und Aktienkurs bzw. Handelsvolumen.

- *Reaktionsgeschwindigkeiten*: Darüber hinaus können Anleger umgehend auf neue Informationen reagieren oder aber zögern und erst einmal die Reaktionen am Markt abwarten. Hinweise in diese Richtung fanden wir z.B. für die Kreuzkorrelationen bei LHA und MOB (vgl. Kapitel 6.2.4). Die Reaktionsgeschwindigkeit kann zwischen einzelnen Investoren oder auch Anlegergruppen differieren und sich in einem Herdentrieb oder aber in einem ganz anderen Muster im Kursverlauf oder in der Entwicklung des Handelsvolumens manifestieren.

- *Börsen- vs. Medienrealität*: Zudem können Börsen- und Medienrealität auseinanderklaffen. Während z.B. im Raum stehende Entlassungen für etliche Investoren auf eine künftig positive Entwicklung bei manchen Unternehmen verweist, beleuchten Medienberichte solche Vorgänge oft kritisch. Dadurch können sich negative Korrelationen z.B. zwischen einem Kurszuwachs und einem negativen Medientenor ergeben.

- *Aktien im Kontext*: Wertpapiere lassen sich streng genommen nicht isoliert betrachten (vgl. Abbildung 2.3 in Kapitel 2.2.2). Erstens hat z.B. die erwartete Rendite einer Aktie einen marktspezifischen (systematischen) und einen anlagespezifischen (unsystematischen) Anteil. Neben dem Markt bzw. der Branche insgesamt gehören zum Kontext eines Wertpapiers die Aktien der direkten Konkurrenz. Zweitens sind Wertpapiere meist in einem Index gelistet. Diesen Kontext haben wir durch die erwähnte ‚Index-Bereinigung' aus den Kurs-Zeitreihen entfernt. Drittens sind viele Aktien oft in einem Portfolio gebündelt, so dass die Entscheidung eines Anlegers über eine Aktie nicht komplett unabhängig ist von der Entscheidung über andere Papiere des Portfolios. Das lässt sich im Rahmen unserer Untersuchungsanlage, aber auch mit anderen methodischen Optionen nicht zufriedenstellend modellieren.

7.3 Empirische Befunde

Die Ergebnisse der *deskriptiven Analysen* (vgl. Kapitel 6.1) lassen sich in folgenden Feststellungen zusammenfassen:

○ *Berichtsaufkommen*: Von Januar bis August 2000 veröffentlichten die beiden Tageszeitungen und die beiden Anlegermagazine 1.444 Beiträge über die zehn Unternehmen. Im Juli und August 2005 publizierten die Printmedien 405 Beiträge – und damit sogar etwas mehr Artikel als in den Vergleichsmonaten des Jahres 2000. Für den Juli und August 2005 wurden 1.799 Beiträge in den beiden Finanzportalen erfasst und 287 Beiträge in den beiden Börsensendungen des Fernsehens.

○ *Medienprominenz der Unternehmen*: Bereits am Berichtsaufkommen erkennt man den zentralen Stellenwert der Standardwerte DCX und DTE. Daneben wurde noch häufig über IFX, LHA, MOB und TOI berichtet. Das betrifft alle Mediengattungen und auch zwischen den Angeboten innerhalb einer Mediengattung gibt es kaum Unterschiede.[115] (1) Von Januar bis August 2000 berichteten die Printmedien am häufigsten über DCX und DTE. Danach folgten mit Abstand IFX und LHA. Bei den Nebenwerten zeigt sich eine Zweiteilung: Über CE, EVT und SOW wurde (fast) nicht berichtet. Im Gegensatz dazu waren MOB im Zuge der Versteigerung von UMTS-Lizenzen, EMTV aufgrund von Kurseinbrüchen und TOI wegen seines Börsengangs medial durchaus präsent. (2) Im Juli und August 2005 waren die Abstände zwischen DCX und DTE auf der

---

115 Wenn es Unterschiede gibt, lassen sie sich wie bei den Börsensendungen z.B. mit der jeweiligen Sendedauer erklären.

einen Seite und IFX und LHA auf der anderen Seite – auch aufgrund des breiteren Mediensamples – nicht mehr so stark ausgeprägt. Die mediale Prominenz von DCX ging auch auf den angekündigten Abschied von Schrempp zurück, jene von MOB auf die erwähnte Fusion mit ‚Freenet'. Über die anderen Unternehmen wurde wieder vergleichsweise selten berichtet. Medial weit wenig präsenter als im Jahr 2000 war vor allem TOI, während über SOW erkennbar häufiger berichtet wurde.

○ *Themen*: Unabhängig vom Zeitraum und Unternehmen dominierten drei Themen die Berichterstattung: Unternehmensstrukturen, Unternehmenszahlen und Börsen-Kennwerte. Andere Themen ließen sich oft ereignisbezogen erklären. So hatte z.B. die starke Präsenz von Managementfragen in der Berichterstattung über DCX im Juli und August 2005 mit dem erwähnten Führungswechsel beim Automobilkonzern zu tun. Und der Börsengang von IFX im Jahr 2000 dürfte erklären, weshalb die untersuchten Medien in ihren Beiträgen über das Unternehmen häufiger als bei anderen DAX-Werten über Börsen-Kennwerte und seltener über Unternehmensstrukturen von IFX berichteten. ‚Externe' Ereignisse sind Anlass und oft auch Gegenstand der Medienberichterstattung. Dennoch sind die Medien nicht bloße Informationstransmitter oder gar Verlautbarungsorgane der Unternehmen. Vielmehr geben Journalisten ihren Beiträgen über faktische Ereignisse oder Vorgänge z.B. einen entsprechenden Tenor oder lassen auch entsprechende Analysten zu Wort kommen.

○ *Tenor und Valenz*: Den Tenor und die Valenz der Berichterstattung konnten wir teilweise mit der Ereignislage erklären. So berichteten die untersuchten Medien im Juli und August 2005 z.B. meist mit positiver Valenz bzw. positivem Tenor über DCX, DTE und LHA, was sich z.B. mit der Bekanntgabe guter Geschäftszahlen in Verbindung bringen ließ. Umgekehrt schlugen sich im gleichen Zeitraum die Korruptionsvorwürfe gegen ein Vorstandsmitglied von IFX in einem negativen Tenor der Medienbeiträge nieder. Unternehmenszahlen, die hinter den Erwartungen zurückblieben, korrespondierten wiederum mit einer negativen Valenz der Beiträge über IFX. Während in den Tenor der Beiträge auch die journalistische Eigenleistung einfließt, spiegeln die Valenzen – ausgehend von unserer Codierlogik – mehr oder minder stark z.B. Unternehmenszahlen oder aktuelle Börsennotierungen.

○ *Muster hydraulischer Berichterstattung*: Wir haben den Verlauf ausgewählter Themen in der Berichterstattung dem Kursverlauf und der Entwicklung des Handelsvolumens in den Jahren 2000 und 2005 exemplarisch für DCX und MOB gegenüber gestellt. Besonders im Juli und August 2005 zeigten sich deutliche Muster ‚hydraulischer' Berichterstattung. Damit bezeichneten wir die Tatsache, dass sich zentrale Themen wie beim Prinzip kommunizierender Röhren entwickeln: Verschiedene Themen verdrängten sich nicht wechselseitig, sondern kamen im Zuge eines generell erhöhten Berichtsaufkommens auf die Agenda der Medien. So berichteten die Medien z.b. nicht nur aufgrund aktueller Ereignisse oder Vorgänge vermehrt über das Management oder die Strukturen eines Unternehmens, sondern auch über Unternehmenszahlen oder Börsen-Kennwerte, die im Medienbeitrag z.b. mit dem Wechsel an der Konzernspitze in Verbindung gebracht wurden oder mit denen z.b. eine aktuell berichtete Werksschließung erklärt wurde. Die graphische Betrachtung zeigte darüber hinaus, dass die Medien-Zeitreihen und die Kursveränderung bzw. das Handelsvolumen sich oft parallel entwickelten.

Solche rein graphischen Betrachtungen sind aber kausal wenig aussagekräftig. Daher haben wir *zeitreihenanalytische Verfahren* eingesetzt, die verlässlichere Aussagen erlauben. Sie bilden den Kern der Untersuchung, weil sich damit unsere Forschungsfragen beantworten lassen (vgl. Kapitel 6.2). Wir haben bivariate Kreuzkorrelationen zwischen ARIMA-bereinigten Medien-Zeitreihen einerseits und Index-bereinigten Kurs-Zeitreihen bzw. ARIMA-bereinigten Zeitreihen für Handelsvolumina berechnet. Wie erwähnt, wurden die Zeitreihen synchron und zeitverschoben miteinander korreliert. Anhand der Zeitverschiebung ließ sich die wahrscheinliche Kausalrichtung und die zeitliche Verzögerung des Zusammenhangs erkennen. Dessen Stärke drückte die jeweilige Höhe des Korrelationswerts aus. Für jede Mediengattung wurden zunächst idealtypische Muster von Kreuzkorrelationen erörtert (vgl. Kapitel 6.2.1), auf die wir dann bei der Diskussion der empirischen Befunde zurückgreifen konnten.

Bereits bei den deskriptiven Analysen wurde ein Muster ‚hydraulischer' Berichterstattung erkennbar. Wenn mit einem erhöhten Berichtsaufkommen zugleich diverse Themen ‚hochgespült' werden, dürften sie – vorausgesetzt es gibt solche Zusammenhänge – auch ähnlich stark mit Kurs bzw. Handelsvolumen korrelieren. Solche *Muster ‚hydraulischer' Korrelationen* bestätigten sich für alle Unternehmen, Zeiträume und Mediengattungen. So korrelierte im Untersuchungszeitraum des Jahres 2000 z.B. das Handelsvolumen der DTE-Aktie nicht nur mit der Headline-Präsenz des Unternehmens in den untersuchten Zeitungen, sondern auch mit der Thematisierung von Strukturen, Forschung und Produkten, Absatz und Kundenzahlen sowie Unternehmenszahlen in den Zeitungsberichten. Dabei spielt kaum eine Rolle, ob man die Anzahl der Thematisierungen, die themenbezogene Valenz oder den themenspezifischen Tenor in den Artikeln berücksichtigt – die Korrelationen waren vergleichbar hoch. Ein weiteres generelles Muster besteht darin, dass wir sehr oft synchrone und dabei meist gleichgerichtete, d.h. positive Zusammenhänge zwischen den Medien-Zeitreihen und den Zeitreihen für Kursveränderung bzw. Handelsvolumen feststellten.

Die Ergebnisse der Kreuzkorrelationsberechnungen lassen sich im Hinblick auf die Unterschiede nach den von uns berücksichtigten *Unternehmensmerkmalen* (vgl. Forschungsfragen F1a bis F1e) wie folgt zusammenfassen:

- *Theoretische Überlegungen*: Unkundigere Privatanleger dürften die Berichterstattung häufiger als direkte Informationsquelle nutzen als es professionelle Investoren tun, die auch andere Quellen haben. Zudem investieren Kleinanleger öfter in Nebenwerte. Solche Papiere haben nicht zwingend eine niedrige Marktkapitalisierung. Standardwerte weisen umgekehrt aber hohe Marktkapitalisierung auf. Bei hoch volatilen Papieren sind Medienwirkungen auf das Anlegerverhalten denkbar, weil konsonante Medienberichte jene Ambiguität reduzieren, die der hoch volatile Kursverlauf gerade für unkundige Anleger suggerieren muss. Die zentrale Bedingung für Medieneinflüsse ist aber ein hoher Streubesitz: Papiere von Unternehmen, die nur eine geringe Stückzahl an Aktien in den freien Handel geben, sind für Medieneinflüsse auf das Verhalten vor allem unkundigerer Kleinanleger kaum anfällig. Je höher der Streubesitz, desto höher ist die Wahrscheinlichkeit, dass viele (Privat-)Anleger die Anlegerschaft stellen – und damit erhöht sich auch die Wahrscheinlichkeit, dass Medieneinflüsse auf deren Verhalten bis zur Makro-Ebene durchschlagen und sich z.B. in einer erkennbaren Kursbewegung manifestieren. Die genannten Unternehmensmerkmale sind allerdings schwer zu separieren, weil sich Unternehmen oft zugleich in mehreren Merkmalen unterscheiden. Darüber hinaus sind – im Sinne des mehrfach erwähnten Third-Person-Effekts – auch Reaktionen professioneller Investoren anzunehmen: Denn Medienberichte können ihnen als Seismograph eines möglichen Herdenverhaltens unter Kleinanlegern dienen.

- *Kontrastierung der Kreuzkorrelationen*: (1) Bei CE und EVT schien die Berichterstattung in den beiden Monaten des Jahres 2005 nur die Börsenrealität zu spiegeln. Im gleichen Zeitraum deuten die Korrelationen mit dem Handelsvolumen für LHA an, dass die Online-Berichterstattung über ‚weiche' Themen aber das Anlegerverhalten beeinflusst haben kann. Auch für Börsensendungen und Zeitungen verwiesen die Befunde in diese Richtung. Zwischen Online-Berichten über LHA und Kursverlauf gab es 2005 meist synchrone Zusammenhänge, die nicht eindeutig interpretierbar sind. Die Korrelationen zwischen Kurs und Fernsehen waren widersprüchlich, während die Zeitungen nur die Kursveränderung reflektierten. (2) Die Kreuzkorrelationen für diese drei Unternehmen mit hohem Streubesitz unterschieden sich aber nicht grundsätzlich von den Befunden für Unternehmen mit wenig Streubesitz: Bei TOI dominierte eine zeitliche Dynamik, die gegen Medienwirkungen sprach. Auch für DTE fanden sich im Jahr 2000 nur Korrelationen zwischen Zeitungsberichterstattung und Handelsvolumen, bei denen Medieneinflüsse mit Breitenwirkung bis auf die Makro-Ebene unwahrscheinlich waren. Das zumindest entsprach unseren Erwartungen. (3) Durchschnittlichen Streubesitz hatte z.B. EMTV. Im Jahr 2005 gab es keine Indizien für Medienwirkungen, was wenig verwundert. Dagegen wären aufgrund des hohen psychologischen Potenzials des Papiers im Jahr 2000 durchaus Überreaktionen der Anleger – auch auf Medienberichte über den Niedergang des Unternehmens seit März 2000 – zu erwarten gewesen; das war aber nicht der Fall. Bei der hoch volatilen SOW-Aktie legten die Befunde ebenfalls nahe, dass die Medienberichterstattung nur die Börsenrealität spiegelte. Im Juli und August 2005 schien die Online- bzw. Zeitungsberichterstattung über MOB ebenfalls nur das Börsengeschehen zu reflektieren. Gewisse Hinweise auf mediale Wirkungspotenziale zeigten sich nur in den Vergleichsmonaten im Jahr 2000: Hier dauerte es ein paar Tage, bis vermehrte und positivere Zeitungsberichte ein erhöhtes Handelsvolumen nach sich zogen. Das ließ sich am ehesten mit zögerlichen Reaktionen der Anleger auf Zeitungsberichte im Kontext der UMTS-Lizenzvergabe erklären. Die Befunde für IFX, das mittleren Streubesitz und hohe Volatilität aufwies, waren in den beiden Monaten des Jahres 2005 widersprüchlich und sprachen im Untersuchungszeitraum 2000 gegen Medieneinflüsse auf Anleger. Wenn es solche Einflüsse gab, dann betrafen sie zu wenige Anleger, um sich z.B. in einer messbaren Kursbewegung zu manifestieren. Für DCX zeigen sich die deutlichsten Muster ‚hydraulischer' Korrelationen, was am hohen Berichtsaufkommen liegt. Im Juli und August 2005 folgten alle untersuchten Medien erwartungsgemäß dem Kursverlauf bzw. Handelsvolumen. Im Juli und August 2000 zeigten sich für das Handelsaufkommen zwar vereinzelte Hinweise auf mediale Verstärkereffekte, die aber wegen der Unternehmensmerkmale eher vorsichtig interpretiert werden sollten.

Insgesamt geben unsere Befunde *höchstens vereinzelte Hinweise* darauf, dass die Aktienberichterstattung das Potenzial hat, das Verhalten so vieler Anleger zu beeinflussen, dass sich das auch auf der Ebene des Aktienkurses bzw. Handelsvolumens bemerkbar macht. Das Beispiel der Fluglinie LHA, bei der sich solche Indizien am ehesten zeigten, legt die Schlussfolgerung nahe, dass mehrere Unternehmensmerkmale zusammen kommen müssen. LHA hat einen *Streubesitz-*

anteil von 100 Prozent. Eine Aufschlüsselung der Anlegerschaft von Unternehmensseite zeigt, dass davon ein Viertel Privatanleger sind. Das bedeutet nicht, dass nur diese Kleinanleger von der Berichterstattung beeinflusst werden können. Auch professionelle Investoren können einem Third-Person-Effekt unterliegen. Wenn sie z.b. aufgrund einer umfangreichen Medienberichterstattung einen ‚Herdentrieb' der Kleinanleger auf das medial ‚gehypte' Papier vermuten, dürften sie auf den antizipierten Trend strategisch aufspringen – und später wieder rechtzeitig abspringen (vgl. Abbildungen 2.4 und 2.5 in Kapitel 2.2.3.1). Das kann sich innerhalb eines sehr kurzen Zeitraums von wenigen Handelstagen abspielen. Andere Unternehmen in unserem Sample hatten im Vergleich zu ihren Referenz-Unternehmen weit geringeren Streubesitz als LHA. Eine Aufschlüsselung nach Anlegertypen war für die Untersuchungszeiträume aber oft gar nicht oder nachträglich nicht mehr verfügbar. Viele Unternehmen stellen solche Daten erst seit wenigen Jahren zur Verfügung.

Die Ergebnisse der Kreuzkorrelationsberechnungen lassen sich im Hinblick auf Unterschiede nach *Qualitäten der Berichterstattung* (vgl. Forschungsfragen F2a bis F2e) wie folgt zusammenfassen:

○ *Kumulation und Konsonanz*: (1) Ein erhöhtes Berichtsaufkommen in den Online-Finanzportalen korrelierte mit dem Kursverlauf bzw. Handelsvolumen meist synchron, teilweise auch bei negativen und positiven Zeitverschiebungen (lags). Vergleichbares stellten wir für die spärlichen Befunde zu den TV-Börsensendungen fest. Bei den Zeitungen sprachen die Befunde eindeutiger gegen Medienwirkungen: Wenn sich der Kurs positiv entwickelte oder mehr Aktien gehandelt werden, berichteten die Zeitungen umfangreicher über das Unternehmen. Im Gegensatz zu politischen oder gesellschaftlichen Problemen haben offenbar die positiven Veränderungen am Aktienmarkt einen hohen Nachrichtenwert. (2) Die Rolle intermediärer Konsonanz ließ sich nur für Juli und August 2005 klären. Dafür wurden Konsonanz-Zeitreihen gebildet. Die Kreuzkorrelationen für diese Zeitreihen bestätigen die bisherigen Befunde, sind aber teilweise deutlicher: Erwartungsgemäß verwiesen vor allem die Befunde für LHA auf ein mediales Wirkungspotenzial. Konservativ betrachtet ist es aber im Sinne eines Verstärkereffektes zu interpretieren: Ein vermehrter Handel mit der LHA-Aktie spiegelte sich am gleichen Handelstag in einem konsonant positiven Medienimage. Der positive Tenor und die positive Valenz der Berichterstattung aller drei Mediengattungen scheinen sich zwei Tage später ihrerseits in einem vermehrten Handelsvolumen niederzuschlagen. Da der Streubesitz bei 100 Prozent liegt und der Anteil der Privatanleger, die anfälliger für Medienwirkungen sind, dabei erkennbar hoch ist, kann diese Interpretation als recht plausibel gelten. Aus einer Meta-Perspektive für alle Unternehmen bestätigen die Analysen aber weitgehend die bisherigen Befunde.

○ *Thematische Rahmungen*: Medien können ein Unternehmen wiederholt in den Kontext z.B. von Managementfehlern stellen, wodurch auch das Wertpapier weniger attraktiv erscheint – selbst wenn ‚harte' Unternehmenszahlen eine andere Sprache sprechen. Wenn die mediale Rahmung eine Rolle spielt, müssten sich – unabhängig von Unternehmen und Mediengattungen – bei positiven lags für bestimmte Themen deutlich häufiger signifikante Korrelationen zeigen als für andere Themen. Das war aber kaum der Fall. Bei Online-Portalen zeigten sich synchrone Korrelationen zumindest am häufigsten für die Themenkontexte ‚Unternehmenszahlen' und ‚Börsen-Kennwerte'. Das ist aber kein Beleg dafür, dass diese Themen-Rahmungen das mediale Wirkungspotenzial erhöhen. Denn zum einen sind bei synchronen Zusammenhängen beide Kausalrichtungen denkbar. Zum anderen gab es für diese Themen auch einige Korrelationen bei negativen lags, was starke Medieneinflüsse unwahrscheinlich macht. Diese Befunde zeigen sich auch, wenn man den themenspezifischen Tenor bzw. die themenbezogene Valenz betrachtet.

○ *Tenor, Valenzen und Analysten-Einschätzungen*: Der Tenor und die Valenz der Berichterstattung sowie die Richtung medial publizierter Analysten-Einschätzungen korrelierten fast durchweg gleichgerichtet mit der Kursveränderung. Nur bei den Zeitungen gab es vereinzelt gegengerichtete Zusammenhänge. Auch im Hinblick auf das Handelsvolumen dominierten die gleichgerichteten Korrelationen: Unabhängig von der zeitlichen Dynamik ging ein erhöhtes Handelsvolumen mit einem positiveren Tenor der Berichterstattung, mit einer positiveren Valenz der berichteten Sachverhalte und mit einer positiveren Analysten-Empfehlung einher. Nur für die Zeitungen waren einige gegengerichtete Zusammenhänge zu erkennen. Sie ließen sich aber damit erklären, dass Zeitungsartikel über das heutige Geschehen erst am nächsten Morgen erscheinen.

An dieser Stelle ist nochmals zu betonen, dass unsere Ergebnisse, die nur wenige Hinweise auf Medieneinflüsse mit Breitenwirkung erkennen lassen, *nicht generell gegen mediale Wirkungspotenziale am Aktienmarkt* sprechen. Wenn sich bei positiven lags keine Korrelationen z.B. zwischen Berichterstattung und Kursverlauf zeigen, kann es dennoch Medienwirkungen auf der Mikro-Ebene, also auf den individuellen Anleger gegeben haben. So dürfte z.B. die publizistische Bewertung der Rücktrittsankündigung von Schrempp am 28. Juli 2005 zweifellos die Anlegerentscheidungen mit beeinflusst haben. Dafür sprechen die deutlichen Ausschläge im Kurs und Handelsvolumen. Vermutlich handelt es sich dabei um Verstärkereffekte, d.h. die Medien dürften die Wirkung, die schon von der bloßen Bekanntgabe des Schrempp-Rücktritts ausging, durch thematische Einordnung, durch Bewertungen und durch Analysten-Empfehlungen, denen ein Forum geboten wurde, noch verstärkt. Solche medialen ‚Urteilshilfen' dürften vor allem unkundige Privatanleger beeinflusst haben. Professionelle Investoren bildeten sich ihr Urteil weit seltener aufgrund dieser Medienrealität. Angesichts des geringen Streubesitzes, des dabei geringen Anteils von Privatanlegern sowie des enormen Börsen-Umsatzes von DCX war es sehr unwahrscheinlich, dass die vermutlich medial geprägten Entscheidungen von Kleinanlegern sich erkennbar im Kurs oder Handelsvolumen niederschlagen. Daraus ergeben sich zwei zentrale Aussagen unserer Untersuchung. Sie reichen über den hier diskutieren Gegenstandsbereich hinaus auf die generelle Frage der Erfassung von Medienwirkungen (vgl. Scheufele, 2008):

- *Hinreichende Breitenwirkung*: Wenige oder fehlende Korrelationen zwischen Berichterstattung und Kurs bzw. Handelsvolumen auf der Makro-Ebene können zweierlei bedeuten: Entweder gab es gar keine Medieneinflüsse auf individuelle Anleger. Oder aber diese Medieneffekte betrafen zu wenige Anleger, um hinreichende ‚Durchschlagskraft in der Summe' zu haben und sich damit im Kurs oder Handelsvolumen bemerkbar zu machen. In einem solchen Fall wird man keine Korrelationen zwischen Medienberichterstattung und Kursverlauf oder Handelsvolumen finden. Ob es dennoch Medieneinflüsse auf der Mikro-Ebene gab, können wir mit unserem Design nur theoretisch diskutieren.

- *Relevanzfrage*: Damit stellt sich die Frage, welche finanzwissenschaftliche Relevanz Studien haben, die ausschließlich auf individuelle Medieneinflüsse zielen. Um Missverständnissen vorzubeugen: Ohne die Befunde aus Anlegerbefragungen und (Simulations-)Experimenten lassen sich keine Überlegungen für die Makro-Ebene ableiten. Wer allerdings nur nach Medieneffekten auf den einzelnen Anleger fragt, untersucht individualpsychologische Medienwirkungen am Beispiel des Aktienmarkts. Ihre Relevanz entfalten solche Effekte jedoch erst auf der Makro-Ebene, also im Kursverlauf oder im Handelsvolumen.

Die Ergebnisse der Kreuzkorrelationsberechnungen lassen sich im Hinblick auf Unterschiede nach *Mediengattungen* sowie in den *Untersuchungsjahren 2000 und 2005* bzw. deren Teilzeiträumen (vgl. Forschungsfragen F4a bis F4c) wie folgt zusammenfassen:

○ *Mediengattungen*: Finanzportale, Zeitungen und Börsensendungen richten sich teilweise an andere Zielgruppen, wobei Online-Angebote einen klaren Aktualitätsvorsprung haben. Ein Vergleich der Mediengattungen war nur für Juli und August 2005 möglich und ergab zwei Unterschiede: (1) Signifikante Kreuzkorrelationen fanden sich am häufigsten für Finanzportale, was sich leicht erklärt lässt. So können in einem Finanzportal an einem Tag mehr Beiträge publiziert werden als z.b. in der kurzen Sendung ‚Börse im Ersten'. Das macht sich auch bei den Kreuzkorrelationen bemerkbar. Denn Medien-Zeitreihen wurden nur bei hinreichender Fallzahl gebildet. Somit konnten z.b. beim Fernsehen von vornherein weniger Zeitreihen mit Kurs oder Handelsvolumen korreliert werden. Durchbrochen wurde der Befund aber z.b. für IFX: Hier fanden wir Korrelationen nur zwischen Kursveränderung und Zeitungsberichten. (2) Bei der zeitlichen Dynamik gab es zwei Muster: Einerseits schien die Online-Berichterstattung ein etwas höheres Wirkungspotenzial zu haben als die anderen Gattungen – zumindest im Hinblick auf das Handelsvolumen. Augenfällig war das z.b. für EMTV oder MOB. Andererseits zeigten sich auch vergleichbare Korrelationsmuster für alle Mediengattungen: Die Online-, Print- und TV-Berichterstattung korrelierten – was Häufigkeit und zeitliche Dynamik der Zusammenhänge anging – z.B. gleichermaßen mit dem Kurs von DCX. Am deutlichsten waren solche Parallelen bei LHA: Alle Mediengattungen reflektieren zwar das Handelsvolumen. Wenn jedoch die Online-Portale, Tageszeitungen und Börsensendungen verstärkt bzw. positiver über LHA berichteten, erhöhte sich ein bis zwei Tage später auch das Handelsvolumen. Die Ergebnisse für intermediale Konsonanz bestätigen das recht deutlich.

○ *Untersuchungszeiträume*: Eine Kontrastierung der Vergleichsmonate Juli und August in den Jahren 2000 und 2005 war nur für Zeitungen möglich. (1) Die Zeitungsberichterstattung über DCX spiegelte in beiden Jahren jeweils Kurs bzw. Handelsvolumen. Zeitungsberichte mit positiver (negativer) Valenz schienen im Juli und August 2000 zwar vereinzelt den Handel mit DCX-Aktien zu dämpfen (fördern). Aufgrund des hohen Börsen-Umsatzes und eher geringen Anteils von Privatanlegern kann man das aber nicht als Indiz für Medieneinflüsse mit Breitenwirkung werten. Vergleichbares betraf den anderen ‚großen' Standardwert DTE. (2) Die Berichterstattung der Zeitungen über IFX spiegelte 2005 meist den Kursverlauf, während sich in den Vergleichsmonaten im Jahr 2000 keinerlei Zusammenhänge ergaben. Umgekehrt korrelierte die Zeitungsberichterstattung nur 2000 synchron mit dem Handelsvolumen. Für TOI ergaben sich 2005 keine Zusammenhänge, während die Zeitungen im Juli und August 2000 relativ klar dem Handelsvolumen folgten. (3) Die Zeitungen reflektierten 2005 den Kursverlauf von LHA, während es 2000 keine solchen Zusammenhänge gab. Vermehrte und positivere Berichte über LHA korrespondierten im Juli und August 2005 dagegen mit mehr Handelsvolumen am nächsten Tag. Dabei dürfte es sich um Verstärkereffekte handeln. In den Vergleichsmonaten 2000 zeigten sich nur wenige und dabei synchrone Korrelationen. Neben hohem Streubesitz, relativ vielen Privatanlegern und einem konsonanten Medienimage scheint damit auch eine entsprechende Marktlage bzw. Börsensituation notwendig zu sein, damit es überhaupt zu kursrelevanten Medieneinflüsse auf das Anlegerverhalten kommen kann. (4) Für MOB war das Bild etwas anders: Während die Zeitungen 2005 die Veränderung im Kurs und Handelsvolumen spiegelten, folgte im Juli und August 2000 auf vermehrte und positivere Berichte vier Tage später ein erhöhtes Handelsaufkommen. Die Anleger schienen nur zögerlich reagiert und erst einmal die Reaktion am Markt abgewartet zu haben. Das ist angesichts des seit März 2000 anhaltenden Abwärtstrends an den Börsen wenig verwunderlich. (5) Das generelle Börsenklima spielt aber nicht die alleinige Rolle. Vielmehr wurde wiederholt auf Ereignisse wie etwa die UMTS-Lizenzvergabe verwiesen.

○ *Teilzeiträume im Jahr 2000*: Zudem kontrastierten wir drei Phasen im Jahr 2000. (1) In der Endphase der lang anhaltenden Hausse (1. Januar bis 7. März) fanden wir kaum Kreuzkorrelationen. Nur zwischen den Zeitungsberichten und dem Kursverlauf der DCX-Aktie gab es wenige, zeitlich widersprüchliche Zusammenhänge. (2) Auch in der dritten Teilphase, in der sich der DAX stabilisiert hatte (25. Mai bis 31. August 2000), gab es kaum Zusammenhänge zwischen Berichterstattung und Börsengeschehen. Nur die Zeitungsartikel über EMTV reflektierten das Handelsvolumen vom Vortag. (3) In der zweiten Phase nach dem Höhepunkt von DAX und NEMAX (8. März bis 24. Mai 2000) gab es dagegen einige Hinweise auf Medienwirkungen – und nicht nur für ein Unternehmen. Das bestätigt die schon für LHA geäußerte Vermutung, dass neben Streubesitz, Privatanlegeranteil und konsonantem Medienimage auch ein entsprechendes Börsenklima notwendig sein kann, damit es zu kursrelevanten Medieneinflüssen auf das Anlegerverhalten kommt. Dabei ist zwischen Marktlagen zu unterscheiden, die alle Unternehmen betreffen, und solchen, die nur für bestimmte Firmen relevant sind. In der zweiten Phase im Jahr 2000 folgte die Berichterstattung über DCX der Entwicklung des Handelsvolumens mit einer Verzögerung von nur wenigen Tagen. Bei DTE dagegen schlug sich ein erhöhtes (verringertes)

Handelsvolumen zunächst am nächsten Tag in positiveren (negativeren) Artikeln über das Unternehmen nieder, die wiederum vier Handelstage später mit einem erhöhten (geringeren) Handelsvolumen korrespondierten. Ein ähnliches Muster zeigte sich noch deutlicher für LHA. Ein mediales Wirkungspotenzial scheint in rezessiven Börsenphasen damit vor allem auch für Unternehmen zu bestehen, deren Marktwert betriebswirtschaftlich auf einem breiten Fundament steht. Das kann man sich einerseits damit erklären, dass Investoren bei einem fallenden Markt empfänglicher für (mediale) Anlagetipps sind (vgl. Röckemann, 1995: 41) und diese Empfehlungen in rezessiven Zeiten eher zu fundamental gestützten Papieren raten. Andererseits sind positive Information bei allgemeinen Abwärtstrends ungewöhnlich und werden stärker beachtet (vgl. Ernst et al., 2005: 24). Auch nach unseren Befunden sind es eben nicht die in der Hausse noch hoch gehandelten Papiere wie EMTV, sondern fundamental vertrauenswürdige Papiere wie LHA und DTE, die im Abwärtstrend noch am ehesten positive Medienresonanz erfahren.

7.4 Schlussfolgerungen

Mediale Informationen sind aus Sicht der Effizienzmarkthypothese der mittleren Form der Informations-Effizienz zuzuordnen (vgl. Kapitel 2.2.1): Danach ist ein Markt effizient im Hinblick auf ein Informationsset, das nicht nur den vergangenen Kursverlauf beinhaltet, sondern zusätzlich alle öffentlich verfügbaren Informationen – und damit auch *Medieninformationen*. Diese mittlere Form der Effizienzmarkthypothese ist empirisch am besten abgesichert (vgl. z.B. May, 1991). Die Befunde unserer deskriptiven Analysen und unserer zeitreihenanalytischen Kreuzkorrelationsberechnungen verweisen allerdings nur auf den ersten Blick in diese Richtung. Denn die Frage, ob ein individueller Anleger, der auf Medieninformationen vertraut, entsprechende Renditen nach Abzug seiner Transaktionskosten erwarten kann, lässt sich mit unserer Untersuchungsanlage nicht klären. Das war auch nicht das Ziel unserer Arbeit. Vielmehr fragten wir danach, ob und wie die Berichterstattung der drei untersuchten Mediengattungen mit den Kursbewegungen und den Veränderungen im Handelsvolumen bei zehn ausgewählten Unternehmen zusammenhängt.

Ausgehend von theoretischen Überlegungen der Finanz- und Kommunikationswissenschaft und empirischen Befunden aus (finanzwissenschaftlichen) Anlegerbefragungen sowie (Simulations-)Experimenten haben wir Überlegungen für die Makro-Ebene abgeleitet (vgl. Kapitel 4). An dieser Stelle sei nochmals betont, dass unser Design keine empirisch gesicherten Aussagen über die

Mikro-Ebene zulässt. Eine direkte Übertragung der Befunde aus den Kreuzkorrelationsberechnungen zwischen aggregierter Medienberichterstattung und Kursen bzw. Handelsvolumina als aggregiertem Verhalten aller für eine Aktie relevanten Anleger (Makro-Ebene) auf den einzelnen Anleger und dessen Motive, Entscheidungen, Finanzausstattung, Mediennutzung oder Risikobereitschaft (Mikro-Ebene) wäre ein *ökologischer Fehlschluss* (vgl. Robinson, 1950). Auch Guo (2002: 144) sieht den Nachteil ähnlicher Untersuchungsanlagen im fehlenden Nachweis, „dass die festgestellten Über- sowie Unterreaktionen tatsächlich auf behaviorale Ursachen zurückzuführen sind".

Bei der Interpretation der Kreuzkorrelationen haben wir allerdings auch nur insofern auf die Anleger-Ebene verwiesen, als wir ein gleichförmiges Verhalten bei vielen Anlegern auf Medienberichte unterstellt haben, das dann im Aggregat auf Kurs bzw. Handelsvolumen messbar durchschlägt. Wir sind uns darüber im Klaren und haben auch mehrfach darauf verwiesen, dass die Unterstellung eines gleichförmigen Verhaltens teilweise eine starke *Vereinfachung* darstellt. So haben z.B. professionelle bzw. institutionelle Investoren nicht nur andere Informationsquellen, sondern auch ganz andere Handlungsoptionen als etwa Kleinanleger. Anleger unterscheiden sich noch in weiteren Merkmalen und können vor allem auch unterschiedlich schnell bzw. langsam reagieren. Darüber hinaus ist die Zweiteilung in professionelle Investoren und unkundigere Kleinanleger ebenfalls eine Verkürzung, die aber vor dem Hintergrund unseres Designs vertretbar erscheint (vgl. ausführlich Kapitel 6.2.1.1).[116]

Einerseits kann man gegen unser Design, das ausschließlich auf der Makro-Ebene bleibt, zu Recht einwenden, dass alle Prozesse auf der Mikro- und Meso-Ebene eine empirische Black Box bleiben. Umgekehrt reicht die Aussagekraft von Untersuchungen, die nur auf diesen Ebenen argumentieren, aber nicht bis zur Makro-Ebene. Dieses unlösbare Problem haben wir *multiples Erklärungsdilemma* genannt (vgl. dazu Kapitel 2.3.2). Wie bereits erwähnt, lassen sich ohne die Erkenntnisse und ohne die Befunde von Anlegerbefragungen und (Simulations-)Experimenten keine Ableitungen für die Makro-Ebene treffen, wie sie für unsere Untersuchung erforderlich waren. Umgekehrt muss man allerdings auch fragen, welche letztendliche Relevanz z.B. die Frage nach Medieneinflüssen auf den einzelnen Anleger hat, wenn dadurch nicht das Verhalten so vieler Investoren beeinflusst wird, dass sich das im Kurs entsprechend bemerkbar macht. Das

---

116 Zudem ist zu beachten, dass der Anteil ausländischer Investoren z.B. bei DAX-Unternehmen deutlich gestiegen ist (Vgl. http://www.spiegel.de/wirtschaft/0,1518,523740,00.html; Abruf: 18.01.2008). Ob diese Anleger deutsche Medien nutzen, kann zwar bezweifelt werden. Allerdings kann man auch argumentieren, dass ausländische Medien in ihrer Berichterstattung über deutsche Unternehmen vermutlich ähnliche Quellen nutzen wie deutsche Medien. Damit dürfte die Berichterstattung nicht deckungsgleich, aber teilweise ähnlich sein.

haben wir als Problem einer *hinreichenden Breitenwirkung* der Medienberichterstattung bezeichnet (vgl. Kapitel 6.2.2.5).

Wir wollen das abschließend am Beispiel von DaimlerChrysler (DCX) und Lufthansa (LHA) rekapitulieren: Nach aktuellem Stand beträgt der Streubesitz von DCX rund 93 Prozent; etwa sieben Prozent des Unternehmens gehört dem Emirat Kuweit. Dabei halten private Investoren etwa ein Fünftel aller Aktien.[117] Das Verhalten der Kleinanleger unter ihnen dürfte auch angesichts des hohen Börsen-Umsatzes kaum ins Gewicht fallen. Bildlich gesprochen kann ein Herdentrieb unter Anlegern, die leicht medial zu beeinflussen sind, zwar das Wasser erwärmen, aber es nicht zum Kochen bringen. Zwar können auch professionelle Investoren z.b. aufgrund konsonanter Medienberichterstattung einen Medieneinfluss auf andere Marktteilnehmer vermuten und daher dann selbst antizipativ handeln. Die Kreuzkorrelationsbefunde für DCX zeigen aber recht deutlich, dass sich vielleicht einige Anleger von der Medienberichterstattung z.b. über den angekündigten Schrempp-Rücktritt in ihren Entscheidungen beeinflussen ließen, dass diese Medieneinflüsse aber zu wenige Anleger betrafen, um sich in einer Kursbewegung zu manifestieren, die mit dem Verlauf der Berichterstattung statistisch in Verbindung gebracht werden konnte.

Für LHA ließen sich in den Kreuzkorrelationen noch am ehesten Indizien für eine hinreichende Breitenwirkung der Berichterstattung erkennen. Das mag als Beleg dafür dienen, dass sich Medieneinflüsse auf der Aggregat-Ebene erst bei einem hinreichend hohen Privatanlegeranteil – wie bei LHA – auch im Kurs oder Handelsvolumen bemerkbar machen.[118] Das relativ hohe Berichtsaufkommen über LHA hat dabei sicher auch eine gewisse Rolle gespielt. Allerdings berichteten alle untersuchten Medien noch häufiger über DCX und DTE. Eine größere Bedeutung hatte bei LHA ganz offensichtlich das *Zusammenspiel mehrerer Faktoren*: Das Unternehmen ist komplett im Streubesitz, wobei der Privatanlegeranteil relativ hoch ausfällt. Über LHA berichteten die Medien für Anleger gut sichtbar. Zudem war das Medienimage des Unternehmens konsonant, d.h. alle Mediengattungen vermittelten den Anlegern ein konsistentes Bild. Im Abwärtstrend ab März 2000 zeigte sich zudem, dass ein mediales Wirkungspotenzial gerade in rezessiven Börsenphasen offenbar am ehesten für Unternehmen besteht, deren Börsenwert betriebswirtschaftlich gerechtfertigt ist – im Gegensatz etwa zu dem einstigen ‚Shooting-Star' EMTV.

Unsere Befunde – vor allem die Ergebnisse für LHA – sind in gewisser Hinsicht mit Erkenntnissen zur Rolle der Massenmedien bei der Verbreitung

---

117 Vgl. hierzu http://www.daimler.com/dccom/0-5-7196-49-70868-1-0-0-0-0-0-7751-0-0-0-0-0-0-0-0.html (Stand für den 30.12.2006; Abruf: 03.01.2008).
118 Vgl. http://www.lufthansa-financials.de/servlet/PB/menu/1014560_l1/index.html (Stand für den 31.12.2007; Abruf: 03.01.2008).

fremdenfeindlicher und rechtsradikaler bzw. rechtsextremer Gewalt vergleichbar. Brosius & Esser (1995) argumentieren in ihrem Eskalationsmodell, dass mediale Anstiftungseffekte nur auf dem Nährboden eines entsprechenden politischen und gesellschaftlichen Klimas wie Anfang der 1990er Jahre im Umfeld von Hoyerswerda, Rostock, Mölln und Solingen denkbar sind. Wenn der politische Diskurs und die Befürchtungen in der Bevölkerung über Asyl, Zuwanderung und rechte Gewalt erst einmal abgekühlt sind, dann treten solche Medieneffekte selten auf. Empirisch bestätigt wurde dies durch Scheufele & Brosius (2002) für die Zeit nach den erwähnten Ausschreitungen und Anschlägen. Unsere Befunde zur Rolle der Medien am Aktienmarkt legen eine vergleichbare, sogar schärfere Schlussfolgerung nahe: Eine im Kurs oder Handelsvolumen sichtbare Wirkung entfalten Medien höchstens dann, wenn viele günstige Faktoren zusammenkommen. Die eher seltenen empirischen Hinweise auf eine hinreichende Breitenwirkung der Medien schließen zwar Medieneffekte auf einzelne Anleger nicht aus. Oft scheinen sie jedoch gleichsam auf dem Weg zur Ebene der Kurse bzw. Handelsvolumina zu ‚verpuffen' – etwa weil sie durch Marktmechanismen kompensiert werden oder weil die medial beeinflussten Anleger zu wenig Anteile halten, um den Kurs zu bewegen.

8 Literatur

Adler, P. A./Adler, P. (1984): Toward a sociology of financial markets. In: Adler, P. A./Adler, P. (Hrsg.): The social dynamics of finance markets. Greenwich. S. 195-201.
Akhigbe, A./Larson, S. J./Madura, J. (2002): Market underreaction and overreaction of technology stocks. In: Journal of Psychology & Financial Markets 3, S. 141-151.
Amihud, Y./Mendelsohn, H. (1991): Volatility, efficiency an trading: evidence from the japanese stock market. In: Journal of Finance 46, S. 1765-1789.
Andreassen, P. B./Kraus, S. (1990): Judgmental extrapolation and the salience of change. Journal of Forecasting 9, S. 347-372.
Aronson, E./Wilson T. D./Akert R. M. (2003): Psychologie: Sozialpsychologie. München, Boston.
Backhaus, K./Erichson, B./Plinke, W./Weiber, R. (2000): Multivariate Analysemethoden. Eine anwendungsorientierte Einführung. 9. Auflage. Berlin u.a.
Bagehot, W. (1971): The only game in town. In: Financial Analysts Journal 27, S. 12-22.
Balog, A. (2001): Neue Entwicklungen in der soziologischen Theorie. Auf dem Weg zu einem gemeinsamen Verständnis der Grundprobleme. Stuttgart.
Bamber, L. S. (1986): The information content of annual earnings releases: A trading volume approach. Journal of Accounting Research 24, S. 40-56.
Banz, R. W. (1981): The relationship between return and market value of common stocks. In: Journal of Financial Economics 9, S. 3-18.
Barber, B. M./Loeffler, D. (1993): The 'Dartboard' column: second-hand information and price pressure. Journal of Financial and Quantitative Analysis 28, S. 273-284.
Barber, B. M./Odean, T. (2001): Boys will be boys: gender, overconfidence, and common stock investment. In: Quarterly Journal of Economics 116, S. 261-292.
Barber, B. M./Odean, T. (2002): Online investors: do the slow die first? Review of Financial Studies 15, Special Issue 1, S. 455-488.
Barber, B. M./Odean, T. (2005): All that glitters: The effect of attention and news on the buying behavior of individual and institutional investors. Unveröffentlichtes Manuskript. Berkeley, Davis.
Barberis, N./Shleifer, A./Vishny, R. (1998): A model of investor sentiment. In: Journal of Financial Economics 49, S. 307-343.
Barberis, N./Thaler, R. A. (2003): A survey of behavioral finance. In: Constantinides, G. M./Harris, M./Stultz, R. (Hrsg.): Handbook of behavioral economics of finance. Amsterdam, Boston. S. 1051-1121.
Becht, D. M. (1999): Effizienz und Nichtlinearität auf den Aktienmärkten. Eine theoretische und empirische Synopsis der neueren Kapitalmarktforschung. Dissertation. Basel.
Beichelt, F. (1997): Stochastische Prozesse für Ingenieure. Stuttgart.
Beike, R./Schlütz, J. (1999): Finanznachrichten lesen – verstehen – nutzen. Ein Wegweiser durch Kursnotierungen und Marktberichte. 2. Auflage. Stuttgart.
Behr, R./Iyengar, S. (1985): Television news, real-world cues, and changes in the public agenda. In: Public Opinion Quarterly 49, S. 38-57.
Beltz, J./Jennings, R. (1997): 'Wall Street Week with Louis Rukeyser' recommendations. Trading activity and performance. In: Review of Financial Economics 6, S. 15-27.
Benartzi, S./Thaler R. H. (1999): Risk aversion or myopia? Choices in repeated gambles and retirement investments. In: Management Science 45, S. 364-381.

Bernard, V. L. (1993): Stock price reactions to earnings announcements: A summary of recent anomalous evidence and possible explanations. In: Thaler, R. H. (Hrsg.): Advances in Behavioral Finance. New York. S. 303-340.
Berry, T. D./Howe, K. M. (1994): Public information arrival. In: The Journal of Finance 49, S. 1331-1346.
Bierhoff, H.-W. (2003): Prosoziales Verhalten. In: Stroebe, W./Jonas, K./Hewstone, M. (Hrsg.): Sozialpsychologie. Eine Einführung. Berlin. S. 320-351.
Black, F. 1986: Noise. In: Journals of Finance 41, S. 529-543.
Böhmer, E./Löffler, Y. (1999): Kursrelevante Ereignisse bei Unternehmensübernahmen: Eine empirische Analyse des deutschen Kapitalmarkts. In: Zeitschrift für betriebswirtschaftliche Forschung 51, S. 299-324.
Bonner, S. E./Hugon, J. A./Walther B. R. (2004): Investor reaction to financial media coverage: The case of analysts' forecast revision. Unveröffentlichtes Manuskript. Los Angeles
Bortz, J./Döring, N. (1995): Forschungsmethoden und Evaluation. Berlin.
Box, G. E. P./Jenkins, G. M. (1976): Time series analysis. Forecasting and control. San Francisco.
Box, G. E. P./Jenkins, G. M./Reinsel, G. C. (1994): Time series analysis. Forecasting and control. Englewood Cliffs.
Brettschneider, F. (2000): Reality Bytes. Wie die Medienberichterstattung die Wahrnehmung der Wirtschaftslage beeinflußt. In: Falter, J./Gabriel, O. W./Rattinger, H. (Hrsg.): Wirklich ein Volk? Die politischen Orientierungen von Ost- und Westdeutschen im Vergleich. Opladen. S. 539-569.
Brettschneider, F. (2005): Anlegerverhalten: Ergebnisse der Online-Umfrage 2005. Augsburg.
Brosius, H.-B. (1994): Agenda Setting nach einem Vierteljahrhundert Forschung: Methodischer und theoretischer Stillstand? Publizistik 39, S. 269-288.
Brosius, H.-B./Esser, F. (1995): Eskalation durch Berichterstattung? Massenmedien und Fremdenfeindlichkeit. Opladen.
Brosius, H.-B./Kepplinger, H. M. (1990): The agenda-setting function of television news. Static and dynamic views. In: Communication Research 17, S. 183-211.
Brosius, H.-B./Kepplinger, H. M. (1995): Killer and victim issues: Issue competition in the agenda-setting process of German television. In: International Journal of Public Opinion 7, S. 212-231.
Brosius, H.-B./Koschel, F. (2007): Wirtschaftsberichterstattung: Inhalte, Rezeption und Wirkungen. In: von Rosenstiel, L./Frey, D. (Hrsg.): Enzyklopädie der Psychologie. Band 5: Marktpsychologie. Göttingen. S. 533-557.
Brosius, H.-B./Scheufele, B. (2002): Eskalation in Krisen- und Normalphasen. Der Zusammenhang zwischen Berichterstattung und Fremdenfeindlichkeit in den neunziger Jahren. In: Esser, F./Scheufele, B./Brosius, H.-B. (Hrsg.): Fremdenfeindlichkeit als Medienthema und Medienwirkung. Deutschland im internationalen Scheinwerferlicht. Opladen, Wiesbaden. S. 39-93.
Bungard, W./Schultz-Gambard, J. (1990): Überlegungen zum Verhalten von Börsenakteuren aus kontrolltheoretischer Sicht. In: Maas, P./Weibler, J. (Hrsg.): Börse und Psychologie: Plädoyer für eine neue Perspektive. Köln. S. 140-161.
Busch, F./Esser, W./Lang, U./Schwanfelder, W. (2003): Das Börsen-Lexikon. München.
Camerer, C. F. (1989): Bubbles and fads in asset prices. In: Journal of Economic Surveys 3, S. 3-41.
Camerer, C. F./Loewenstein, G./Rabin, R. (Hrsg.) (2003): Advances in Behavioral Economics. Princeton.
Campbell, J. Y./Ammer, J. (1993): What moves the stock and bond markets? A variance decomposition for long term asset returns. In: The Journal of Finance 48, S. 3-37.
Campbell, J. Y./Kyle, A. S. (1993): Smart money, noise trading, and stock price behaviour. In: Review of Economic Studies 60, S. 1-34.

Chan, Y.-C./Chui, A. C. W./Kwok, C. C. Y. (2001): The impact of salient political and economic news on the trading activity. In: Pacific-Basin Finance Journal 9, S. 195-217.
Chan, W. S. (2003): Stock price reaction to news and no-news: Drift and reversal after headlines. Journal of Financial Economics 70, S. 223-260.
Chen, A. H./Siems, T. F. (2004): The effects of terrorism on global capital markets. European Journal of Political Economy 20, S. 349-366.
Clauß, G./Ebner, H. (1992): Statistik für Soziologen, Pädagogen, Psychologen und Mediziner. Band 1: Grundlagen. 7. Auflage. Thun, Frankfurt am Main.
Cochrane, J. H. (1991): Volatility tests and efficient markets. In: Journal of Monetary Economics 27, S. 463-485.
Coleman, J. S. (1990): Foundations of social theory. Cambridge, London.
Conners, J. (2005): Understanding the third-person effect. In: Communication Research Trends 24, S. 3-22.
Conrad, J./Cornell, B./Landsman, W. R. (2002): When is bad news really bad news? In: The Journal of Finance 57, S. 2507-2532.
Copeland, T. (2000): Unternehmenswert. Frankfurt am Main.
Copeland, T./Friedman, D. (1992): The market value of information: experimental results. In: Journal of Business 65, S. 241-265.
Cryer, J. D. (1986): Time series analysis. Boston.
Cutler, D. M./Poterba, J. M./Summers, L. H. (1989): What moves stock prices? In: Journal of Portfolio Management 15, S. 4-12.
Cutler, D. M./Poterba, J. M./Summers, L. H. (1991): Speculative dynamics. In: Review of Economic Studies 58, S. 529-546.
Dalbert, C./Schneider, A. (1995): Die Allgemeine Gerechte-Welt-Skala: Dimensionalität, Stabilität und Fremdurteiler Validität. Trier.
Das, S. R./Chen, M. Y. (2001): Yahoo! for Amazon. Sentiment parsing from small talk on the web. Unveröffentlichtes Manuskript. Santa Clara, Berkeley.
Daske, S. (2002): Winner-Loser-Effekte am deutschen Aktienmarkt, Sonderforschungsbereich 373. Unveröffentlichtes Manuskript. Berlin.
David, P./Kaiya, L. & Myser, M. (2004): Methodological artifact or persistent bias? Testing the robustness of the third-person and reverse third-person effects for alcohol messages. In: Communication Research 31, S. 206-233.
Davison, W. P. (1983): The third-person effect in communication. In: Public Opinion Quarterly 47, S. 1-15.
De Bondt, W. F. M./Thaler, R. H. (1985): Does the stock market overreact? In: Journal of Finance 40, S. 793-808.
De Bondt, W. F. M./Thaler, R. H. (1990): Do security analyst overreact? In: American Economic Review 80, S. 52-57.
De Long, J. B./Shleifer, A./Summers, L. H./Waldmann, R. J. (1990): Positive feedback investment strategies and destabilizing rational speculation. In: Journal of Finance 45, S. 379-395.
Donsbach, W. (1991): Medienwirkung trotz Selektion. Einflußfaktoren auf die Zuwendung zu Zeitungsinhalten. Köln, Weimar.
Donsbach, W./Jandura, O. (1999): Drehbücher und Inszenierungen. Die Union in der Defensive. In: Noelle-Neumann, E./Donsbach, W./Kepplinger, H. M. (Hrsg.): Kampa. Meinungsklima und Medienwirkung im Bundestagswahlkampf 1998. S. 141-171.
Dyck, A./Zingales, L. (2003): The media and asset prices. Unveröffentlichtes Manuskript. Boston, Chicago.
Edwards, W. (1968): Conservatism in human information processing. In: Kleinmutz, B. (Hrsg.): Formal representation of human judgment. New York. S. 17-52.

Eichhorn, W. (1996): Agenda-Setting-Prozesse. Eine theoretische Analyse individueller und gesellschaftlicher Themenstrukturierung. München.
Eilders, C. (1997): Nachrichtenfaktoren und Rezeption. Eine empirische Analyse zur Auswahl und Verarbeitung politischer Information. Opladen.
Ellenrieder, R. (2001): Synergetische Kapitalmarktmodelle. Erklärung der Wertpapierentwicklungen durch Integration des menschlichen Anlegerverhaltens in ein Kapitalmarktmodell. Bad Soden.
Ellsberg, D. (1961): Risk, ambiguity, and the savage axioms. In: Quarterly Journal of Economics 75, S. 643-669.
Entman, R. M. (1993): Framing: Towards clarification of a fractured paradigm. In: Journal of Communication 43, S. 51-58.
Eps, P./Hartung, U./Dahlem, S. (1996): Enthüllungsbeiträge und ihre publizistischen Folgen. Journalistische Konsensbildung im Fall Werner Höfer. In: Publizistik 41, S. 203-223.
Ernst, E./Gassen, J./ Pellens, B. (2005): Verhalten und Präferenzen deutscher Aktionäre. Eine Befragung privater und institutioneller Anleger zu Informationsverhalten, Dividendenpräferenz und Wahrnehmung von Stimmrechten. Frankfurt am Main.
Fahr, A. (2006): Meinungsführer. In: Bentele, G./Brosius, H.-B./Jarren, O. (Hrsg.): Lexikon Kommunikations- und Medienwissenschaft. Opladen. S. 189-190.
Fama, E. F.(1965): The behavior of stock market prices. In: Journal of Business 38, S. 34-105.
Fama, E. F. (1970): Efficient capital markets: a review of theory and empirical work. In: Journal of Finance 25, S. 383-417.
Fama, E. F. (1976): Reply. In: Journal of Finance 31, S. 143-145.
Fama, E. F./French, K. R. (1995): Size and book-to-market factors in earnings and return. In: Journal of Finance 50, S. 131-155.
Ferreira, E. J./Smith S. D. (1999): Stock price reactions to recommendations in the Wall Street Journal 'Small Stock Focus' column. In: The Quarterly Review of Economics and Finance 39, S. 379-389.
Festinger, L. (1954): A theory of social comparision process. In: Human Relations 7, S. 117-140.
Festinger, L. (1957): A theory of cognitive dissonance. Stanford.
Fishbein, M./Ajzen, L. (1975): Belief, attitude, intention and behavior. An introduction to theory and research. Reading (MA).
Fiske, S. T./Taylor, S. E. (1991): Social Cognition. 2. Auflage. New York u.a.
Flood, R. P./Hodrick, R. J. (1990): On testing for speculative bubbles. In: Journal of Economic Perspectives 4, S. 85-101.
Franses, P. H. (1998): Time series models for business and economic forecasting. Cambridge, New York.
French, K. R./Roll, R. (1986): Stock return variances – the arrival of information and the reaction of traders. In: Journal of Financial Economics 17, S. 5-26.
Friedrichsen, M. (1992): Wirtschaft im Fernsehen: Eine theoretische und empirische Analyse der Wirtschaftsberichterstattung im Fernsehen. München.
Friedrichsen, M. (2001): Sind Wirtschaftsthemen wahlentscheidend? Eine theoretische und empirische Analyse zum Spannungsfeld Wirtschaft, Politik und Medien. Stuttgart.
Früh, W. (1991): Der aktive Rezipient – neu besehen. Zur Konstruktion faktischer Information bei der Zeitungslektüre. In: Früh, W.: Medienwirkungen: Das dynamisch-transaktionale Modell. Theorie und empirische Forschung. Opladen. S. 237-258.
Früh, W. (1998): Inhaltsanalyse. Theorie und Praxis. 4. Auflage. München.
Gaulke, J. (1992): Wie Prognosen über die Entwicklung von Aktienkursen entstehen. In: Frankfurter Allgemeine Zeitung, 30. Mai. S. 45.
Gerbner, G./Gross, L. (1976): Living with television: The violence profile. In: Journal of Communication 26, S. 173-199.

Gerbner, G./Gross, L./Morgan, M./Signorielli, N. (1994): Growing up with television: The cultivation perspective. In: Bryant, J./Zillmann, D. (Hrsg.): Media effects. Advances in theory and research. Hillsdale (NJ). S. 17-41.
Gerbner, G./Morgan, M./Signorielli, N. (1999): Profiling television violence. In: Nordenstreng, K. (Hrsg.): International media monitoring. Cresskill (NJ). S. 335-365.
Gerke, W. (2000): Mißbrauch der Medien zur Aktienkursbeeinflussung. Ehrenkodex für Analysten und Journalisten. In: Rolke, L./Wollf, V. (Hrsg.): Kurspflege durch Meinungspflege. Die neuen Spielregeln am Aktienmarkt. Frankfurt am Main. S. 151-170.
Gerke, W./Oerke, M./Sentner, A. (1997): Der Informationsgehalt von Dividendenänderungen auf dem deutschen Aktienmarkt. In: Die Betriebswirtschaft 57, S. 810-822.
Gigerenzer, G./Todd, P. M./The ABC Research Group (1999): Simple heuristics that make us smart. New York, Oxford.
Golan, G./Wanta, W. (2001): Second-level agenda-setting in the New Hampshire primary: A comparison of coverage in three newspapers and public perceptions of candidates. In: Journalism and Mass Communication Quarterly 78, S. 247-259.
Goldberg, J./von Nitzsch, R. (2004): Behavioral Finance. Gewinnen mit Kompetenz. 4. Auflage. München.
Grossmann, S. J. (1976): On the efficiency of competitive stock markets where traders have diverse information. In: Journal of Finance 31, S. 573-585.
Grossmann, S. J. (1981): An introduction to the theory of rational expectations under asymmetric information. In: Review of Economic Studies 48, S. 541-559.
Grossmann, S. J./Stiglitz, J. E. (1980): On the impossibility of informationally efficient markets. In: The American Economic Review 70, S. 393-408.
Gunther, A. (1995): Overrating the X-Rating: The third-person perception and support for censorship of pornography. In: Journal of Communication 45, S. 27-38.
Guo, Z. (2002): Behavioral Finance: Die empirische Überprüfbarkeit behavioraler Modelle. Dissertation. Sankt Gallen.
Hagen, L. M. (1992): Die Opportunen Zeugen. Konstruktionsmechanismen von Bias in der Volkszählungsberichterstattung von FAZ, FR, SZ, taz und Welt. In: Publizistik 37, S. 444-460.
Hagen, L. M. (2005): Konjunkturnachrichten, Konjunkturklima und Konjunktur. Köln.
Han, K. C./Suk, D. Y. (1996): Stock prices and the barron's 'Research Reports' column. In: Journal of Financial and Strategic Decisions 9, S. 27-32.
Haridakis, P./Rubin, A. (2005): Third-person effects in the aftermath of terrorism. In: Mass Communication & Society 8, S. 39-59.
Harmgarth, F. (1997): Wirtschaft und Soziales in der politischen Kommunikation. Eine Studie zur Interaktion von Abgeordneten und Journalisten. Opladen.
Hayek, F. A. (1945): The use of knowledge in society. In: American Economic Review 35, S. 519-530.
Heidorn, T./Siragusano, T. (2004): Die Anwendbarkeit der Behavioral Finance im Devisenmarkt. Unveröffentlichtes Manuskript. Frankfurt am Main, München.
Heinrich, J./Moss, C. (2006): Wirtschaftsjournalistik. Grundlagen und Praxis. Wiesbaden.
Hellwig, M. F. (1980): On the aggregation of information in competitive markets. In: Journal of Economic Theory 22, S. 477-498.
Hempel, C. G./Oppenheim, P. (1948): Studies in the logic of explanation. In: Philosophy of Science 15, S. 135-175.
Heyl, D. C. von (1995): Noise als finanzwirtschaftliches Phänomen. Eine theoretische Untersuchung der Bedeutung von Noise am Aktienmarkt. Frankfurt am Main.
Higgins, E. T. (1989): Knowledge accessibility and activation: Subjectivity and suffering from unconscious sources. In: Uleman, J. S./Bargh, J.A. (Hrsg.): Unintended thought: The limits of awareness, intention and control. New York. S. 75-123.

Higgins, E. T. (1996): Knowledge activation: Accessibility, applicability, and salience. In: Higgins, E. T. & Kruglanski, A. W. (Hrsg.): Social psychology. Handbook of basic principles. New York. S. 133-168.

Higgins, E. T./Bargh, J. A./Lombardi, W. J. (1985): Nature of priming effects on categorization. In: Journal of Experimental Psychology: Learning, Memory, and Cognition 11, S. 59-69.

Hirschey, M./Richardson, V. J./Scholz, S. (2000): How 'Foolish' are internet investors? In: Financial Analysts Journal 56, S. 62-69.

Hoffmann, C. (2001): Gleichgerichtetes Verhalten am Aktienmarkt. Eine Verbindung ökonomischer, psychologischer und soziologischer Ansätze. Dissertation. Köln.

Hoffner, C./Buchanan, M. (2002): Parents' responses to television violence: The third-person perception, parental mediation, and support for censorship. In: Media Psychology 4, S. 231-252.

Holsti, O. R. (1969): Content analysis for the social sciences and humanities. Reading (MA).

Hong, H./Lim, T./Stein, J. C. (2000): Bad news travels slowly: size, analyst coverage, and the profitability of momentum strategies. In: Journal of Finance 55, S. 265-295.

Huber, J./Kirchler, M./Sutter, M. (2006): Vom Nutzen zusätzlicher Information auf Märkten mit unterschiedlich informierten Händlern - Eine experimentelle Studie. In: Zeitschrift für betriebswirtschaftliche Forschung 58, S. 188-211.

Huck, I./Brosius, H.-B. (2007): Der Third-Person-Effekt – Über den vermuteten Einfluss der Massenmedien. In: Publizistik 52, S. 355-374.

Hull, J. C. (2003): Options, futures, and other derivatives. Prentice Hall.

Institut für Demoskopie Allensbach (2000): Wirtschaft und Medien - eine Repräsentativbefragung des Instituts für Demoskopie Allensbach in Zusammenarbeit mit der Gruner+Jahr Wirtschaftspresse. Allensbacher Archiv, IFD-Umfrage 4229.

Iyengar, S./Kinder, D. R. (1987): News that matters: Television and American opinion. Chicago.

Jain, P. C. (1988): Response of hourly stock prices and trading volume to economic news. In: Journal of Business 61, S. 219-231.

Jaffe, J. F. (1974): Special information and insider trading. In: Journal of Business 47, S. 410-428.

Jansson, S. (1983): The fine art of window dressing. In: Institutional Investor 17, S. 139-140.

Kahneman, D./Knetsch, J. L./Thaler, R. H. (1991): Anomalies: the endowment effect, loss aversion, and status quo bias. In: Journal of Economic Perspectives 5, S. 193-206.

Kahnemann, D./Tversky, A. (1972): Subjective probability: A judgment of representativeness. In: Cognitive Psychology 3, S. 430-454.

Kahnemann, D./Tversky, A. (1973): On the psychology of prediction. In: Psychological Review 80, S. 237-251.

Kahneman, D./Tversky, A. (1979): Prospect theory: An analysis of decision under risk. In: Econometrica 47, S. 263-291.

Kahneman, D./Tversky, A. (1984): Choices, values, and frames. In: American Psychologist 39, S. 341-350.

Kasperzak, R. (1997): Aktienkursbildung. Eine handlungstheoretisch fundierte "Erklärung des Prinzips". Berlin.

Kendall, M. G. (1953): The analysis of economic time-series part I: Prices. In: Journal of the Royal Statistical Society 116, S. 11-34.

Kepplinger, H. M. (1998): Die Demontage der Politik in der Informationsgesellschaft. Freiburg, München.

Kepplinger, H. M./Brosius, H.-B./Dahlem, S. (1994): Wie das Fernsehen Wahlen beeinflusst. Theoretisches Modell und empirische Analysen. München.

Kepplinger, H. M./Brosius, H.-B./Staab, J. F. (1991): Opinion formation in mediated conflicts and crisis: A theory of cognitive-affective media effects. In: International Journal of Public Opinion Reserach 3, S. 132-156.

Kepplinger, H. M./Brosius, H.-B./Staab, J. F./Linke, G. (1989a): Instrumentelle Aktualisierung. Grundlagen einer Theorie publizistischer Konflikte. In: Kaase, M./Schulz, W. (Hrsg.): Massenkommunikation. Theorien, Methoden, Befunde. Opladen. S. 199-220.

Kepplinger, H. M./Ehmig, S. C. (2000): Content Guide Wirtschaftsmagazine 2000. Eine Contentanalyse deutscher Wirtschaftsmagazine im Auftrag von Geldidee. Hamburg.

Kepplinger, H. M./Ehmig, S. C. (2005): Content Guide Wirtschaftsmagazine 2005. Eine Contentanalyse deutscher Wirtschaftsmagazine im Auftrag von Geldidee und Wertpapier. Hamburg.

Kepplinger, H. M./Gotto, K./Brosius, H.-B./Haak, D. (1989b): Der Einfluß der Fernsehnachrichten auf die politische Meinungsbildung. Freiburg, München.

Kepplinger, H. M./Roth, H. Kommunikation in der Ölkrise des Winters 1973/74. In: Publizistik 23, S. 337-356.

Keynes, J. M. (1936): The general theory of employment, interest and money. London.

King, M./Wadwhani, S. (1990): Transmission of volatility between stock markets. In: Review of Financial Studies 3, S. 5-33.

Kladroba, A./von der Lippe, P. (2001): Die Qualität von Aktienempfehlungen in Publikumszeitschriften. Unveröffentlichtes Manuskript. Essen.

Kladroba, A./v. d. Lippe, P./Denné, J. (2003): Die Qualität von Aktienempfehlungen in Publikumszeitschriften, In: Jahrbücher für Nationalökonomie und Statistik 223, S. 227-238.

Klausner, M. (1984): Sociological theory and behavior of finance markets. In: Adler, P. A./Adler, P. (Hrsg.): The social dynamics of financial markets. Greenwich. S. 57-81.

Krause, B./Gehrau, V. (2007): Das Paradox der Medienwirkung auf Nichtnutzer. In: Publizistik 52, S. 191-209.

Kroll, J. (2005): Taschenbuch Wirtschaftspresse. Seefeld.

Küchenhoff, H. (1993): Wahrscheinlichkeitsrechnung. In: Knieper, T. (Hrsg.): Statistik. Eine Einführung für Kommunikationsberufe. München. S. 279-332.

Kunczik, M./Zipfel, A. (2006): Gewalt und Medien. Ein Studienbuch. Köln, Weimar.

Lange, G. (1998): Bilanzrecht und Ökonomische Theorie des Rechts -Ansatzpunkte und Überlegungen zum § 249 HGB. Dissertation: Berlin.

Langer, W. (2004): Mehrebenenanalysen. Eine Einführung in Forschung Praxis. Wiesbaden.

Lazarsfeld, P. F./Berelson, B. R./Gaudet, H. (Hrsg.) (1944): The people's choice. How the voter makes up his mind in a presidential campaign. New York.

Lee, B./Tamborini, R. (2005): Third-person effect and internet pornography: The influence of collectivism and internet self-efficacy. In: Journal of Communication 55, S. 292-310.

Lee, C. M. C./Shleifer, A./Thaler, R. H. (1991): Investor sentiment and the closed-end fund puzzle. In: Journal of Finance 46, S. 75-109.

Leseranalyse Entscheidungsträger e.V. (Hrsg.) (1997): Leseranalyse Entscheidungsträger in Wirtschaft und Verwaltung. Frankfurt am Main.

Loistl, O. (1994): Kapitalmarkttheorie. München.

Luhmann, N. (1984): Soziale Systeme. Grundriß einer allgemeinen Theorie. Frankfurt am Main.

MacKinlay, A. C. (1997): Event studies in economics and finance. In: Journal of Economic Literature 35, S. 13-39.

Marcinkowski, F./Greger, V./Hüning, W. (2001): Stabilität und Wandel der Semantik des Politischen. Theoretische Zugänge und empirische Befunde. In: Marcinkowski, F. (Hrsg.): Die Politik der Massenmedien. Köln. S. 12-114.

Markowitz, H. (1952): Portfolio selection. In: Journal of Finance 7, S. 77-91.

Mast, C. (2003): Wirtschaftsjournalismus. Grundlagen und neue Konzepte für die Presse. 2. Auflage. Wiesbaden.

Mathes, R./Kalt, G./Hufnagel, A. (2000): Erfolgskontrolle in der Finanzkommunikation. Das IMP - AKT-Modell. Mit einer Fallstudie zum Börsengang der Loewe AG. In: Rolke, L./Wolff, V. (Hrsg.): Finanzkommunikation. Kurspflege durch Meinungspflege. Die neuen Spielregeln am Aktienmarkt. Frankfurt am Main. S. 82-93.

Mathur, I./Waheed, A. (1995): Stock price reactions to securities recommended in business week's 'Inside Wall Street'." In: The Financial Review 30, S. 583-604.

May, A. (1991): Zum Stand der empirischen Forschung über Informationsverarbeitung am Aktienmarkt – Ein Überblick. In: Zeitschrift für Betriebswirtschaftliche Forschung 43, S. 313-331.

McCleary, R./Hay, R. A., Jr. (1980): Applied time series analysis for the social sciences. Beverly Hills, London.

McCombs, M. E./Ghanem, S. I. (2001): The convergence of agenda setting and framing. In: Reese, S. D./Gandy, Oscar H./Grant, A. E. (Hrsg.): Framing public life. Perspectives on media and our understanding of the social world. Mahwah (NJ), London. S. 67-81.

McCombs, M. E./Shaw, D. L. (1972): The agenda-setting function of mass media. In: Public Opinion Quarterly 36, S. 176-187.

McCombs, M. E. (1977): Newspaper versus television: Mass communication effects across time. In: Shaw, D. L./McCombs, M. E. (Hrsg.): The emergence of American political issues. St. Paul. S. 89-105.

Meffert, M. F./Chung, S./Joiner, A. J./Waks, L./Garst, J. (2006): The effects of negativity and motivated processing during a political campaign. In: Journal of Communication 56, S. 27-51.

Merten, K. (1995): Inhaltsanalyse. Einführung in Theorie, Methode und Praxis. 2. Auflage. Opladen.

Merton, Robert, K. (1948): The self-fulfilling prophecy. In: The Antioch Review 8, S. 193-210.

Milgrom, P./Stockey, N. (1982): Information, trade and common knowledge. In: Journal of Economic Theory 23, S. 17-27.

Mitchell, M. L./Mulherin, J. H. (1994): The impact of public information on the stock market. In: Journal of Finance 49, S. 923-950.

Mullainathan, S./Thaler, R. H. (2001): Behavioral economics. In: Smelser, N. J./Baltes, P. B. (Hrsg.): International encyclopedia of the social and behavioral sciences. Oxford. S. 1094-1100.

Murstein, B. I. (2003): Regression to the mean: one of the most neglected but important concepts in the stock market. In: Journal of Behavioral Finance 4, S. 234-237.

Muth, J. F. (1961): Rational expectations and the theory of price movements. In: Econometrica 29, S. 315-335.

Nelson, T. E./Oxley, Z. M./Clawson, R. A. (1997): Toward a psychology of framing effects. In: Political Behavior 19, S. 221-246.

Neumann, M. J. M./Klein, M. (1982): Probleme der Theorie effizienter Märkte und ihrer empirischen Überprüfung. In: Kredit und Kapital 2, S. 165-187.

Niederhoffer, V. (1971): The Analysis of world events and stock prices. In: Journal of Business 44, S. 193-219.

Noelle-Neumann, E. (1973): Kumulation, Konsonanz und Öffentlichkeitseffekt. Ein neuer Ansatz zur Analyse der Wirkung der Massenmedien. In: Publizistik 18, S. 26-55.

Noelle-Neumann, E. (1989): Öffentliche Meinung, Die Entdeckung der Schweigespirale. Frankfurt am Main, Berlin.

Northcraft, G. B./Neale, M. A. (1987): Experts, amateurs, and real estate: an anchoring-and-adjustment perspective on property pricing decisions. In: Organizational Behaviour and Human Decision Process 39, S. 84-97.

o.V. (2000): Gabler Wirtschaftslexikon. 8 Bände. 15. Auflage. Wiesbaden.

Orosel, G. O. (1996): Informational efficiency and welfare in the stock market. In: European Economic Review 40, S. 1379-1411.

Osborne, M. F. M. (1959): Brownian motion in the stock market. In: Operations Research 7, S. 145-173.
Pari, R. A. (1987): Wall $treet week recommendations: Yes or no? In: Journal of Portfolio Management 14, S. 74-76.
Patell, J. M./Wolfson, M. A. (1984): The intraday speed of adjustment of stock prices to earnings and dividend announcements. In: Journal of Financial Economics 13, S. 223-252.
Paul, B./Salwen, M./Dupagne, M. (2000): The third-person effect: a meta-analysis of the perceptual hypothesis. In: Mass Communication & Society 3, S. 57-85.
Peter, J. (2002): Medien-Priming – Grundlagen, Befunde und Forschungstendenzen. In: Publizistik 47, S. 21-44.
Pratto, F./John, O. P. (1991): Automatic vigilance: The attention-grabbing power of negative social information. In: Journal of Personality and Social Psychology 61, S. 380-391.
Price, V./Tewksbury, D. (1997): News values and public opinion: A theoretical account of media priming and framing. In: Barnett, G./Boster, F. J. (Hrsg.): Progress in the communication sciences. Greenwich (CT). S. 173-212.
Price, V./Tewksbury, D./Powers, E. (1997): Switching trains of thought: The impact of news frames on reader's cognitive responses. In: Communication Research 24, S. 481-506.
Pürer, H. (2003): Publizistik-und Kommunikationswissenschaft. Ein Handbuch. Konstanz.
Quiring, O. (2003): Die Fernsehberichterstattung über die Arbeitslosigkeit und ihr Einfluß auf wahlrelevante Vorstellungen der Bevölkerung – eine Zeitreihenanalyse (1994 bis 1998). In: Publizistik 48, S. 1-24.
Quiring, O. (2004): Wirtschaftsberichterstattung und Wahlen. Konstanz.
Rapp, H.-W. (2000): Der tägliche Wahnsinn hat Methode. Behavioral Finance: Paradigmenwechsel in der Kapitalmarktforschung. In: Jünemann, B./ Schellenberger, D. (Hrsg.): Psychologie für Börsenprofis. Die Macht der Gefühle bei der Geldanlage. Stuttgart. S. 85-123.
Reisner, M. (2000): Börsenkommunikation aus der Sicht einer Anlegerzeitung. In: Rolke, L./Wolff, V. (Hrsg.): Finanzkommunikation. Kurspflege durch Meinungspflege. Die neuen Spielregeln am Aktienmarkt. Frankfurt am Main. S. 128-141.
Robinson, W. S. (1950): Ecological correlations and the behavior of individuals. In: American Sociological Review 15, S. 351-357.
Rolke, L. (2000): Kurspflege durch Meinungspflege. Auf dem Weg zur Value Communications. In: Rolke, L./Wolff, V. (Hrsg.): Finanzkommunikation. Kurspflege durch Meinungspflege. Die neuen Spielregeln am Aktienmarkt. Frankfurt am Main. S. 19-49.
Rosch E. H./Mervis, C. B. (1975): Familiy resemblances: Studies in the internal structure of categories. In: Cognitive Psychology 7, S. 573-605.
Rosen, R. von/Gerke, W. (2001): Kodex für anlegergerechte Kapitalmarktkommunikation. Unveröffentlichtes Manuskript. Frankfurt am Main, Nürnberg.
Rosenberg, M. J. (1956): Cognitive structure and attitudinal affect. In: Journal of Abnormal Social Psychology 53, S. 367-372.
Ross, S. (1976): The arbitrage theory of capital asset pricing. In: Journal of Economic Theory 13, S. 341-360.
Röckemann, C. (1995): Börsendienste und Anlegerverhalten. Ein empirischer Beitrag zum Noise Trading. Wiesbaden.
Rössler, P. (1997a): Agenda-Setting. Theoretische Annahmen und empirische Evidenzen einer Medienwirkungshypothese. Opladen.
Rössler, P. (1997b): Standardisierte Inhaltsanalysen im World Wide Web: Überlegungen zur Anwendung einer Methode am Beispiel einer Studie zu Online-Shopping-Angeboten. In: Beck, K./Vowe, G. (Hrsg.): Computernetze: ein Medium öffentlicher Kommunikation? Berlin.

Roßbach, P. (2001): Behavioral Finance. Eine Alternative zur vorherrschenden Kapitalmarkttheorie? Unveröffentlichtes Manuskript. Frankfurt am Main.
Rubinstein, M. (1975): Securities market efficiency in an arrow-debreu economy. In: American Economic Review 65, S. 812-824.
Sant, R./Zaman, M. A. (1996): Market reaction to business week 'Inside Wall Street' column: A self-fulfilling prophecy. In: Journal of Banking and Finance 20, S. 617-643.
Scharfenstein, D. S./Stein, J. C. (1990): Herd behavior and investment. In: American Economic Review 80, S. 311-337.
Schenk, M. (1995): Soziale Netzwerke und Massenmedien. Tübingen.
Schenk, M. (2002): Medienwirkungsforschung. Tübingen.
Schenk, M./Rössler, P. (1996): Wirtschaftsberichterstattung in Zeitschriften. Literaturbericht und Inhaltsanalyse. München.
Scheufele, B. (1999): Zeitreihenanalysen in der Kommunikationsforschung. Eine praxisorientierte Einführung in die univariate und multivariate Zeitreihenanalyse mit SPSS for Windows. Stuttgart.
Scheufele, B. (2002): Mediale Kultivierung des Fremden: Mehrstufige Klimaeffekte der Berichterstattung – Medien, Problemgruppen, öffentliche Meinung und Gewalt am Fallbeispiel „Kurden". In: Esser, F./Scheufele, B./Brosius, H.-B. (2002): Fremdenfeindlichkeit als Medienthema und Medienwirkung. Deutschland im internationalen Scheinwerferlicht. Opladen, Wiesbaden. S. 143-185.
Scheufele, B. (2003): Frames - Framing - Framing-Effekte. Theoretische und methodische Grundlegung sowie empirische Befunde zur Nachrichtenproduktion. Wiesbaden.
Scheufele, B. (2004): Zeitreihenanalytische Kausallogik. In: Wirth, W./Lauf, E./Fahr, A. (Hrsg.): Forschungslogik und -design in der Kommunikationswissenschaft. Band 1. Köln. S. 245-263.
Scheufele, B. (2005): Sexueller Missbrauch - Mediendarstellung und Medienwirkung. Wiesbaden.
Scheufele, B. (2006): Frames, schemata and news reporting. In: Communications - European Journal of Communication Research 31, S. 65-83.
Scheufele, B. (2008): Das multiple Erklärungsdilemma der Medienwirkungsforschung. Eine Meta-Logik zur theoretischen und methodischen Modellierung von Medienwirkungen auf die Meso- und Makro-Ebene (derzeit im Review-Verfahren der Publizistik).
Scheufele, B./Brosius, H.-B. (2001): Gewalt durch „Fremde" – Gewalt gegen „Fremde". Die Berichterstattung über PKK- und Kurden-Gewalt und fremdenfeindliche Straftaten. In: Politische Vierteljahresschrift 42, S. 447-473.
Scheufele, B./Gasteiger, C. (2007): Berichterstattung, Emotionen und politische Legitimierung. Eine experimentelle Untersuchung zum Einfluss der Politikberichterstattung auf die Legitimierung politischer Entscheidungen am Beispiel von Bundeswehreinsätzen. In: Medien & Kommunikationswissenschaft 4, S. 534-554.
Schimank, U. (2002): Handeln und Strukturen. Einführung in die akteurstheoretische Soziologie. Weinheim.
Schlittgen, R./Streitberg, B. H. J. (2001): Zeitreihenanalyse. München, Wien.
Schmitz, B. (1989): Einführung in die Zeitreihenanalyse. Modelle, Softwarebeschreibung, Anwendungen. Bern, Stuttgart, Toronto.
Schulz, W. (1970): Kausalität und Experiment in den Sozialwissenschaften. Methodologie und Forschungstechnik. Mainz.
Schulz, W. (2002): Kommunikationsprozess. In: Noelle-Neumann, E./Schulz, W./Wilke, J. (Hrsg.): Das Fischer-Lexikon „Publizistik, Massenkommunikation". Aktualisierte, vollständig überarbeitete und ergänzte Neuauflage. Frankfurt am Main. S. 153-182.
Schuster, T. (2000): Zwischen Boom und Crash. In: Message Heft 3/2000, S. 10-17.

Schuster, T. (2001): Die Geldfalle. Wie Medien und Banken die Anleger zu Verlierern machen. Reinbek.
Schuster, T. (2004): Märkte und Medien. Wirtschaftsnachrichten und Börsenentwicklungen. Konstanz.
Sen, A. K. (1970): Collective choice and social welfare. San Francisco.
Sharpe, W. (1964): Capital asset prices: A theory of market equilibrium under conditions of risk. In: Journal of Finance 19, S. 425-442.
Shiller, R. J. (1981): Do stock prices move too much to be justified by subsequent changes in dividends? In: American Economic Review 71, S. 421-436.
Shiller, R. J. (1999): Human behavior and the efficiency of the financial system. In: Taylor, J. B./Woodford, M. (Hrsg.): Handbook of Macroeconomics. Amsterdam. S. 1305-1340.
Shiller, R. J. (2000): Irrational Exuberance. Princeton.
Shiller, R. J. (2003): From efficient markets theory to behavioral finance. In: Journal of Economic Perspectives 17, S. 83–104.
Shiller, R. J./Pound, J. (1989): Survey evidence on diffusion of interest and information among investors. In: Journal of Economic Behavior and Organisation 12, S. 47-66.
Shleifer, A. (2000): Inefficient markets. An introduction to behavioral finance. Oxford, New York.
Shleifer, A./Summers, L. H. (1990): The noise trader approach to finance. In: Journal of Economic Perspectives 4, S. 19-33.
Shoemaker, P. J./Chang, T.-K./Brendlinger, N. (1987): Deviance as a predictor of newsworthiness: Coverage of international events in the U.S. media. In: McLaughlin, M. L. (Hrsg.): Communication Yearbook Vol. 11. Beverly Hills. S. 348-365.
Shrum, L. J. (2001): Processing strategy moderates the cultivation effect. In: Human Communication Research 27, S. 94-120.
Signorielli, N./Morgan, S. (Hrsg.) (1990): Cultivation analysis: New directions in media effects research. Newbury Park, London, New Delhi.
Simon, H. A. (1957): Models of Man. New York.
Skowronski, J. J./Charlston, D. E. (1989): Negativity and extremity biases in impression formation; A review of explanations. In: Psychological Bulletin 105, S. 131-142.
Snow, D. A./Parker, R. (1984): The mass media and the stock market. In: Adler, P. A./Adler, P. (Hrsg.): The social dynamics of financial markets. Greenwich. S. 153-172.
Spachmann, K. (2005): Wirtschaftsjournalismus in der Presse. Theorie und Empirie. Konstanz.
Staab, J. F. (1990): Nachrichtenwert-Theorie. Formale Struktur und empirischer Gehalt. Freiburg, München.
Stice, E. K. (1991): The market reaction to 10-K and 10-Q filings and to subsequent 'The Wall Street Journal' earnings announcements. In: The Accounting Review 66, S. 42-55.
Stoll, H. R./Whaley, R. E. (1990): Stock market structure and volatility. In: Review of Financial Studies 3, S. 37-71.
Takeshita, T. (1997): Exploring the media's roles in defining reality: From issue-agenda-setting to attribute-agenda-setting. In: McCombs, M./ Shaw, D. L./Weaver, D. (Hrsg.): Communication and democracy. Exploring the intellectual frontiers in agenda-setting-theory. Mahawah (NJ), London. S. 15-27.
Täubert, A. (1998): Unternehmenspublizität und Investor Relations. Analyse von Auswirkungen der Medienberichterstattung auf Aktienkurse. Münster.
Thaler, R. H. (1985): Mental accounting and consumer choice. In: Marketing Science 4, S. 199-214.
Thome, H. (1987): Meinungsführerschaft in deutschen Zeitungsmedien? Eine Replik zu einem Artikel von Kepplinger et al. „Medientenor und Bevölkerungsmeinung". In: Kölner Zeitschrift für Soziologie und Sozialpsychologie 39, S. 783-789.
Trahan, E. A./Bolster P. J. (1995): The Impact of Barron's Recommendation on Stock Prices. In: Quarterly Journal of Business and Economics 34, S. 3-15.

Tumarkin, R./Whitelaw, R. F. (2001): News or noise? Internet postings and stock prices. In: Financial Analysts Journal 57, S. 41-51.
Tversky, A./Kahneman, D. (1974): Judgment Under Uncertainty: Heuristics and Biases. In: Science 185, 1124-1131.
Tversky, A./Kahneman, D. (1981): The framing of decisions and the psychology of choice. In: Science 211, S. 453-458.
Tversky, A./Kahneman, D. (1986a): Rational choice and the framing of decisions. In: Journal of Business 59, S. 251-278.
Tversky, A./Kahneman, D. (1986b): Rational choice and the framing of decisions. In: Hogarth, R. M./Reder, M. W. (Hrsg.): Rational choice. The contrast between economics and psychology. Chicago, London. S. 67-94.
Tversky, A./Kahneman, D. (1990): Rational choice and the framing of decisions. In: Cook, K. S./Levi, M. (Hrsg.): The limits of rationality. Chicago. S. 50-89.
Vollbracht, M. (1998a): Auf den Aktienkurs reduziert. In: Medien Tenor 5 (78), S. 24.
Vollbracht, M. (1998b): Analystenzitate: Risiken und Nebenwirkungen. In: Medien Tenor 5 (78), S. 8-12.
Warner, K./Molotch, H. (1993): Information in the marketplace: Media explanations of the '87 crash. In: Social Problems 40, S. 167-188.
Weber, M./Camerer, C. (1998): The disposition effect in securities trading: An experimental analysis. In: Journal of Economic Behavior and Organisation 33, S. 167-184.
Weber, M./Camerer, C. (1992): Ein Experiment zum Anlegerverhalten. In: Zeitschrift für betriebswirtschaftliche Forschung 44, S. 131-148.
Weimann, G. (1994): The influentials. People who influence people. Albany.
Weischenberg, S./Löffelholz, M./Scholl, A. (1994): Merkmale und Einstellungen von Journalisten. In: Media Perspektiven Heft 4/1994, S. 154-167.
Welcker, J. (1991): Technische Aktienanalyse. 6. Auflage. Zürich.
Westerstahl, J./Johansson, F. (1986): News ideologies as moulders of news. In: European Journal of Communication 1, S. 133-149.
Wilke, J. (1999): Leitmedien und Zielgruppenorgane. In: Wilke. J. (Hrsg.): Mediengeschichte der Bundesrepublik Deutschland. Weimar, Wien: S. 302-329.
Wolf, K. (2001): Finanzberichterstattung in Special-Interest-Zeitschriften. Ein Vergleich der Berichterstattung in der Hoch- und der Tiefphase der Börse. Unveröffentlichte Magisterarbeit. Dresden.
Wu, H. D./Stevenson, R. L./Chen, H.-C./Güner, Z. N. (2002): The conditioned impact of recession news: A time-series analysis of economic communication in the United States, 1987–1996. In: International Journal of Public Opinion Research 14, S. 19-36.
Zarowin, P. (1990): Size, seasonality, and the stock market overreaction. In: Journal of Financial and Quantitative Analysis 25, S. 113-125.

9 Anhang

Tabelle A.1: Signifikante Kreuzkorrelationen (je eine Handelswoche) zwischen Print-[A], TV- und Online-Berichterstattung sowie Handelsvolumen für Evotec in 2005

Alle Medien EVT-Volumen kreuzkorreliert mit	−5	−4	−3	−2	−1	0	+1	+2	+3	+4	+5
Gesamtvalenz						+.55					
Gesamttenor						+.44					
Headline-Präsenz						+.52					
Gesamtpräsenz						+.43					
Strukturen (Anzahl)						+.61					
Börsen-Kennwerte (Anzahl)						+.60					
Börsen-Kennwerte (Valenz)						+.63					
Strukturen (Tenor)						+.63					
Strukturen (Valenz/Tenor)						+.42					

[A] Printmedien nur FAZ und SZ

Tabelle A.2: Signifikante Kreuzkorrelationen (je eine Handelswoche) zwischen Print-[A], TV- und Online-Berichterstattung sowie Handelsvolumen für EM.TV in 2005

Alle Medien EMTV-Volumen kreuzkorreliert mit	−5	−4	−3	−2	−1	0	+1	+2	+3	+4	+5
Headline-Präsenz								+.51			
Gesamtpräsenz						+.55					
Strukturen (Anzahl)						+.47					
Börsen-Kennwerte (Anzahl)					−1 +.44	+.43					

[A] Printmedien nur FAZ und SZ

Tabelle A.3: Signifikante Kreuzkorrelationen (je eine Handelswoche) zwischen Print- [A]*, TV- und Online-Berichterstattung sowie DAX-bereinigter Kursveränderung für Mobilcom (MOB) in 2005*

Alle Medien MOB-Kurs kreuzkorreliert mit	−5	−4	−3	−2	−1	0	+1	+2	+3	+4	+5
Gesamtvalenz						+.60					
Gesamttenor						+.42					
Analysteneinsch.						+.40					
Headline-Präsenz						+.46					
Gesamtpräsenz						+.52					
Absatz (Anzahl)						+.42					
Bilanzen (Anzahl)						+.56					
Unternehmenszahlen (Anzahl)						+.51					
Börsen-Kennwerte (Anzahl)						+.48					
Bilanzen (Valenz)						+.49					
Unternehmenszahlen (Valenz)						+.52					
Börsen-Kennwerte (Valenz)						+.61					
Unternehmenszahlen (Tenor)						+.46					
Absatz (Valenz/Tenor)						+.50					

[A] Printmedien nur FAZ und SZ

Tabelle A.4: Signifikante Kreuzkorrelationen (je eine Handelswoche) zwischen Print-[A)], TV- und Online-Berichterstattung sowie Handelsvolumen für Mobilcom (MOB) in 2005

Alle Medien MOB-Volumen kreuzkorreliert mit	−5	−4	−3	−2	−1	0	+1	+2	+3	+4	+5
Gesamtvalenz						+.71					
Gesamttenor					+.41						
Analysteneinsch.						+.50					
Headline-Präsenz						+.57					
Gesamtpräsenz						+.69					
Strukturen (Anzahl)						+.49					
Management (Anzahl)						+.59					
Absatz (Anzahl)						+.47					
Bilanzen (Anzahl)						+.55					
Unternehmenszahlen (Anzahl)						+.57				+.41	
Börsen-Kennwerte (Anzahl)						+.74					
Strukturen (Valenz)								+.55			
Bilanzen (Valenz)						+.42					
Unternehmenszahlen (Valenz)						+.52					
Börsen-Kennwerte (Valenz)						+.70					
Strukturen (Tenor)					+.53						
Unternehmenszahlen (Tenor)						+.45					
Strukturen (Valenz/Tenor)						+.44	+.44				
Absatz (Valenz/Tenor)						+.48					

[A)] Printmedien nur FAZ und SZ

Tabelle A.5: Signifikante Kreuzkorrelationen (je eine Handelswoche) zwischen Print- [A], TV- und Online-Berichterstattung sowie DAX-bereinigter Kursveränderung für Lufthansa (LHA) in 2005

Alle Medien LHA-Kurs kreuzkorreliert mit	−5	−4	−3	−2	−1	0	+1	+2	+3	+4	+5
Gesamtvalenz				+.41		+.51					
Gesamttenor						+.47					
Analysteneinsch.				+.46		+.43					
Headline-Präsenz				+.42		+.46					
Gesamtpräsenz				+.41		+.45					
Absatz (Anzahl)						+.44					
Bilanzen (Anzahl)				+.41		+.49					
Unternehmenszahlen (Anzahl)						+.51					
Börsen-Kennwerte (Anzahl)						+.46					
Absatz (Valenz)				+.42							
Unternehmenszahlen (Valenz)						+.53					
Börsen-Kennwerte (Valenz)						+.52					
Produkte (Tenor)				+.44							
Absatz (Tenor)				+.41		+.53					
Unternehmenszahlen (Tenor)				+.42		+.49					
Absatz (Valenz/Tenor)				+.43							
Bilanzen (Valenz/Tenor)		+.51				+.50					
Unternehmenszahlen (Valenz/Tenor)						+.50					

[A] Printmedien nur FAZ und SZ

Tabelle A.6: *Signifikante Kreuzkorrelationen (je eine Handelswoche) zwischen Print-* [A], *TV- und Online-Berichterstattung sowie Handelsvolumen für Lufthansa (LHA) in 2005*

Alle Medien LHA-Volumen kreuzkorreliert mit	−5	−4	−3	−2	−1	0	+1	+2	+3	+4	+5
Gesamtvalenz						+.50					
Gesamttenor						+.52					
Analysteneinsch.						+.52					
Headline-Präsenz						+.55					
Gesamtpräsenz						+.50					
Absatz (Anzahl)						+.44					
Bilanzen (Anzahl)						+.58					
Unternehmenszahlen (Anzahl)						+.58					
Börsen-Kennwerte (Anzahl)						+.51					
Absatz (Valenz)						+.42					
Unternehmenszahlen (Valenz)						+.58					
Börsen-Kennwerte (Valenz)						+.43					
Produkte (Tenor)								+.54			
Absatz (Tenor)						+.56					
Unternehmenszahlen (Tenor)						+.57					
Produkte (Valenz/Tenor)								+.50			
Absatz (Valenz/Tenor)						+.43					
Bilanzen (Valenz/Tenor)						+.63					
Unternehmenszahlen (Valenz/Tenor)						+.55					

[A] Printmedien nur FAZ und SZ

Tabelle A.7: Signifikante Kreuzkorrelationen (je eine Handelswoche) zwischen Print- [A], TV- und Online-Berichterstattung sowie DAX-bereinigter Kursveränderung für DaimlerChrysler (DCX) in 2005

Alle Medien DCX-Kurs kreuzkorreliert mit	−5	−4	−3	−2	−1	0	+1	+2	+3	+4	+5
Gesamtvalenz					+.49	+.70					
Gesamttenor					+.52	+.56					
Analysteneinsch.					+.74						
Headline-Präsenz						+.65					
Gesamtpräsenz					+.50	+.65					
Unternehmen (Anzahl)						+.71					
Personal (Anzahl)								+.41	+.50		
Management (Anzahl)						+.63					
Bilanzen (Anzahl)					+.55	+.64					
Unternehmenszahlen (Anzahl)						+.68					
Börsen-Kennwerte (Anzahl)					+.70	+.49					
Absatz (Valenz)					+.46						
Bilanzen (Valenz)						+.53					
Unternehmenszahlen (Valenz)					+.47	+.59					
Börsen-Kennwerte (Valenz)					+.71	+.61					
Management (Tenor)					+.49	+.61					
Absatz (Tenor)					+.52						
Bilanzen (Tenor)					+.80						
Unternehmenszahlen (Tenor)					+.76						
Unternehmen (Valenz/Tenor)						+.54					
Personal (Valenz/Tenor)								+.60			
Absatz (Valenz/Tenor)						+.47					
Bilanzen (Valenz/Tenor)					+.58	+.47					
Unternehmenszahlen (Valenz/Tenor)					+.51	+.62					

[A] Printmedien nur FAZ und SZ

Tabelle A.8: *Signifikante Kreuzkorrelationen (je eine Handelswoche) zwischen Print-* [A]*, TV- und Online-Berichterstattung sowie Handelsvolumen für DaimlerChrysler (DCX) in 2005*

Alle Medien DCX-Volumen kreuzkorreliert mit	−5	−4	−3	−2	−1	0	+1	+2	+3	+4	+5
Gesamtvalenz						+.74					
Gesamttenor					+.50	+.63					
Analysteneinsch.				+.74	+.45						
Headline-Präsenz						+.78					
Gesamtpräsenz					+.45	+.75					
Unternehmen (Anzahl)						+.71					
Personal (Anzahl)										+.44	+.68
Management (Anzahl)					+.43	+.68					
Absatz (Anzahl)						+.51					
Bilanzen (Anzahl)					+.52	+.75					
Unternehmenszahlen (Anzahl)						+.81					
Börsen-Kennwerte (Anzahl)					+.72	+.55					
Absatz (Valenz)						+.51					
Bilanzen (Valenz)						+.69					
Unternehmenszahlen (Valenz)						+.72					
Börsen-Kennwerte (Valenz)					+.68	+.64					
Management (Tenor)					+.44	+.73					
Absatz (Tenor)					+.64						
Bilanzen (Tenor)					+.83	+.42					
Unternehmenszahlen (Tenor)						+.78					
Unternehmen (Valenz/Tenor)						+.48					
Personal (Valenz/Tenor)								−.69			
Absatz (Valenz/Tenor)						+.57					
Bilanzen (Valenz/Tenor)					+.49	+.59					
Unternehmenszahlen (Valenz/Tenor)					+.45	+.70					

[A] Printmedien nur FAZ und SZ

PGMO 08/24/2018